中小学教学艺术丛书

怎样当老师 怎样教语文

——语文教学长短论

白金声 著

中国林业出版社

图书在版编目（CIP）数据

怎样当老师　怎样教语文——语文教学长短论/白金声著．　-北京:中国林业出版社,2007.5（2008.3 重印）
（中小学教学艺术丛书/刘显国主编）
ISBN 978-7-5038-4784-4

Ⅰ.怎...
Ⅱ.白...
Ⅲ.语文课-教学研究-中小学
Ⅳ.G633.302

中国版本图书馆 CIP 数据核字（2007）第 067544 号

出版:中国林业出版社出版（100009　**北京西城区刘海胡同 7 号**）
E-mail: cfphz@public.bta.net.cn
电话: 010-66188524
发行: 新华书店北京发行所
印刷: 北京市昌平百善印刷厂
版次: 2007 年 5 月第 1 版
印次: 2008 年 3 月第 2 次印刷
开本: 880mm×1230mm　1/32
印张: 12.75
字数: 360 千字
印数: 3001～6000 册
定价: 23.00 元

白金声老师是一本无字的大书（代序）

特级教师　何玉茹

2007年是白金声老师从教36周年纪念日。36年，岁月悠悠，弹指一挥间。在这36年里，白老师为了托起明天的太阳，他砥励品学，不懈追求，一方黑板，三尺讲台，在小学语文教学研究中取得了丰赡的成果。白老师不凡的学术勇气，强烈的课改意识，执著的探究精神，全面的信息素养是中国教育的宝贵财富。

语文如诗，人生如歌。我认为，白老师是一本无字的大书，你只有接近他，才会把他读懂。阅读白金声，给我总的印象是：他的为人，诚、直、谦、恕；他的教学，严、活、新、巧；他的研究，专、杂、深、实；他的生活，简、朴、“古”、“怪”。白老师立足传统，紧跟时代，吞吐古今，涉猎中外，他有丰厚的文化底蕴，开阔的课程视野，高超的教育智慧，远大的职业境界，是一名真正的教学研究者。

在双城，在教育界，很多人都认为白老师是市级领导，是双城政界的风云人物。是的，白老师是双城政协副主席，哈尔滨市政协委员，民革党员，民革黑龙江省委常委，曾任民革黑龙江省参政议政委员会副主任，省八届人大代表。其实，白老师本色是书生，是一位淡如水、轻似风的读书人，他一直以一介书生引以为自豪。何谓书生？我想按照西方的概念就是知识分子。那么什么是知识分子？流行的观点是大学毕业即为知识分子。很遗憾，白老师这一辈子没上过大学，他的最后学历是高中肄业，但他读了很多书，不但有知，而且还有识，思想和见识使他成为一名特级教师。《人民教育》有一个栏目，叫“名师人生”，2005年第20期这个栏目发表了白老师的一篇文章，题目为《为撰写教研这本“书”，我倾注了生命》。这篇文章我读了，感人至深，他的确是一位名师。文章发表后，白老师接到很多来信，读者纷纷和他讨论追求教师职业生命价值，一时间，白老师成了访谈焦点。

学习——白老师生命存在的方式。

1992年，双城市人民政府奖励白老师一套商品住宅楼。搬家时，他把其中的一个房间辟为书房，取名“天地书斋”。这间房子，几堵墙壁，大小橱柜，顶天立地都放满了图书。有一位书法家给白老师的书斋题词是“藏古今教育，聚中外思想”。白老师说：“以书为友，天地长久。书本身就是一种历史深厚的文化，如果缺少阅读，对我来说就是釜底抽薪。”我知道白老师每天都在读书，究竟他读了多少书，我不晓得，有人用“韦编三绝”这个成语来形容他读书的勤奋，我看是不为过的。

白老师非常喜欢读教育理论史方面的书籍。他认为，学习这类知识，对语文教学有一种历史厚重感，能客观地传承先人的教育思想。有很多东西我们认为是创新，实际上仅仅是继承而已。他特别敬畏前辈，几十年前，几百年前，上千年前，前辈关于母语教育的见地，已经鞭辟入里，经验十分成熟，而后生却还在绕弯子，争来吵去，玩弄名词术语，实在可笑。

白老师之所以赢得尊敬，还因为他淡泊名利，拒绝名人之累。“小学语文教师”是他认同的惟一终身头衔，他不愿谈自己的业绩、荣誉，远离繁文缛节。1988年，他在北京人民大会堂开会时，著名的教育家、演说家李燕杰被白老师先进的事迹感动了，当即挥毫写下了这样几个大字：“宠辱不惊看庭前花开花落，去留无意望碧空风卷云舒。”白老师一生不争，却得到很多称号：哈尔滨市一级功勋教师、黑龙江省优秀教师、全国优秀教师、黑龙江省劳动模范、黑龙江省优秀中青年专家。在他的身上我悟出了“身正为师、学高为范”的内涵，领悟到了做一个语文教师的平凡和神圣，那就是“教师要教书育人，还要教书做人”。白老师对我影响最大的是他人格的力量，在“一朝闻道，终身不移”的无悔选择中，他乐此不疲，36年的教学生涯，正是他不断否定自我，超越自我，完善自我，不断创造价值的辉煌历程。他从一名村小学的民办教师，成长为著名的特级教师，成长为享受黑龙江省人民政府和国务院特殊津贴的专家，他一步一脚印，一步一台阶，随耕耘而走向成功，由探求而走向成熟，这正是“本固乃枝荣，根深则叶茂”。其“本”何在？其“根”何在？我认为立诚求索，精思创新，守心灵之洁净，奉事业为神圣，乃他的“根”，乃他的“本”。36年来，白老师心不旁骛，虔诚一念，将职业作为事业去完成，将事业作为专业去研究，将专业作为科学去探索，将科学作为艺术去追求。假如当初没有抵挡住当双城市副市长的诱惑，他怎么会有今天这般快乐的生活？

白老师的可敬之处，还表现在“平平淡淡做人，踏踏实实做事”上。他仰慕老子、庄子的境界，“大象无形”、“大音希声”的思想给了他很深的影响。几年前，他头一天拿到曾宪梓教育基金奖，第二天就把这几千元钱全部捐给学校，济困助学，这是何等的品质？

下面我们再来看看白老师的生活。孔子曾赞扬他的弟子颜渊：“一箪食，一瓢饮，在陋巷，人不堪其忧，回也不改其乐。”白老师又何尝不是如此呢？一辈子他衣、食、住、行再简单不过了，夏天一双黄胶鞋，冬天一双棉布鞋。一年四季他骑着一辆花20元钱买的自行车上下班，一天20公里路，风雨不误，这是何等的精神！他家没有冰箱，他本人没有手机，至今仍过着“刀耕火种”的生活，这是何等的古怪！

在成长的道路上，有成功，也有挫折，白老师都欣然面对，而面对的同时，更多的则是他的反思。几十年来，他碰到过许多困难，也听到过一些非议，更尝到过“穿小鞋”的滋味，他不敢懈怠，如履如临，惟恐上愧社稷，下害后生。他常说，人活着不容易，生命的进程中，充满着诸多的艰难、委屈和烦躁。人要善待生命，善待自我，在转瞬即逝的人生中，做些让自己感到温暖、高尚和愉快的事儿，这才叫好好活着。

在单位，他话语不多，没事儿他总是坐在一个角落里默默地看书学习，从不张扬自己。

在课堂，他总是坐在学生中间，认真地耳听、眼观、体察、脑思、手记，在与学生零距离的接触中，享受童真童趣。

在联欢会上，他总是使出浑身解数，十分投入地表演“绝活”，或气功，或魔术，或小品，以此博得大家开怀大笑。

在家里，买米买面换煤气，上楼下楼都是他的事儿，有时家里来了客人，他还亲自下厨做上一桌可口的菜肴。

在社会上，君子之交淡如水，搬家进楼，女儿上学、结婚、生孩子，83岁的老母亲去世，他从来没有惊动和打扰过他人。

大千世界，各有各的活法。有人沉湎灯红酒绿，有人追求权势金钱，有人喜欢轰轰烈烈，有人乐于淡泊宁静。人活着，不但是一种追求，更是一种责任。白老师是一个宽容的人，他拂去心灵上的阴霾，真诚做人，不苛求社会，不愤世嫉俗，不挑剔他人，一辈子安静寡言，悄然和沉默有时会让同事们忘记他的存在。他说：“心态成就一切。如果每天都有阳光般的心情比什么都好。”这话千真万确。

那么白老师到底是一种什么样的人呢？我认为，他是属于那种愿意坐冷板凳的人。“板凳要坐十年冷”就是他甘于寂寞、潜心研究学问的劝勉之言。走进白老师的世界，三尺讲台，他是一名教者，讲台之外，他是一名作者。他以深邃高远的目光，凭三尺讲台，大胆求索，十年寒窗，不辍笔耕，写出了26本著作。可以说，我是读着白老师著作成长起来的。先生每有大作，我都先睹为快。读先生的著作，如与大师对话，给我指点迷津，给我撑起一方教学的蓝天，使我讲课“未成曲调先有情”，“语不惊人死不休”、“冗繁削尽留清瘦”、“一声惊堂满座醒”。如果说我能步入教育的神圣殿堂。那是得益于读白老师的许多书。读白老师的书使我语文与人生彼此交融，人生与语文互相提升。

有人说，努力就一定会成功，这不是必然的。有人即使努力了一辈子也没有成功过。但是有一点我们可以确信，如果不努力，你就绝对不会有收获。这是我和白老师相处得到的结论。在新课程理念的旗帜下，在教师职业专业化进程的加快和教学的内涵和目标日趋丰富的时代大潮中，白老师为了让母语教育课堂能成为学生享受语文的殿堂，哪怕“为伊消得人憔悴”，他也“衣带渐宽终不悔”。我曾经问过白老师：“您又上课，又搞研究，又经常外出讲学，还写了那么多的书，哪来的时间?”他说：“我搞研究和写东西都是有感而立，有积而发，有思而作。至于时间，还是鲁迅先生说得有道理：时间，就像海绵里的水，只要你愿意挤，总还是有的。一天24小时，除了8小时正常睡眠之外，其余的时间我几乎都在工作。我的工作虽然达不到废寝忘食的程度，但有时伏案爬格子，真忘了吃饭，乃至爱人和孩子千呼万唤才清醒过来。有时激情提起我的精气神，使我心血来潮，灵感突发，不能自已，常常夜半时分，披衣而起，凌晨3点奋笔疾书，我的许多文章就是在这种状况下写出来的。”是的，白老师学术人品的最大魅力就是献身精神，他的研究，已经不是一种学术事业，而是一种信念，一种情结，这种信念和情结是对语文教育研究的酷爱和迷恋。

语文是最重要的交际工具，是人类文化的重要组成部分。白老师是小学语文教学研究的“杂家”，他的研究几乎涉及到小学语文各个领域，成果主要体现在以下几个方面：

1. 注重语文德育研究。主要成果集中体现在《语文德育渗透艺术》一书中。

白老师认为，少年儿童的思想品德不是先天就有的，也不是自发形成的，而是在社会生活条件的影响下，特别是在学校教育的影响下，在他们个人的实践活动中形成和发展起来的。重视德育是历史上一切学校教育的普遍规律。在语文教学中进行思想教育，是培养一代新人的需要，语文德育具有特殊性，主要表现在语文教材中德育内容的潜藏性、语文德育内容的形象性、语文德育内容的广泛性、语文德育时间的相机性、语文德育途径的多元性和语文德育方法的渗透性上。

2. 注重语文教学艺术研究。主要成果集中体现在《小学语文课堂教学艺术》一书中。

白老师认为，在新课程改革中，不但要求转变教师的角色，而且还要转变学生的学习方式。教师是学生学习的合作者、引导者、参与者和促进者也好，学生自主、合作，探究性学习也好，还是实现知识与能力、过程与方法、情感与态度三维目标也好，都是师生交往互动，心灵对话的过程，在这个过程中，离不开教学艺术。教学艺术是教师在教学过程中按照教学规律、学生心理发展特点和美学原则，娴熟地运用各种技能、技巧进行独创性的教学活动，是教学方法的动态展开。

3. 注重小学古诗教学研究。主要成果集中体现在《小学古诗教学理论与实践》一书中。

白老师认为，中国是一个诗的王国，中国古代诗歌，绵历数千祀，作者之多，作品之富，题材之广，技巧之高，在世界文学史上是绝无仅有的，用一些脍炙人口的古诗对少年儿童进行语文教育，其意义深远。古诗是对少年儿童进行爱国主义教育的好教材，是开发少年儿童智力的好教材，是发展少年儿童语言的好教材。

4. 注重家庭语文教育研究。主要成果集中体现在《家庭语文教育艺术》一书中。

这本书借助人才学、教育学、心理学等多学科的知识，博采国内外关于家庭语文教育最新研究成果，既从宏观上阐释了家庭语文教育的普遍规律，又从微观上描述了家庭语文教育的巧妙艺术，内容丰富，文笔流畅，新论迭出，融理论性、操作性为一体，集科学性、可读性于一炉，是一本不可多得的家庭语文教育读物。

5. 注重语文教学法研究。主要成果集中体现在《实用语文教学法》一书中。

这本书与一般的语文教材教法著作不一样，它注重实用，体例新颖。白老师针对语文教学中存在的问题，运用现代教育科学理论，广泛吸取古今中外语文教学方法之精华，以一百个“怎样教”为题目，从理论到实践，从课内到课外，对小学语文教学重点、难点和热点问题，一一加以探讨。

6. 注重作文教学理论研究。主要成果集中体现在《作文知识与小学作文教学》一书中。

这本书是白老师在长期进行小学作文教学改革与实验的基础上，在全面研究古今中外写作教学理论基础上，运用心理学原理深刻地揭示了作文教学的本质，全面分析了小学生学习写作过程的心理特点，系统阐述了小学生观察、认识、表达能力的形成与发展的基本途径。

白老师在小学语文教学研究中取得了突出的成果，并在全国小学语文界产生了较大的影响。其中，《实用语文教学法》和《实用语文学习法》为姊妹篇，曾参加全国学习科学学会15年成果展，在各地影响广泛。《小学语文教学心理学》成为黑龙江省小学教师中级职务培训教材，颇受教师欢迎。《作文知识与小学作文教学》被国家教育部列为全国中小学教师继续教育参考用书，再版多次。《语文德育渗透艺术》填补了我国小学语文教学论的一项空白，大家称这是一本上乘的出版物。

波涛汹涌是海的气势，峰峦叠嶂是山的蕴藉。白老师是小学语文教学专家，他对语文教学有很多精辟的见解。

他说："作为一名教师，最为重要的业务能力，就是不管你用什么教材，遇到什么样的学生，在课堂上都能得心应手，应变自如，举重若轻，把所任课程上得扎实、轻松、精彩，这才是水平。"

他还说，很难想象，一个没有激情的人，能够同时又是一位真正的教育者。真正具有人文精神的语文教师，他在每一堂课上，都能以思想点燃思想，以自由呼唤自由，以平等造就平等，以宽容培育宽容。为此，语文教师在课堂上，应当学会微笑，倾注感情。

白老师经常说：课无情不感人，不笑不诱人。鲜花，是春天的微笑；星星，是月亮的微笑；浪花，是大海的微笑；焰火，是节日的微笑。白老师认为，教师的微笑，有着神奇的感染力，它能缩短师生之间的距离，密切师生之间的情感。教师的微笑也有其强烈的感召力，它能激发学生的学习兴趣，开启学生心灵的窗扉，对学生多一份微笑，教学情感的氛围就多一份浓度。

白老师特别欣赏"语文学习的外延与生活的外延相等"这句话，他认为，语文和生活同在，凡有人交往的地方都有语文，都有语文实践和语文学习。社会生活是语文的源泉，也是语文能力形成的土壤。因此语文教学要贴近生活，注意课程资源的开发和利用。倘若老是把思想封闭在四壁合围的教室里，或把眼睛死盯在篇幅有限的课本上，恐怕很难求得语文教学效率的提高。为此，白老师主张让学生把整个社会当成学习语文的大课堂，引导他们在生活中探求知识，历练能力，陶冶情操，修养品质，发展个性，使其幸福地享受语文。

白老师对备课也有自己独到的做法。他认为，在备课上多花点时间，如在根上浇水；在讲课上增加学生负担，似在叶上施肥。白老师备课总是从读教材入手，或朗朗有声地读，或默默无声地读，什么时候达到“使其言皆若出于吾之口，使其意皆若出于吾之心”为止。他很重视教学参考资料的运用，但没有把“教参”当成教案，他说：“天机云锦用在我，剪裁妙处非刀尺。”这是使用“教参”的正确方法。

白老师十分强调教育观念的转变。他认为，小学语文教育就其本质来说，是在儿童学习和掌握语文基础工具中造就素质全面发展的人。小学语文教学的一个最主要的任务就是要给学生打好两个底子，一是打好终生学习的底子，一是打好精神发展的底子。

白老师还信奉这样的教学理念：教学是一门科学，也是一门艺术。艺术是什么？艺术就是“无意于法则，而自合于法则”，“从心所欲不逾矩”的完美体现。白老师时时告诫自己：不要走极端，真理往往就在两个端点之间。只有不满足于“课本 + 教参 = 语文教学”这个可怜的公式，课该怎么教就怎么教。“什么是语文？我就是语文。”这是白教师经常说的一句话，很有哲理。教师，归根结底是一种文化。表现在教师身上一堂好课的标准应当是扎实的功底、精彩的设计和真挚的情感。

白老师告诉我，语文教学的理论，无论说得如何高深莫测，归根到底无非是帮助学生学会读书、作文、听话和说话，从而获得一种可以终身受益的能力。真理有时就在眼前，刻意求诸远，反而会失之交臂。所以，我们要简简单单教语文，本本分分为学生，扎扎实实求发展。

白老师研究语文教学有很多方面。

识字教学，他主张：依据汉字特点和学生学习汉字规律实施教学，把闻声、察形、知义、书正作为识字的基本任务，使识字教学牢牢地植根于汉字文化的沃土之中，注意创设语言环境，在多种语言实践中识字，让学生高高兴兴地读，快快乐乐地写，扎扎实实地记。

阅读教学，他主张：多读少讲，多背少讲，让学生养成三大习惯：日诵千言的多读习惯，娴熟于心的熟读习惯，虚心涵泳的诵读习惯。摈弃烦琐分析，强化熟读背诵，抓好语感训练，重视迁移应用。以朗读为经，以背诵为纬，经纬交织，协调组合。教师愉快地教，学生愉快地学，师生之情融于教材之中。

作文教学，他主张：把贴近生活，发展学生口头语言和书面语言当作作文教学的首要任务。作文要说真话，说实话，说自己的话，不说假话、空话和套话。作文的源泉是生活，作文的基础是阅读，作文的秘诀是多练，作文的动力是兴趣。为此，我们一定使写作题材多元化，表现体例多式化，训练方法多样化，从而变“要我作文”为“我要作文”。

星垂平野阔，月涌大江流。白老师的思想之舟总是在语文教育的这条长河里航行，我们从他对语文教学的诸多论述中，听到了这条长河的拍岸涛声。

东坡先生诗云：“不识庐山真面目，只缘身在此山中。”说的是只能深入其中不能高出其表，自然就难识庐山真面目。但是，许多事情都只有深入其中才能高出其表的。要识庐山真面目，深入其中是基础，实践出真知，语文教学也不例外。为了认识语文教学的真实面目，白老师经常“登山”给学生上课。他讲课最大的特点就是感情丰沛；或温情脉脉，如春日载阳；或热情饱满，如七月流火；或激情澎湃，如沧海洪波。他用自己感情的汩汩山泉之水，激起学生心海的层层浪花。凡受教于他的学生莫不为之激励感染，凡聆诲于他的老师，无不为之加额称善。白老师应邀在全国各地多次上过观摩课，北京、广州、中山、常州、无锡、昆明、武汉、玉门、南宁、吉林、乌鲁木齐、重庆、福州、西安、太原、安阳、长沙、哈尔滨等很多城市都留下了他的讲课身影。白老师精湛的教学艺术，高超的教学技巧，卓尔不凡的教学气质和挥洒自如的教学风格不仅征服了学生，也征服了听课的老师。一些青年教师纷纷拜他为师，切磋教艺的电话、书信几乎每天都有，使白老师忙得不可开交。是的，白老师带进课堂的不只是教学艺术，更重要的是师表和人格，教学艺术可以给学生真善美的感染，师表和人格则影响学生的一生。

如果说对于教育圣土的眷恋和崇尚，成就了白老师语文教育人生的幸福和价值，那么源头当是叶圣陶博大精深的语文教育思想对他的影响，叶老的学生本位论、生活本源论、实践本体论、习惯本旨论、工具本质论这些语文教育经典学说深深扎根于白老师的头脑中。另外，全国小学语文界著名专家、学者，如袁微子、朱作仁、高惠莹、朱敬本、杨再隋、张田若、田本娜、吴立岗、潘自由等对白老师都有过真诚的帮助。师天下者天下之师，法万世者万世之法，白老师是最善于学习别人的人。他向一线老师学习，向小学生学习。鱼儿离不开水，瓜儿离不开秧，白老师离不开的是课堂。胸襟博大的教师群体是放大他教育理想的支撑力量，白老师说："有了课堂我的人生才充满了挑战，课堂带给我的是一个平实而多彩的世界。"

如今，岁月渐渐地在他的额上刻下沧桑，白老师迎来了"耳顺"之年。60岁对工农来说是老迈体衰，力不从心，而对于白老师则桑榆犹未晚，霜霞正满天，倒是炉火纯青的又一个春天！"老骥伏枥，志在千里，烈士暮年，壮心不已。"白老师虽已年届花甲，但他仍蕴育着教学研究的雄才伟略，仍在孜孜以求。他说：展望未来，尚有荒芜的土地等待开垦，新生的芽苗亟须呵护，应试教育的桎梏尚未彻底粉碎，素质教育的探索正未有穷期。我只有死的时候，没有老的时候，退而不休是我今后的打算。

在这里，让我引用西方哲学家海德格尔的几句诗作结，表示对白老师的衷心祝愿：

前行不息
无须迟疑和退避
健行于你寂寞的小径
朝曦渐朗
攀上群山之巅……

目　录

1　语文教育的前进方向

在当代中国，发展先进的语文教育，就是发展面向现代化、面向世界、面向未来的民族的、科学的、大众的语文教育，这是语文教育的前进方向，我们务必牢牢把握这个大目标。

1. 民族化的语文教育

语文是个民族性很强的学科。它不仅受一个民族语言文字特点的制约，而且还受这个民族文化传统以及心理特点的影响。中国的语文教育首先应该姓“中”，与西方国家相比，中国的语文教育有三个显著特点：

（1）作为读写训练的基础和前提，历代都非常重视识字与写字教育。

从先秦到两汉，从唐宋到明清，两千多年来的语文教育都是从识字教学入手的，并且充分运用汉字汉语的特点来提高教学效率，建立了成套的行之有效的汉字教学体系。其中流传最广的蒙学教材便是《三字经》《百家姓》和《千字文》，采取的办法是“集中识字”。儿童入学后，用一年左右的时间认识两千多字，只要求学生会认、会读、能背诵，这样，就为初步读写打下了坚实的基础。另外，古人也十分重视写字教学，在古代，写字是书馆的一门主课。先贤认为，“字如其人”，写字的过程就是育人的过程，“提笔即是练字时”，不管什么时候，也不管什么场合，只要是一提起笔来就规规矩矩地写，端端正正地写，这就是中国人学语文的习惯。

“为学必先识字”。儿童从运用口头语言过渡到学习书面语言的基本环节就是识字，不识字就谈不上学习科学文化知识，所以，研究识字教学，探索科学有效的识字教学途径，始终是当代小学语文教学改革的重点课题，涌现出多种教学流派。有人统计，截至 1995 年，全国有一定规模的识字教学改革实验已经达到二十余种。

（2）中国传统的语文阅读教学方式几乎无一例外的是诵读、积累和感悟。

汉语特点之一是历史悠久，积淀深厚，且与今日口语有一定的距离。既然如此，积累语言全凭理解就很有困难。因此，古人的方法是在记忆力旺盛的少年时光，挑选名篇，广读多背，熟能成诵，在此期间不多讲授，不求全然理解，先“吞下去”再说，日后再慢慢“反刍”消化。我们说，传统语文阅读教学以积累为突破口，以“羚羊挂角，无迹可循”的感悟为学习方式，闪烁着唯物辩证法的光辉。因为没有量的积累就不会有质的飞跃，没有早期的背诵就难以积累一笔终身受用的语言财富，更无法受到古圣先贤思想的熏陶，道德的感召，智慧的启迪和情感的滋润。

然而，时至今日，传统语文阅读教学重视背诵之风早已荡然无存，取而代之的是教师繁琐的横剖坚割，条分缕析，一篇不长的课文一讲就是两三课时，搞得个“厌烦之情顿生，千古妙文无色”，这不能不说是语文教学的一种悲哀。

（3）从放到收、模仿融合、勤作多改是中国传统作文教学的基本经验。

古代学者一向主张训练学生作文要经过“先放后收”的过程，即首先鼓励学生大胆地写，等有了一定的基础，再要求精炼严谨。宋人谢枋得说：“凡学文，初要胆大，终要心小，由粗入细，由俗入雅，由繁入简，由豪荡而纯粹。”他说这样做的好处是：“初学熟之，开广其胸襟，发舒其志气，但见文之易，不见文之难，必能放言高论，笔端不窘矣。”清人王筠也是这种主张，他说：“作文必须放，放之如野马，踶跳咆嗥，不受羁绊，久之必自厌而收束矣。此时加以衔辔，必俯首乐从。”

前人还认为，学生作文是从模仿开始的。朱熹说：“古人作文作诗，多是模仿前人而作之。盖学之既久，自然纯熟。”清代陶石篑也主张：“读诸经书、诸史子、诸古文，熔会变化，做成自家一种手笔。”模仿古人，不抄袭古人，妙运从心，随手多变，这是学习作文的正确路子。

“作文之事，贵于专一”。不付艰辛的劳动，不尽毕生的精力，是不可能学好的。要学好作文，“无它术，唯勤读书而多为之，自工”，而勤写多改尤为重要。勤写多改才能熟练掌握作文规律，运笔自如。反之，必然文思艰涩，笔墨荒疏，很难写出像样的文章来。

综上所述，处于新世纪肇始的语文教学改革，必须汲取语文教育传统的母体营养，走母语教育民族化的道路，这是历史的必然。语文教育只有走回归传统的民族化道路，才有可能走向自身发展的现代化，而不是走向迷失自我的异化。

2. 科学化的语文教育

面对今天科学技术飞速发展的现代社会，信息量大，生活日益丰富，完全按照传统的一套来进行汉语文教育显然是不够的。我们要把语文教学建立在现代的语言学、心理学、教育学和《语文课程标准》的基础之上，使我们的语文教学由经验的向理论的、由朴素的向科学的方向转化。

(1) 建立开放而有活力的课内外结合、校内外沟通、学科间融合的新的语文教学体系。

语文学科的基础工具性质决定它具有明显的社会实践性。语文本身是人类社会独有的社会现象，语言的出现使人类从动物界分化出来。人是在社会活动中学习和运用语言的，这一点与其他学科不大相同。有许多学科，是在学校内或课堂内学习的，从不知到知，听老师讲课以后就懂了。而语文则不然，每一个人，从他牙牙学语时就开始在社会环境中学习语文了。准确地说，学习语文不是从中小学开始的，也不是从幼儿园开始的，而是从小孩发声时就开始了。爸爸、妈妈、其他人在说话，小孩看看这个，瞧瞧那个，千方百计地学习大人的表达方式。每一个人最早的语文教师是他的父母，而且父母是最忠诚的老师，小孩向这样的老师学习语言是很主动的，很积极的，也是很有成效的。随着年龄的增长，参加社会活动次数的增加，人的语言实践活动也在不断地增多，能力从而得到发展和不断的提高，在潜移默化、耳濡目染之中，不断地吸收和学习语汇及表达方式。少年儿童、青年学生是这样学习语言的，成年人也是在社会生活中不断地学习语文的。读报，听广播，看电视，逛书店，买东西，交谈，各种场合都不能不用语言这个交际工具。凡是运用语言交流思想，就是在学习语文。一句话，语文学习的外延与生活的外延相等。所以，我们要树立大语文教育观，走大语文教育之路，把整个社会当成学习语文的大课堂，教大语文，育小能人。

（2）语文课程的全部价值在于促进学生知识、能力、态度及情感的和谐发展。

《语文课程标准》明确指出："语文课程应培育学生热爱祖国语文的思想感情，指导学生正确地理解和运用祖国语文，丰富语言的积累，培养语感，发展思维，使他们具有适应实际需要的识字写字能力、阅读能力、写作能力、口语交际能力。语文课程还应重视提高学生的品德修养和审美情趣，使他们逐步形成良好的个性和健全的人格，促进德、智、体、美的和谐发展。"这段话从语文知识与语文能力、语言积累、思想情感、思维品质、审美情趣、学习方法、学习习惯、认识能力和人文底蕴等几个方面阐述了应该使学生获得的基本的语文素养。语文素养内涵十分丰富，其特点是综合性和实践性，体现了工具性和人文性相统一的思想，既包含扎实的基本功的培养和潜在能力与创新能力的开发，也包含对学生精神世界的熏陶与感染。所以，我们必须注重学生语文素养的全面提高，不能片面强调突出其中的某一个方面。对教师来讲，应当做到四个"不断"：①不断提升学生人生境界。在培养语文能力的同时，教师要善于引导学生提高思想认识、道德修养、文化品位和审美情趣，在孩子幼小的心灵世界根植正义、美善和爱的种子。②不断完善思维品质。在语文教学中要重视学生思维方法的学习，思维品质和思维能力的发展，这是学生能够成长为一个独特的人的重要基础。③不断内化心灵感悟。教师要致力于学生语文素养的整体提高，重视知识积累、情感体验和文化熏陶，重视语文运用能力和语感的培养。④不断拓展生活世界。教师要重视学生的实践活动，让学生在实践中形成对生活和世界的正确认识，在教学过程中主动学习、探究、思考。

（3）充分激发学生的主动意识和进取精神，倡导自主、合作、探究的学习方式。

一个人今天在校的学习方式，必然会与他明天的社会生存方式保持某种内在的一致性，而自主、合作、探究的学习正是这种一致性的切入点之一。以往的语文教学只考虑学生学什么，例如学什么样的语文知识，获得什么样的语文能力，受什么样的思想教育。总之，学生该怎样做都规定得清清楚楚、明明白白，教师选好了路子，定好了调子，学生只要跟着走、跟着唱就算大功告成，学生根本没有自主、探究的余地。要改变原有的单一、被动的学习方式，建立和形成旨在充分调动、发挥学生主体性的多样化的学习方式，促进学生在教师指导下主动地、富有个性地学习，把学习变成人的能动性、独立性，不断生成、张扬、发展和提升的过程，这是当前语文教学改革的核心任务，也是实施素质教育的必然要求。这种教学对教师提出新的要求，教师应当是学生学习的合作者、引导者、参与者和促进者，要有学生意识、开放意识、问题意识，在语文教学中多给学生留下思考的余地，还给学生必要的自主、合作、探索学习的空间和时间，为他们创造、发现、表现提供更多的机会。爱护学生的好奇心、求知欲，培养学生批判与怀疑精神，鼓励学生对书本质疑和对教师的超越，赞赏学生的独立探索和富有个性的表达，强调让学生去感知，去操作，去体验，帮助学生自己建构知识，让教学走进童心，走进生活的世界。

3. 大众化的语文教育

马克思主义认为，教育的本质就是育人，使一个自然的人变为社会的人。“一切为了学生的发展”是新课程的核心理念，其在教学中的表现，是关注每一个学生。以往的语文教学都是精英教育，以培养少数语文尖子作为自己的目标导向。这种教育最大的失误就在于用校园禁锢孩子的思维，用知识封杀学生的想象。一个个充满自信、富有个性的孩子，经过几年的小学语文教育，一个个梦想在校园中破灭，变成了少数人体验成功，多数人体验失败的恶果。21 世纪的中国语文教育应坚决地、毫不犹豫地扭转这种倾向，由贵族式教育向大众式教育转型，在校园文化、人文氛围的多元环境里，让每一个学生的智慧、能源、情感得到释放，让每一个学生的态度趋向、价值取向得到有效整合。这样的语文教育才算是完成了自己的使命，这样的语文教育才能焕发出生命力与诱惑力。那么，怎样才能体现大众化的语文教育呢？

首先要树立现代学生观。苏霍姆林斯基指出：“每一个学生都是一个独一无二的世界。”他又说：“天赋为每一个正常的头脑打下了必要的、充足的根基，使每一个人都能成为创造者。”教师要相信每一个学生都能成才、成功，要相信只要我们找到因材施教的办法，每一个学生都能够成为天才。只有差异，没有差生。

其次，对学习有困难的学生给予特殊关注。常言说，寸有所长，尺有所短；月有圆缺，学有迟速。学生的差异性必然存在，教师必须承认并尊重这样差异，要有耐心，有信心，持之以恒地深入研究学生，找到适合学习有困难学生发展的方法、途径，使其语文素养得到提高。

再次，认真贯彻因材施教原则。我们要承认差异、尊重差异、转化差异，视差异为财富，因材施教，各展其长。如有位教师根据学生的差异，将作业设计难易有别的 A、B、C 三组。让学生根据自己的实际情况选择适合自己的一组。基础差的学生做 A 组的一些基础练习，如生字、词语、背诵等巩固性练习。中等学生做 B 组练习，主要是对知识的理解和简单的应用。成绩优秀、有余力的学生可以做 C 组难度较大的练习，运用所学的知识解决实际问题。

2 语文教学与中华民族精神

中共十六大报告指出："民族精神是一个民族赖以生存和发展的精神支撑。一个民族，没有振奋的精神和高尚的品格，不可能自立于世界民族之林。""面对世界范围各种思想文化的相互激荡，必须把弘扬和培育民族精神作为文化建设极为重要的任务，纳入国民教育全过程，纳入精神文明建设全过程，使全体人民始终保持昂扬向上的精神状态。"

1. 民族精神的科学内涵及重大意义

民族精神是一个民族在长期的共同生活和共同的社会实践基础上形成和发展的，为民族大多数成员所认同和接受的思想品格、价值取向和道德规范，是一个民族心理特征、文化传统、思想感情等的综合反映。

中华民族精神包含着许多合理的、进步的、光辉灿烂的内容。忠孝、仁爱、信义、和平精神，宽容、厚德、载物、务实精神，杀身成仁、舍生取义、勤俭节约、艰苦奋斗精神，都是中华民族的优良个性。近百年来，历尽苦难的中国人民在伟大的民族精神感召下，为反抗帝国主义的侵略和中华民族的崛起，前仆后继，英勇斗争。特别是中国共产党，领导全国各族人民在长期的革命和建设中，不断契合时代和社会的发展要求，又形成了井冈山精神、长征精神、延安精神、西柏坡精神、大庆精神、"两弹一星"精神、雷锋精神、抗洪精神，等等。正是依靠这些精神，中国人民推翻了三座大山，建立了社会主义新中国，取得了改革开放和社会主义现代化建设的辉煌成就。中共十六大报告将这些精神概括为"以爱国主义为核心的团结统一、爱好和平、勤劳勇敢、自强不息的伟大民族精神。"

党的十六大就把弘扬和培育民族精神作为一项十分重要的战略任务

提出，意义特别重大和深远。一个国家、一个民族，要自立于世界民族之林，必须始终保持昂扬向上的民族精神。一个丧失民族精神的民族，将无以立国；一个缺乏民族精神的民族，将无以强国。当今世界，国家之间的较量和竞争日益激烈，有没有昂扬向上的民族精神，成为衡量一个国家综合国力的一个重要尺度。综合国力不仅包括物质力量，而且也包括精神力量。民族精神是一个国家综合国力的重要组成部分，也是衡量一个国家综合国力强弱的重要标志。它对内具有凝聚、鼓舞民族力量，对外具有展示民族发展前景的重要功能。如果一个民族没有昂扬向上的精神状态，没有坚忍不拔的民族风格和万众一心的民族志向，就不可能应对现代化建设所面临的各种机遇和挑战，也就不可能在世界舞台上拥有应有的地位和影响。新世纪新阶段，中国要发展，要富强，就必须弘扬和培育民族精神，激发全体人民开拓创新、奋发图强的意志和力量，不断增强全民族的精神力量，不断提高全民族的精神境界。惟有这样才能万众一心、坚韧不拔地向前奋进。

2. 在语文教学中弘扬、培育中华民族精神的国际背景

当前，在语文教学中之所以要大力弘扬和培育中华民族精神，是有其国际背景的。

第一，社会主义和资本主义的政治意识形态色彩在淡化，民族主义和民族文化的冲突在日益加强。

社会主义和资本主义两大阵营的对抗是冷战时代的一个重要特点和内容。冷战结束后，统一的国际市场逐渐形成，各国出于经济利益的考虑而纷纷出现超越地域、超越民族的联盟，如欧盟、东盟、非统、亚太组织等，自然也就淡化了社会主义和资本主义的政治意识形态色彩及其对立，而先前被掩盖的民族矛盾、民族价值观念的冲突则相应突出出来。波黑战争、海湾战争、巴以冲突、印巴冲突等都是民族矛盾激化的表现，也是民族文化激化的印证。而且，民族矛盾和民族文化的冲突表现出复杂性和多层次性，如果说在冷战时代的不同价值观念主要突出政治色彩的话，那么，在当今时代不同民族价值观念的复杂性和多层次性得到了相当程度的表现，冲突也在多方面展开，巴以冲突是最典型的例子。有宗教信仰、经济利益和立场的不同理解，有对生活目标的不同理解，有对人权的不同理解，而产生的冲突。

第二，社会凝聚力减弱，国民的国家意识淡化。

联合国教科文组织在1996年组织全世界40多位横跨十多个科学的专家学者，历时两年多提交了一份《世界文化形势报告》，报告指出，经济全球化使社会的凝聚力大为减弱，产生这种状况的原因主要是收入不平等差距的增大。在发达国家，是增长的收入不平等，社会安全体系的破坏，恐怖主义活动猖獗。而在发展中国家存在着财政紧缩、失业人口增加、环境恶化、收入不平等现象扩大，没有社会安全体系。就我国而言，在转型时期存在的问题更多，比如腐败现象，包括权力腐败、政治腐败、经济腐败、学术腐败、行业腐败等等，还有道德失范、道德滑坡等。这些都极大地减弱了社会的凝聚力。国民的国家意识淡化，在经济活动中国家的作用和权力越来越弱、越来越小。从经济活动的主体看，经济活动的主体大都是跨国公司和跨国集团，它们占有国际贸易的三分之二，直接投资为70%。经济活动的范围跨地区、跨国家、跨行业；经济活动的规则也是从属于国际贸易规则，国家自主的观念逐渐减退，国家控制经济和文化的权力削弱，分权与国际组织、国内组织和国民个人。同时，由于互联网的普及，世界都接受同样的信息，这些信息与本土政治、宗教或民族环境相脱离。因而，经济全球化造成了国民的国家意识减弱，不忠诚民族、国家的行为日益增多。

第三，经济全球化条件下，民族文化安全问题日益明朗化。

伴随经济全球化，必然加强各国在政治和文化上的交流与互动，但这种交流与互动是不对等的，西方文化正以强劲势头向世界各地渗透，使得弱小国家和民族对自己文化的不安全感增大，保证本民族文化安全问题成为中心任务，所以，文化安全问题是当今世界各个民族和国家都开始重视和关注的一个重要问题，也是东西方关系中一个重要问题。在国际上有一种理论叫后殖民主义理论，提出了文化帝国主义的概念。他们认为战争和武力使一个民族置于另一个民族的殖民统治下的直截了当的殖民主义业已完成，但帝国主义却仍然存在政治文化领域当中，从事着具体的政治、意识形态、经济和社会活动，通过文化报刊、旅行考察和学术讲座等方式来渗透和宣扬西方的价值观念、意识形态和政治理念，利用自己掌握的话语霸权来影响东方国家的知识分子，进而影响、同化其社会大众。以可口可乐、麦当劳、好莱坞电影、迪斯尼、多媒体等具有象征意义的美国文化，一方面改变我们的生活方式，也改变了我们的生活观念。有人形象地这样描述：我们现在吃的是麦当劳、肯德基，喝的是可口可乐，说的是英语，看的是美国大片。据1998年《华盛顿邮报》一篇题为《美国经济文化渗到世界各地》的文章介绍，美国现在最大的出口产品，不是农作物，不是工业品，而是批量生产的文化产品。

3. 弘扬和培育中华民族精神的总体目标

《语文课程标准》对弘扬和培育中华民族精神的总体目标做了明确规定。

（1）培养爱国主义感情。

语文教材中的大量课文是正气歌和爱国颂，这些文质兼美的诗文能点燃学生心灵爱国的熊熊烈火，在学生心中筑起抵御侵略、维护祖国尊严的钢铁长城。在语文学习中，使他们认识到：

第一，爱国主义是中华民族的传统美德。中华民族自古以来就形成了热爱祖国的浓烈情感，并把它作为一种美德世代相传。从孔孟时代的“杀身成仁”“舍生取义”到屈原的“虽九死犹未悔”；从霍去病的“匈始未灭，何以家为”到诸葛亮的“鞠躬尽瘁，死而后已”；从范仲淹的“先天下之忧而忧，后天下之乐而乐”到陆游的“位卑未敢忘忧国”；从顾炎武的“天下兴亡，匹夫有责”到孙中山的“驱除鞑掳，恢复中华”，等等，千古英雄，爱国同怀赤子之心。他们的美德节操，特立高行，无不体现着一腔阳刚的爱国豪情，中华五千年而立于世界民族之林，无不因这伟大的爱国主义美德而生成民族的凝聚力。

第二，爱国就应该在国难当头之时挺身报国。爱国的美德、信念在平时应该是“家事国事天下事，事事关心”，一切从国家利益出发，祖国利益高于一切。而在侵略者侵犯祖国的时候，就应该挺身而出，报效祖国，维护国家统一、领土完整和民族团结，不惜“用我们的血肉筑成我们新的长城”。像曹植报国，“捐躯赴国难誓死忽如归”，何等忠贞；文天祥救国，“人生自古谁无死，留取丹心照汗青”，何等诚挚；史可法殉国，“人在城在，城陷人死”，何等英烈；谭嗣同捐躯，“我自横刀向天笑，去留肝胆两昆仑”，何等刚强。这些英雄在国难当头之时挺身救国，浩然正气充塞于天地之间，使人感受到一种巨大的人格力量，一种震撼山岳、倒海翻江的气势，为了报效祖国即使是赴汤蹈火也在所不辞。

第三，牢记“落后就要挨打”的历史教训，爱国就要振兴中华。鸦片战争以后，中国为什么会任人宰割？就是因为落后，落后就要挨打。为此，中华儿女奋起斗争，抛头颅，洒热血，拯救中华。鉴湖女侠秋瑾手持利剑长啸：“金瓯已缺总须补，为国牺牲敢献身”，以死报国，唤醒同胞；革命先行者孙中山先生发动武昌起义，推翻了满清王朝；毛泽东“身无分文，心忧天下”；周恩来“为中华崛起而读书”，“面壁十年图破壁，难酬蹈海亦英雄”；邓小平 16 岁远赴法国勤工俭学，寻求救国救民真理，等等。他们的心与祖国相印，与人民相通，为祖国独立、人民幸福，做出了卓越的贡献，留下了为后代景仰的历史丰碑。让学生在学习课文中，学习老一辈革命家的爱国主义精神，产生一种崇高的爱国激情，即令是关山重重，也愿与之同行。

第四，热爱为新中国的成立和建设而拼搏的英雄。教材中展现了为新中国的成立和建设而拼搏的英雄画廊：董存瑞舍身炸暗堡，高喊着“为了新中国，前进”；邱少云烈火烧身纹丝不动，牢记着“祖国利益高于一切”；王铁人“宁可少活 20 年，拼命也要拿下大油田”；雷锋“把有限的时间投入到无限的为人民服务之中去”；焦裕禄“心中装着只有兰考人民，惟独没有自己”等等。从他们身上我们看到了伟大的爱国主义精神。同那些在金钱摇滚乐的变奏中苟活的个人主义者、享乐主义者、拜金主义者相比，他们是巍巍昆仑，后者该是多么渺小与可悲。这些英雄才是学生应该追求的真正“明星”，让这些英雄深入学生的心中，教育学生做一个堂堂正正的有骨气的中国人，随时准备报效祖国。

（2）认识中华文化的丰厚博大。

中国是世界四大文明古国之一。在数千年的历史进程中，中华民族长期走在世界的前列，领导着时代的潮流。从雄伟的万里长城，到世界奇迹秦始皇兵马俑，从举世闻名的四大发明，到令人惊叹不已的编钟编磬……政治、经济、军事、文学、艺术、科技，样样让人自豪、骄傲，这一切，都保存在源远流长的中华文化之中，使之处处充满了创造精神和民族智慧。单拿文学来说，语文教材所选的诗、词、文、赋、戏曲、小说等名篇佳作数不胜数，这些作品，积淀着丰富而深厚的中华民族的优秀的文化精华。《诗经·硕鼠》是古代四言诗的典范；《涉江》是古代骚体诗的典范；《荀子·劝学》是古代论说文的典范；《鸿门宴》是古代史传文学中的经典之作；诸葛亮的《出师表》是古代表疏奏章等政府公文的名篇佳作；李白的《黄鹤楼送孟浩然之广陵》是唐诗的典范；苏轼的《念奴娇·赤壁怀古》是宋词的典范；王安石的《游褒禅山记》是古代游记的典范；《窦娥冤》《打渔打家》是元杂剧的经典之作；《群英会蒋干中计》《林教头风雪山神庙》《林黛玉进贾府》等称得上是中国古典小说的瑰宝。这些诗词文赋、戏曲、小说的代表作品，既为学生学习古代文学提供了范本，又为他们提高语言文字能力树立了标的，同时也为他们了解和认识灿烂的中华文化打下了烙印。

（3）培植热爱祖国语言文字的情感。

我们祖国的语言文字，即汉语汉字，它准确、优美、严密、丰富，具有极强的表现力，它是中华民族智慧的结晶，创造性劳动的产物，凝聚着中华民族的风俗、习惯，积淀着民族的文化传统和性格气质。它同祖国辽阔的领土一样，是祖国存在的标志。一个人能热爱祖国的语言文字，并且能正确理解和运用祖国的语言文字，是热爱祖国的表现，是维护民族尊严、民族感情的表现。

在世界两千多种语言中，汉语是通行最广的语言之一，使用汉语的人口占了人类的1/4，还有日本、朝鲜、越南、马来西亚、新加坡等国的语文都直接受到汉语的影响。另外，汉字源远流长，信息量大，构词力强，易辨易读，具有因义赋形、富于联想和书法艺术的特点，有利于提高儿童的智商。新加坡大学心理学系曾增博士在完成一项研究后指出，学习汉字使新加坡6~12岁儿童的智商比英国、德国、澳大利亚儿童高。他认为，汉字的学习在这方面扮演着举足轻重的角色。因此我们说，热爱祖国语言文字，是学习语文的动力因素，培植热爱祖国语言文字情感是语文教育的宗旨之一。

4. 弘扬和培育中华民族精神的原则和方法

在语文教学中弘扬和培育中华民族精神的基本原则是感染。文章不是无情物，"诗言志，文表情"，古往今来，大凡凝结作者创作苦心的文章，无一不是执著地表现作者独具匠心的人生追求，无一不是内含着作品精美和多义效果的审美情趣。文章中的"情"，决定了语文教学应当一往情深，应当以情感人。语文教学中的"情"都有哪些内涵呢？一是教师的感情，二是作者的感情，三是学生的感情。其中教师的感情是联结作者和学生感情的纽带和桥梁。在教学中，只有教师自己胸中燃起一团火，才能点燃全班学生那一片火，才能产生一种感染力、辐射力。比如范读，语文教材中有许多文质兼美的好课文，如果教师能在教学中饱含感情进入角色，给学生以示范性的朗读，让学生如同亲耳听到革命先烈愿把牢底坐穿也不从狗洞爬出去的铿锵誓言；宁肯跳崖也不投降的气壮山河的呼喊，做到"以情传情"，那么，真挚浓烈的情感将产生动人心弦的魅力，字词就再也不是枯燥的文字符号了。在师生情感的交流中，学生受到感染。如《可爱的草塘》一课，作者通过对北大荒一个草塘美景的描写，赞美祖国边陲的可爱 。一位教师在教学中选取了草塘美景一段，进行范读，教师读得美，学生听得美，教师赞美浪花，于是，学生对北大荒由衷的爱就在朗读的声音里，在学生的心底呼之欲出了。这是在教语文，又是在歌颂祖国。

在语文教学中弘扬和培育中华民族精神的主要方法是训练。语文教学是一种综合性的训练活动，听说读写训练不应置于思想教育之外，思想教育也不应是硬加进听说读写的“作料”。语文能力训练和思想政治教育是一个有机的整体。课堂教学要使学生听出“道”，说出“德”，读出“情”，写出“理,”关键在训练。

要训练，必须选准训练点。《视死如归》课文中有这样一句话：“什么招字，早就从我的字典里抠掉了。”这是王若飞回答敌人的一句话。一位教师在教学中紧紧抓住这句话展开层层推敲。

师：是不是王若飞真的把字典里“招”字抠掉了？

生：不是。

师：那这句话是什么意思？谁能改变一下说法，不说“从字典里抠掉”，但意思不变。

生：我绝不说出党的机密，不当叛徒。

师：但王若飞为什么要这样说？

生：这样说，听起来特别有力，显得非常坚定。

师：是的。这句话里有两个词最能突出王若飞对革命忠心耿耿，对敌人无比蔑视，说说看是哪两个。

生：一个是“早”字，一个是“抠”字。

师：对。“早”就抠掉了，早到什么时候？

生：早到王若飞参加革命的那一天。

师：说得对。从这里可以看出王若飞从参加革命那一天起就决心忠于革命，决不叛变革命。“抠”是个表示动作的词，不用“抠”还可以用什么词？

生：还可以用“擦”、“涂”。

师：那么王若飞为什么说“抠掉”，而不说“擦掉”、“涂掉”呢？请大家做一下“抠”和“擦”“涂”的动作。

生：用“抠”更有劲。

师：用“抠”更能突出王若飞对叛徒的恨。

从这个教学片断中我们不难看出，教师在关键的一句话上展开的训练真可谓是实实在在。他不仅引导学生理解字面意思，还引导学生体会句子的内涵。教学的重心不仅停留在句的训练上，还落实到句中重点词语的深究、辨析上。这样层层剖析，既训练了学生思维的深刻性和用语的准确性，而且使学生真正理解了共产党的内涵。共产党员的光辉形象将同王若飞的铮铮名言一同深深印入学生心中，应当说，这是“教语文”，也是在“学英雄”。

3 对当前小学语文教学的思考

新中国成立50多年来，小学语文教学经历了风风雨雨，广大小学语文教学工作者坚持教学改革，开展教学实验，探索并总结出许许多多符合小学语文教学规律的行之有效的教学方法或经验，这对推进当时和现在小学语文教学质量的提高起了积极的作用。50多年来，我们的小学语文教学的确有着多方面的发展和创造，但是，如何把我国小学语文教学推向21世纪，全面实施素质教育，使每个学生都能得到切实的语文训练，真正达到《小学语文教学大纲》的要求，我们还得从小学语文学科的性质、任务出发，对当前小学语文教学存在的利与弊、成绩与不足、发展与局限进行一翻深入的思考。

思考之一：小学语文教学应该切忌求深、求全

《九年义务教育全日制小学语文教学大纲》在阐述教学目的和教学要求时指出："小学语文教学的目的，是指导学生正确地理解和运用祖国的语言文字，使学生具有初步的听说读写能力"，"能写简单的记叙文"和"常用的应用文"。我们从"初步"、"简单"、"常用"的字样可以看出，小学语文教学应当姓"小"，属于启蒙教育，是打基础的阶段。小学生学习语文，许多内容对他们而言都是"第一次"，第一次认识某一个汉字，第一次遇见某一个词语，第一次接触某一个句式，无论是语文知识，还是语文能力，要求都不宜过高。如果讲深了，超越了学生接受能力，那么势必欲速不达。如一位教师教骆宾王的《鹅》，他说："绿是由蓝和黄混合而成的一种颜色。古人作诗常用'绿'赞美山水的秀丽，表达其热爱祖国山河的情怀。但由于语境不同，'绿'所表达的意义就不同。'白毛浮绿水'中的绿，是碧绿的意思，贺知章《咏柳》中的‘万条垂下绿丝绦’的‘绿’则是嫩绿的意思，曾几《三衢道中》的‘绿阴不减来时路’的‘绿’则是浓绿的意思，在王安石《泊船瓜洲》的‘春风又绿江南岸’中，‘绿’又当动词讲，是吹绿的意思。”这种海阔天空、旁征博引式的教学，对刚刚跨入小学大门的儿童来说，真是“危乎高哉，蜀道之难难于上青天”，他们根本接受不了。

再比如，词语教学中的“解词”，有的教师非得要求学生准确地说出或写出词语的意思。其实，课本中的许多词语，学生只要意会，说得基本正确就可以了，不必苛求。例如《小交通员》一课中的“虚掩”一词，学生回答是“门没有关的意思”，这说明学生懂得了。而教师偏要“添足”，说这是“没有上栓”。20 世纪 90 年代的城市儿童又有多少人能知道“栓”是何物？我们说，一个正确的认识要经过多次反复才能完成，对一个词语的正确理解也是这样，不能企图毕其功于一役。学生往往在一篇文章中见到一个新词，有了初步的意会，以后在别的文章中又见了一面，在相类似的语言环境中，就可以验证一下自己的认识正确与否。如此循环往复，逐渐形成比较正确的概念。所以，我们对学生的知识掌握不能求全责备。

小学语文教学除了姓“小”之外，它还姓“语”，故此，小学语文教学既不能求深，更不能求全。现在小学语文教学有一种倾向，那就是追求教学的全面性。先说教学目标：知识教学、技能训练、思想教育、学法指导，不一而足，结果弄得语文教学不伦不类。再看教学过程：有的语文教师总怕讲得不全面，所以每课书总要把生字、新词、句子、段落、中心思想、写作特点等都讲了还嫌不够，还要额外加上许多内容，这种千头万绪、有枣无枣打三杆的教学，犹似蜻蜓点水，只能浅尝辄止。

当然，语文教学目的是一个多元的结构，传授知识、训练能力、开发智力，以至立德、审美都是其宽泛的内涵。但是，我们必须牢牢记住，语文教学根本任务就是教会学生理解和运用祖国语言文字，我们要把语文课真正上成语言文字基本功训练课，千万不能置听、说、读、写于不顾，上成其他课。

另一方面，课堂教学时空是有限的，教师和学生的精力也是有限的，无论是教学的目的任务，还是教学的内容、方法和手段，都应有重点，不能胡子眉毛一把抓。处理一篇教材，教学一篇课文，如果面面俱到，一则不能体现重点，使学生不易抓住要领；二则如大雨倾盆，没有韵味，不能调动学生学习的积极性和主动性。比较好的教法和处理教材的艺术，在于抓住关键，突破重点，带动全面。因为教材中的重点，在系统的知识中往往具有承先启后、沟通左右、统帅全局的作用，所以，我们必须有的放矢地进行精讲多练。

思考之二：小学语文教学应该避免成人化、程式化

在传统的小学语文教学中只有严密的课程时刻表，严格的纪律规范和深奥、干瘪的讲解，这种枯燥的“满堂灌”教学，必然使学生兴趣消损，聪明闭塞，负担加重。大家都知道，小学生，尤其是低年级儿童，他们年龄小，身体发育尚未成熟，骨化过程尚未完成，理性认识少，控制能力差，喜欢活动。一般来说，一二年级学生注意力集中时间为15~20分钟；三至四五年级学生注意力集中时间为20~30分钟，对比较有兴趣的内容，适合儿童特点的方法，他们的注意力时间能较长一些。

根据以上特点，我们应当把语文课上得好懂、有趣，避免成人化。首先教师在教学中要注意自己的教态，理想的教态应该是：和蔼可亲的，温和耐心的，情绪稳定的，心情舒畅的，精神饱满的，语调亲切、自然，富于情感，表情和动作和谐。其次，在语文教学中要把语言文字教学具体形象化，多采用直观的方法，少讲抽象道理，年级越低越要注意教学生动、形象、多变化，使机械识记与意义识记相联系，让儿童在趣兴盎然中掌握语言文字。拿识字来说，汉字的构字规律有象形、指事、会意、形声等六种，其中以形声字规律为常见。学会利用规律来帮助认识、理解和记忆生字，是培养学生独立识字能力的一个重要方面。在教学中可以选用汉字偏旁组合接龙、找朋友、打汉字组合扑克牌、摘桃子、带字入门等一系列游戏活动，使学生在一次次轻松愉快的游戏活动中接触规律，认识和记忆规律，直至能够运用规律独立识字。再拿词语教学来说，儿童对词语的掌握分成两个时期：词语学习初期，词语倾向于代表实际的未分类的事物。在意义上它与具体事物所引起的相应的表象等值。进一步学习后，词语开始代表概念和一般观念，在意义上与更抽象的表象、更概括和更分化的认知内容等值。由于儿童在词语学习中的认知程度不同，在词语教学时，必须考虑学生的心理特点和年龄特点，灵活应用各种解词方法，重视形象、直观的作用，做到简明、确切、通俗、易懂，联系实际。

目前，在小学语文教学中，囿于一个教学程式的现象比较严重。课文分两类，讲法毫无二致；体裁不一样，教法千篇一律；一篇文章，赵钱孙李都那样教，教学个性不明显；年级有别，方法雷同，一班之内，学生迥异，看不出因材施教的特点。总之，一个模子，一样要求，一种门路形成了千课一式、千人一面的局面，使活生生的小学语文教学走向了形式主义。

对具体情况作具体分析，是马克思主义最本质的东西，是马克思主义活的灵魂。小学语文教学要贯彻这一原则，就必须克服目前存在的程式化的教学弊端，要因类型、因体裁、因学生、因年级、因教师而异。只有这样，才能把课讲活，把学生教聪明，达到“教是为了不需要教”的理想境界，使语文教学虎虎有生气。比如，适合朗读的文章，就可以让学生去读；需要讲解的文章，就可以大胆去讲；适合自学的文章，就可以放手让学生自己去看；较为浅显的文章，可以来个浅文深教；比较艰深的文章，也可以深文浅教；篇幅较长的文章，可以长文短教，短小精悍的文章，可以细嚼慢咽。一句话，就是要因文定法，辨证施教。

思考之三：小学语文教学应该提倡多读、多背

如果说当前小学语文教学还存在着少、慢、差、费的现象，那么学生读书时间太少乃是其中一个重要原因。因此，我们应当建立一个以读为本的小学语文教学结构。原因是：

第一，从小学语文教材内容来看，多数篇章学生是可以读懂的。人教社五年制九年义务教育小学语文教材共有课文261篇，其中包括看图学文34篇，精读课文164篇，阅读课文63篇，除去29首古诗之外，其余的都是浅显易懂的白话文。如果学生充分发挥潜在的智能，借助工具书，百分之七八十的课文是能够读懂的。既然学生自己能读懂，教师何必越俎代庖大讲而特讲呢？

第二，从小学语文学科性质来看，小学语文是基础工具学科。众所周知，知识课是解决知道不知道的问题，而工具课是解决会不会的问题。使用工具都要强调实践，强调做。那么，语文教学就要强调学生参加语言实践，就要让学生通过实践去掌握语文这种工具，在教学方法上就要特别强调一个“读”字。通过读去理解课文内容，通过读去掌握读的本领。另外，为了培养学生的写作能力，也得从读开始，因为阅读是写作的基础。总之，读是学生学习语文的主要途径，如果离开了读，语文教学就不会有好的效果。

第三，从现代儿童心理学的角度看，读符合儿童语言发展的年龄特点。学龄初期的儿童智窦初开，求知心切，是智力和语言发展的关键时期。此时大脑发育不仅需要大量的营养，更重要的是需要丰富的精神刺激，而精美的文章对儿童来说就是最好的语词刺激物，对发展和丰富语言产生积极影响。因此，多读能开拓儿童的知识视野，丰富儿童的思维能力和想象能力，使儿童的大脑变得更聪明些。

在语文教学中，我们不但强调学生读，而且还强调多读。所谓多读，包含三方面的含义：一是读的篇数要多，二是读的遍数要多，三是读的人数要多。至于读的方式也应该多样化，用以激发学生的兴趣。如朗读、默读、领读、引读、齐读、仿读、跟读、轮读、个别读、接替读、分角色读，教师可以根据不同的年级、课文和教学要求的具体情况，选择读的方式。

《九年义务教育全日制小学语文教学大纲》指出：“要重视复述和背诵。”这既是对背诵这一教学方法的肯定，也是通过教学法规的形式要求语文老师使用这种教学方法。但是，近些年来背诵往往被忽视，一些人头脑中有一个错误的公式，即“背诵=死记硬背”。死记硬背有诸多弊病，是人们所不欢迎的。而背诵是提高语文教学质量的有效手段之一，是我国传统的学习语文的一种方法，它是朗读到烂熟的结果。我主张语文教学应当呼唤背诵，这是因为：

1. 背诵有助于增强学生的记忆力

学生背诵时，有一种要背诵下来的潜意识，即强烈的学习动机，这对提高他们的有意注意很有好处。同时，在背诵过程中，可以不断地摸索记忆规律，逐渐知道怎样背记得快、记得牢。因此，背诵有助于增强学生的记忆力。

2. 背诵有助于提高学生的理解能力

背诵是熟读的结果，也是诵读遍数的积累。学生对课文每读一遍都是一个感知的过程，前一次没有理解或理解不深的地方，后一次会加深理解。在反复诵读中，既有诵读者感情的投入，又能促进诵读者边读边想。因此随着诵读遍数的增加，诵读者的理解、体会也在层层加深，“书读百遍，其义自见”就是这个道理。

3. 背诵有助于规范学生的语言

学生在入学前就有一定的口头表达能力，但由于受方言土语及不良的语言习惯的影响，他们的语言往往不规范，不准确，不精炼。在背诵过程中，学生通过反复诵读书上的规范化的语言，潜移默化地进行吸收，久而久之，原来不规范的方言土语及不良的语言习惯逐渐被规范的书面语所代替。

4. 背诵有助于提高学生的表达能力

背诵可以使学生积累大量的妙词、佳句、名篇，他们的材料库会在背诵中不断地被充实，而且背诵中能够学习一些表达方法。在说话和作文时，材料库中的材料就会根据需要自然地流露出来。郭沫若同志的“胸藏万汇凭吞吐，笔有千钧任歙张”的诗句，极恰当地说明了背诵和表达之间的关系。

我认为，背诵必须在熟读和理解的基础上进行。只有理解了的东西才能记得住，记得牢；死记硬背，即使记住了，往往也不牢固。因此，背诵必须要求在学生初步理解内容的基础上去读，在读的时候，再现课文的感情或意境，逐步加深对课文的理解，再进一步反复熟读成诵。同时，要求学生背诵也要像朗读课文那样，做到“正确、流利、有感情”。背正确是最基本的要求。要用普通话，发音清楚响亮，不背错字，不丢字，不添字，不唱读，不重复字句。在这个基础上，要求通顺流畅，也就是要背得熟练，不结结巴巴的。进而要求学生背诵要有感情，背出不同的语调，背出词语之间、句子之间、段落之间的停顿，并注意轻重缓急。

对小学各年级学生的背诵要求应有所不同。一般说，随着年级的升高，对背诵的内容在深度、广度、篇幅和数量上的要求也应逐渐提高，但必须防止加重学生的负担。

思考之四：小学语文教学应该反对作业多、考试多

毋庸讳言，由于受应试教育思潮的影响，当前小学生课业负担还是比较重的。其表现之一，就是课内外作业量大题多，枯燥乏味。学生整日在作业堆里疲于奔命，浪费精力，消耗体力。这种做法，剥夺了儿童少年的童心与乐趣，严重地影响他们的身心健康，违背了素质教育的要求。如何将学生从繁重的作业堆里解放出来，把作业的布置限制在适当的范围内，建立在科学的基础上，从而还给孩子幸福的童年，这不但是教学方法的问题，而且也是教学思想的问题。

我们应当根据小学生喜新、厌久、图快、求趣的作业心理特点，对组织作业加以改革，我的意见是：

1. 作业时间要少

适当控制作业的分量，一般情况下，低年级不留书面家庭作业，中年级每日课外作业总量不超过 15 分钟，高年级不超过 30 分钟。星期五不留课外作业，让学生在双休日充分休息，看看电视，听听广播，读读报纸，逛逛书店，玩个痛快。

2. 作业内容要精

每次作业都要精心筛选，精心组织，精心设计，尽量体现教学重点，使作业具有典型性和代表性。通过作业，引导学生举一反三，触类旁通，将知识转化为技能、技巧。

3. 作业形式要活

布置作业不能搞一刀切，要充分考虑不同层次学生的实际。譬如，让学困生做些基本题，让尖子学生做些难度较大的题。另外，布置作业还要注意两结合，一是听、说、读、写、思结合，二是课内外结合，以课内为主，少留课外作业。

下面举几个例子。

一位教师教《颐和园》，留过这样的作业：让学生根据《颐和园》这篇文章的内容，画一张“颐和园导游图”，并用文字加以说明，看谁画得准确、形象，说得明白、清楚。在这个基础上，举办语文作业展览。这样的作业，新颖别致，学生乐于完成，能使其运用知识的能力得到锻炼和提高。

一位教师讲《圆明园的毁灭》，离下课 10 分钟时，他让学生想一想，这节课学了哪些词语？想不起来的可以看书。接着进行听写，然后同桌交换检查，最后教师订正共性错误。这样设计，是把课外作业纳入课内处理，当堂验收，及时反馈，既能减轻学生负担，又能减轻教师负担，一举两得。

一位教师指导学生学习《新型玻璃》，布置学生回家写一写本课的生字。会写的字就不写了，不会写的，每字只写 3 遍，第一遍要写得对，第二遍要写得好，第三遍要写得快。这种作业，因人而异，富有弹性，一反“有枣无枣打三竿”的做法，颇受学生欢迎。

传统考试类似科举，弊端有五：其一，重笔试轻口试；其二，重闭卷轻开卷；其三，重期末轻平时；其四，重知识轻能力；其五，重教师轻学生。传统考试名目繁多，单元考、阶段考、摸底考、模拟考、不一而足。一句话，小考天天有，大考三六九，学生心理压力和精神负担非常大。

有人说，考试是指挥棒，考什么教什么，怎么考就怎么教。此话千真万确。改革教法，必须改革考法，不改革考法，教法的改革也只是皮毛肤，未能触动传统的教学过程和教学结构，这种教学改革基本是在旧模式的框架里进行局部的实用主义改革。因此，我们必须让考试观念冲破樊笼，从根本上革新考试制度。基于这种认识，我主张语文考试应当搞“五结合”。

(1) 口试与笔试结合。

口试主要考查学生的听、说、读的能力。考查听话能力的主要方式有听述、听记、听辨等；考查说话能力的主要方式有口头复述、看图说话、口头作文等；考查朗读能力的主要方式有朗读课文、朗读书报等。

(2) 开卷与闭卷结合。

一般地说，试题难度较大、较灵活，答案不能直接从书本上找到的，可以开卷考试。开卷考试，允许学生查字典，允许学生翻阅课外书籍，必要时也允许学生看教材。

(3) 平时与期末结合。

取消期中考试，以平时考查取而代之。建立学生平时考查记分册，在日常的语文教学过程中有计划地记分，对学生平时的作业也要进行全面衡量记分，期末以这两种记分来结评学习成绩。

(4) 知识与能力结合。

既考知识，又考能力，以考能力为主。低年级注重考查学生综合运用知识的能力，中年级注重全面考查听、读、说、写四大语文能力，高年级加大阅读和作文分数比例，寓语文知识的考试于读、写之中。

(5) 教师与学生结合。

高年级期末考试，可以由教师和学生共同确定测定的方向、要求、范围、方法，共同选题、定题。考试后，学生根据教师提供的评分标准、计分办法，互相批阅试卷。这种做法，可以减少出题人的主观性，调动学生的主动性和积极性。

4　小学语文整体人格教育

当前，不少学校陷入了片面追求升学率的“怪圈”，为数众多的教师重文轻道，把语文课上成了单纯的语文知识传授课或语文技能训练课，而忽视对学生进行整体人格教育，淡化了语文学科的德育功能，语文教学显得苍白无力。为此，笔者想就语文课德育问题谈一些看法，与同行们共同探讨、研究。

1. 整体人格教育是语文教学的起点与归宿

小学语文教学总体目标就是提高学生整体素质，促进学生德、智、体、美全面发展。通过语文传习、语文活动、语文生活，着力渗透整体人格教育内核，达于培育“四有”公民。概而言之，小学语文教学的起点和归宿就是教学生做人。这是因为——

第一，教学的教育性是教学的规律。教学是教育的一部分，是受教育与政治经济关系的规律制约的。作为阶级的教育总是为一定的阶级一定的社会服务的，我们要保证学校的社会主义性质和社会主义方向，就要把无产阶级的政治、哲学、道德观点渗透在教学的全部过程。教师和学生都是以活生生的整体的人参与教学活动的，因此，教师的言教身教和学生的自我学习都能产生很大的教育作用的。

第二，语文课是一门思想性很强的基础工具课。语文学科是工具性学科，这个工具是由语言这一性质决定的。语言这个工具运用于听、说、读、写，起的是交际的作用；运用于思考问题，起的是思维的作用。作为口头语言，听到的是声音；作为书面语言，看到的是文字。这声音和文字都属于语言的外壳，它们的内容则是思想。不论是口头语言还是书面语言，都包含一定的思想内容和感情色彩。从这个意义上讲，语文是交流思想和交流感情的工具，是做人的工具，是认识世界和改造世界的工具。

第三，这是培养一代新人的战略目标所提出的客观要求。现在的小学生是21世纪社会主义建设的主力军，他们的整体素质如何，关系到我国的前途和民族的兴衰，这就在客观上要求我们造就新一代，不仅具有丰富的科学文化知识，有建设社会主义的才能，而且还应具有无产阶级世界观，有坚定的共产主义信念，有对资产阶级和其他一切剥削阶级思想侵蚀的抗御能力。

总之，语文教学不论其自身的规律和特点或造就一代新人的客观要求，都要站在育人的高度，着眼于未来，全方位、多角度地对学生进行整体人格教育。

2. 小学语文整体人格教育的基本因素

就学生的整体人格来说，包括品德、作风、意志、情操、习惯、思想方法等等做人的各个方面。纵观小学语文课本思想内容，包括热爱革命领袖，热爱中国共产党，热爱社会主义，热爱祖国，热爱人民，热爱科学，热爱劳动，等等，内涵十分丰富。从完美人格的塑造和教材的思想教育因素来看，语文教学中的整体人格教育应该理解宽泛些。如果加以概括和归纳，其基本的内容是四大方面，即理想教育、道德教育、知识教育和审美教育。这些因素之间相互联系，相互促进，构成了小学语文教学整体人格教育的综合系统。

（1）理想教育。

小学语文课本中有不少教材从不同角度塑造了为共产主义远大理想而奋斗终身的革命形象，是对学生进行理想教育的生动教材。如《视死如归》《十六年前的回忆》《一夜的工作》等，歌颂了老一辈无产阶级革命家为人类的解放事业鞠躬尽瘁、死而后已的精神。《刘胡兰》《董存瑞舍身炸暗堡》《狼牙山五壮士》等，表现了新民主主义革命时期共产主义战士为祖国的解放，人民的幸福，抛头颅、洒热血的革命英雄主义精神。在《手术台就是阵地》《罗盛教》《黄继光》中可使学生懂得，要实现共产主义的远大目标，必须有国际主义精神。

爱国主义教育是理想教育的核心。小学语文教材有许多课文介绍了我国光辉灿烂的文化和历史。其中有对我国古代人民生活、斗争和情感的描述，如《景阳冈》《草船借箭》等；有对我国古代劳动人民伟大的创造精神的记载，如《称象》《捞铁牛》等；还选入了大量的神话、故事、传说、诗歌。这些课文生动地描绘了我中华民族的勤劳、智慧、勇敢、顽强，富有创造性的精神风貌，可以激起学生的民族自豪感和自信心。

（2）道德教育。

小学语文课本中还描绘了许多具有坚韧、勇敢、谦逊、诚实美德的人物形象，他们是对学生进行道德教育，树立高尚情操的典范。有的是引导学生认识正确的言行，如《诚实的孩子》；有的教育学生要关心爱护别人，如《高大的背影》；有的反映了同学之间的友谊，如《小木船》；有的教育学生要遵守纪律，如《明明上学》；有的反映了善恶之间的斗争，如《会摇尾巴的狼》等。教学这类教材，要学习道德榜样，提高道德认识，形成道德观念，培养道德情感，确立正确的行为准则。

（3）知识教育。

小学语文教材中介绍各类知识的课文占了很大的比重，涉及很广。上至天文，如《看月食》，下到地理，如《美丽的小兴安岭》，有动物世界，如《松鼠》，有植物王国，如《一粒种子》，还有世界各国风土民情的介绍，如《威尼斯小艇》。这些课文既有知识性，又有趣味性，能开拓学生的视野，能引起学生爱科学、学科学的兴趣。为学生正确认识世界，树立唯物主义世界观，打下初步的知识基础。

（4）审美教育。

小学语文课本具有很高的美学价值，每册教材集自然美、社会美、艺术美于一体，在学生面前展现了一个璀璨夺目的世界。《观潮》《桂林山水》《林海》等，从不同角度不同侧面描绘了大自然的奇观，这是自然美。《伟大的友谊》《十六年前的回忆》《我的战友邱少云》等，描写了革命领袖、革命先烈和革命英雄的高尚情操，这是社会美。《海上日出》《海滨小城》《草原》等，优美的意境，巧妙的构思，多姿多彩的描写手法，生动形象的语言，直接表现了艺术美。通过语文教学，使学生懂得什么是美，什么是丑，什么是高尚，什么是卑鄙，初步形成审美感受力、审美鉴赏力和审美创造力，进而陶冶情操，开发智能，增进健美。

3. 语文教学整体人格教育的主要原则

整体人格教育的过程就是培养学生知、情、意、行的过程，这一过程应循着“以文引道，因道入文，悟道立身”的线路进行。它有三大主要原则，即自觉教育原则，自然教育原则，自我教育原则。

（1）自觉教育原则。

所谓自觉，就是教师应当充分认识语文学科的特殊性质，自觉地将语文教育与整体人格教育统一起来。之所以要强调自觉，是因为语文课的整体人格教育具有内容的随机性和效果的相对性，不可能有严格的要求和客观的检测。我们说，语文课中的整体人格教育因素是极其丰富的，它们的表现形式也是多种多样的，有的委婉含蓄，有的直抒胸臆。学生由于经历不同，环境影响不同，因而对课文中的政治因素的感受能力、理解程度均有不同。如果在教学时对教材中的思想政治教育的因素不进行必要的分析，强调“天然统一”，那么，就可能使有的学生受到了教育，有的学生受不到教育，有的学生多受教育，有的学生少受教育，甚至有的学生不但没有受到正面教育，反而受到了消极的影响。所以，我们应该把主动灵活地向学生进行整体人格教育作为每个语文教师自觉的教学行为。为此，每学期初教师对本学期教材中有哪些整体人格教育因素，要有系统的了解，并根据学生的实际状况，对在哪一课中对学生进行什么样的教育，要有恰切的安排。在每一课教学时，就要根据安排，有目的地、适时地、适量地对学生进行教育。

（2）自然教育原则。

所谓自然，是指整体人格教育必须根据语文课的特点，像“知时节”的春雨，“随风潜入夜，润物细无声”，自然地渗透在教学的过程中，起到潜移默化的作用。请看一位二年级教师教“聪明”这个词的片断：

教师：我国历史上有哪些小朋友最聪明？

学生：曹冲最聪明。

教师：为什么说他最聪明？

学生：曹冲能想出巧妙的办法称大象。

学生：司马光最聪明。

教师：为什么说他最聪明？

学生：司马光能急中生智救小孩。

教师：在你们学的课文里边哪些人办的哪些事最愚蠢？

学生：郑人买鞋最愚蠢。

学生：刻舟求剑最愚蠢。

教师：那么聪明是什么意思呢？

学生：聪明就是有办法。

学生：聪明就是会动脑筋。

教师：大家说得对。人怎样才能变得聪明呢？重要的一条是用好身上的四件宝，这四件宝就是耳、眼、口、心，让耳朵多听，眼睛多看，嘴巴多说，心里多想，这四件宝要日日用月月用，长此以往就会变得越来越聪明。

这位教师引导学生理解词语的成功之处就在于既生动形象，又启迪智慧。她先帮助学生从学过的历史故事中对“聪明”与“愚蠢”加以鉴别，通过对比悟出“聪明”的含意，然后耐人寻味地告诉学生使人聪明的诀窍，这不是把教书与育人很自然地统一起来吗？

（3）自我教育原则。

外因通过内因起作用。动之以情，晓之以理，寓整体人格教育于语言文字训练之中，还必须由学生的自我运动来配合。领会做人的道理，思索人生的道路，在道德情操上自我体验，自我认识，自我教育，最后达到知行合一，落脚到塑造学生灵魂上。

一位教师教《锄禾》，在导言——诱发动机，范读——激起情感，串讲——理解内容，看图——引导想象，朗读——感受形象的基础上，让学生联系实际，进行讨论。因为有些儿童并不知道碗里的每一粒饭都是农民辛辛苦苦劳动得来的，他们随便丢掉，不知爱惜。通过畅谈，学生摆出浪费粮食的现象，看到自己的不足，从而懂得粮食来之不易的道理，立志做一个尊重农民，珍惜粮食，热爱劳动的好孩子。

5 语文教育的几个辩证统一关系

基础教育是素质教育。语文课程在基础教育中始终处于主体地位，起着骨架支撑作用。语文教学水平的高低直接影响未来跨世纪人才基本素质的形成和发展。为此，我们必须以辩证唯物主义为指导，在大语文教育观、学生主体观、综合发展观、系统优化观、超前教学观等现代教学思想统率下，努力实现语文教育的科学化。

1. 语言文字训练与思想教育的辩证统一

众所周知，语文学科特征有二：一是思想性，二是工具性。思想性决定了语文教学具有教育因素；工具性决定了语文教学具有教养因素。教育因素与教养因素二者相互联系，相互依存，密不可分。因为语言是思想的外壳，思想是语言的内核。因此，在语文教学中，必须遵循文道统一的规律，防止两种偏向：一种是片面强调语文训练的技能性，把语文课上成单纯的语言文字训练课；另一种是片面强调语文训练的思想性，把语文课上成不伦不类的政治课。我认为正确的做法应当是“循文求义、据义品文；因文解道，循道悟文。”或者是“文道统一，寓道于文，熏陶感染，潜移默化。”在教学中要做到四个“注意”：①注意挖掘文章内在的思想性，揭示其蕴含的深意，启发学生深思；②注意引导学生重锤敲打那些言简意赅，言简意深、言简意丰的关键词句，使其中饱含的思想情操溅出耀眼的火花，照亮学生的心灵；③注意创设情境，渲染气氛，带领学生置身于情景之中，使其耳濡目染，受到熏陶；④注意联系、扩展，从正面输入与课文内容有关的生动形象，作为精神食粮，增添感情浓度，形成余音缭绕的气氛。总之，在语文教学中，只要选择和创造恰当的方法，都是文道统一的畅途，那些闪光的思想和精神，就会伴随着语言文字渗透到学生的心田里。

2. 获取知识与发展智力的辩证统一

长期以来，语文教学只强调基础知识，而不注重开发智力，更未能作为一个教学原则加以强调，这是过去教学实践的一大教训。近年，又出现了忽视字、词、句、篇教学，空谈能力与智力的倾向。这两个极端都有悖于语文教学规律。从语文学习的角度看，字、词、句、篇属于知识的范畴，观察、记忆、思维、想象等心理品质属于智力的范畴，在语文教学中，传授知识、开发智力是一个统一的过程。通过教学，学生从无知到有知，由少知到多知，由浅知到深知，逐步认识客观世界的主要现象及其规律。也正是在这个过程中，学生的观察、记忆、想象，特别是思维能力得到了发展，大脑的心理机能得到了锻炼和培养。应该说，在组织良好的教学过程中，学生在知识的领会和掌握上每前进一步都使学生智力品质得到提高，而智力的发展又为掌握知识创造更好的条件。由此得出结论：在语文教学中，传授知识与发展智力的关系，是相互联系和相互促进的关系。对于语文教师来说，只有在思想上引起足够的重视，在实践上又有使二者有机地结合起来，才能建立起科学的语文教育观，才有可能真正提高教学质量。

3. 教师主导作用与学生主体地位的辩证统一

传统的语文教学最大的弱点，就是教学中“无儿童”，虽然也讲教学是“双边活动”，而实际上学生的活动是单边的。从目前看，这种现象还比较严重，主要表现是教师讲，学生听，教师问，学生答，教师写，学生抄，学生完全处于被动状态。读得少，讲得多，问得频，嚼得碎，一篇不长的课文，一讲就是两三节，课文被冗长的分析肢解得支离破碎。这种掰开、揉碎、嚼烂的教学挤掉了学生许多读书时间，课堂气氛沉闷，学生兴味索然。我们说，教学，包括教师和学生两个方面。教学活动是一种双向活动，教师的主导作用和学生的主体地位贯穿在整个教学过程之中。因为离开了“主体”的“主导”，或没有“主导”的

“主体”都不可能实现教学过程的整体优化的。学生是认识的主体，是教学过程的积极参与者，是最活跃的因素。教师，在教学过程中，既是教材的认识者和使用者，又是以积极的组织者和指导者的身份出现，其作用是任何人也替代不了的。这种作用就是启迪、纠正、示范、激励、点拨等，也就是对学生及时指导，相机诱导，因势利导。所以，我们在语文教学过程中，既要充分发挥教师的主导作用，又要把学生当成课堂学习的主人，教师教得积极，学生学得主动，只有这样，才能达到“教是为了不复需教”的理想境界。

4. 听说与读写的辩证统一

毋庸讳言，在语文教学中始终存在着重读写，轻听说的倾向，对此，叶圣陶先生提出过尖锐的批评。指出：“此学科‘听’、‘说’、‘读’、‘写’宜并重，诵习课文，练习作文，因为读写之事，而苟忽于听说，不注意训练，则读写之成效将减损。”语文能力包括听、说、读、写四个方面，它们之间有着密切的联系。按照信息论的观点，听与读是信息的输入，说与写则是信息的输出，听、说、读、写之间互有影响，互相促进。提高了听和读的能力，有利于提高说和写的能力；反过来，说和写的能力提高了，也会促进听和读能力的发展。因此，坚持听、说、读、写的全面训练，是提高学生语文能力的有效途径。如果我们不能使听、说、读、写互相促进，协同发展，而把这四种能力的训练人为地割裂开来，或者顾此失彼，都会影响学生语文能力的全面发展。应当指出，从教学实际情况看，现在还有相当多的语文教师不重视听、说训练，在教学中缺乏切实可行的听、说训练计划和具体的训练内容，仍然存在着重读、写，轻听、说的现象。尤其是随着现代科学技术的发展，口头语言在交流思想感情、传播社会信息方面受时空限制的状况已经改变。运用现代视听技术，声音可以传遍宇宙，可以留传万代，说的话甚至可以立刻变成文字。这样，口头语言运用得越来越广泛，同思维的关系也越来越密切。听、说的作用日益突出，听、说能力在语文教学中的地位更加重要。

5. 培养语感与学习语法的辩证统一

语感是对言语的敏锐感受能力，它直接与听辨能力相联系，表现为瞬时性地理解言语和判断言语。我这里说的“语法”指的是语文基本知识，以及运用这些知识来训练语文基本技能的法则。培养语感与学习语法的关系极为密切。一方面语感可以帮助语法学习得到成效，另一方面学习语法又可以使语感水平得到提高。培养语感与学习语法相结合，正是它们之间的必然联系的反映，才构成了语文教学的一条重要原则。培养语感是我国古代语文教学行之有效的传统经验，有十分重要的意义。但到现代，语文教学重视了语法学习，却放松了语感训练。这是背离语文学习特点的，也是影响语文教学水平和质量提高的重要原因。叶圣陶指出：“多读作品，多训练语感，必将渐能驾驭文字。”他还强调说：“至于文字语言的训练，最要紧的是训练语感。”这就是说，语文学科必须把培养学生的语感放在重要的地位。为什么语文学科必须重视培养学生的语感呢？首先，语感是言语能力的重要标志，培养语感是达到语文教学特殊目标的必要途径。其次，培养语感能全面发展学生的思维能力，切实地进行思想教育和美育，也是全面达到语文教育目标的有效途径。总之，对学生来说，应当多一点对语言的感性积累，少一点语法分析，在多读的基础上适当作一些推敲、变换、比较，有助于学生语感的形成，有利于对学生全面实施语文教育。

6. 教法与学法的辩证统一

现代语文教学方法着眼于教会学生学习，围绕学法设计教法，致力“授之以渔”，教给“点石成金”之术，培养学生自能读书，能自作文的自学能力，让学生掌握学习语文的“金钥匙”。这是因为教学过程中是一个由教与学双方活动耦合而成的有计划发展的社会系统，教与学是教师与学生矛盾对立统一的具体表现。其中教师的教是学习活动的外在因素，而学生的学则是其活动的内在因素。外因是变化的条件，内因是变化的根据，外因只有通过内因才能发生作用。所以，从一定意义上讲，教学效果的好坏，在很大程度上取决于学生是否会学。鉴于这种认识，语文教师必须更新教育观念，加强学法研究，引导学生变“教本”为“学本”，化“教法”为“学法”，促其产生自觉的学习心愿、意向、目标，在学习过程中能经常依据环境和条件，自我调节学习行为和学习方式，有宽泛而持久的求知欲和学习兴趣，有勤奋好学、刻苦钻研、踏实训练的学习态度，从而优化学习心理。

7. 课内与课外的辩证统一

语言是社会的交际工具，每个人在其日常生活和社会活动中，总是离不开具体的语言环境，总要进行听、说、读、写的语言活动，这就决定了语文学习不能仅仅局限于语文课堂教学之内。事实上，学生学习语文也并不是从进入学校才开始，也并不是离开学校就结束的。课外是学习语文的大环境，是学生探求知识，历练能力，陶冶情操，修养品质，发展个性的广阔空间。也就是说，课堂语文教学与课外语文活动犹如车之两轮，鸟之双翼，缺一不可。因而必须打破传统的、封闭式的“三中心”教学模式，建立生动活泼的开放式教学体系，把培养学生语文能力的教学活动纳入学校、家庭、社会这一相联系的语文教育大系统之中来进行，才能有效地实现语文教学的目标。我们的语文教师都应该立足于课内，放眼于课外，得法于课内，增益于课外，课内打基础，课外练功夫，课内讲求一个“精”字，课外讲求一个“广”字。“精”就是教学内容精要，教学方法精巧，教学过程精当。“广”，就是广泛接触社会，在广阔的天地里大显身手，向语文知识和语文能力的广度和深度进军。

8. 高效与低耗的辩证统一

1978 年 3 月 18 日，吕叔湘先生在《人民日报》发表了题为《当前语文教学中两个迫切问题》的文章。文章尖锐地指出：“十年的时间，2700 多课时，用来学习本国语文，都是大多数不过关，岂非咄咄怪事！”语文教学效率低，从其客观原因看，主要是由语文课特点导致的。语文教学任务的多项复杂性，语文教学内容的广泛综合性，语文教学过程的螺旋梯进性，语文学习活动的反复实践性，语文教学这些特点就决定了学习语文的难度是比较大的。从主观原因看，有的教师对教学大纲不甚了了，有的教师业务水平较差，有的教师文化基础不高。如何使语文教学变少慢差费为多快好省，实现高效低耗的美好愿望呢？我想，重要的是要遵循语文教学规律，关心生活，关心社会。有生活乃有语文，语文是为生活服务的，是为社会服务而存在的。离开生活、离开社会，不能学到活的语文，有用的语文。同时，重在学生自己对语言的感受，重在学生自己的反复实践，重在学生平时的有心积累，重在检查复习的总结提高。

马克思主义告诉我们，客观事物存在着普遍联系，并有其运动发展规律。毛泽东同志强调指出，切忌用孤立的、静止和片面的观点，即形而上学的观点去看问题。而要用联系的、发展的，特别是对立统一的观点，去观察和处理问题。笔者撰写本文的目的就在于同广大语文教师一起，运用唯物辩证法来思考上述语文教学规律，大面积、大幅度提高语文教学质量，从而为全面实施素质教育，迎接21世纪教育的挑战，做些理论上的思索。

6　积极汲取我国传统语文教学的宝贵经验

我国语文教学绵历数千祀，可谓源远流长。几千年来，积累了丰富和宝贵的经验，在各个方面都有不少的成就和卓见。这些有关语文教学的理论和实践，是我们中华民族宝贵遗产的一个重要组成部分。批判地继承和借鉴传统语文教学的经验，吸收其精华，扬弃其糟粕，对于弘扬民族文化，建立新的语文教学理论，深化语文教学改革，提高语文教学质量，无疑都是大有裨益的。

下面就我国传统语文教学中的教材、原则、方法谈点浅薄的认识。

一、关于蒙学教材

我国古代的语文教学，存在于启蒙教育之中，历久风行的小学课本便是《三字经》《百家姓》《千字文》。《三字经》被誉为“千古奇书”，相传是宋末大学问家王应麟编撰，三字成句，句句押韵，内容丰富，涵盖极广。《百家姓》为宋朝无名氏所作，将百家姓氏连缀成四言的话，通俗浅显，流畅和谐。《千字文》，作者是梁武帝时的周兴嗣，全书千字，四言押韵，有“小百科全书”之称，流传久广。

“三、百、千”总字数合起来是2720字，除去复字，单字是2000个左右，符合儿童初步识字量的要求，内容相互配合，形成一整套官定的通用蒙学课本。“三、百、千”这套启蒙教材的特点是：

1. 生字密度大，读的不多识字不少

“三、百、千”的生字密度大。《千字文》全文千字，个个不同，生字密度为100%；《百家姓》也几乎如此，全书472字，用字443个，生字密度为94%；《三字经》凡1068个字，用字520，生字密度为

50%。三书连续学习可以累计识字1452个。三书的总字量为2720个，生字密度为57%。也就是说读100个字的书，可以从中学到57个生字。儿童读的字数不多，但得益不少。复习巩固靠儿童反复诵读，这样读的量其实不少，生字反复见面，也就巩固了。

2. 知识教学与品德培养紧密结合

有的蒙学教材侧重知识教学，甚至重点在教识字，但也设法灌输一定的思想内容和品德要求，如《千字文》(思想内容和品德要求当然是消极的封建伦理道德和唯心主义的一些东西)。有的蒙学教材侧重进行品德培养，但不忽视知识教学，如《三字经》。人称《三字经》“若能句句知诠解，子史经书一贯通”。

3. 适合儿童年龄和心理特点

中国古代没有系统的儿童和发展心理学的知识，但有丰富的儿童和发展心理学的思想。蒙学教材的编写非常注意适合儿童的特点，如：教材浅显易懂、形象具体、生动活泼，切于实用。各书都注意以典型人物、历史故事、民间谚语、流行成语作为重要内容。如《三字经》中的“昔孟母，择邻处，子不学，断机杼”，运用了孟母三迁和断机教子的历史故事。此外，还有大量勤学苦读历史人物和生动故事。这是许多蒙学教材久远流传、长盛不衰的重要原因。

4. 注意中国语言文字的特点

蒙学教材都是采用整齐的韵语，以类相聚，或三字成句，或四字成句，句句押韵，读来朗朗上口，听来铿锵入耳，易诵易记，饶有趣味。如《三字经》：“玉不琢，不成器；人不学，不知义。”如《千字文》：“寒来暑往，秋收冬藏。云腾致雨，露结为霜。”有的配以图画，更增强了形象感。如《绘图百家姓》《绘图增注千字文》等。

今天看来，运用“三、百、千”特点，编写小学识字课本，未始不是可以试验的一途。

二、关于教学原则

在历时久远的语文教学实践过程中，先哲们总结了不少正反两方面的经验，从而认识到一些必须遵循的规律，尽管不同时期不同的人从不同的角度着眼，有不同的侧重点，但归纳起来，仍有不少的共同点，举其大者，有五个方面。

1. 文道统一的原则

孔子一贯强调道，但也重视文，他说："言之无文，行而不远。"柳宗元总结他的经验时说："始吾幼且少，为文章以辞为工。及长，乃知文者以明道，是固不苟为炳炳烺烺，务采色，夸声音，而以为能也。"宋代周敦颐说："文所以载道也。""文辞艺也，道德实也。"朱熹说："道者文之根本，文者道之枝叶。"元人郝经也认为："道非文不著，文非道不生。"从上面引证的这些话中，所谓"文"即指文章的形式和语言，"道"指的则是文章的思想和内容。"文"与"道"的关系即是文章的形式与内容的关系，内容决定形式，形式表现内容。语文教学中的"文道统一"的原则，有两重含义。①由于文章是文道的统一，没有文就没有道，没有道也就没有文，因而教学时也同样要做到文道统一，即因文悟道，因道学文。通过形式了解内容，然后再根据内容掌握形式。②把语文教育与思想政治教育统一起来，即在进行语文教育的时候，有意识、有目的地进行思想政治教育，思想政治教育要紧紧地结合语文教育去进行。

2. 读写结合的原则

前人强调阅读对写作的基础作用，写作对阅读教学的促进作用，主张二者有机结合，认为这是语文教学的基本规律。杜甫说："读书破万卷，下笔如有神。"汉代的杨雄指出："能读千赋，则能为文。"元人陈端礼说："读书如销铜、聚铜入炉，大鞴（bèi 风箱）扇之，不销不止，极用费力。作文如铸器，铜既销矣，随模铸器。一冶即成，只要识模，全不费力。所谓劳于读书，逸于作文也。"这些论述正确地揭示了读书与写作的辩证关系，即读写两方面互相依存，互相作用，又互相渗透，互相贯通的。读好，有利于写好；写好，有助于读好。如此互相促进，就构成了学习语文的矛盾运动。这些观点既符合读写实践的客观情况，又符合现代阅读学中关于阅读的语文训练功能的原理。

3. 启发诱导的原则

学生在学习时，对某些问题弄不懂，经老师一加点拨，就豁然贯通，这种在教师主导下，调动、培养和发挥学生学习主动性和积极性，激发思维、探索知识，发展智力的教学活动就是启发诱导教学原则。关于启发诱导教学原则古人有很多论述。孔子说："不愤不启，不悱不发，举一隅，不以三隅反则不复也。"什么是"不愤不启，不悱不发"？"愤"者，心求通而未得之意，即是指积极思考，而又没有搞通的心理状态，这时需要的是引导学生怎样去想，叫做"启"；"悱"者，口欲言而未能之貌，即是指整理思维，准备表达，遇到困难的心理状态，这时需要的是指导学生怎样表达，叫做"发"。孔子认为不造成"愤"、"悱"的心理状态，就不能进行教学。以后，《学记》又进一步发展了启发式教学思想，《学记》写道："君子之教，喻也。道而弗牵，强而弗抑，开而弗达。"就是说，优秀的教师善于通过诱导进行教学。这样的教师引导学生而不牵着学生走；策励学生而不推着学生走；启发学生而不代替学生作出结论。了解学生，认真备课是进行启发式教学的前提；启发性设问、探索性讨论、揭示性讲析是进行启发式教学的关键；提高学生学习的自觉性，培养学生自学能力是进行启发式教学的目的。

4. 学思互依的原则

从语文教学的学科特点看，学与思是相互依存、相互促进的。孔子告诫："学而不思则罔，思而不学则殆。"朱熹主张："读而未晓则思，思而未晓则读。"黄宗羲认为，要获得真正的知识，就必须深思穷源，若"无深湛之思，学之不成。"为了促使学与思的结合，古代学者特别提倡"学则须疑"。因为"疑"是学与思相结合的媒介。陈献章指出：

"疑者觉悟之机也。一番觉悟，一番长进。"陈献章讲的比较深刻。语文中的学主要是语言训练，包括口头语言和书面语言的认识、积累、区分、选取、巧用等能力的训练，这些能力的训练离开了思维训练的因素也就无法进行。语言是思维的工具，人们进行思考离不开语言。如果没有语言，就无法对观察到的事物进行准确、细致、周密的思维，也无法把思维的成果表达出来。因此，语言训练与思维训练相结合的原则是指导语文能力训练科学化的准则，必须贯彻在语文教学的始终。

5. 藏息相辅的原则

藏息相辅教学原则，就是课内与课外相结合的原则，这个教学原则首先是《学记》提出来的。《学记》曰："大学之教也、时教必有正业、退息必有居学。"这里的"正业"是指课内学习，"居学"是指课外活动。《学记》又说："故君子之于学也，藏焉、修焉、息焉、游焉。"孙希旦解释说："藏，谓入学就业也。修，修正业也。息，退而私居也。游，谓游心于居学也。"《学记》主张的"退息"时间的"游学"有两层意思，一是说使知识融会贯通，左右逢源，二是说要经常参加课外活动。古代学者提出的藏息相辅的教学原则是颇有价值的。我们说，课内课外语文训练相联结，这是一条语文教学的外部规律。学生得法于课内，发展于课外，是两者配合的客观效应。课内举一，课外反三；课内打基础，课外练功夫。课外是学习语文的大环境，是学生探索知识，历练能力，陶冶情操，修养品质，发展个性的广阔空间。然而，藏息相辅的教学原则提出两千多年来，直至今日，并没有得到很好的贯彻实行。我们有必要从古代语文教学藏息相辅的原则上获取一些有益的教益，把学生的课外活动时间还给学生，这是促进学生学习长足进步的重要保证。

三．关于教学方法

具有中国特色的、民族化的传统语文教学方法很多，其中行之有效的可以概括为熟读、背诵、勤写、模仿、循序。

1. 熟读

古人常说："读书百遍，其义自见。"朱熹对这句话的解释是："读得熟，则不解说自晓其义也。"这说明"熟读"是理解文章思想内容和形式的基本方法。通过读，识记生字，掌握词语；通过读，培养语感，丰富知识；通过读，品味欣赏，消化吸收。在读的过程中，口诵心维，达到"其言皆若出于吾之口，其意皆若出于吾之心"的境地。此外，古人还认为"熟读"对作文作用更大。唐彪说："文章读之极熟，则与我为化，不知是人之文，我之文也。作文时，吾意所欲言，无不随吾所欲，应笔而出，如泉之涌，滔滔不竭。"这确实是经验之谈。

2. 背诵

古人不仅重视"熟读"，还要求背诵。因为背诵是加强记忆，巩固知识，深入领会课文，提高读写能力的重要手段。在书院和私塾里，常常要求学生当堂背诵，下次上新课前，还要检查学生旧课背诵情况，背得不熟不上新课。学生背诵，教师要认真指导。唐彪说："学生背书，必须使其声高而缓，先生用心细听，则脱落讹误之处，了然于耳，然后可以记其脱误，而令其改正。"谈到背诵，今人颇多非议，往往讥之为"死记硬背"，这是一种偏见。众所周知，少年儿童如"日出之阳"，朝气蓬勃，精力旺盛，他们智窦初开，求知心切，善于记忆，此时背的，如石上刻的。农时不可违，学时也不可违，趁他们记忆的黄金时期，多花点精力用在背诵上，将会受用终身。

3. 勤写

在作文教学上，古人提倡勤写多作。唐彪说："读十篇不如做一篇。盖常做则机关熟，题虽甚难，为之亦易；不常做，则理路生，题虽甚易，为之则难。"清朝的姚鼐也说："大抵文字须熟乃妙，熟则利病自明。手之所至，随意生态；常语滞义，不遣而自去矣。"总之，要手笔熟，惟有多写，这是符合从写作实践中培养写作能力的规律的。为什么学作文非要勤写多作不可？道理很简单，那就是作文是一种比较复杂的能力，任何一种复杂的能力都需要经常的练习才能形成。事实证明，仅靠课本上规定的几次作文，学生的写作能力是很难提高的。“文必多作而后工”，我们要以多作为突破口，增加学生写作历练的次数，重视每次训练的质量要求，久而久之，“方入妙耳”。

4. 模仿

古人认为，学生作文是从模仿开始的。刘知几指出：“夫述者相效，自古而然。”又说：“若不仰范前哲，何以贻厥后来?”朱熹云：“古人作文作诗，多是模仿前人而作之，盖学之既久，自然纯熟。”纵观我国古代文学史，仿写的例子颇多。张衡仿班固《两都赋》而作《二京赋》；韩愈仿扬雄《解嘲》而作《进学解》；吴伟业仿白居易《长恨歌》而作《圆圆曲》。以上的一些例子无不说明效法他人的作品，取人之长，补己之短，对学习写作来说是行之有效的门径，现在有些语文工作者对仿写持有偏见，在他们看来仿写有碍于学生创造能力的发展。或云仿写是“鹦鹉学舌”，人云亦云；或云仿写是“邯郸学步”，亦步亦趋；或云仿写是“东施效颦”，矫揉造作。我认为，这些看法都有背于作文教学实践的。

5. 循序

我国传统语文教学很注重教学的程序和步骤，遵从循序渐进的客观规律。朱熹用十二字概括阅读教学的序：“自博而约，自易而难、自近而远。”意思是说：“先让学生大量地读，然后再少而精地读；先读比较浅显易懂的，再读高深难懂的，先读内容与学生比较接近的，再读与学生距离较远的。”他认为做到这十二个字，“乃得其序”。《中庸》把学习过程与认识过程统一起来，对教学步骤做了全面阐述：“博学之，审问之，慎思之，明辨之，笃行之。”就是说，第一步要多读一些，第二步从读过的书中提出问题；第三步根据提出的问题，缜密地思考一番；第四步通过思考，明辨是非、优劣；第五步将认识付诸实践。这个教学步骤是符合从具体到抽象，从感性到理性这一认识过程的，也符合理论和实践相结合的原则。语文能力是要经过这一步骤逐步培养起来的。第一步，大量地阅读具体文章，这是认识的感性阶段；第二、三、四步，通过分析和综合，归纳和演绎的思维活动，对文章的内容及用词、造句、布局、谋篇等方面有所领悟，认识由感性阶段提高到理性阶段；第五步，把领悟到的东西再运用到实践中去，身体力行。

上面，我对我国传统语文教学经验做了些分析和研究，其目的不是复古，而是推陈出新，古为今用，为建立具有中国特色的、民族化的、科学化的语文教学新体系而抛砖引玉。

7 百年语文教育的历史经验

语文学科从古代经学、史学、哲学、伦理学的混合教育中分化出来，成为具有现代科学意义的独立学科，可以说是从1903年清政府洋务派废科举、兴学校、颁布《奏定学堂章程》而开始的。百年的语文教育史，虽然众说纷纭，莫衷一是，但是，也有一些认识是统一的，并形成了共识，成为历史经验。

经验之一：

识字——语文教育之根。

汉字，伟乎壮哉！

在中国文明的浩浩历史长河中，多少发明和创造曾经对人类社会的进步和发展产生过巨大的影响，而在这些卓越的发明和创造中，汉字的产生应当说是其中最璀璨的一颗明珠。

几千年来，汉字对保存、传播和发展祖国的优秀文化起了巨大的作用。我们现在能够研究古代的哲学、政治、经济、军事、科技、历史、文学、艺术、教育等方面的成果，是与汉字记录了中华民族创造的这些光辉灿烂的古代文化分不开的。汉字记载了中华民族悠久的文化，传播四方，流传至今，成为人类的宝贵财富之一。

汉字不仅使历史悠久、地广人多、方言分歧、各族语言不同的中华民族能用书面语言交流思想，为维护、加强中华民族的团结和统一，有着重大的作用，而且汉字也是世界通行文字之一，这对于我国与许多国家的交往和文化交流，有着重大的意义。

汉字，目前仍然是我国的通用文字，是我们交流思想、记载和传播文化科学技术的重要工具，它对于我国社会生活的各方面都起着重要的作用。

一言以蔽之，汉字是传播与发展民族文化的利器，是中华民族智慧的结晶，是民族团结的磁场，是祖国统一的象征，它的伟大历史功勋不亚于万里长城。可是，一个多世纪以来，许多人对汉字的认识是片面的，单纯强调了它的难学、难写、难用的某些因素。另有一些人，受历史的、政治的因素影响，还有一些“汉字落后论”、“汉字无用论”、“汉字消亡论”等不正确的观点，甚至有人还说出“汉字不废，中国必亡”的话来。然而，汉字却以它的博大胸怀和顽强的生命力，与祖国的民族文化紧密结合，雄辩地证明它是世界上最成熟的文字之一。

说识字是语文教学之根，原因有三：

（1）从我国教育发展史来看，启蒙教育总是由识字教学开始的。据《周礼》记载：“八岁入小学，保氏教国子，先以六书”。其后，汉有《急就篇》，梁有《千字文》，宋有《百家姓》和《三字经》。这些儿童识字教材，宋、元、明、清都是颇为盛行的。足见多年以来，儿童入学之初，总以识字为先，然后开始阅读与习作。

（2）从小学语文教学内部结构来看，识字是为读写打基础的。不识字便无从读写，儿童识字识的不多，或不巩固，阅读书面语言就不能扫除“拦路虎”，培养阅读能力便难以实现；同样，儿童由于受识字的数量与质量的限制，运用书面语言就不能越过“文字关”，培养写作能力也会变成一句空话。只有认识足够数量的常用汉字，掌握一批常用词语，才能为读写训练奠定牢实的基础。

（3）从发展儿童语言和提高儿童的认识能力来看，识字又是吸取知识、开发智力的前提。儿童在学前阶段，已经基本上掌握了口头语言。入学以后，他们开始学习字、词，逐步实现口头语言向书面语言的过渡。书面语言材料的基本单位是词，而词又是由一个一个的汉字所组成。学习字词要求语言视觉分析器加入到第二信号系统的活动中去，引起过去在口语中只有语言听觉分析器和语言运动分析器的改组。识字不仅要会认，会听，会讲，还要会写，这样，便促进语言视觉、听觉、动觉三个分析器彼此活动上的协调统一，从而提高了内部语言的能力。词是表示概念的，词又是和句、段、篇联系着的，认识字词，对于理解和吸收知识，增进对客观世界的认识，开发智力，也起着重要的作用。

总之，识字教学关系到儿童的认知和生理心理发展，关系到学生后续能力的发展。识字教学既是语文教育的基础，又是整个教育和整个社会发展的基础。

为此，探索识字教学的坦途是我国自古以来历代仁人志士为之奋斗的事业。尤其是上个世纪末，识字教学研究异常活跃，识字教学流派多达二十几种，诸如随文识字、集中识字、注音识字、部件识字、循环识字、韵语识字、字理识字等。此外，在全国召开了三次识字教学研讨会，出现了百花齐放、百家争鸣的喜人局面。这充分说明中国历来非常重视识字教学，识字乃语文教育之根。

经验之二：

涵泳——语文教育之本。

何谓“涵泳”？“涵”，《辞海》的解释是“沉浸”，“泳”，自然就是游于水中。“涵泳”一词在中国古代语文教学言论中经常出现。朱熹说：“学者读书，须要敛身正坐，缓视微吟，虚心涵泳，切己省察。”陆象山说：“读书切戒在慌忙，涵泳工夫兴味长。未晓不妨权放过，切身急要细思量。”崔学古说：“凡读文亦可略仿读书法探读数篇，篇只求明，不先求熟。明则自然易熟，明后复讲完篇。或正在读时提一句，责令自讲。讲后再读，熟后再温，得趣全在涵泳。”曾国藩说：“涵泳者如春雨之润花，如清渠之溉稻……泳者，如鱼之泳水，如人之濯足……善读书者，须视书，而视此心如花、如稻、如鱼、如濯足，庶可得之于意之表。”四位先哲语录中的“涵泳”，意思是一样，即身临其境，熟读成诵，细细品味。

“涵泳”是我国古代传统的语文教学方法。

“涵泳”的第一个要义是多读。石天基在《训蒙辑要》里记录了学塾中一天的教学活动：黎明齐集学堂，然后各就其位读书；已刻写字；

傍午由先生授书一段；下半日专门用于读书；薄暮或歌诗、或不歌诗。读书的时间占了一半以上。可见多读不仅仅是强调，而且确实得到了落实。

“涵泳”的第二个要义是熟读。唐彪在《读书作文谱》中说：“读书须将本文读熟，字字咀嚼令有味。”熟读有什么好处？姚鼐在《与陈硕士书》中指出：“大抵文字须熟乃妙，熟则利病自明，手之所至，随意生态，常语滞义，不遣而自去矣。”文章读熟了，才能体会到妙处，的确如此。

“涵泳”的第三个要义是思索。朱熹在《朱子学的》中说：“读而未晓则思，思而未晓则读。”在《读书之要》中又说：“观书先须熟读，使其言皆若出于吾之口，继之精思，使其意皆若出于吾之心。”边读边思，边思边读，读和思交织进行。熟读是深思的依据，不深思就得不到书中情味和理趣。

“从容涵泳，自有无形之益”。首先，涵泳有利于语言的积累。一篇文章在弄清立意布局的基础上，细细玩味，其语言的神韵、理义，必然深深印入脑海。由于语感的作用，到铺纸濡墨时，恰切的词语和句子就会呼之即来。“胸藏万汇凭吞吐，笔有千钧任歙张”就是这个道理。其次，涵泳有利于对文章的整体把握。只要反复咏诵，潜心琢磨，即可明达文义。所谓“读书百遍，其义自见”就是这个意思。这种教学方式体现了伦理型文化朴素的整体观念和直觉体悟的思维方法，它把综合作为认识的起点和归宿，避免人为分割所造成的认识局限。再次，涵泳有利于规范学生的语言。严格地说，绝大多数学生的语言是不准确的。在背诵过程中，学生通过反复诵读书上的规范的语言，潜移默化地进行吸收，久而久之，原来不规范的方言土语及不良的语言习惯必然逐渐地被规范的书面语所代替。

综上所述，语文教学贵在“涵泳”。

现在，不少语文教师误认为上语文课就是要讲。一篇不长的课文，一讲就是两三节，作者介绍、时代背景、段落大意、主题思想、写作特点，没完没了，课文被冗长的分析肢解得支离破碎，这种掰开、揉碎、嚼烂的教学，挤掉了学生读书的时间。“还我琅琅读书声”，对于课文中一些文字优美、情感强烈、意境深远的精彩片断和重点章节，一定要指导学生真心读懂、读好、读透，把一个个词、一句句话、一段段文，化为有声有色的事，有血有肉的人，丰富多彩的景，真挚感人的情，让学生在琅琅的读书声中受到熏陶，培植语感，吸取课文中丰富的营养，在熟读中获得记忆。一课书教完了，一定要把是否读熟，该背的是否会背，作为评价教学成败的首要标准。

经验之三：

自得——语文教学之道。

早在2000多年前，孟子就主张“学贵自得”，他说：“君子深造之以道，欲其自得之也。自得之，则居之安；居之安，则资之深；资之深，则取之左右逢其原，故君子欲其自得之也。”现在重温孟老夫子这段话倍感亲切。孟轲认为：人们在学习上必须做主观的努力，具有不断要求深造的意志，同时又能积极自觉，以求自得，这样才能对于所学的东西有透彻的理解，而又能巩固地掌握，逐步积累起来，变成自己的知识财富，取之不尽，用之不竭。

“自得”用现代的话说就是自学。自学对人的发展至关重要。叶圣陶先生指出：“学会了自学的本领，养成了自学的习惯，将来离开了学校，才能在工作和生活中不断自我充实，自我修养，成为有益于人民的人，有益于社会的人。”

我们所面临的时代，是经济全球化、信息网络化、社会知识化的时代，当今世界科学技术日新月异。有人综合估计，全世界的知识总量每7年到10年就翻一番，从这个意义上说，庄子的话很值得回味：“吾生也有涯，而知也无涯。”为了解决“生也有涯，知也无涯”的矛盾，培养语文自得能力则是一条最好的出路。国外的统计资料证明：发达国家1976年的大学毕业生，到1980年，他们所掌握的知识就有50%陈旧、老化了。我们的学习目的是为了不断地吸取新知识，以适应社会主义建设和改革的需要。这样，学习目的和知识老化就构成了矛盾。而解决这一矛盾的最好方式，乃是掌握方法，增强自得能力。有了自得能力，即使知识更新了，走向社会了，也能适应新形势，为社会做贡献。

自得能力是一种多种心理机能参与的综合性的能力，包括观察力、记忆力、注意力、想象力、思维力等能力因素。它本身属于一般的学习能力的范畴，但在各个学科领域，又有它特殊的体现。小学语文教学中的学生自得能力结构应由下列9个方面因素组成：（1）使用工具书的能力；（2）理解题目的能力；（3）分段、概括段意的能力；（4）根据文章主要内容，理清作者思路，提纲挈领，提要钩玄的能力；（5）捕捉中心句或概括文章中心的能力；（6）读懂并找出课文中的重点词语、重点句子、重点段落的能力；（7）仿写的能力；（8）提出疑难问题，并试着作解的能力；（9）做读书笔记的能力。上述语文自得能力，并不是一蹴而就的，不可能在一朝一夕或在一篇课文、一个年级内就能达到的，而必须在整个小学阶段逐项落实，循序渐进地培养。

要想增强语文自得能力，应该怎样去做呢？第一，要善于保护学生的学习积极性，这是培养自得能力的前提。第二，要不断激发学生的学习兴趣。兴趣是学习的原动力。针对儿童年龄特点，激发他们的学习兴趣，是培养自得能力的先决条件。第三，要教给规律性的知识，使学生掌握自得的方法。学生自得过程，实质上是凭借一定的知识，运用正确的学习方法和思维方法，解决学习中遇到的各种问题，将未知转化为已知的过程。因此，教给规律性的知识，使学生掌握学习方法，可以促进自得能力的形成。第四，要培养自得习惯。学生有了初步的自得能力，必须反复实践，以养成自得的习惯。只有在养成了自得习惯以后，才算真正具备了自得能力。

经验之四：

生活——语文教育之源。

“问渠那得清如许，为有源头活水来。”语文教学的“源头活水”便是生活。这是由语文学科性质决定的。语文是在生活的广阔天地里频繁运用的重要工具，语文的社会性决定语文与生活同在，语文学习的外延与社会生活的外延相等。人们就是借助语文来参与生活，同时在生活中使自己的语文能力得以发展。人一旦脱离了社会生活，头脑就会空虚，思想就会枯竭，其语文能力也就失去了生存的土壤。如果学生与丰富多彩的社会生活隔绝，只坐在四壁合围的教室里，把眼光死盯在篇幅有限的课本上，一味接受枯燥乏味的语文训练，恐怕很难求得突破性的进展。

如果我们把社会生活中的语文学习同课堂上的语文学习作一比较，就会发现，它比课堂上的语文学习机会要多得多。从空间方面说，它以社会为课堂，因而学习范围大得多；从时间方面说，人只要进行社会语言交流，无时无刻不是在学习语文与运用语文，因而无所不在；从内容方面说，它包含了人的整个社会生活和社会语言实践，因而丰富多彩；从形式方面说，不但有听、说、读、写、思，而且有视听结合、图文并茂、生动直观的特点，因而灵活多样。难怪吕叔湘先生说："语文课跟别的课有点不同，学生随时随地都有学语文的机会：逛马路，马路旁边的广告牌；买东西，附带的说明书。到处都可以学语文。"这真是"天地阅览室，万物皆书卷"。为此，我们说教室的四壁，应是多孔的海绵，不该是水泥的隔离层，我们应当充分利用语文教育资源，引导学生从"鸽子笼"飞出来，在广阔的社会大课堂里探求知识，历练本领，陶冶情操，修养品德，发展个性。具体说，应当丰富三个"生活"：

1. 丰富学校生活：开展课外阅读

课外阅读是学校生活的重要组成部分。一方面它与课内阅读训练积极配合，成为课内阅读的延伸和扩展；另一方面，它是课内阅读的"法式"在实践中的应用。这项活动开展得好，可以巩固学生课内阅读的成果，扩大阅读领域，提高阅读能力。同时，课外阅读也是开拓学生视野，发展学生智力的重要途径之一，语文教师应当高度重视，并进行有效的指导。

2. 丰富社会生活：进行假日旅游

在我国广袤的国土上，有波浪连天涌的长江，有远上白云间的黄河；有“造化钟神秀，阴阳割昏晓”的泰山，有“气吞云梦泽，波撼岳阳楼”的洞庭；有“千里莺啼绿映红”的江南景色，有“瀚海阑干百丈冰”的塞外风光。从东到西，从南到北，不仅有美不胜收的自然景观，而且有丰饶富足的天然资源，历史悠久的文物古迹和丰富多彩的民情风格。有条件的家庭，家长可以利用节假日带领孩子外出旅游，这样可以开阔视野，丰富知识，增加见闻，提高修养。

3. 丰富家庭生活：重视影视学习

电视是一种视听兼备的大众传播媒介，它不仅图文并茂，而且声色俱全。电视既是宣传教育的工具，又是娱乐消遣的场地，从“大语文教育”观的角度讲，电视也是语文学习的课堂。引导学生有目的地收看电视，可以及时获取各种鲜活的语文信息，接受语言训练和文化艺术的熏陶，培养学习兴趣，提高学生的语文整体素养。

8 中国传统语文的教学方法

我国传统语文教学源远流长。在数千年的语文教学实践中，积累了丰富的经验。历代的教育家、学者对语文教学发表了许多真知灼见，关于语文教学的著述也为数不少。这里想就我国传统语文教学方法试作一个粗线条的勾勒，并谈谈我的认识。

我这里所说的语文教学方法，是指根据语文教材的特点，语文教学的原则，针对学生的年龄特征和实际程度，为完成一定的语文教学任务，在师生共同活动中，所采取的具体手段，既包括教师的教法，又包括学生的学法。

我国传统的语文教学有相当完整的一套步骤和方法，大体来说，从开始识字到完成基本的读写训练，这整个的语文教学过程是由三个阶段构成的。开头是启蒙阶段，以识字教学为中心；其次是进行读写的基础训练；再次是进一步的阅读训练和作文训练。与之配套的教材有三种：启蒙教育的教材有《三字经》《百家姓》《千字文》等；读文训练的教材有《四书》《五经》等；辅助教材有《昭明文选》《古文观止》《千家诗》和《神童诗》等。

关于语文教学论述都散见于历代教育家、学者的著述中，诸如启发诱导、文道统一、循序渐进、教学相长、读写结合、因材施教、讲习并重、藏息相辅等。先哲们依据这些教学原则在教学实践中总结出很多行之有效的教学方法，至今还被广大语文教师沿用着。

1. 自学法

所谓“自学法”，就是学生自己学习，独立理解课文的一种教学方法。在我国教育史上，首先提出自学法的是战国时期的杰出思想家孟轲。他说："君子深造之以道，欲其自得之也。自得之，则居之安；居之安，则资之深；资之深，则取之左右逢其源。故君子欲其自得之也。"孟子认为，在学习上必须做主观的努力，靠自己的思考、理解、求索而得到的知识，才能变为自己的血肉。这种"自求自得"的学习方法是很可贵的，它体现了学生在学习过程中的主体作用，有助于学生掌握学习方法，能有效地培养学习能力，养成良好的自学习惯。

朱熹指出："读书是自家读书，为学是自家为学，不干别人一线事，别人助自家不得。"倘若学习不是靠自己的心力去努力，不是独立思考，自求通达，而是处处依赖别人，那么，一辈子也学不到多少知识。无疑古人这些认识是非常正确的。因为外因是事物变化的条件，内因才是事物变化的根据，外因必须通过内因才能起作用。

2. 诱导法

所谓"诱导法"是指教师启发学生积极思维，引导学生主动、积极、自觉地掌握知识，发展智能的教学方法。

在中国，诱导法源于孔子的《论语·述而》："不愤不启，不悱不发，举一隅不以三隅反则不复也。"孔子主张在教学过程中，特别要重视培养学生有独立思考的能力和主动研究的精神，反对专事记忆和依靠教师从外面注入的被动的学习。在追求真理和解决问题的时候，必须使学生自己有求知的动机与愿望，然后教师乘此机会，适应他们的需要，进行启发诱导。

孔子之后，《学记》提出："道而弗牵，强而弗抑，开而弗达。"即主张引导学生，而不给以牵制；积极地鼓励、督促他们，而不强加逼迫；指明学习的途径，但不能代替他们达成结论。

现代教学论中的诱导教学，它强调学生为学习主体，教师要调动学生的学习积极性，实现教师主导作用与学生积极性相结合；强调学生智力的充分发展，实现系统知识学习与智力的充分发展相结合；强调激发学生内在的学习动力，实现内在动力和学习的责任感相结合。

3. 直观法

所谓“直观法”，就是通过人的感觉器官对外界事物进行直接观察感知的教学方法。

在我国，自古以来都把识字教学当作教学活动的基础工作，古代蒙学教育就是以此为主要任务。所谓蒙学，又称蒙馆，是指中国封建社会对儿童进行启蒙教育的学校，其教育内容主要是识字学字，因而，在这方面，我们的祖先积累了丰富的经验，总结了许多切实可行的方法。识字教学方法之一就是具有直观教学意义的“指物识字”。

王筠在《教童子法》有一段话是专门阐述“指物识字”的：“蒙养之时，识字为先，不必遽读书。先取象形、指事之纯体教之。识‘日’、‘月’字，即以天上日、月告之，识‘上’、‘下’字，即以在上在下物告之，乃为切实。纯体字既识，乃教以合体字。又须先易讲者，而后及难讲者。”这实际上既是一种识字教学方法，又是一种识字教学程序。

学生对教材的理解总是在感知事物的基础上，由形象思维向抽象思维发展，而直观教学正能适应和促进这个过程。它给学生以鲜明生动的形象，有助于吸引学生的注意，激发学习兴趣和热情，促进知识的理解和巩固；有助于发展他们的观察能力和形象思维能力。

4. 精讲法

所谓“精讲法”，就是重点部分细讲，抓住核心少讲，中心内容讲得准确，要点讲得透彻。

古人认为教师讲解是不可缺少的一环。王筠在《教童子法》一书中说：“学生是人，不是猪狗，读书不讲，是念藏经也，嚼木札也，钝者或俯首受驱使，敏者必不甘心也。”但古人主张讲解以简约易晓为好。内容要精要，方法要精当，语言要精炼。《学记》很早就提出了这个见解：“善歌者，使人继其声；善教者，使人继其志。其言也，约而达，微而臧，罕譬而喻，可谓继志矣。”王守仁又说：“凡授书不在徒多，但贵精熟，量其资禀能二百字者，止可授以一百字，常使精神力量有余，则无厌苦之患，而有自得之美。”崔学古对“讲”的解释是这样的：“‘讲’者，讲其实意，初讲时用之。‘贯’者，贯其神理，有贯串之意焉。如，一章以一句贯，一句以一字贯。”

以上这些论述告诉我们，在语文教学中，不能面面俱到，泛泛而论，而是重在讲精华，抓住规律；讲重点，不离核心；讲难点，扫清障碍；讲关键，带动全文。不管是讲授、讲述还是讲解、讲读，都要依据学生的认识特点，按照教材的系统，分清主次，突出重点，解决难点，用较少的时间讲清主要内容，使学生在较充分的时间和在较好的知识基础上进行练习。

5. 记诵法

所谓“记诵法”，就是多诵读，边读边记忆。

记诵是古代基本的教学方法，朱熹对此有不少论述。他说：“教人读书须成诵，其道学第一义。诵数已足，而未成诵，必欲成诵。诵数未足，虽已成诵，必满诵数。”朱熹又说：“大抵观书先须熟读，使其言皆若出于吾之口，继以精思，使其意皆若出于吾之心，然后可以有得尔。”在书院和私塾里，老师常要求学生当堂背诵，下次上新课前，还要检查学生旧课背诵情况，背得不熟不上新课。唐彪提出“学生背书，必须使其声高而缓，先生用心细听，则脱落讹误之处，了然于耳，然后可以以其脱误而令其改正。”。

为什么古人在语文教学中强调记诵呢？这是因为：第一，记诵可以培养学生良好的语感。背诵范文的过程，是由读得顺口到读得烂熟，由闭目记诵到背诵如流的过程。在这个过程中，通过对范文的反复吟咏、体味，便可潜移默化地学到大量的语汇、句式，从而提高自己的语言感受力。第二，记诵可以发展学生的智力。背诵的过程是有意识记的过程，需要学生对背诵的材料具有有意注意力，通过反复熟读，加强大脑皮层的暂时神经联系，产生持久的稳固的记忆，从而锻炼了记忆能力。通过背诵积累的大量材料，不仅有储存的作用，而且有检索作用，可以发展思维的敏捷性、灵活性和创造性。背诵的材料越多，则越易于产生丰富的联想力和想象力。

6. 圈评法

所谓“圈评法”，就是在阅读教学中，对文章的重点、难点、精彩语句、存疑之处，用一些符号和标记进行勾画。

圈评法是古人读书的宝贵经验，王筠谈到圈评方法时说：“入学后，每科必买直省乡墨，篇篇皆使学子圈之抹之，乃是切实工夫……即读经书，一有所见，即写之书眉，以便他日涂改；若所读书都是干干净净，绝无一字，可知是不用心也。”每一次使用不同颜色的笔加以圈评，可以看出认识的不断提高和加深。

唐彪强调圈评的重要。他说：“读文而无评注，即偶然能窥其微妙，日后终至茫然，故评注不可已也。如阐发题前，映带题后，发挥某节，发挥某句，发挥某字，及宾主浅深、开阖顺逆之类。凡合法处皆宜注明，再阅时，可以不烦思索，而得其中详悉。读文之时，实有所得，则作文之时，自然有凭借矣。”

总之，圈评能加深印象，增强记忆；能促成潜思索，加深理解，激发思考，启迪创造。还可以积累资料，备查待用。“不动笔墨不读书”的确是培养学生自学能力的好方法。

7. 提问法

所谓“提问法”，是指以师生对话形式进行教学的一种方法。

提问的目的在于启发刺激学生学习，它能唤起注意，活跃思维，养成敏捷思考和迅速回答问题的习惯。王筠说：“为弟子讲授，必时时请问之，令其善疑，诱以审问。”唐彪则更进一步提倡“驳问”，他说：“学生复讲书时，全要先生驳问，层层辩驳，如剥物相似，去尽皮方见肉，去尽肉方见骨，去尽骨方见髓，书理始见透彻，不可略见大意，即谓已是也。”另一种是教师讲解时，学生向教师提出驳问，他说：“先生所讲未彻处，弟子不妨以己见问之，或弟子所问先生不能答，先生即宜细思，思之不得，当取书考究。”不管是“请问”，还是“驳问”，其目的都是为了打开学生的思路，启发他们自己提出问题，分析问题，解决问题，提高阅读能力。

怎样才能做到“问得好”和“答得好”呢？《学记》指出：“善问者如攻坚木，先其易者，后其节目，及其久也，相说以解；不善问者反此。善待问者如撞钟，扣之以小者则小鸣，叩之以大者则大鸣，待其从容，然后尽其声；不善答问者反此。”说明提问题应由易到难，逐步接触到关键问题，以启发答者深入理解。回答问题时要认真领会问者意图，根据要求去思考，去回答。如果善于问答，教学将事半功倍；不善于问答，则事倍功半。

现在有的教师上课，一路讲去，中间也不提问，学生也很少反问；学生读书，囫囵读去，中间也不置疑，教师也很少驳问。讲得死板，学得也死板，这不能不说是语文教学的一种悲哀。

8. 复习法

所谓“复习法”，就是教师指导学生温习已经学过的教材，以强化记忆，加深理解，融会贯通，从而达到系统化的教学方法。

古人是很重视语文复习的。孔子说“温故而知新，可以为师矣。”在已有知识的基础上，获取新知识，从温习旧知识中可以得到启发，悟出新的道理，加深对新知识的理解。这反映了古人对新旧知识之间内在关系的看法，是符合教学规律的。

颜元说：“先生止与学生讲书，而不令其复习，最为无益。”他说复习的好处是：“其间错解者，可以改正；不解者，可以再解；不用心听，全不能复者，可以惩儆之。开导之功，莫善于此。”因为复习如此重要，所以古人主张在教授新课时必须兼理熟书，而且要“随读随理”。“随读随理”可以防止遗忘，弥补学习上的缺陷，发展学生的记忆能力和思维能力。

复习的方式有复读、复背、复说等。复说是在教师讲解后，由学生回讲，用抽签的办法，依据教师讲解后，由学生回讲，用抽签的办法，依据教师讲解的音义加以重复，以达到复习巩固的目的。

9. 积累法

所谓“积累法”，就是各自用自己所习惯的方法积累学习资料，并将它们分门别类，随用随取，这种学习方法叫积累法。

学习语文是一个逐渐积累的过程，只有细微不拒，兼收并蓄，才能成其渊博。古代学者认为，一个人的基础知识越广博深厚，越能成就大学问、大事业。而广搏深厚的基础知识，是靠坚持不懈的积累功夫得来的，这种积累功夫，荀子叫做“积靡”，刘昼叫做“积渐”，二程叫做“积学”。

荀子认为，人与人之间的社会分工，就是因为人们在学习和社会实践过程中，分别积累了不同的经验和专业知识的缘故，“积耨耕而为农人，积斫斫而为工匠，积贩货而为商贾，积礼义而为君子。”任何一位有心计的学习者，若能在自己的专业领域里，勤奋耕耘，善于积累，并且坚持不懈，就必定会有高深的造诣，甚至成为这方面的专家。

根据古代各时期学者的治学经验和实践，积累的具体方法包括“诵诗书，考古今，察物情，揆人事，反复研究而思索”等方面，尤以积累书本知识为主。书本知识的积累，主要有抄书、摘录、提要、批注等方式。这些方式的运用，都离不开“心到、眼到、口到”与之相配合。

10. 模仿法

所谓“模仿法”，就是“依葫芦画瓢”，效法他人的作品，写自己的文章的方法。

古人认为，儿童作文是从模仿开始的，模仿是沟通读与写的桥梁。刘知几说：“夫述者相效，自古而然。”又说：“若不仰范前哲，何以贻厥后来？”朱熹指出：“古人作文作诗，多是模仿前人而作之，盖学之既久，自然纯熟。”。

模仿什么，怎么模仿？古人的一些主张是值得重视的。这些主张归纳起来有两条：一条是模仿名家名篇。朱熹说：“大率古文皆是行正路，后来杜撰的，皆是行狭隘邪路去了，而今只是依正的路脉做将去，少间文章，自会高人。”研究历史上大作家成“家”的过程，可以看出他们总是学了前世名家的文章，吸取其所长。另一条是不袭古人诗文。王守溪说：“所为文必师古，使人读之不知所师，善师古者也。韩师孟，今读韩文，不见其为孟也；欧学韩，今读欧文，不觉其为韩也。若拘拘模仿，如邯郸之学步，里人之效颦矣，所谓师其神，不师其貌，此最为文之真诀。”模仿古人，不袭古人，这是学习古人的正确路子。因为古人写的是彼时彼地的人和事，而学生写的是此时此地的人和事。借鉴古人的写作方法来表达今天的内容，文章是自己的，而抄袭古人则是毫无意义的，也达不到练习作文的目的。

模仿，是人们赖以生存的本领，是创造的准备和起点。从心理学角度看，模仿是学习作文心理上的需要，也是作文教学的必要手段。因为任何学习，开始阶段都离不开“依葫芦画瓢”，从这一点来说，模仿是作文训练一条必由之路。

语文教学，一个要继承过去，一个要面向未来。继承过去就是吸取传统语文教学的民主性精华，面向未来就是立足改革，不断发展现代语文教学。传统语文教学是现代语文教学的基础，现代语文教学是传统语文教学的发展，二者之间是继承与创新的关系。列宁在揭露和批判旧教育理论脱离实际这一根本缺陷的同时，曾明确指出：马克思主义“并没有抛弃资本主义时代最宝贵的成就，相反地却吸收和改造了两千多年来人类思想和文化发展中一切有价值的东西。”毛泽东同志也曾指出：“今天的中国是历史的中国的一个发展；我们是马克思主义者，我们不应当割断历史。从孔夫子到孙中山，我们应当给以总结，继承这一分珍贵的遗产。”封建社会中有些语文教学经验，尽管它曾经为剥削阶级利益服务过或打上剥削阶级的烙印，但都有些符合人类认识发展规律的东西。这些语文教学经验过去有用，现代和将来也还有用。因此，我们对中国历史上的语文教学经验决不能采取虚无主义的态度，一概加以否定。相反，我们要运用马克思主义“一分为二”的观点和方法，批判地加以继承，做到古为今用。

9 语文教育中的“教”与“学”

著名的语言学家吕叔湘先生说：“教学、教学，就是‘教’学生‘学’。”伟大的教育家陶行知先生也说过：“我认为好的先生不是教书，不是教学生，乃是教学生学。”“教学生学”是当代教学论的一个著名论断，是素质教育中的一个全新的“教学观”与“方法论”，符合我国教育的战略方向。

那么，怎样具体认识和理解“教学生学”，怎样正确处理“教”与“学”二者的关系，目前国内学术界尚有争议。本文拟就这个命题，谈一些看法，以求抛砖引玉。

1. 教学生学的哲学思考

在教育史上，“教”与“学”双边关系始终得不到正确的体现。以德国赫尔巴特为代表的传统教育派，主张“教师主体论”，把学生视为“容器”和“鸭子”，“注入式”、“填鸭式”的教学模式统治了几百年。与此相反，以美国的实用主义教育家杜威为代表的所谓现代派，主张“儿童主体论”，把教师的教视为可有可无，儿童只要按自己的兴趣学习就行了。

主体和客体是哲学上的一对范畴，它们是对立的，是既有区别又有联系的。没有主体就无所谓客体，没有客体也无所谓主体，而且在一定条件下，主体与客体又是可以互相转化的。

教学则是培养人的一种基本途径，是教师运用教材引导学生掌握知识、发展智能、培养品德的认识过程。教学活动具有三个最基本的要素，即教师、教材和学生。教学活动又有两个既有区别又有联系的过程，即教师运用教材向学生施教的过程与学生通过掌握教材向教师学习的过程。

在教与学不同条件下构成了种种矛盾关系，因而形成了较为复杂的主客体关系。

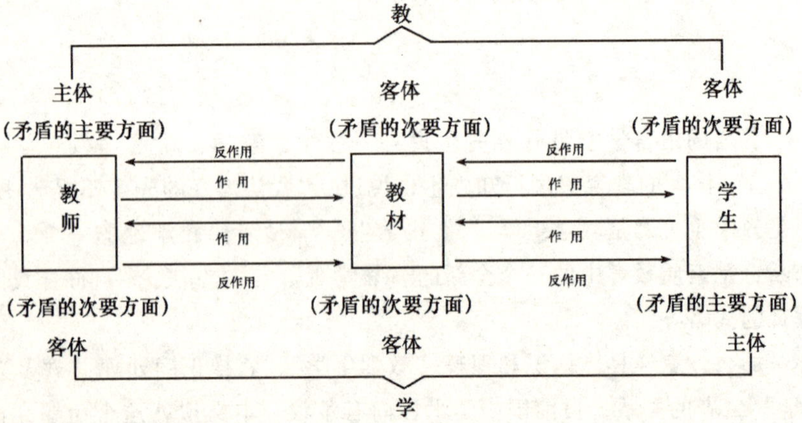

从教的过程看：

教师与教材构成一对矛盾，在这对矛盾统一体中，教师是教材的认识和使用者，是矛盾的主要方面，教材是认识和使用的对象，是矛盾的次要方面，因而教师是主体，教材是客体。这是人与物的主客体关系。教师引导学生学习教材与学生又构成一对矛盾，在这对矛盾统一体中，教师是施教者，是矛盾的主要方面，学生是受教的对象，是矛盾的次要方面，因而教师是主体，学生是客体。这是人与人的主客体关系。由于学生是有意识的人，因而作为受教的客体却不是消极被动的客体，而是具有能动性的客体。他们对于教材内容的消化和掌握要经过自己的思维，是否接受可由自己来取舍；对于教师的施教情况也会进行分析和评论。

从学的过程看：

学生与教材构成一对矛盾，在这对矛盾统一体中，学生是教材的认识和使用者，是矛盾的主要方面，教材是被认识和使用的对象，是矛盾的次要方面，因而学生是主体，教材是客体。这是人与物的主客体关系。学生通过学习教材与教师也构成一对矛盾，在这对矛盾统一体中，学生是学习者，是矛盾的主要方面；教师是被学习的对象，是矛盾的次要方面，因而在这种条件下，学生便成了主体，教师则成了客体。这也是人与人的主客体关系。由于教师是有目的有意识的教育者，因而作为教的主体具有高度的能动性，作为学的客体仍然具有明显的能动性。他对于学生提出的疑难问题要给以回答；对于学生如何学习的问题要进行指导。

总之，教学过程中由于具有三个最基本的要素，两个既有区别又有联系的过程，存在不同条件下的种种矛盾关系，因而便构成了多维的主客体关系。就教师与学生而言，在教的过程中，教师是施教的主体，学生是受教的客体；在整个教学过程中，教材是客体，教师与学生都是主体，在一定条件下又互为主客体。这种观点可概括为不同条件下的师生互为主客体论或师生辩证主客体论。

2. 教什么，怎么教

“教学生学”的关键是“教”，而“教”的关键是“教什么”和“怎么教”。

教师的“教”，主要不是教给学生“学科知识”本身，而是教给学生理解、掌握、运用“学科知识”的“方法、技巧、要领、关键、诀窍”等，不是给学生“奉送真理”，而是教给学生“发现真理”的方法，不是“授之以鱼”，而是“授之以渔”。我们说这也是一种知识，这是“含规蕴律”的能够令学生在学习中“闻一知十”“触类旁通”的“知识”，是一种能够迅速开发学生智能然后赖之高效率获取新知的“知识”。这是“教什么”。那么，怎样教呢？我认为“怎么教”的基本方法是启迪、纠正、示范、激发、点拨等，而且在运用这些“教”的具体化、艺术化的“方法”时，还要求做到“引而不发，跃如也”。具体一点说也就是及时指导、相机诱导、因势利导。

（1）及时指导。

课堂教学的中心在于培养学生的自学能力。但无导自学，无师自通，对于大多数小学生来说谈何容易？所以，需要教师强有力的指导。这种指导表现在三个方面：首先是课前指导。教师对学生施以课前指导，即依据教学目的，将教学重点、难点以启发性问题的方式布置下去，要学生“自动天君”，通过动脑、动手、动口，独立解决自己能够解决的问题。如预习课文，自学生字、新词，划段分层，编写段落提纲等。其次是课中指导。学生预习中难于解决的问题，要在课内读书时继续解决。教师仍不能直述答案，越俎代庖，只能作旁扶侧导，要言不烦地予以提示、启发。如对别有寓托的文章、思想性含而不露的文章，引导学生或步步深入，或层层剥脱，多问几个为什么。再次是课后指导。学生读书，常常囿于一隅，不善于展开思路，教师应予以启迪，让学生去“举一反三”、“连类而及”。如把精读时得到的经验和方法运用到新的读书实践中去等。

(2) 相机诱导。

在生动活泼的课堂教学中，除了课前确定的“指导”之外，还需要有教师的“相机诱导”。相机，即选择时机，随机应变；诱导，即循循善诱，步步引导。拿提问来说吧，有经验的教师大都在相机诱导上下功夫。

①当学生回答问题卡壳的时候。学生回答问题，有时候思维活跃，语言流畅，可是说着说着卡壳了，出现了思维停滞、语言闭塞状态。怎么办？教师应及时进行调理、疏通和开导，顺着自己所提的问题在思考方向和学习方法方面加以具体指导。一位教师教《将相和》“完璧归赵”一段，提出这样一个问题；“蔺相如在完璧归赵中是怎样抓住秦王的弱点立功的？”开始学生答得比较顺利，后来就找不到问题的正确答案了，这时教师启发说：“要正确地回答这个问题，应该围绕秦王要求交换宝玉是真心还是假意来考虑。”经教师这样一提示，学生思路接通了，圆满地作出了准确的答案。

②当学生回答问题出圈的时候。小学生有他们的年龄特征和兴趣爱好，他们考虑问题往往以自己的感情经验和情趣意向为标准，有时候回

答问题会出圈，与教师的思路不一致。这时，教师就要采取灵活机动的应变措施，将学生的思维引向正确的轨道上来。一位教师教《刻舟求剑》，先叫学生朗读课文然后回答问题：“那个人能把宝剑捞上来吗？为什么？”一个学生说：“这把宝剑是可以捞上来的，如果这个人是电视剧《大西洋底来的人》中的麦克·哈里斯，宝剑就可以捞上来了。”教师笑着说：“看来，你是十分喜爱宝剑的，想方设法把它捞上来，其实，那是不可能的。你再读读课文好好想想，为什么捞不上来？”这个学生一边读课文一边思索，最后他说道：“宝剑是从船上掉进水里去的，船已经走动了，可是掉进水里的宝剑并没有随船走动，所以想从船上刻着记号的地方跳进水中把宝剑捞上来，是不可能的。”教师频频点头。

③当学生回答问题冷场的时候。有时候，教师提出一个问题，全班竟无一人举手，出现冷场局面。冷场原因之一，是教师所提问题难度太大，超出了学生的理解水平。这时，可以化难为易，变换问题说法，将坡度放缓。一位教师教《书的故事》第三段，他按课后思考作业题的要求，提问：“从哪些地方可以看出年轻的卖票工人喜欢读鲁迅先生的书？”过了半分多钟没有一个举手。很显然这个问题太深，把学生难住了。于是，这位教师把问题分解了，从另外一个角度设问：“作者是怎样具体描写卖票工人买书时动作、表情和语言的？”这样一变，学生争先恐后举手，发言非常热烈。

（3）因势利导。

因势，就是要充分尊重学生的主体地位，承认学生的知识、能力、智力、情感、兴趣等等对教师的制约作用，教师只能顺其势而“导”，不能逆其势而“牵”。利导，就是要把学生引导到最有利于他们的认识和发展的情境中去，从而使其自奋其力，去求得认识和发展。从“导而弗牵，强而弗抑，开而弗达”的角度讲，教师在教学中应做到“三导”：

①导法。就是在学生读书过程中指导学生掌握科学的学习方法。如

抓住题眼探索文章内容的方法。《捞铁牛》一课抓“捞”字，《雕凤凰》一课抓“雕”字，《小站》一课抓“小”字等，让学生来体会教材的主要内容，研究教材的精妙之处。

②导疑。就是在学生读书过程中指导他们学会质疑问难。学生的质疑有两类：一是疑难问题，即确属不懂的问题；二是疑义问题，即对教材本身提出不同见解。两类问题的发现，都是重要的，后者更有价值，学生发挥了求异思维的作用，有可能是创见。

③导练。方法是在运用中获得的，能力是在训练中形成的。运用学法指导，还应注意用科学的富有启发性的方法指导学生进行练习。如教《钻石》，为了让学生加深对课文内容的理解，有位教师设计了这样一个练习：“夜深了，姑娘躺在床上怎么也睡不着。姑娘为什么睡不着？她想起了什么事？这两件事与她献钻石有什么联系？请你用自己的话简要地写出这两件事的主要内容，再回答问题。”这个练习题富有启发性，既训练了学生的理解能力，又训练了学生的概括能力。

3. 学什么，怎样学

学生学习要想获得成功，在学习竞争中立于不败之地，必须培养自学能力，而自学过程中更需要讲究科学的学习方法。叶圣陶先生指出：“学生要学的，不光是课本上的知识，更重要的是在各科学习中学会自己寻找知识和解决问题的本领，这是他们一辈子的工作和生活的第一需要。”而这种本领的重要标志就是能够掌握科学的学习方法，形成了自学能力和习惯，不仅终生受益，而且有利于他天赋和才能更好地发挥。学什么？不言而喻，就是学获得知识、形成能力的活动方法和思想方法。那么，怎么学呢？

（1）愿学，乐学

学生愿学、乐学，这是学好任何一门功课的前提；反之，学生不愿学、不乐学，硬摁牛头饮水，那无论如何也是不会成功的。正如柏拉图所说：“强迫学习的东西是不会保存在心里的。”这是因为学生愿学、乐学了，学起来才有浓厚的兴趣和异常甜美的滋味，而只有这样富有

“内驱力”的学习，才能学有成效和佳效。正是由于这一点，所以爱因斯坦说：“兴趣是最好的老师。”

（2）慧学，巧学

在“愿学、乐学”的问题解决后，随之而来的便是“慧学、巧学”的问题。因为只有解决了这个问题，“愿学、乐学”才能由虚变实，显出实际效果来，即把学习的“动力”化为学习的“物质力量”。慧学、巧学的问题，实际上是个学习的方法问题，即学生有了或说积累了一定的学法了，那么他们也就比较慧学、巧学了。如果学生有了或说积累了很多学法了，那么他们慧学、巧学的问题，也就可以说是解决了。

（3）勤学，苦学

勤学，苦学是学习的优秀品质，是学有所就，学而能成的条件之一。一个人，即使近于“天才”，也仍然需要勤学，苦学。源于“勤学，苦学”，故有“三月不知肉味”之论；源于“勤学，苦学”，故有“劳其筋骨，饿其体肤”之说。韩愈有“焚膏油以继晷，恒兀兀以穷年”句；欧阳修有“昼夜忘寝食，惟读书是务”句。俗话也说：“书山有路勤为径，学海无涯苦作舟”。古今中外，只有“勤苦出天才”之理，而绝无与之相反的“例”。对需要“千勤百苦”才能搞好的语文学习来说，尤其是如此。

10　新时期小学语文教育改革成果

从党的十一届三中全会至今，我国小学语文教育改革走过了20多年辉煌历程。纵观这20多年小学语文教育改革的历史，其特点可以用十二个字概括：与时俱进，创新发展，硕果累累。本文拟对新时期小学语文教育改革八大成果加以回顾与概述。

1. 学科性质准确定位

所谓学科性质，是指一门学科区别于其他学科的根本特点。一门学科的教育目标、教学要求、教学内容和教学方法，主要是由该学科的基本性质所决定的。在人类文明发展史上，任何一门学科的成长，总是与“自身到底是什么”的争论相伴随。从改革开放之初到走进新课程的今天，关于“语文学科性质的讨论”时起时伏，一直在进行，经过20多年的争辩，我们可以比较清晰地达成如是性质观：“语文是最重要的效际工具，是人类文化的重要组成部分。工具性与人文性的统一，是语文课程的基本特点。”

这个令人信服的结论出自《全日制义务教育语文课程标准》。它告诉我们三个观点：①语文是工具。人们凭借语文思想，凭借语文想象，凭借语文学习，凭借语文工作。语文在组织社会生活、维护社会的存在和发展方面，实现着跨跃时空的交际作用，人类一时一刻离不开语文。②语文即文化。语文课程饱含着丰富的思想文化内涵，凝结着文化的结晶，打下了深刻的文化烙印。一本语文教材就是一部文化小百科全书，它对学生道德修养的提高，精神情操的陶冶，人生阅历的丰富，起着潜移默化的重要作用。③语文课程性质的核心是工具性和人文性的统一。语文的工具性与人文性的对立统一，正是科学主义精神与人文主义精神的对立统一。它要求我们伴随着语言文字的听、说、读、写训练，须进行认知教育、情感教育和人格教育。语文课程必须以人为本，面向全体学生，使学生获得基本的语文素养；必须遵循汉语特点和学生学习语文的特点，践行自主、合作、探究性的学习方式；必须容纳学生的生活经验，并有助于学生与课程文本的互动。

当然，关于语文的性质，里面既有学术的问题，也有一个体现国家意志的问题。随着社会的发展，随着人们认识的深化，只要有语文课的存在，语文性质问题将是一个长期的话题。但是，《语文课程标准》中的权威性表述，至少说明了这是新时期语文教育改革的成果。

2. 教育理念深入人心

回顾全国小语会成立以来的 20 多年的历史，小学语文教育界几个流行的口号，被广大语文教师看重，并且变成他们语文教育的行动准则。①20 世纪 80 年代初，小学语文教育界提出了“加强双基，培养能力，发展智力”的十二字要求，在全国产生了很大的影响。这个口号的实质，是要求在语文教学中知识与能力并举，语言与思维结合，智力因素与非智力因素兼顾，体现了革新期全面发展学生语文能力的思想。与此同时，叶圣陶先生“教是为了达到不需要教”，吕叔湘先生“教学，教学，就是教学生学”的观念深入人心，成为广大语文教师的共识。②1983 年国庆前夕，邓小平同志为北京景山学校题词：“教育要面向现代化，面向世界，面向未来。”给我国教育事业提出了新的更高的全面改革纲领，这个战略方针也给小学语文教育改革进一步指明了方向。“坚持‘三个面向’，走现代化教改之路”，一直是语文教育工作者的重要课题。③1986 年我国颁布了《义务教育法》。这部法律明确地把全面贯彻教育方针、提高民族素质、造就一代新人作为义务教育的目标。从此，小学语文教学由应试教育向“素质教育”转轨，便成了广大语文教师奋斗目标。于是，“愉快教育”、“情境教学”、“和谐教育”、“整体改革”等语文教改模式应运而生。④新世纪肇始，当中国基础教育高举全面推进素质教育的旗帜，为实施科教兴国战略，切实履行“奠基工程”职责的时候，国家教育部制定了《全日制义务教育语文课程标准》，新课程正在走进校园，走进师生的生活。当前，在语文课程与教学中，广大语文教育工作者思想到位，行动到位，他们正在努力实践语文课程的四大基本理念：全面提高学生的语文素养；正确把握语文教育的特点；积极倡导自主、合作、探究的学习方式；努力建设开放而有活力的语文课程。

3. 理论建树硕果累累

在“文化大革命”以前的17年间，师范学校虽然也开设过“小学语文教材教法”课程，但基本上都无正式教材，教学内容只局限于教材与教法的阐释，课程本身无所谓理论体系。1981年以来，这门课程不断发展和完善，从最初的“语文教学法”，到后来的“语文教学论”，再到现在的“语文教育学”，经过三个阶段的建设，基本上形成了一个具有中国特色的小学语文教育理论体系。语文教学法代表著作有：高惠莹、麻凤鸣主编的《小学语文教学法》（北京师大出版社），陈国雄、崔峦主编的《小学语文教材教法》（人民教育出版社）。语文教学论代表著作有：田本娜、高恒利的《小学语文教学论》（辽宁教育出版社），高惠莹、刘秀英的《小学语文教学论》（光明日报出版社），崔峦主编的《小学语文教学论》（中国人大出版社），朱作仁的《小学语文教学》（华东师大出版社）。语文教育学代表著作有：戴宝云主编的《小学语文教育学》（浙江教育出版社），周元主编的《小学语文教育学》（华东师大出版社），徐家良主编的《小学语文教育学》（高等教育出版社），杨再隋主编的《小学语文教育学》（湖北教育出版社）。此外，各地还出版了大批小学语文教育单项论著。如广东教育出版社的《小学识字教学研究》（张一清著），内蒙古人民出版社的《小学阅读教学研究》（张田若、郭惜珍著），广西教育出版社的《小学作文教学论》（吴立岗著）等。

改革开放以来，小学语文教学研究活动和教学改革实验空前活跃，因而形成了一支前所未有的小学语文教学理论研究队伍。他们研究的成果极大地丰富和发展了小学语文教学的理论，加快了建设具有中国特色的小学语文教学理论体系的进程，很多专家都出版了自己的文集。如《高惠莹语文教育论集》（语文出版社）、《袁微子小学语文教学论集》（浙江教育出版社）、《徐根荣语文教学文集》（上海教育出版社）、朱敬本《小学语文教学新探》（青岛出版社）等。

这里特别要提及的是浙江特级教师周一贯，他从事小学语文教学研究，成果甚丰。近十年来，他先后出版了《语文教学方法论》（山西高校联合出版社）、《语文教学训练论》（海南出版社）、《语文教学优课论》（宁波出版社）、《阅读课堂教学设计论》（宁波出版社）、《研究性阅读教学探索》（上海教育出版社）、《语文教研案例论》（宁波出版社）等学术著作，在全国产生了广泛的影响。

谈到小学语文教学理论，我们不能不提到全国小学语文教学研究会的贡献。从1980年全国小语会在大连成立到现在，共举行了七届年会，每次年会一个中心议题，出版一本《论文集》、每个《论文集》在一定程度上反映了一个时期全国小学语文教学改革的研究成果，这是有目共睹的。

4. 语文教材异彩纷呈

20世纪80年代，随着语文教改大潮的涌动，我国小学语文教材的改革也掀起阵阵波澜。1986年9月，全国中小学教材审定委员会成立。国家鼓励各个地方以及高等院教、科研单位，还有有条件的专家、学者、教师个人按照党和国家的教育方针和统一的基本要求参加教材编写。我国教材的编审制度发生重大变革，全国亿万学生大家一本的大一统局面宣告结束，统一要求、各地编制、国家审定、学校选用、一纲多本的新局面已经形成。特别是配合九年义务教育的全面实施，全国小学语文教学界开展了改革语文教材的多向探索，各地实验教材恰似山花烂漫，美不胜收。除人教社编写的九年义务教育五年制、六年制小学语文多套教材之外，还有京、津、沪、浙四省市六年制小学语文教材，小学语文“注音识字，提前读写”实验教材，义务教育小学语文H版教材，义务教育小学语文S版教材，义务教育小学语文内地版教材，义务教育小学语文沿海版教材，义务教育小学语文浙江省教材，等等。这些教材虽然编排方式不同，风格各异，但都很好地体现了大纲的精神和素质教育的特点，注重人才素质的培养，注重与生产实际、生活实际、社会实际的联系，融思想性、科学性、适应性、启发性和教育性为一体。另外，每套教材都有自己的个性特点。如：内地版——突破了文选型的教材模式，以发展学生的语文交际能力为目标，以听说读写能力的训练序列为主线，以语言实践活动为主体，力图建立训练型的教材体系。景山版——以集中识字为起点，以阅读名家名篇为主体，以作文训练为中心，读写结合，学用一致，发展智力，培养能力。“注·提”版——以注音识字、提前读写、以读促写、以写促读为特色，打破了“先识字，后读书”的传统小学语文教学体系，另辟发展语言的新途径。

2001年，国家新一轮课改开始之后，教育部首先在实验区推出三套小学语文教材。一套是人教版义务教育课程标准语文实验教材。这套小学语文教材，以新的教育理念为指导构建教材体系，从选文到练习设计，从编排结构到呈现方式，都有很大的突破和创新。另一套是苏教版义务教育课程标准语文实验教材。这套教材，课文富有文化内涵和时代气息，富有童心童趣，练习设计体现了人文性与工具性统一，综合性与实践性并重，自主探究与合作学习结合等特点。第三套是北师大新世纪义务教育课程标准小学语文实验教材。这套教材最大的特点就是“兴趣先导，学会学习，整体推进，文化积累”。

5. 教改实验百花齐放

经历了“十年动乱”，在党的十一届三中全会精神鼓舞下，广大教师压抑已久的教学改革的积极性和创造性得到了充分发挥，小学语文教学改革形成了百花齐放、百家争鸣的生机勃勃的局面。经过20多年的探索，现在已经结出一朵朵璀璨绚丽的奇葩。这20多年的语文教改实验，几乎涉及小学语文教学的所有内容，形成了一系列教学模式。识字教学始终是小学语文教学的重要研究内容，到目前，已探索出了上百种教学方法，如集中识字、分散识字、注音识字、部件识字、韵语识字、循环识字、字理识字、字根识字、听读识字、字族文识字、奇特联想识字、多媒体电脑辅助识字等。其中分散识字、集中识字两种基本模式又进行了新的研究和探讨，出现了“注音识字，提前读写”这一以识字教学改革为切入点的新的教学体系，有力地推动了语文教学的整体改革。听说教学备受重视，产生了“听读欣赏”、“情境听说”、“看图说话”、“童话引路”等一系列教学方法，形成了口语教学较为完整的体系。尤其是《语文课程标准》将“听说教学”改为“口语交际”，这是一次大的变革。“口语交际”强调培养学生的交际能力，把口语交际能力看做是现代公民的必备素养。从课程理念、课型结构、教师角色三个方面都与“听说教学”有本质区别。“阅读是学习之母”，阅读教学始终处于语文教学的主体地位。20 多年来，广大小学语文教育工作者从来没有停止过探寻优化高效的小学阅读教学之路，形成了各种阅读教学模式，从不同的侧面提示了小学阅读教学的基本规律。如“球形模式”、“线形模式”、“速读模式”、“自学辅导模式”、“自主感悟模式”、“引导发现模式”等都建构了完整的模式理论，成为小学语文教学改革的一大亮点。作文教学是小学语文教学的难点，是教学研究中分歧最大、争论最激烈的研究领域。各种教学改革从不同视角入手，形成了多种教学流派。有的从内容入手，有的从形式训练开始；有的强调循序训练，有的重视整体推进；有的写生活作文，有的写想象作文，等等。但成功的作文教学改革无不遵循儿童语言发展规律进行教学，无不强调以阅读为基础，无不强调作文内容与儿童现实生活的统一。

在按听说读写这一语文内容分类进行专题研究的同时，各种教学专题和心理专题的实验研究也全面展开。如语文教学中的思想教育、审美教育、情感教育、认知发展、能力培养等，都取得了一定的研究成果。还有语感训练、学法指导、学习习惯培养、自学能力培养等方面，也都形成了成熟的经验。

语文教学整体改革实验和语文素质教育研究，是新时期语文教改实验的重要内容。从减轻学生学习负担，提高语文教学效率入手，进行语文教学整体改革实验，是近 20 年重要的研究思潮，其间各地进行了许多改革实验。李吉林从情境教学到情境教育的研究，吕敬先的语文能力整体发展研究，烟台“双轨运行、大量读写”的实验，便是成功的典型。

教改实验红火，声势波澜壮阔，教法百花竞放，模式层出迭现，主要原因是改革开放以后，国外各种教育思潮涌入我国，开阔了广大教师的研究视野。像杜威的儿童中心论、布鲁纳的发现教学法、布鲁姆的掌握学习理论、皮亚杰的儿童认知心理学、维果斯基的“最近发展区”理念、赞可夫的新教学体系、巴班斯基的教学最优化原理、苏霍姆林斯基的教育思想等，都对我国的小学语文教学改革产生了深远的影响。

6. 教改名家层出不穷

1977 年拨乱反正，一些有识之士率先迈开了语文教学改革的步伐，走上探索语文教改之路。南京的斯霞、北京的霍懋征、上海的袁瑢等，这许许多多 20 世纪 80 年代初就名闻遐迩的新时期教改先行者大胆求索，不懈改革，创造和总结出了丰富的教改经验。他们德艺双馨，创造的许多精彩课例，已成为语文教学的“经典”。尔后，又涌现出了一大批卓有建树的语文名师，他们站在各自的角度，看待与思考语文教学，积极推行教法改革，既从事理论探讨，也身体力行，因而成为语文教改第一线的佼佼者，如李吉林的情境教育，丁有宽的读写结合，风靡全国，影响深远。于永正、贾志敏、靳家彦、支玉恒等又以各自不同的教学风格，四处传经送宝，在教育界传为佳话。新生代的王崧舟、薛法根、孙双金、窦桂梅等，成千上万的小学语文特级教师在语文教学中发挥着主导性的作用。

教改名家有两个共同的特点：一是职业道德崇高。他们对教育事业有执著的信念和追求，把全部心血灌在培养下一代上，从而实现自己的职业理想和人生价值。他们在讲台上送走了自己的青春岁月，又在讲台上迎来了自己的白发暮年。几十个春秋，埋首教学、驻足课堂、默默无闻，别无他求。是什么给了他们永不衰竭的动力呢？不是别的，正是对下一代深沉执著的爱。二是教学艺术精湛。他们都有与众不同的教学风度、韵味和语言，以及表现形式迥异的教学机智。有人上课善“导”，巧于设疑；有人上课善“评”，议论风生；有人上课善“点”，发幽探微；有人上课重“情”，以情动人；有人上课重“趣”，引人入胜；有人上课重“精”博中求约。这些不同的教学风格乃是名师教学艺术炉火纯青的表现。

7. 语文报刊琳琅满目

新时期，属于小学语文教育本专业的不同层次、不同性质的报刊，则如同雨后春笋相继问世，使小学语文教学研究阵地成了一个五光十色的“缤纷世界”。这些小学语文教育报刊对于提高教师业务水平、活跃语文教学研究、推动教改实验的深入开展，发挥了重大的积极作用。

1981 年，《小学语文教学》创刊，1983 年该杂志被确定为全国小学语文教学研究会的会刊。20 多年来，一直以其权威性强、学术性强、实用性强、操作性强获得全国广大读者的认可和喜爱。这本刊物坚持面向全国小学语文教师及教研、科研人员，及时反映小学语文教学最新成果，报道全国小学语文教学研究会各项活动内容，介绍各种教材、教法及教改先进经验，提供国内外教育动态、信息，紧紧围绕素质教育和创新教育设置了一些栏目。

上海教育出版社于 1978 年创办了小学语文教学专业性刊物《小学语文教师》。这份刊物设有教学论坛、人物专访、教材教法研究、教学例话、咬文嚼字、教学随笔、教学文摘、备课资料、名校语文教学等栏目，重在小学语文教师的业务交流和业务进修，是搞好小学语文教学的好帮手。

进入新世纪，《中国小学语文教学论坛》问世了。这本刊物以“论”为魂，以中国小学语文教学为“坛”，理论性强，敢于反映不同观点，既传统又现代，主要栏目有封面人物、教改前沿、教改采风、一家之言、教材透析、备课手记、学法指导、教法点击、优秀课例等，深受广大语文教育工作者的欢迎。

与此同时，以小学生为读者对象，对小学生进行语文学习指导的报刊也在各地诞生了，为小学生创造了良好的校外语文学习环境。侧重于作文辅导的主要有天津的《小学生作文》，河南的《小学生作文选刊》，辽宁的《小学生优秀作文》、黑龙江的《小学生作文向导》和《百家作文指导》等。侧重于阅读指导的，主要有江苏的《小学生语文学习》、吉林的《小学生阅读报》、黑龙江的《小学阅读指南》等。除此之外，全国各地面向小学生综合性大报大刊、小报小刊更是不胜枚举。

8. 教学技术突飞猛进

我们的祖先，以他们的聪颖和智慧创立了如此浩瀚而深邃的语言文字，并以它为中华民族编织了广博而绚丽的科学文化画卷，使世代中华儿女毫无愧色地立足于世界民族之林。然而，哪一代的中华儿女不曾为学习和掌握、继承和发展中国的语言文字付出过高昂的代价？古人读书，有囊萤的，趁月的，悬梁刺股的；现代人的学习，有废寝的，忘食的，夜不解带的。这固然说的是古今学人求知治学的刻苦精神，但倘若中国的语言不是如此博大精深，中国的汉字不是这样一字一样的成千上万，古人的悬梁刺股，今人的衣不解带，又是何必呢？学习和掌握中国的语言文学太难了，对于小学校里的教语文的老师和学语文的学生来说，就更难了。改革开放以来，电化教学的普及和提高，给小学语文教学带来了转机。幻灯机、投影机、电影放映机、录像机、电视机、录音机、多媒体计算机等教学设备纷纷被充实到城乡各小学，成为广大教师教学的助手。这些利用现代化的声、光、电技术武装起来的设备，以其着眼于学生视听感官的功能为特长，有利于提高小学语文教学效率。各种教学软件的出现，包括幻灯片、录音带、录像带、电影拷贝、电脑光盘等的多样化，都从客观上促进了教学技术的现代化。这些机器进入语文课堂，老师们改变了一张嘴巴、一支粉笔的传统教学方式，利用这些设备与材料，时而演示，时而展现，时而讲解，实现了教学手段的多样化。多样化的教学手段，既从外在形式上，也从内在本质上促成了语文教学方法的改革，使学生学得生动、活泼、愉快，大大提高了语文教学的质量和效率，从这点上说，教学技术现代化是语文教育的一次革命，更是新时期小学语文教育改革的一大成果。

11 语文课堂教学美感教育原则

美是人类社会不可缺少的东西，犹如阳光之于生活。语文教学当然更需要美，正像苏霍姆林斯基所说：“教育，如果没有美，没有艺术，那么是不可思议的。”（《给教师的建议》）在语文教学中贯注美感教育，既是语文教材中美的因素所决定的，同时也是语文教学文道统一规律的必然要求；既是当今学习心理的需要，同时也是语文教学发展到今天的必然结果。

语文课堂教学贯彻美感教育原则，有着重要的现实意义。美感教育不但能培养学生审美感受力、审美鉴赏力和审美创造力，而且还可以陶冶性情，开发智力，增进健美。一言以蔽之，美感教育对塑造少年儿童完美人格有着不可估量的作用。

根据审美教育学的基本原理，结合小学语文教学实践，我认为语文课堂教学美感原则应当包括以下五个方面的内容。

1. 教学内容美

小学语文教材选文标准之一是文质兼美，每册教材集自然美、社会美、艺术美于一体，在学生面前展现了一个璀璨夺目的美的世界。《观潮》《海底世界》《长城》《桂林山水》《林海》等课文，都从不同角度，不同侧面描绘了大自然的奇观和祖国河山的壮丽，这是自然美。《伟大的友谊》《十六年前的回忆》《我的战友邱少云》《狼牙山五壮士》等课文，描写了革命领袖、革命先烈和革命英雄的高尚情操，这是社会美。《海上日出》《海滨小城》《草原》《再见了，亲人》等课文，都是语言艺术的佳作，作者用简练、形象、优美的语言，描绘了大自然的秀美和人物形象的壮美，这是艺术美。综上所述，小学语文教材具有很高的审美价值，在课堂教学中，教师要善于指导学生留意寻找美的因素，运用课文中美的魅力去加强对学生情操的熏陶感染。通过朗读和讲解，启发学生领略诗情画意，体味风姿神韵，品评妙语佳句，从而完成审美教育任务。

2. 课堂结构美

语文课堂教学结构是指一节语文课的环节或步骤间进行的顺序和时间分配。从教材来看，它包括字、词、句、篇等因素；从培养学生能力来看，它包括听、说、读、写等因素；从发展学生智力来看，它包括观察力、记忆力、思维力、想象力、创造力等因素。仅从上述诸方面的主要因素来看，语文课堂教学结构是一个纵横交错的多层次的全方位的立体结构。在这个立体结构中，每个因素从纵的方面来看有其序列性，从横的方面来看有其相关性，从总的方面来看有其整体性。

课堂结构美，首先在于把师生之间的知识传递溶入和谐的情感交流之中。和谐的情感交流，一方面能够调动教师授课的积极性，使教师态度耐心和蔼，思维活跃敏捷，把课讲得生动有趣，引人入胜；另一方面也能调动学生听课的主动性，使他们感到愉快，精神集中而不知疲倦。缺乏和谐的感情交流的课堂，会给师生增加一种沉重的压抑感，使人打不起精神，昏昏欲睡。所以说，和谐的情感交流是课堂结构美的首要标志，它是打开师生心智活动大门的一把“金钥匙”。

课堂结构美，其次在于创造一个热烈、轻松而有秩序的课堂气氛。课堂教学作为一种集体的学习活动，必须要有统一的步调和秩序。但是，严肃的课堂秩序又不是死气沉沉、毫无生气的，它必须与学生的积极思考、主动发言结合起来。所以，在教学时，应该充分发挥学生学习的主动性和个性特长，引导学生或读，或议，或讲，或写，实行教师主导与学生主体的最佳结合，达到教师与学生、学生与教师、学生与学生多项信息交流，使课堂教学气氛活跃，充满情趣。

课堂结构美，再次在于有一个疏密相间、张弛结合的课堂节奏。课堂节奏是为了适应学生学习的心理特点而对教学进度与结构做出的艺术化的安排和调整。课堂教学进度是教学内容与教学时间的统一。课堂教学进度切忌平直，必须在突出重点、突破难点的前提下，使传授的信息量有疏有密，时间分配有快有慢。密的地方容量大，速度快，要求学生集中注意，思维敏捷，反应迅速，好像投入紧张的战斗；疏的地方坡度缓，进展慢，让学生心驰神往，静观默想，思索回味，如同晴空丽日，泛舟碧波之上。

3. 教学语言美

课堂教学中的教学语言是教师表达思想、传递情感、传授知识、塑造学生美好心灵的最基本的工具。教师语言表达能力的强弱、好坏，直接关系到教学任务的完成与否。语文教师担负着发展学生语言和思维，培养学生热爱祖国语言文字思想感情的重任，因而教师本身的语言更具有重要的作用。语文教师的教学语言除了语音标准、用词恰当、句法规范、表达连贯等一般要求外，还应有下列特点：

（1）严密的科学性。

语言的科学性体现在准确和精炼上。准确就是指确切地使用概念，科学地加以判断，恰当地进行推理。精炼就是指言简意赅，恰到好处。

（2）较强的启发性。

语文教师的语言应该凝练、含蓄、深刻，更能充分调动学生的积极思维，使学生有回味思索的余地，能引导学生聚精会神地进入学习境界，主动去获取知识。

（3）高度的直观性。

语言要生动、形象、鲜明，既活泼有趣，又浅显易懂。要善于把深奥的道理形象化，把抽象的事理具体化。使学生如临其境，如闻其声，如见其形。

（4）强烈的感染性。

语文教学要让学生受到情的感染，理的启迪，教师必须倾注感情，讲究抑扬顿挫，声情并茂。时而渲染诗情画意，拨动学生的心弦；时而出语惊警，引起心灵的震颤；时而慷慨激昂，使人振奋；时而低沉悲哀，催人泪下。凭借这些富有感情的语言，引起学生内心世界强烈的反响和共鸣。

4. 板书设计美

板书是学生感知知识信息的视觉渠道，是发展学生智力和形成良好的思维品质的桥梁和工具。好的板书，必须是课堂中师生双边活动的缩影，反映课堂教学的全部过程，体现内容美、形式美和书法美。板书设计的美学价值在于：

第一，书之有用，要有鲜明的目的性。这就要求把握住教材，紧扣文章的中心，明确通过板书要解决的问题。

第二，书之有据，要有较强的针对性。板书的设计是为学生学习服务的，无论是内容，还是形式，都要考虑学生的水平，为学生所接受。

第三，书之有度，要有高度的概括性。课堂教学时间是有限的，板书内容多是师生的负担，这是不言自明的。因此，宜一语中的，要言不烦，高度浓缩。

第四，书之有方，要有一定的欣赏性。板书应当结构精巧、匀称、和谐，情趣横生，具有艺术魅力，给人以美的享受。

5. 教态仪表美

教育实践表明，教师的教态仪表本身是一种强有力的教育因素，具有较其他职业更强烈的示范性。教师本身的外在行为是树立在学生面前的直接榜样。教师的个体形象，包括音容笑貌、举止行为，几乎在学生的心灵中储存终身，以至吸收为自己的个性特征。因此，在课堂教学中，语文教师应当有一个良好的教态仪表。花枝招展的装束、矫揉造作的举止、鄙陋野俗的谈吐、冷若冰霜的态度，是和一个教师的身份不相称的。

在课堂教学中，语文教师教态仪表的要求应该是：衣着朴实整洁而不呆板，举止稳重端庄而不矫饰，风度活泼开朗而不轻浮，性情善良和蔼而不怯懦，言谈谦逊文雅而不庸俗。

12 当代语文教学名家的个性心理品质

何谓语文教学名家？我们所说的语文教学名家，特指那些在中小学语文特级教师中教学效果最好、贡献最大和知名度最高者。他们是教育人才的精英，是语文教育工作者的杰出代表，是教育理论的创立者和语文教育实践的领头雁。中学语文教学名家如：魏书生、于漪、欧阳代娜、钱梦龙、宁鸿彬、洪镇涛、吴心田、连树声等；小学语文教学名家如：斯霞、丁有宽、霍懋征、李吉林、袁瑢等。语文教学名家是一个特殊的教师群体。有人称这些人是“中国当代语文教育改革与发展的先锋和旗帜”，有人称这些人“代表这个时代语文教学的最高水平”，还有人称这些人是“语文素质教育叱咤风云的先进典型”。不管怎样评价，语文教学名家都是锐意进取，奋力拼搏，独辟蹊径，在当代中小学语文教学改革中均取得突破性成就的人。这些特级教师之所以能成为语文教学的佼佼者，除了具有学为人师的科学文化素养，行为世范的思想道德素养，点石成金的教育创新素养之外，他们还具备极为优秀的个性心理品质。

1. 坚强的意志

意志是人为了实现某种预定的目的任务，在行动中自觉克服困难时表现出来的心理过程。人是万物之灵。在自然界，只有人类才能按照自己的意志有意识、有目的地进行活动。意志是人类所独有的心理特征。

语文教学名家都是百折不挠、万难不屈、矢志不移、意志坚强的人。他们当中，有的经受过错划右派长达20余年的屈辱，有的经受过“文化大革命”的残酷批斗，有的人生坎坷、历尽磨难，有的做学问“衣带渐宽终不悔，为伊消得人憔悴”，但是，他们不管遇到多大困难，受到多大挫折，始终把语文教学同祖国的命运、民族的兴衰紧密结合起来，不达目的誓不罢休。

著名特级教师丁有宽，1957 年因说了几句真心话，被错划为“右派分子”，一夜之间，人事全非。他含着热泪离开了可爱的学校，离开了天真无邪的农民子弟，被押送去劳动改造。他身在劳改，心想学校，抽空偷偷学习马卡连柯的教育思想，对班级集体理论作了深入的研究，写出了《班级集体形成的三个阶段》的文章和《教育顽童拾叶》一书初稿。有一次，当小学教师的妻子拖着孩子来探望丁有宽，他没谈自己的不幸和痛苦，把一切委屈置之度外，给妻子修改教改方案，帮她设计课堂教学，和她研究班集体的形成，并把书稿交给她，鼓励她按书稿继续搞试验。

著名特级教师霍懋征在“文化大革命”中，因为出色的教学成就而被诬陷为“反革命学术权威”，把她打入苦难的深渊，游街、批斗、监禁，遭到非人的摧残。在所谓“隔离审查”期间，她 13 岁的儿子赵鸣惨遭非命，小女儿也因极度惊恐而被吓傻，但霍老师表现出惊人的毅力，承受了这一切，在常人不能承受的灾难中她始终坚定不移地相信党，相信这一切都将过去。磨难并没有压垮霍老师，反而使她更加坚强。拨乱反正后，她重拾粉笔，又登讲台。霍老师对自己的选择无怨无悔，袁微子先生这样评价她：“想不到阔别了横遭浩劫的 10 年，她以如此勇猛的姿态出现在我们面前，这是一种怎样的可贵！”

“宝剑锋从磨砺出，梅花香自苦寒来”。即使是在正常的历史时代和工作环境里，任何一名语文教学名家也会付出艰辛劳动，刻苦严谨地治学，尽心竭力地育人。著名特级教师连树声，学生时代就攻读了《尚书》《周易》《左传》《论语》《孟子》《诗经》等古代经典。毕业后到一所寄宿中学任教，从早上 6 点到晚上 10 点，他一直忙着上课、辅导、生活护理等工作事务。晚上 10 点以后，还能听到他轻声背诵古文作品的声音。酷夏三伏天，他也不睡午觉，总要汗流浃背地读完规定的期刊，或把古今中外的名著如《文心雕龙》《青年近卫军》带在身上，随时背诵。

语文学习是一个熏陶渐染、日积月累的长期过程，语文教学需要一种“水磨工夫”，语文教育工作者先要树立十年磨一剑，孜孜以求，不懈奋斗的思想，这当然需要意志力的支撑。“有志者、事竟成”，意志薄弱的语文教师只能充当语文教学的奴隶，只有意志坚强者才能成为语文教学的名家。

2. 浓厚的兴趣

兴趣是积极探索事物的认识倾向，具有迷恋的情绪色彩。语文教学名家对语文学科的兴趣，是一种献身于语文教育事业的高尚志趣，是一种以教好语文为最大快乐的情趣。这些教师既是传授民族语言文字的神圣导师，又是承传祖国璀璨文化的光荣使者，他们“得天下英才而教之”，一生紧紧拥抱其酷爱的语文教育事业。他们无不潜心师先而不循规蹈矩，都善于创新，他们每一个人都具有自身特有的人格力量，每个人的工作都是一首动人的诗歌，每个人的历程都是一部人才成长的教科书。他们在教学上，各有风格，他们在研究上，各有建树，他们的教学经验和教学思想反映着他们的不同个性和特色、真所谓“五岳之美，各异其秀”。

著名特级教师于漪曾写过一篇叫做《我深深地爱》的文章，开篇就说：“我和语文也许是结下了不解之缘。在学生时代就深深地爱上了它，有时竟达到废寝忘食入了迷的地步。后来当了语文教师，与它朝夕相处，钻研它，理解它，感情就更深了。教中学生语文，成了我终身从事的高尚事业，我为此而感到无上的光荣与自豪。”因为热爱教师这个职业，于漪十几岁就萌发了献身民族教育事业的理想，确立了一辈子做一个合格中学教师的信念。大学毕业以后，她先教历史，后来改教语文。为了教好语文，她用了两年时间，把高中语文所涉及的知识，尤其是名家名篇深入地钻研了一遍，每天晚上开夜车到一点。“文化大革命”中，于漪被揪斗、被抄家、被审查，一切业务成果被全盘否定，精神与肉体遭到双重摧残。但是，为了自己深爱的语文教育事业，她没有就此倒下，后来又终于回到了语文教学的讲台上。于漪曾说：“几十年来，我把我的一切都献给了教育事业，三尺讲台，是我一辈子钟情的地方。有多少次要调离，但我舍不得学生、因为我的崇高信念是做一个合格的中学教师。”

著名特级教师魏书生也是如此。他对语文教育的热爱到了如痴如迷的地步。为了实现自己做语文教师的夙愿，他在5年多的时间里，向组织提出当语文教师的申请达150次之多。在他的最后一份申请中，他这样表达过自己对语文教学工作的热爱：“进厂6年的两千多个日日夜夜中，我对学校的深深眷恋之情，是一天也没有中断过的，即使在‘四害’把教师地位压到最低点的时候，我还是以极其羡慕的心情衷心向往着这个职业，为着有一天实现自己美好愿望的时候，把教师工作做得好一些，我日复一日，年复一年地钻研有关教育的知识，常学到食不甘味、寝不安席的地步。即使身患重病，也还是不愿间断，为此而度过的不眠之夜是难以数计的。”

著名特级教师吴心田有一段话，更让人感动。他说：“回顾我的一生，特别是参加工作以后的40年，我确确实实是酷爱着语文、语文教学、语文教研事业，这已经化为我生命的一部分，甚至可以夸张地说，我可以一天不吃饭，但不可以一天不思考语文教学。近两年多来，在全国范围展开了语文教学问题大讨论，对此，本人十分关注，曾阅读有关文章一百多篇，写了十几篇讨论文章，有时候晚上已经躺下就要睡觉了，忽然想到一个问题，便欣然起身命笔，一吐为快。在我来说，语文学习和语文研究已经成为一种难改的习惯，一种莫名的乐趣，就像我对音乐、对工艺品的爱好一样，已经结下了不解之缘。我想，对语文学习和语文研究的酷爱、可能要伴我终身。”

以上例子足以说明对语文教学有浓厚的兴趣是语文教学名家突出的个性倾向。兴趣是最好的老师，只有对语文教学产生浓厚的兴趣，他们才能满腔热情地投入到语文教育事业中去，甘愿寂寞，甘愿清贫，甘愿辛苦劳累，甘愿无私奉献。

3. 丰富的情感

列宁说："没有人的情感，就从来没有，也不可能有人对真理的追求。"情感是指人对客观事物的态度体验。语文教学名家对语文教学都具有丰富而美好的情感，特别是具有高尚的道德情感和审美情感。一个冷冰冰的人，是很难成为一个出色的语文老师的。因为教与学虽然都是理智活动，但同时也离不开情感的参与。从教育对象的角度看，学生都是有情人，喜怒哀乐尽分明。中小学生一个个活蹦乱跳，对生活充满了希望，对未来满怀着憧憬，对人生追求着理解，对知识有强烈的追求。如果能把他们的情感调动起来，那么爆发出来的力量是无穷的。正如法国著名哲学家狄德罗所说的："只有情感，而且只有巨大的情感才能使灵魂达到伟大的成就。"从中小学教材的角度看，"文章本是有情物，文字不是无意言。"可以说自古至今一篇篇名篇佳作都是作者饱蘸着自己的思想情感，乃至凝聚着心血和生命而写成的。字里行间蕴藏着美好而丰富的情感，有亲情、友情、爱情、民族情、人类情，有对自然的爱恋，对生命的赞美，对真理的追求，对邪恶的抨击，对英雄的讴歌，这些都表达了作者一定的审美观念。语文教师阅读和讲授这些课文，必然动情于心，激起情感的波澜，乃至引起表情姿态、言语声调的变化。或爱、或憎，或褒、或贬、或喜、或忧，教师总是要按照自己的情感，作出不同的美学评价，并在教学过程中根据具体的教学情境恰当地运用各种教学手段，激发学生情感，使学生在情感体验中加深理解课文的思想内涵，受到潜移默化的感染和教育。

著名特级教师于漪语文教学感染力极强，她情感充沛、绘声绘色、文采飞扬地讲述，激起学生情感上的共鸣。她讲《春》，仿佛春天来到课堂；她讲《雪》，雪野即在眼前；讲《卖火柴的小男孩》，学生会和她一样对珊迪产生深深的同情；讲《孔乙己》，使人辛酸得直把眼泪往肚子里咽；讲《过零丁洋》，胸臆间油然而生中华民族的浩然正气。她充满情感和文采飞扬的讲述，句句扣住学生的心弦，激起学生相应的情绪体验，从而进入教材所展现的情境中去。她善于把作者创作的激情全部释放出来，把作品的人物形象惟妙惟肖地再现出来，使学生与作品中的人物同休戚，共哀乐，爱其所爱，憎其所憎。例如她教《茶花赋》，一上课就洋溢着爱国主义感情说："这篇课文是一首歌颂伟大祖国的赞歌。祖国，一提起这神圣的字眼，崇敬、热爱、自豪的感情就会充盈胸际，奔腾欲出。我们伟大的祖国有几千年的古老文明，有九百六十万平方公里的辽阔土地，有无数令人神往的名山大川，还有以勤劳勇敢著称的各族人民。每当一提起这些，心中就会激荡起热爱祖国的感情。"于漪把作者和自己的爱国主义情感通过教学感染学生，教育学生，使学生爱国主义情感油然而生。

著名特级教师李吉林教《桂林山水》一课时，曾经游览过漓江风光又现眼前，那奇特秀美的山光水色给她久远的美的感受，她深深为祖国有这样的山河而引为自豪。教学开始，她便让学生说出祖国大地上的名山大川，孩子们显得很有兴致。随即，她便热情洋溢地告诉学生，她亲眼看到许许多多外国朋友，成群结队不远万里来到我们祖国的桂林，因为桂林山水甲天下。丰富的美感与民族自豪感充溢在李吉林的心头，连她自己也感觉到情绪是那样激动。孩子们一下子被吸引住了，带着对"美"的向往进入课文情境，积极主动地学习课文。李吉林深深懂得，以情动情是语文教学的共同规律，教师的情感对学生来说，是导体，是火种，只有充满情感的教学，才能促使学生以纯真的情感参与学习活动。

语文教学名家丰富的情感修养来源于对学生的殷殷之情，拳拳之心，来源于对教育事业的执著追求，来源于一种崇高的使命感，并且将这种使命感全身心地倾注于"功在国家"的信念行动之中。欧阳代娜是全国著名特级教师，滕英超在《欧阳代娜的风格》一文中写道："听过鞍山市第十五中学欧阳代娜老师的课，逐渐了解了欧阳代娜老师坎坷的生活经历和为人之后，蓦地，令人忆起唐代大诗人杜甫《春夜喜雨》的诗句：'好雨知时节，当春乃发生，随风潜入夜，润物细无声'。啊，绵绵的春雨，无私的春雨，静悄悄地自天而降，投入大地的怀抱，亲吻着抽芽的嫩柳，滋润着干枯的小草，无条件的献身，从不向谁索取回报。这春雨，就是欧阳代娜老师的化身，就是欧阳代娜老师的写照。”

13　小学语文教学的“蝜蝂现象”

深夜。窗外，满天星斗；室内，鸦雀无声。灯下，我读《柳河东集》。

柳宗元在《蝜蝂传》中写道：“蝜蝂者，善负小虫也。行遇物，辄持取，仰其首负之。背愈重，虽困剧不止也。其背甚涩，物积因不散，卒踬仆不能起。人或怜之，为去其负。苟能行，又持取如故。又好上高，极其力不已，至坠地死。”掩卷深思，由可怜的蝜蝂，我联想到当前的语文课堂教学。

走进新课程以来，新课标小学语文课堂教学的新策略、新方法、新艺术层出不穷，着实令广大一线教师眼花缭乱。在各类观摩课、公开课和平时的语文教学实践中，在种种非语文手段的驾控之下，不少教师的“创新”与《语文课程标准》倡导的理念“形似神异”，出现了一些非语文现象和假主体行为。有些语文教学舍弃其“学科特征”并在自己不该“管辖”的科目中跳踉行走，将语文课上成了“文化民俗课”、“地理常识课”、“历史知识课”、“科学实验课”、“手工制作课”、“美术绘画课”、“思想品德课”、“戏剧表演课”、“风光旅游课”，搞得花花哨哨，非驴非马，不伦不类。有的课，不以教材为凭借，不以学生的知识和能力为基础，任学生无边想象，高谈阔论，表面看上去热热闹闹，红红火火，结果一节课下来，学生没识几个字，连短短的一篇课文都没有读熟。这样的语文课多么令人悲哀！我曾经在省一级教学大赛中看过这样一节语文课：第一步，读诗歌《赠汪伦》；第二步，请学生看课文情境课件，第三步，选择学习：（1）凭想象分组表演各种赠别的情景；（2）喜欢美术的学生画一画赠别的画；（3）爱好音乐的学生到电脑中点击适合表现赠别的乐曲，并配乐朗读；第四步，齐读两首赠别的诗；第五步，学生总结收获，合唱一曲《朋友啊朋友》。一位长期从事语文教学的老教师看了这节课深有感触地说：“现在的语文课不知怎样上了，真是月朦胧、鸟朦胧，语文越教越朦胧。”

语文是什么？语文究竟学什么？语文课到底该怎样教？我在案前深深地思索。

语文姓“语”，不姓“杂”，更不姓“繁”。语文教学决不能像那个“善负小虫”的蝜蝂，“行遇物，辄持取”，什么东西都往语文“背”上放。

关于语文是什么，叶圣陶先生有一经典阐释：“口头为‘语’，书面为‘文’，文本于语，不可偏指，故合言之。”《语文课程标准》中的“语文”取义，按叶圣陶先生的解说，该为口头语言和书面语言的统称。“语文”一词涵盖了人们语言交际的听、说、读、写所有行为，因此，新课标说：“语文是最重要的交际工具，是人类文化的重要组成部分。”

语文学什么？我的认识是：语文是工具学科，但它不同于其他的工具学科。语文这个工具是社会交际的工具。数学也是工具，但它是量化的工具，而不是交际工具。学习语文和学习其他学科不一样，学习其他学科主要是学内容（外语除外），如数学要学方程式、公式、定理等。学习地理也一样，不管是人文地理，还是自然地理，学的都是内容。语文则不同，学习语文主要是学习文本本身所具有的言语形式，就是说，学习语言和文字。所以，我们在语文课堂上要恪守语文姓“语”不动摇，切不可丢掉语言文字这个本体，忽视对文本语言的感受、领悟、揣摩、积累和运用，这是人们对语文教育进行了痛彻心脾的反思之后取得的共识。为此，我们应该让学生有充分的时间去读书，有足够的空间去思考，有较多的机会去实践，不能以放弃基础知识为代价，也不能以削弱语文能力的培养做砝码，更不能被“语文的外延”之类似是而非的口号所迷惑，去“肥别人的田，而荒自己的园”，要专心致志地耕好自己的“一亩三分地”，把学生塑造为能书善写、能言善辩、求真向善的语文小能人。

语文课到底该怎样教？我非常赞同这样的一句话：“语文教学的根在听、说、读、写，是听、说、读、写之内的挖掘与创新，而不是听、说、读、写之外的花样翻新。”“知识与能力”是语文学科的核心目标，字、词、句、篇、听、说、读、写是语文课程区别于其他课程外显的标记，同时也是过程与方法、情感态度与价值观的依托，舍此“依托”，过程与方法、情感态度与价值观就成了无源之水，无本之木。为此，我主张帮助学生正确理解和运用祖国的语言文字，就要简简单单教语文，本本分分为学生，扎扎实实求发展。要想让学生学到实语文、活语文，一辈子管用的语文，必须做到以下四点：

第一，字要规规矩矩地写。

中华民族独有的汉字，是一种方块形的表意文字，它源远流长，形象优美。从结体上看，汉字具备疏与密、刚与柔、屈与伸、开与合、正与偏、藏与露等多种变化，由这些变化，造成音乐般的节奏与旋律，给人以美的感受。从章法上看，字距相称、启承连断、大小向背、顾盼映带，往往显示出一种气韵，一种格调，也能给人以一种美的享受。汉字文化更是博大精深，它具有因义赋形、富于联想和书法艺术三大特点，在世界上独领风骚，十分有利于开发学生的智力。所以，识字教学应当牢牢植根于汉字文化沃土之中，让学生一出手就做到书写规范、端正、整洁，并有一定的速度，小学毕业就应当写一手好字。

第二，书要仔仔细细地读。

读书是学习语文的基本途径，古人云：“书读百遍，其义自见。”文章读熟了，文章的词法、句法、章法，必然会被读者在反复吟诵中逐步地掌握，文章中字里行间所显示的深刻含义和深厚感情，一定会被读者在反复诵读中所领悟，以至与作者产生共鸣。文章需要朗读。所谓朗读，就是朗朗有声地读，要求正确、流利、有感情。美的地方要读得心驰神往，丑的地方要读得深恶痛绝，乐的地方要读得忍俊不禁，悲的地方要读得蹙眉落泪。文章更需默读。所谓默读，就是默默无声地读，要求“见于书，入于目，发于心”，做到“字求其训，句索其旨，章探其意”。读书时，在不理解的地方画上问号，关键的地方点上点，用得好的词语画上线，在书页的空白处加注解，这叫“不动笔墨不读书”。

第三，话要清清楚楚地说。

口语交际能力是学生在语文学习过程中要具备的一种重要能力。在科学技术迅猛发展的今天，随着人们生活方式和传统习惯的改变，社会对学生的口语交际能力提出了新的要求。《语文课程标准》提出：“学会倾听、表达与交流，初步学会文明地进行人际沟通和社会交往，发展合作精神。”这个语文课程目标告诉我们，在口语交际过程中，学生要做到：（1）发音要准确，口齿要清晰，能用普通话清楚地表达自己的思想。（2）在口语交际中，要注意对象，考虑场合，讲究文明礼貌，不随意打断别人的话。（3）养成边听边想和先想后说的习惯，听话说话时，体态要大方，打手势要自然。

第四，文要认认真真地做。

作文是学生认识水平和文字表达能力的具体体现，是字、词、句、篇的综合训练。良好的作文行为习惯应该是“勤”字当先，学生要做到勤观察、勤思考、勤动笔。平时要多参加一些有意义的活动，对自己亲身经历的生活要认真观察。在观察的同时，要培养学生积极思考，注意捕捉事物特性的好习惯，并让他们随时把个人的见闻感想记录下来，写成日记。在写命题作文时，要引导学生对文题进行周密深入地分析思考。审题后学生要编拟写作提纲，把流动的思路用文字的形式固定下来。这样有了作文的骨架，学生就能成竹在胸，意在笔先。俗话说：“三分文章七分改”，所以起草后一定要让学生修改文章，在修改文章的实践中锤炼学生的思想，提高学生的认识能力。

当然，教学有法而无定法。要上好语文课，教师要有扎实的功底，精彩的设计、真挚的情感。教师要蹲下来，同孩子一起看世界。

总之，语文教学的理论，无论说得如何高深莫测，归根结蒂无非是帮助学生识字、写字、听话、说话、读书、作文，从而获得一种可以终身受益的能力。真理有时就在眼前，刻意求诸远，反而会失之交臂。我们要冷静反思，努力克服语文教学中的“蝤蛂现象”，让小学语文教学轻装上阵，不能再搞那些舍本逐末、喧宾夺主的愚蠢行为了。

14　语文教学德育错位与回归

在语文教学中进行思想政治教育，是一条历史性的规律，也是一个永恒的主题，当今，更应得到强化。然而在实际教学活动中，有些同志由于认识上和方法上的偏差，把语文教学德育引入歧途，出现种种错位现象，现举荦荦大端，试加分析。

错位之一：架空分析

所谓“架空分析”就是弃置课文于一旁，不是从语言文字内容中去开掘丰富的思想蕴含，而是从课文中抽出一些政治道理空讲一番，去直接进行灌输。如一位教师教《董存瑞舍身炸暗堡》，既不去剖析关键词语，也不去锤打重点句子，而是离文说教，左一个“大无畏革命精神”，右一个“为人类解放事业英勇献身”。如此“贴标签”式的教学，使思想政治教育游离于课文训练过程之外，失去了生动形象的感染性，显得苍白无力。

文章的精髓离不开字词句篇，教学中如果离开语言文字去讲析思想内容，文章精髓必然会失去光泽。因此，在语文教学中，就要引导学生重锤敲打那些言简意赅、言简意深、言简意丰的关键词句，使其中饱含的思想内蕴闪出耀眼的火花，照亮学生的心灵。《董存瑞舍身炸暗堡》有这样一句话：“在这万分紧急关头，董存瑞昂首挺胸，站在桥底中央，左手托起炸药包，顶住桥底，右手猛地一拉导火索。”此句中，“猛”是关键词语，说明时间紧迫，不能犹豫，必须使炸药包快一点爆炸，威力大一些。这个“猛”字正好表达了董存瑞对敌人的恨，对人民的爱，以及那种大无畏的革命精神。所以，只有讲清这个词，同时联系“昂”、“挺”、“站”、“托”、“顶”、“拉”等几个动词，才能使学生既领会作者用词准确，又在思想上受到深刻的教育和感染。

错位之二：穿靴戴帽

上课伊始先来一个简短的政治小段，课将尽再拖一个冗长的政治尾巴，这是语文教学穿靴戴帽的主要表现。如一位教师教学《我的战友邱少云》，她在导言中说："我们学习这篇课文，就是要学习邱少云叔叔严格遵守革命纪律，不怕牺牲的伟大精神。"讲课将要结束时，她让学生分组讨论，讨论题是：①你们向邱少云学习什么？②怎样学习？并且每人写一份决心书。我们说，这不是语文课，而是政治课，因为它没有体现文道统一的特点，学生必然学而生厌，学而无趣。

语文课的思想政治教育应该以文引道，因道入文，悟道立身。教师要运用课文中所包含的真挚感情叩击学生的心弦，激起他们感情上的共鸣，使他们心中或泛起涟漪，或掀起波涛，从而达到学生与作者心与心的撞击，情与情的交融。比如教学《桂林山水》，首先运用挂图、幻灯或配乐朗诵将学生带入情境，然后师生共同品味描写桂林山水"奇、秀、险"和"静、清、绿"的语句，最后沉浸于"舟行碧波上，人在画中游"的仙境。如此种种，学生必然深化对"桂林山水甲天下"的理解，进而内化为"为祖国有这样的大好河山而自豪"的激情，使爱美之情得到升华，成为爱国之情。

错位之三：生硬联系

在语文教学中，为了实现教学目的，有时候要联系社会实际、历史实际以及学生的思想认识、学习生活各方面的实际，这是培养学生智能的有效方法。但是，这种联系是课文内容的必要联系，合理的引申，而不是勉强的外加的。例如，《我是什么》是一篇自然常识课文，讲水的三态变化。大体内容是，太阳一晒，我就变成汽，上升到天空……人家叫我"云"。碰到冷风，结成小珠子落下来，人们叫我"雨"……变成小花朵飘下来，人们叫我"雪"。一位教师根据课文"我也作过许多坏事，给人们带来灾害"这一个别句子，便联系了1991年特大洪水给人民生命财产造成的巨大损失，讲了全国军民怎样防洪抗灾，讲了与天奋斗、人定胜天的道理。这位教师主观愿望不错，但不能不说这一教学环节是节外生枝，是背离教材实际的。

语文教学联系实际目的在于提高学生的思想觉悟，从而形成牢固的道德信念，最后转化为道德行为。这种联系要适可而止，要亲切自然，使学生乐于接受。如教学《劳动最有滋味》，我们可以指导学生进行一次具有一定强度和精细度的个体劳动，使之从中体验劳动能得到成果，劳动能建立自信心，劳动能使人心思细腻这些“滋味”，强化其劳动观念。

错位之四：人为拔高

对一般描写自然风光、生活情趣的文章，望文生义，穿凿附会，无限上纲；对当代人物的评价溢美、溢恶绝对化，不能做实事求是的分析；对历史人物、历史事件的评论违背历史唯物主义观点，往往用今天的标准苛求古人。仅举一例：如老舍的《养花》主要写作者养花的活动和乐趣，教学中应该让学生去体会养花的喜和忧，笑和泪，从养花的甘苦中享受劳动的欢乐，以培养学生热爱劳动的思想感情。但不少教师总喜欢用“劳动光荣”、“劳动是生活的第一需要”等空洞的概念去拔高，反倒引起学生的反感，达不到教育的目的。

当然，对那些借物喻人、借景明理，具有象征意义的哲理诗应另当别论，如《游园不值》《题西林壁》《登鹳雀楼》等。教学哲理诗，一方面要带领学生进入作品的优美意境，领略无限佳妙的风光，另一方面还要调动学生的生活经验和知识储备，适当阐发，讲清哲理所在，这样，高尚的感情能得到浸润，深刻的理念能得到渗透，使学生受到启迪和鼓舞。如教苏轼的《题西林壁》，在讲清全诗大意的基础上，可运用设问的方法引导学生思考。先问：“一座庐山为什么时而‘成岭’，时而‘成峰’，有不同的形态呢?”学生通过想象可知，庐山本来群峰林立，丘壑纵横，姿态万千，从不同的距离、不同的高度去看，呈现在人们眼前的庐山形象当然就千姿百态了。当学生领会了庐山的不同形态是由于人们观看的角度不同以后，再问："为什么人们不能准确地把握住庐山的真实样子呢?"学生可根据诗句答出："因为身在庐山之中。"教师可再追问："为什么在庐山中就看不清庐山的真面目呢?"这时学生必须积极思维，他们可能想象出这么大的庐山，人们站在山中观察，看到的一峰一岭、一丘一壑，因而带有片面性，不能看出它的全貌。要想看清庐山的"真面目"，就必须从庐山中走出来，站在庐山的外面去看它。这时教师可进一步启发："观察庐山是这样，观察其他事物是不是也要这样呢?"让学生明白，对于一切事物，如果陷在它的圈子里面，就会不见全局，不明真相；只有客观地研究它的各个方面，才能取得较为正确的认识。

上述语文教学德育种种错位，是"右"的思想在教学领域的反映，其危害归结起来就是：它破坏了思想政治教育的严肃性，降低了教育的可信性，因而不可能实现教育目标。

那么，语文教学德育怎样拨乱反正，返璞归真，使其回归到科学的轨迹上正常运行呢？综上，我们可以总结出这样的要点：渗透滋润，潜移默化，熏陶感染，水乳交融，注意有意、有序、有机、有节。杜甫的《春夜喜雨》形象地说明了这一特点："好雨知时节，当春乃发生。随风潜入夜，润物细无声。"愿同志们细细体味，不断实践，大胆探索。

15　语文教学应“三思而行”

“心之官则思，不思则不得也。”故曰，善于思考乃教师成熟之标志。言及教师的思考，我想起《学记》中的一句名言：“君子既知教之所由兴，又知教之所由废，然后可以为人师也。”这句话意思是说：教师既要懂得教学成功的原因，又要知道教学失败的原因，这样才能胜任教师的工作。

我向来主张，语文教师应当有五种语文教学能力，即语文教学的听知能力、语文教学的讲话能力、语文教学的阅读能力、语文教学的写作能力和语文教学的思考能力。这五种教学能力结构图如下：

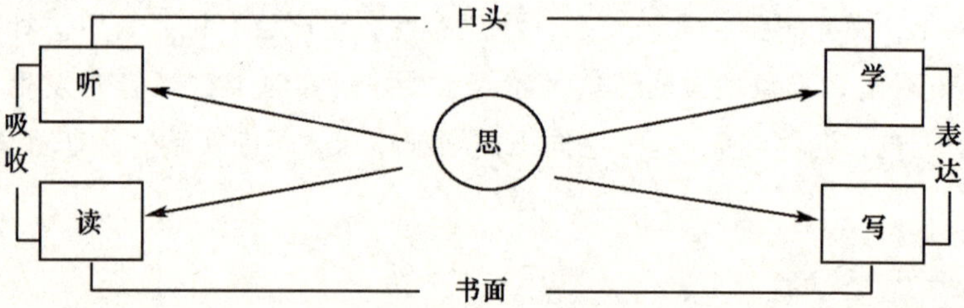

语文教学过程就是教师传递信息，学生接受信息并产生信息反馈，教师接受反馈信息，再调整传递信息的内容和方法，继续传递新的信息，如此往复循环，不断提高的过程。在信息传递的言语链中，大脑的思维等智力活动，始终是听、说、读、写的中心环节。这就要求语文教师在教学活动中要不断“反求诸己”，“扪心自问”，“吾日三省吾身”。

根据教学过程不同阶段，上一节课或教一课书，一般可作三次具体思考：

1. 课前思考

上课之前要备课，教学设计是对课堂教学事前的设想与计划，是一项超时空的预测活动。要想预测准确，符合实际情况，教师必须“三思而行”。

一思教材，做到胸中有书。教材是一张帆，作为舵手的教师，得了如指掌似的彻头彻尾、彻里彻外熟知它的特色，把握这张帆的每一细小的性能，懂得怎样做方能使这张帆扬得遒劲，娴熟地驾驭它飞速驶进预期的港口。

二思学生，做到目中有人。学生是发展的人，是具有独立意义的人。他们是学习的主体，每个学生都有自己的躯体，自己的感官，自己的头脑，自己的性格，自己的意愿，自己的知识，每一个学生都是一幅生动的画卷，他们的智慧潜能像宇宙一样深不可测。备课时，教师要对每一个教育对象的心力、智能、性格、特长，做到一清二楚，如数家珍。只有这样，方能在课堂教学中让每个孩子的个性得到充分自由的发展。

三思策略，做到手中有法，教学策略就像一个袋子，学生个个好比锥子，好的教学策略是布袋子，学生个个可以锋芒毕露，脱颖而出。落后的、封闭的、陈旧的教学策略则是牛皮袋子、铁皮袋子，再锋利的锥子也无法显露其锋芒。因此，我们要根据教学目标，以人为本，优选课文教学策略。例如怎样导入新课，如何进行启发提问，何时板书、板画，那里需要演示课件，等等，都要求教师仔细思考，周密安排。

2. 课中思考

语文课堂教学过程决不应是导演下的剧本排练，它是师生交往互动、心灵对话的过程，它具有动态生成的特征。教师的教学设想在非常复杂变动不居的课堂上，会有多种的发展可能，在多种可能中做出抉择，使新的状态生成，一步步在未曾设想的状态中逼近教学目标，这需要教师认真思考，有决断能力。正因为如此，语文课堂教学不同于建筑，只要按照蓝图施工即可。恰巧相反，它如军事家的战略构想，要在瞬息万变的战斗过程中动态生成，正如孙子所说："兵无常势，水无常形，能因敌变化而取胜者，谓之神。"

课中思考与调控主要集中在三个方面：一是思考与调控教学的进度和步骤，增强教学的计划性；二是思考学生注意力涣散情况，借助富有吸引力的教学手段，促使课堂教学顺利进行；三是根据课堂情况的变化，及时调整课时计划。举一个我听课中发现的例子：在农村小学的一堂《春蚕》公开课上，突然闯进来一位农妇，手捧两个馒头，径直奔向课堂座间，来给她还没吃早饭的孩子。顿时，学生们的注意力全部被吸引过去，有的还笑了起来，课文主题所需要的庄重气氛遭到了破坏。在这个关键的时刻，教师因势利导，严肃地说："同学们，你们从刚才那位妈妈为孩子送早餐的神情，联系本课《春蚕》中的母亲，想到了什么？"这一问，使哄笑的孩子低下头，全班学生都聚精会神地思考起这个问题来：两位妈妈的不同形象，不都体现了同一种伟大的母爱之情吗？终于，来自外界的干扰，巧妙地被这位教师转化为一种教学契机，帮助学生拓深了对课文主旨的感受，变消极因素为积极因素，化被动为主动，使课堂教学充满了生机和活力。

3. 课后思考

课后思考也称教后反思、教后反省，即教师在教学结束后，静下心来，对自己上过的课进行反馈和总结，从理论上加以分析，找出成功或失败的原因，作为以后教学的鉴戒。有人说，认真写三年教案，未必能成为一个优秀教师，认真写三年教学反思，一定能成为一个有思想的教师。我看这话有道理。

我曾看过一本上海市优秀教师的论文集，叫做《教师的修养》，里边有一篇文章，题目是《记录自己走过的每一步》。写的是上海市实验小学特级教师袁瑢坚持写"教学后记"的经验，其中有这样一段话：

每当一些青年教师向她询问教学"秘诀"的时候，袁瑢总是谦逊地笑笑说："我同你们一样，没有什么特别的地方，要说有什么'秘诀’，那就是勇于实践，勤于总结，上完一节课或教完一篇课文之后，我都坐下来想一下，写点‘教后’，写下一孔一得之见，记上疏漏失误之处。”

北京师大林崇德教授读了这段话，颇有感触，他说：“这对我的启发甚大，我想了一个类似于公式的表达：优秀教师=教育过程十反思。这不知是否有道理。我的意思是，教师的教育工作，多一份反思与监控，就多一份提高，就与优秀教师更接近了一程。”

那么，在教学过程的长河中，应写哪些内容的“教学后记”呢？我的想法是：可以记对教材的理解与处理；可以记对教法的选择与运用；可以记本节课的优点与体会；可以记本节课的不足与评析；可以记学生学习中的闪光之点；可以记对本节课的总体认识等等。至于“教学后记”的写法可因人而异，因时而变，形式多样，不拘一格。可分点陈述，点点滴滴，三言两语；也可以一事一议，分析一个现象，解决一个问题；想法成熟时，还可以就某一个问题作专题研究，写出较有分量的文章来。

写“教学后记”犹如清代诗人郭麟描写其登山的一句诗：“一登一陟一回顾”。“一登一陟”，站得高，眼前境界就开阔起来；“一回顾”，看到艰辛走过来的路就分外亲切，信心倍增。愿大家在上完一节课后，都坐下来稍作反省回味，撷取其中某一点写成“教学后记”，这既有意义，又是趣事，我们何乐而不为呢？

16 “文本于语，不可偏指”

张田若先生是中国当代资深的语文教育专家。他长期在人民教育出版社编辑小学语文教材，1978 年起到中央教育科学研究所工作。现任全国集中识字教学研究课题组、全国农村小学作文教学研究课题组、全国小学写字教学研究课题组组长。张先生的教育思想和学术观点在全国很有影响，比如：在教学理念方面，他认为小学语文应以马克思主义作为指导思想，不宜只提辩证唯物主义，排除历史唯物主义；在识字教学方面，他主张小学低年级应以识字为重点；在阅读教学方面，他非常重视阅读能力的培养和语言文字的训练；在作文教学方面，他反对文学化、成人化的倾向。对这些理论问题，我特别赞同，并为之而身体力行。但对张先生的“小学应以书面语教学为主”的观点却不敢苟同。现谈谈我的一些粗浅看法，以此向张先生请教。

张先生的“小学应以书面语教学为主”的观点由来已久，早在 1988 年他在《江苏教育》第 1 期发表的《我的一些观点》中就曾说过：“小学语文科要以学习书面语言为主，即培养读写能力为主，适当进行口头语言训练。”12 年过去了，最近张先生又重申了他的这个观点，2000 年第 12 期的《小学语文教学》以头题的位置，刊登了张先生的一篇重要文章，题目是《小学语文教学中几个理论问题之我见》。文章共谈了 11 个方面的问题，其中第一个问题便是：“母语应包括口语和书面语两方面。基于口语多在实践中习得，且在儿童入学前基本过关，小学应以书面语教学为主，但要以口语为基础。小学毕业时可达到能言善辩，但更重要的还是能读会写。”对此，我从三个方面谈谈认识。

1. 对小学生口语表达的认识

诚然，儿童的口头语言“多在实践中习得”，但这种“习得”是在自然状态下进行的，是在他们所成长的方言区“习得”的。这时的儿童语言发展还处在极为幼稚的阶段，不少儿童接受了一些不规范的含有杂质的口语或模式。另外，儿童生活经历和学习经验少，就使他们的口头语汇贫乏，不能满足表达的需要。例如，有的小学生在叙述中不会使用表示时间顺序的词语，只能重复使用“后来”连接各部分内容，有的小学生对表示程度的词语掌握有限，有的只会“很”一个词，使听话人感到语言单调。有的说话，东一榔头西一棒，前言不搭后语。有的口齿不清，发音不准，嘴里像含着东西。所有这些是由教育目的不明确方法不科学所致。我们说，自然发展起来的口语能力只是一种低级的语文能力，这是因为口语内容有文野之分，口语能力有高低之别，口语场合有雅俗之辨。正因为如此，小学生口语普遍存在着缺陷。我曾经搞过调查，对城乡二百名五年级学生进行口语测试，结果窘态百出：或脸涨得通红，半天不能启齿；或声音又轻又细，断断续续，如蚊蝇嗡嗡；或眼睛四处张望，两脚战战兢兢，犹如犯人受审；或抓耳挠腮，口吐舌头，身体摇晃不能自已；或结结巴巴，打嗝舒气，口头禅不断。如此等等，都说明小学生口语能力并没有过关。因此，儿童入学后，口语训练不能放松，要有计划、有步骤地教他们正确地用词造句、连句成段，进而环绕中心通畅地讲述所见所闻，表达自己的思想感情。要不断地对儿童现有的口语进行加工，使之迅速提高。

2. 对语文定名含义的认识

什么叫语文？叶圣陶先生有一个权威性的解释：“平常说的话叫口头语言，写到纸面上叫书面语言。语就是口头语言，文就是书面语言。把口头语言和书面语言连在一起说，就叫语文。”也就是说，语文有四种能力，即听、说、读、写，这四种能力，一半是语言，一半是文字，它有如一张桌子四条腿，缺一不可。叶圣陶先生对“听、说、读、写”做过这样的解释：“读就是用眼睛来听，写就是用笔来说；反过来，听就是读，用耳朵来读，说就是写，用嘴巴来写。所以，现在的语文教学，要把听说读写这四字连起来。”只有把这四者有机地结合起来，才能构成语文能力赖以区别于其他学科能力的框架，从而形成自己独特的结构。人的语言活动发展顺序是：听——说——读——写。听和说是语言的第一性表现，读和写是语言的第二性表现。教育心理学研究表明，社会语言活动，听占45%，说占30%，读占16%，写占9%。由此可见，口头语言在交际中的作用。张志公先生在谈到语文教学忽视听说训练时作过一个生动的比喻，他说："过去教语言往往忽略口、耳，只注意手、眼。这是砍掉植物的根而希望它开花的办法。充其量这叫插瓶，也许开两朵花，然而开不多，也开不久。"这一比喻非常形象，中肯地指出口头语言是书面语言的"根"，忽视听、说是导致学生语文能力欠缺和不完善的原因之一。叶圣陶先生也曾郑重指出过："口头为语，书面为文，文本于语，不可偏指，故合而言之。亦见此学科，听、说、读、写宜并重。诵习课文，练习作文，固为'读''写'之事，而苟忽于'听'、'说'，不注意训练，则读写之成效亦将减损。"在这里，叶老精辟地阐明了运用口头语言的能力与运用书面语言的能力之间的辩证关系，也说明口语训练是语文教学的一个重要方面，万万不可掉以轻心。

3. 对说话教学地位的认识

从国内看，我国历代有远见的教育家都重视培养学生"能言善辩"的能力。孔子在他的教学计划中就设立了"言语"一科。在《墨子·尚贤》篇中也把能说会道提到重要地位。在近代，对语文教育研究有较大贡献的黎锦熙、王森然、阮真等都认为语文教学目标中应包括"说话能力"。建国后，中央人民政府教育部于1950年公布了《小学课程暂行标准》，其中的国语科就分为说话、阅读、作文、写字四门，并规定说话教学的时间占语文课的15%左右。从1956年起，历次的教学大纲虽然没有标出说话这一门课，但在要求上给口头语言的训练以一定的地位。特别是2000年修订版《小学语文教学大纲》把"听话说话"改为"口语交际"，这不单是提法的改变，而是把听说能力置于重要的位置，作为交际手段从小进行培养。

从国外看，西方语言教学早就概括出了"听说领先，读写跟上"

的原则。美国、英国、法国、德国等国家的语文教学都把说话训练作为非常重要的内容，把培养学生的口语能力作为教学目标之一。法国的语文教学目的规定：根据儿童各时期的不同特点，“培养他们清楚、流畅的口头表达、书面表达能力和交际能力。”在美国，从小学到中学，听说训练始终是语文教学中的一项重要内容。在德国，语文教学除了通过教科书的讲授与练习，让学生掌握书面语和口语外，还专门编写了一些说话训练的辅助教材，如《说话教育》等。

从现实看，现代科学正向着电脑化、信息化的方面发展，而信息的输入传递，最直接、最迅速、最方便的方式，莫过于有声语言。现代通讯、人机对话等方面，要求人们把话说得准确、简明、达意，那种含糊其辞、讷讷不能言的口语表达，又如何能适应形势的发展呢？在欧美国家，人们甚至把舌头、金钱和电脑合称为“世界三大法宝”，现在语文教学中加强说话教学，培养提高学生的说话能力，正是反映了现代社会发展的迫切需要。

从历史看，我国素称是礼仪之邦，她以灿烂的文化传统著称于世。翻开史册，许多杰出人才以其巧妙的说话艺术立下了丰功伟绩，外交家折冲樽俎，军事家指挥若定，宣传家以理折人，无不得益于口才，如唐雎不辱使命、墨翟止楚攻宋、触龙说赵太后、烛之武退秦师等，都对当时国家的存亡、人民的安危发挥了不可估量的作用。可谓“一人之辩重于九鼎之宝，三寸之舌强于百万之师。”

总之，说话是一种能力，这种能力必须经过严格训练才能形成。丰富的阅历、深刻的思想、渊博的知识、准确的词语、缜密的条理、敏锐的反应、生动的表达、得体的谈吐、清晰的发音等都是构成说话艺术的诸多因素，所以，说话能力的培养是十分不容易的，我们必须加以高度重视，用叶圣陶先生的话说，那就是“文本于语，不可偏指”。

17　古典诗歌章法与现代教学过程

古典诗歌的结构组织，隐隐中似有一定的法度，前人称为“章法”。元代范椁首先用“起、承、转、合”四字定为近体诗的分段称谓。譬如绝句，每首四句，第一句为“起”，次句为“承”，三句为“转”，末句为“合”。

例如李白的《早发白帝城》，第一句“朝辞白帝彩云间”，一起便点明了时间和地点，兼而把白帝城的高峻也说明了。次句“千里江陵一日还”，紧承首句合成一气，补足“朝发夕至”的题意。第三句“两岸猿声啼不住”，另辟新境，转出新意。末句“轻舟已过万重山”的收束，不但呼应次句所显示的辽远迅疾意境，而且从第三句所引起的新境中，逗起读者如同身临其境云飞鸟游的轻快感受。

“转”和“合”在篇中的地位最属重要，“转”得开，波生浪涌，能使全篇气势大为一振；“合”得好，仿佛画龙点睛，能使全篇生动飞活，“合”为结穴处，又得要总提全文，犹如百川归海。

世界任何事物都是作为一个进程而展开的，正如恩格斯所说：“世界不是一成不变的事物的集合体，而是过程的集合体。”（《马克思、恩格斯选集》第 4 卷）古典诗歌章法是一个动态展开的过程，现代教学过程也是一个动态展开的过程；古典诗歌讲究起承转合，现代教学过程大体也包括“起承转合”，即导入、衔接、转化、结课。

教学是一种艺术，审美性是教学艺术最突出的特点。具有审美艺术性的教学过程应该是自然流畅的，具体说，特征如下：

1. 激发兴趣的导入美

导入是教学过程起始的环节，它的一个重要艺术特征是引起学生兴趣。或者是因好奇而感兴趣，或者是因困惑而感兴趣，或者是因新鲜而感兴趣。有了兴趣，教学就有了动力，教学过程就有了活力，也就成功了一半。

有位教师用谜语导入法讲《捞月亮》，设计颇能引起学生兴趣：

今天，老师请大家猜个谜语，谁认真听，谁就能猜得准。听好：有时落在山腰，有时挂在树梢，有时像个圆盘，有时像把镰刀。你们说这是什么呀？（学生说：月亮）你们猜得很对，是月亮。月亮挂在高高的夜空，可是一群无知的猴子看到水里倒映的月亮，就演出了一场“捞月亮”的闹剧。

2. 水到渠成的衔接美

教学过程是由一个系列的逻辑环节或步骤组成的，环节或步骤之间需要衔接。衔接艺术的主要特征是水到渠成，既要求自然合理，又要求天衣无缝，犹如珠联璧合。有了衔接的艺术，教学过程就自然流畅，丝丝入扣，成为一个统一的完美的整体。

有位教师讲《一定要争气》，她把整个教学过程分为三个环节：第一环节讲授童第周的身世；第二环节讲授童第周学生时代的学习；第三环节讲授童第周出国学习终获成功。三个环节之间有两处衔接。她在讲完第一环节时，揭示童第周不怕艰难，立志报国的思想，接着提出问题：“那么童第周怎样才能报效祖国呢？他应该先做什么呢？”学生很自然地想到读书学习，掌握好本领，接上了第二环节的教学内容。在讲完第二环节内容后，她还是利用这种方法，进一步深化关系，接上第三环节的教学内容。

3. 波澜起伏的转化美

教学有一个流动的程序，其艺术特征之一是具有波澜起伏的审美感。它不平铺直叙，不平淡无味，而是有过渡，有积聚，有高潮，既有使人激动不已之处，又有令人心平气和之处，是动与静的有机交替。它推动教学过程朝着教学目标步步深入，层层登高，从一个意境达到另一个新的意境。

一位教师在教《游园不值》这首诗时，教室内鸦雀无声。忽然一名迟到的学生“砰”的一声推门而入，径直入座。这位教师转换内容，就诗取材，问道：“‘小扣柴扉久不开’，诗人去拜访朋友，为什么，‘小扣’而不‘猛扣’呢”学生议论了一番，结果是因为诗人知书达礼，有教养，讲礼貌。然后教师走到那位迟到学生身边弯腰轻声问道：“你说大家说的对吗？你赞成‘小扣’还是‘猛扣’？”这位学生脸红了，同学们也笑了起来，在笑声中大家都受到了教育和感化。

4. 回味无穷的结课美

一堂生动活泼具有教学艺术魅力的好课犹如一支宛转悠扬的动听乐曲，“起调”扣人心弦，“主旋律”引人入胜，“终曲”余音绕梁。导课是“起调”，结课是“终曲”，结课的回味既是对教学过程所教内容与各个环节进行的形式美的回味，又是对教学内容中的思想、哲理、审美的回味。回味无穷的结课美，能使教学过程锦上添花，大放异彩。

有位教师教《第一场雪》，她是这样结课的，“雪花，不负秋色，在严冬舒展花瓣；雪花，不争春光，一夜东风，落花遍野；雪花，不择土壤，飘到哪里，就在哪里开花。隆冬里，雪花已为我们展示了春华秋实的未来，难怪老农说‘瑞雪兆丰年’呢。雪花啊，我赞美你。”

古典诗歌“起承转合”的章法并非是一种刻板的规定；现代教学“起承转合”的过程也不是一成不变的。前者，无法而法，乃为至法；后者，教无定法，巧者为妙。

18 语文教学的感情倾注

感情是人对客观事物的态度体验。“感人心者莫先乎情。”以情感人是语文课的特点，这是因为——

第一，文章不是无情物。优秀的课文，必然是作者情动于衷言溢于表的产物。从写作过程看，作者总是在客观事物的影响下，有了生活积累，产生了感情体验，才见诸言辞，写成诗文的。可以说，自古至今，一篇篇名篇佳作，都是作者笔墨饱蘸着自己的思想感情，乃至凝聚着心血和生命。

第二，学生都是有情人，喜怒哀乐尽分明。中学生一个个活蹦乱跳，对生活充满了希望，对未来满怀着憧憬，对人生渴求着理解，对知识强烈地追求。如果能把他们的感情调动起来，那么爆发出来的力量是无穷的。正如法国著名哲学家狄德罗所说的：“只有情感，而且只有巨大的情感，才能使灵魂达到伟大的成就。”

第三，“做教师的决不能没有表情，不善于表情的人就不能做教师。”语文教师应该像一团火，不应该是一块冰。一个冷冰冰的人，是很难成为一个好的语文教师的。因为教与学虽然都是理智活动，但同时也离不开感情的参与。教师不但要喻之以理，而且还要动之以情。把无声的文字，变成有声的语言，对所教的课文做到：读，如出我口；讲，如出我心。

因此，语文教学必须倾注感情。感情是一条主线，要贯穿语文教学整个过程。

备课时要倾注感情。“心有灵犀一点通”。演员要进入角色，才能演好戏，同样道理，语文教师在备课时也要“披文以入情”。只有钻进文中，沿波讨源，引向情感，才能赋予作品以丰富的色彩，恰切的分量，灵动的活力，艺术的魅力。特级教师于漪教《周总理，你在哪里》一课时，课堂里之所以出现了一片悲痛的哭声，就是因为她的教案是用泪水写出来的。于漪在备课时，想了很多很多，她想到了周总理伟大的人格，非凡的才能，想到了周总理几十个春秋南征北战，戎马倥偬，想到了周总理为人民为国家出尽了力，操碎了心，特别是想到了总理的临终嘱咐，把自己的骨灰撒在祖国的大河南北。当时于漪悲痛欲绝、热泪纵横。

上课时要倾注感情。对于课文中生动曲折的小说，意境深邃的诗歌，言近旨远的散文，扣人心弦的戏剧，不管是范读、讲解，还是提问，教师的语言必须饱和着感情。有时如滔滔激流，直陈感受；有时似春雨霏霏，感人肺腑；有时慷慨激昂，催人猛省；有时轻言细语，沁人心脾。只有这样，才能触发学生思想感情的诱因，使之能与作者的思想感情合拍，感同身受，连类而及，产生共鸣。于漪教《周总理，你在哪里》，她是这样开讲的：“同学们，你们知道吗？就在最近，我国男高音歌唱家李光羲在法国唱了一首歌，轰动了整个巴黎，博得了崇高的声誉，为什么呢？因为他唱的歌，不仅唱出了我国人民的心声，而且唱出了世界人民的心声。今天，我们要上的课，就是这首歌的歌词。”随着于漪庄重的语调，同学们仿佛感到歌词中那深沉、高亢的旋律，如山谷在回响，大海在呼啸，千山万水都在深深怀念敬爱的周总理。同学们眼眶里的泪珠在滚动，在闪烁。

“落红不是无情物，化作春泥更护花。”语文教学的感情倾注绝不是单纯的技巧问题，而是体现教者的事业心、责任感，以及某种融洽的师生关系。如果教师对语文教育事业缺乏感情，对教育对象冷若冰霜，其语文教学只能是“照不了人的月亮”。

19　艺谚与语文教学

我国民间文学宝库中的谚语，像一串瑰丽多姿、光彩夺目的明珠。谚语中有一部分是艺谚，它科学地总结了前人艺术实践的经验，概括了艺人谈艺的精华和卓见。其中有些艺谚韵味隽永，言简意赅，可以借鉴到语文教学中来。下面采撷几条，结合文艺家轶事，略陈己见。

1. 台上一分钟，台下十年功

程砚秋是著名的京剧表演艺术家。一天，他在北京前门大街看见几个人抬轿子，脚步走得十分稳健和谐。心想：如果京剧青衣的台步能走得这样稳，那该多好啊！回家后，他立即在院子里练开了。他头顶一碗水，一步一步地练，累得腰酸背痛，还是走得不像样。可是他仍不懈劲，坚持苦练，每天走几十次，上百次，经过半年多的时间，终于达到了能行走如飞而水不洒的程度，创造了一套稳重、端庄、灵活的台步，为表演增添了不少美感。

如果说唱、念、做、打是戏曲演员的基本功的话，那么，听、说、读、写则是语文教师的基本功。语文教学的根本目的就是使学生掌握语文知识，形成语文能力。因此，从事语文教学特别需要一套足为范式的语文能力，那就是听能得要领，说能得人心，读能得真谛，写能得佳文。要想在那三尺讲台 40 分钟有限的空间和时间内，达到纵横捭阖、游刃有余那完美的境界，实现理想的创造，需要教师不断努力，不断求索，否则，名优教师的桂冠与你无缘。

2. 演戏碰了钉，方知艺不精

抗战刚结束，著名评剧演员新凤霞在青岛演《法门寺》，她饰戏中的赵廉。由于一时疏忽，把戏演砸了，台下喝起倒彩声。新凤霞从小就有强脾气，“哪里丢了哪里找”。她在《法门寺》这出戏栽了，硬要在这出戏上挽回影响。从此，她硬功夫学练上马、抖袖、捋髯、甩发、台步，早晨起来就穿上厚靴子，苦学苦练。功夫不亏人，不久她又演《法门寺》，因为功夫扎实，博得了满堂彩声。

教学千古事，得失寸心知。我们上课不可能堂堂成功，由于种种原因把课上“砸”了，学生或昏昏欲睡，或无精打采，教学气氛呆滞沉闷，教师自己也怅然所失，感到有说不出来的遗憾。“教然后知困”，“知困，然后能自强也。”一些在教学艺术领域不懈追求、不断进取的教师必然在遗憾中反思，在遗憾中积累，在遗憾中苦练，在遗憾中提高。

3. 十戏九不同，追求贵在恒

一代京剧表演大师梅兰芳在演出《霸王别姬》的过程中，由于对戏剧情节和角色性格认识上的不断深化，曾对表演细节做过多次改进，达到了精益求精的程度。例如《巡营》一场，项羽在帐中休息，更夫在营外巡更。初演时，虞姬在这里作睡态。后来他觉得项羽进帐前曾嘱咐过虞姬：“妃子，你要惊醒了！”于是改为坐在那里守卫着。看来，这种处理更合乎情理，更符合艺术的真实。

艺无定法，技无定规。语文教学的生命在于创造，“年年岁岁教此课，岁岁年年法不同”就是这个道理。比如，适合朗读的文章，就可以让学生去读；需要讲解的文章，就可以大胆去讲；适合自学的文章，就可以放手让学生自己去看；较为浅显的文章，可以来个浅文深教；比较艰深的文章，也可以深文浅教；篇幅较长的文章，可以长文短教，短小精悍的文章，可以细嚼慢咽。总之，教师要根据所教课文的特点确定教师的教法和学生的学法。只有辨证施教，才能克服千课一式，千人一面的程式化的弊端，使语文教学虎虎有生气。

20 语文教学基本功

大凡经历过一段粉笔生涯的人，都有这样的体会：上好一堂课并非一件易事，尤其是上好一堂成功的课，那更是比较难的。因为教学既是一门严肃的科学，又是一门巧妙的艺术，教学过程是教师的创造性劳动的过程，不仅需要坚实的专业基础知识，而且有赖于教师过硬的教学基本功。所谓“台上一分钟，台下十年功”就是这个道理。“工欲善其事，必先利其器。”一个语文教师，要“善”其语文教师之“事”，就必须“利”其从事语文教学之“器”，练好语文教师的内功。为此，我从任教之初，就比较重视语文教学基本功的磨练，并把“纸上得来终觉浅，绝知此事要躬行”作为自己的座右铭。

如果说，望、闻、问、切是中医的基本功，唱、念、做、打是戏曲演员的基本功的话，那么听、说、读、写则是语文教师的基本功。

语文教学的根本目的就是使学生掌握语文知识，形成语文能力。因此，从事语文教学特别需要一套足为范式的语文能力，那就是听能得要领，说能得人心，读能得真谛，写能得佳文。语文教学只有具备了听、说、读、写四项能力，才算获得了完整的语文教学基本功结构。具备了这些基本功，才可能在正确的教学思想指导下，不断地改进教学，提高教学质量，承担起历史所赋予的培养“四有”人才的重任。

下面我从四个方面和朋友谈谈语文教学的基本功。

1. 听的基本功

听，是一种接受口头语言信息的能力，教学听知能力是教学所需要的一种较为高级的语言智力，不经过严格的科学的训练，是很难获取的。语文教师只有具备了较高的听知能力，才能有效地培养学生听知能力。

我练听的基本功，主要是通过收听广播，收看电视，听学生发言，听别人谈话等形式来段练自己的注意力、辨音力、审义力、听记力、听评力和组合力。这里的听评力是一项难度较大的语文教学基本功。在课堂教学中，学生的朗读、复述、答问、讨论、置疑，都属于过耳之声，稍纵即逝，教师要及时对其作出恰当的评价是不容易的。这个评价要能辨音——听懂普通话和有关方言，做到听得真切，不出差错。能举要——边听边捕捉讲话的要点，记下重要内容。能明义——听清楚讲话的中心意思，听懂讲话的“弦外之音”。能识讹——听出讲话中的问题，诸如观点、用词造句等方面的错误。这是教师学识水平、教学能力的综合表现。所以，我平时十分重视这方面的自我训练，20 余年，丝毫不敢懈怠。

2. 说的基本功

语文教师的基本功包括说普通话的能力、课堂讲话的能力和教学演讲的能力。说，一能抓住人心，二能打动人心，三能深入人心。抓住人心，即有吸引力；打动人心，即有感染力；深入人心，即有说服力。语文教师讲话应当成为学生的楷模，如果不能以声引人，以情感人，以理服人，不能做到声情并茂、情理双至，就很难深得人心。

普通话用于讲课、谈话与演讲，传情达意，富有韵味，悦耳愉心。我把学习普通话作为语文教学的起点，最有效的办法有四：一是坚持听广播、看电视；二是找出自己所属方言同普通话方面的对应规律；三是案头常备字典和词典，随时查阅，纠正方言土语；四是经常留意他人谈话以鉴赏和学习。

教学是语言的艺术。充满知识智力，富有启迪诱掖的讲话，是提高课堂教学质量的一个重要手段。教师在课堂上讲话，应当做到：语音标准，用词恰当，句法规范，表达连贯，通俗易懂，生动形象，要有严密的科学性，鲜明的教育性，较强的启发性，高度的直观性，强烈的感染性。我认为，教学语言如同电影语言、相声语言、音乐语言一样，属于专业语言。教学语言是教师在教学的具体条件下，即在有明确的教学任务，针对特定的学习对象，使用规定的教材，采用一定的方法，在有限的时间内，达到某种预想结果的活动中使用的语言。成功的教学无不得力于教学语言的功力。我锤炼教学语言的诀窍是：上课前想好要说的话，诸如怎样开讲，怎样提问，怎样过渡，怎样结尾，用哪些关键词，都要背下来；上课时说话要倾注感情，凭借富有感情色彩的语言，引起学生反响和共鸣；下课后我常常静思默想，回忆教学用语，什么地方成功，什么地方失误，及时总结经验教训。

语文教师除了进行课堂教学外，还要开展各项课外活动，如开设课外专题讲座，作阅读辅导报告，出席教学研究会议的发言，公开教学的评议讲话，参与社会活动的演说，以及经验介绍和学术交流等，这些活动都离不开演讲。因此，教学演讲能力也是语文教师一种重要基本功。我练教学演讲基本功主要靠多参加一些社会活动，在实践中练音、练口、练胆，学习掌握演讲技能，提高自己的语言魅力。叙述要朴实具体，描绘要生动形象，说明要清楚准确，说理要科学通俗，抒情要真切感人。

3. 读的基本功

朗读和默读是语文教师读的基本功。

朗读就是把文字作品转化为有声语言的创作活动。教师的朗读要能使学生为之动容，要足为学生示范，要求字字入耳，句句入心。美的地方要读得学生心向往之；丑的地方要读得学生深恶痛绝；乐的地方要读得学生忍俊不禁；悲的地方要读得学生蹙眉落泪。我备课每每都是从读入手，这样既能练习朗读基本功，又能深入理解教材内容。一读，我感知课文内容；二读，我研究文章题目；三读，我抓住课后习题；四读，我探讨作者思路；五读，我咀嚼语言文字；六读，我体味思想感情。备课时，一篇文章读这么几遍，就能基本上达到“使其言皆若出于吾之口，使其意皆若出于吾之心”的境界。

默读我力求做到见于书，入于目，发于心，要字求其训，句索其旨，章探其义。同时比较熟练地掌握了音序检字法，部首检字法、笔画检字法和四角号码检字法。

4. 写的基本功

语文教师写的基本功，一是写字，二是写作。

字是语文教师的衣冠。作为一名语文教师，你所写的字，不管是钢笔字、粉笔字，还是毛笔字，不管是写在作业本上的、黑板上的，还是墙报上的字，都要给学生以示范。具体说，第一，能写工整、匀称、秀美的钢笔字；第二能写大小适中、笔画规矩、美观大方的粉笔字；第三，能写有帖意、字体工整、结构合理、起笔收笔交待清楚的毛笔字。写字也表现出我们怎样作人，其实练字并不难，每提笔时，严肃认真、不苟且就是了。

这里要提及的是，有些青年教师不太重视板书，往往临摹动意，随写随抹，而且写字龙飞凤舞，使人难以辨认，这种不正之风，会给学生很坏影响的。我认为，板书是教师在备课中精心构思的艺术结晶，是学生感知知识信息的视觉渠道，是发展学生智力和形成良好思维品质的桥梁。板书要像提纯的金，琢成的玉那样，不在于多，而在于精。板书设计的美学价值在于书之有用，书之有度，书之有据，书之有时，书之有方。

有人说，只会讲文章，不会写文章的人，只能算“半个语文教师”。这话并不为过。因为一个语文教师写作水平的高低，直接关系到他的教学质量，正如叶圣陶先生所云：“惟有教师善读善写，乃能引导学生渐进于善读善写。”正因为如此，语文教师应当具有写一般文章的过硬本领，在审题、立意、选词、造句、谋篇等方面确有见解，用自己的体会把为文之道，行文之法给学生讲清楚，这样，才能有效地指导学生作文，帮助他们切实提高写作水平。为此，我坚持数年，经常写些教学心得、教材分析、教法探讨等方面的文章，在全国各地发表。常说口里顺，常写手不笨；常读胸中有本，常写笔下生花，的确如此。

青年教师朋友们，致天下之治在人才，成天下之才在教化，行教化之业在教师。我愿和你们共同勤学苦练，不断提高语文教学基本功，用以报效祖国，建设四化。

21 叶圣陶的作文教学思想

叶圣陶先生是一位现代著名作家，同时也是一位语文教育理论家。叶老的作文教学思想是他长期从事写作实践和教育工作的理论概括，内容之丰富，认识之深刻，乃国际上少有的。因此，认真学习叶老的作文教学思想，对推进当前作文教学改革，进一步探求语文教学科学化和民族化的道路，有着十分重要的现实意义。

1. 强调为文诚实

叶老在《语文教学二十韵》里提出的“立诚最为贵”的观点，是他数十年来一贯坚持、反复申说的主张。早在1919年他写第一篇语文教育论著的时候，就强调学生作文“必求合乎论理，而不贵乎虚衍。”到20世纪30年代，他明确提出了衡量文章优劣的两根标尺，即“诚实”与“精密”。而所谓“诚实”就是“怎样想就怎样写”，“文章必须与写作者的思想、性质、环境等一致”，“从原料讲，要是真实的、深厚的，不说那些不可征验、浮游无着的话；从写作讲，要是诚恳的，严肃的，不取那些油滑、轻薄、卑鄙的态度。”也就是说，写文章“无非是一点，我听到的，看到的，真懂得、真体会到的东西来告诉读者或听众，并不是舞文弄墨，随便说两句花言巧语来欺骗读者和听众”。到了80年代，叶老又强调：“在作文教学中，首先要求学生说老实话，绝不容许口是心非，弄虚作假。”学生作文，首先要问有没有这回事；其次，才看写的好不好。“话与文都不是可以‘做作’的，有几分品德知识能力只能说几分的话，写几分的文。”可见，作文关系到怎样做人和做怎样的人的大问题。

文章是反映客观世界现象的。但它不是单纯地反映现象，而是通过对客观现象的叙述、描写或议论，来揭示它的本质意义，并表明作者的看法的。文章能否忠实地反映客观世界的真实面貌，正确地揭示它的本质意义，取决于作者的立场观点。叶老说："无论写什么东西，立场、观点总得正确，思想方法总得对头。"因此，我们对小学生进行作文训练，就不能为作文而作文，而应该加强作文训练的思想性。换句话说，就是要培养学生具有辩证唯物主义和历史唯物主义的世界观。这样，他们才能对观察到的事物作出正确的判断，辨别出真伪、善恶、美丑来。《小学语文教学大纲》指出："作文是学生思想水平和文字表达能力的具体体现。"我们从文章表达能力的强弱，可以看出思想水平的高低。做老实人，写老实文，作文和做人是统一的。为此，我们在指导学生怎样作文的同时，还要指导学生怎样做人。

2. 强调言语交际

长期以来，小学作文教学存在着一个根本性的弊端，那就是脱离社会需要，有文学化的倾向。追究这种作文教学弊端的成因，不能不检讨我国传统作文的消极影响。我国的科举制自隋代开始，实行一千三百余年，封建社会末期最为腐朽的"八股取士"控制了科举考试达五百年之久。这五百年间，学校教育的重心就是训练学生读八股文，作八股文，所学非所用，所用非所学。为此，叶老指出："关于作文教学，大概先得想想学生为什么要作文。要回答似乎并不难，当然是：人在生活中工作中随时需要作文，所以要学作文。在从前并不是人人需要，在今天却是人人需要。写封信，打个报告，写个总结，起草个发言稿，写一份说明书，写一篇研究论文，诸如此类，不是各行各业要经常做的事吗？因此，要求学生要学好作文，在中学阶段打下结实的基础。至于作诗作小说，并不是人人所需要，学生有兴致去试作，当然绝对不宜禁止，但是这并非作文教学的目标。"叶老说得多么中肯，"中学阶段打下结实的基础"，小学阶段更应打好基础的基础。这里的"基础"当然只能是实用性表达本领的基础，而绝对不是为文学创作铺路。

叶老为什么强调按照言语交际的需要来改革我们小学的作文教学呢？

首先，是社会生活的实际需要。中央教科所潘自由同志写过一篇文章，认为“小学作文是言语交际中最基本的表达训练。”什么是“最基本的表达训练”呢？他举了江苏省江阴市长寿小学对一百名学生家长的调查，调查的内容是日常动笔写文章情况，共写出书面材料286篇，其中，书信占32.5%，便条占23.1%，申请报告占12.9%，记录占9.4%，各种说明占8.7%，总结报告占4.9%，通告、启事、广告占4.5%，笔记占3.6%，评论文章占0.4%。他的观点和叶老是一致的。

其次，我们再来看看外国的教改动态。现今的欧美和日本的写作教学中都很重视从社会生活的实际需要出发，决定作文训练的体裁和题材。翻阅日本的写作教材，我们可以发现，有相当一部分是训练学生写观察报告、实验报告、研究报告等实用性说明文的。如写《名字的变迁》《我们村里的方言》《关于天气的谚语》等。他们非常重视语言的交际功能，非常注意启发学生把握说写的目的、对象和场合，最大限度地发挥语言在交际中的作用。联邦德国费兰茨·海贝尔教授主编的一套中学语文教科书，在写作训练项目中，占绝大多数的是调查报告、事件报道、科技说明、新书介绍、会议记录、演讲提纲、个人经历、商品广告等实用的题材。从上述一些情况不难看出，外国作文教学的发展趋势，是从社会生活的实际需要出发来考虑写什么和怎样写的问题。

再次，言语交际作文教学范围很广。言语交际作文教学，其范围非常广泛。写有一定格式的应用文是实用的要求，写没有一定格式的记叙文、说明文、议论文也是实用化的需要。邱少云的英雄事迹太感人了，作为邱少云的战友——志愿军二级战斗英雄李元兴同志，他要把亲眼看到的英雄事迹告诉大家，写了《我的战友邱少云》，这是实用的需要。巴金二十岁时，乘“昂热号”邮船去法国留学，为使两个哥哥能“领略一些海上旅行的乐趣”，写了《海上日出》，这也是实用的需要。同样，说明文《赵州桥》、议论文《为人民服务》，都是实用的产物。实用的需要是多方面的，因此，实用化决不能只是写应用文。

3. 强调读写结合

叶老在《阅读是写作的基础》一文中指出：“有些人把阅读和写作看作不甚相干的两回事，而且特别看重写作，总是说学生的写作能力不行，好像语文程度就只看写作程度似的。阅读的基本训练不行，写作能力是不会提高的。”在《论写作教学》中，叶老又说：“教学生阅读，一部分的目的在给他们作榜样。因此教学就得着眼于：（一）所表现的作者积蓄。（二）作者用什么功夫来表达他的积蓄。这无非要使学生知道，胸中所积蓄要达到如何充实而深美的程度，那才非发表不可；发表又要如何苦心经营，一丝不苟，那才算做到了家。”

叶老为什么说“读写结合”是语文教学的基本原则呢？

第一，我们从语文教学任务看。语文教学的根本任务是培养学生理解和运用祖国语言文字的能力。阅读，是内化的吸收，是对祖国语言文字理解的过程；作文，是外化的表达，是对祖国语言文字运用的过程。所以，阅读是作文的基础，作文又作用于阅读。要想很好地完成小学语文教学任务，必须把阅读教学和作文教学紧密结合起来。

第二，我们从语文教材编排特点看。人教社义务教材小学中、高年级语文课本安排了不同的结合点，这些结合点以《读写例话》的形式体现，规定了每册的重点训练项目，贯穿一条主线——作者的写作意图。“点”和“线”又组成五个“面”，即观察、选材、立意、组材、表达。从横向看，符合写作的一般程序和规律；从纵向看，由易到难，螺旋上升，既有阶段性又有联系性。

第三，我们从学生学习语文过程看。仿写是儿童学习作文的基本方法，小学生作文能力的提高一点儿也不能脱离模仿，怎样遣词造句，怎样联句成段，怎样构段成篇，怎样写景状物，怎样叙事记人，初学作文的小学生在这些问题面前往往手足无措，教师提供一篇范文，让学生揣摩领会，他们会恍然大悟；“哦，我会写了！”这是为什么呢？这是因为“凡是已有定评的大作家，他的作品全部就证明着应该怎样写。”

4. 强调自能作文

长期以来传统的做法是：教师命题学生做，学生作文教师改。这样做的结果，不仅教师在改文中疲于奔命，束缚了身心，而且把学生屏在改文实践的大门之外，使学生成为被动的客体。叶老指出：作文教学的最终目的是让学生“自能作文，不待老师改。”要实现这一目的，必须重视和激发学生的作文兴趣，让学生自己动脑、动口、动手，在主动的思考、探索中，逐步提高认识能力和表达能力。学生不能把教师作为依傍，因为学生总有一天要离开教师，“那时候感到不能独自满足当前的实际需要，岂不是极大的苦恼？”因此，必须改变传统作文教学的观念，让学生处于主动的地位。

叶老又说：“‘改’与‘作’关系密切，‘改’的优先权应该属于作文的本人，所以我想作文教学要着重在培养学生自己改的能力。修改文章决非雕虫小技，养成习惯也决非一般认识问题，这是一切学习写作的人修辞立其诚的过程，也是文章去瑕纯玉的过程。在这个过程中，伴随写作能力的提高，观察力、思维力和意志力以及办事认真负责的品质，都将同步获得增长。尤其对于正在成长的学生更是如此。”从教学论观点来看，学生作文的过程是一个认识事物和表达对事物认识的过程。这两个过程中反映为既能“作”，又能“改”，才算得上是完整的作文能力。修改作文，是修改文章的内容，选材是否正确，表达是否完善。由此推理，教师批改是代学生修改选择材料和表达内容以及认识不足之处，是越俎代庖。学生自己修改当然没有教师修改那么完美正确，但训练多了，学生写写改改，改改写写，反复思考原来的认识，这样迂回曲折的过程，就是提高，就是进步。从一点一滴修正各个方面的谬误和不足到逐步完善自己的作文，才是真正获得作文能力。指导学生自改作文，要有层次性。自改文章不一定要求一下子修改全文，或改一句，或改一段，或改开头，或改结尾，或改字词，或改篇章，每次练习的目的和要求，确定重点，有的放矢，由易到难，由部分到整体，循序渐进。

5. 强调教师“下水”

所谓“教师下水”，就是在作文教学中，教师出了题目，不光让学生作，自己也作，自己亲自尝尝“梨子”的滋味，便于指导学生。

叶老早在60年代初为《文汇报》写的《“教师下水”》一文中，旗帜鲜明地倡导“教师下水”练笔。他说：“语文教师教学生作文，要是老师自己经常动动笔，或者作跟学生相同的题目，或者另外写些什么，就能更有效地帮助学生，加快学生的进步。经常动动笔，用比喻的说法就是‘下水’”“这无非希望老师深知作文的甘苦，无论取材布局，遣词造句，知其然又知其所以然，而且非常熟练，具有敏感，几乎不假思索，而自然能左右逢源，这样的时候，随时给学生引导一下，指点几句，全是最有益的启发，最切用的经验。学生只要心领神会，努力实践，作一回文就有一回进步。”

叶老提倡“教师下水”，其好处可以概括为以下四点：（1）能够使教师体会到学生在写作过程中可能遇到的困难。教师“下水”试作之后，对于写作题目是否符合学生生活实际，写作要求偏高，还是偏低，学生在选材、立意、组材等方面可能出现哪些问题，就有了切身体会。教师可以据此对写作题目及要求加以适当调整、补充和完善，使之具有可行性。（2）能够促使教师设计科学的教学方案。教师写完“下水文章”，掌握了学生写作过程中可能遇到的各种问题，对写作此文需要的时间也有了大概的估计。这样，就能根据所写文章的文体特点，精心安排写作训练的具体步骤，科学地分配课时，选择恰当的教学方法，使作文课起到了开阔学生思路，培养学生能力的作用。（3）能够使教师迅速地抓住要害，增强评改的针对性。由于教师提前完成了“下水”文章，对学生习作中可能出现的问题早有准备，因此，在评改作文时，就能迅速抓住关键之处，有的放矢地对学生进行启发、引导。（4）能够激发学生的写作愿望，调动其写作积极性。教师在学生动笔之前，或者在作文讲评课上，拿出自己的“下水”文章，与学生共同评议，使学生感到作文并不是高不可攀的事情，经过努力，自己也能写出好的作文来，从而消除学生对写的惧怕心理。另外，教师经常写“下水”文章，还能在学生心目中树立起教师良好形象，使学生对教师产生信任感，从而坚定他们写好作文的信心。

22 张志公的语文教学效率观

张志公先生是我国著名的语言学家和语文教育家。他的语文教育思想，涉及广泛，可以说对古今中外均有深入和指导意义的论述。本文想就张先生一贯倡导的提高中小学语文教学效率的问题，做一些阐发性的研究。

要研究语文教学效率问题，首先得弄清楚两个概念，即“什么是语文”，“什么是效率”。我们看看张先生是怎么说的。

什么是“语文”？张先生说：“语文是个工具，进行思维和交流思想的工具，因而是学习文化知识和科学技术的工具，是进行各项工作的工具。”这个观点是非常精粹的，张先生道出了语文的本质属性。说语文是思维工具，这是因为语言和思维是共生的，互相依存的。没有语言，人脑就无法思维，另外，思维又有力地推动了语言的发展。语文教学就是要在教学过程中不断积累和丰富学生的语言，并同时启迪发展他们的思维。说语文是交流的工具，这是因为语言是社会生活的实际组织者。脑科学研究发现，偏僻地区的儿童，同外界接触少，词汇贫乏，信息量极其有限，缺少一定数量的语言来表达他们的思想，因此，这些儿童反应迟钝，思维缓慢。这说明，语言在组织人们生产、生活、交流思想的过程中是何等重要。说语文又是学习的工具和工作的工具，这是很容易理解的。读书、看报，就是利用语文这个工具，不管是学历史、地理，还是学时事、政治，都离不开语文这个工具。

语文的内涵又是什么呢？张先生说：“这个‘语文’就是‘语言’的意思，包括口头语言和书面语言，在口头谓之语，在书面谓之文，合起来称为‘语文’。”据此，语文教学的主要目的，是要“教学生掌握语文工具，也就是掌握足够的字和词，掌握句子的构造和方法，掌握谋篇布局的道理和技能。”一句话，掌握听、说、读、写的能力，能够正确理解和运用祖国的语言文字。

什么是“效率”？简而言之就是单位时间内完成的工作量，一般是指单位时间内的工作效果，包括量的多少和质的高低。张先生指出：“讲效率，它的内涵无非是这几个字，一是多，二是快，三是好。”“对于人才的培养，不仅要多，要快，而且要好，要尽快培养出德才兼备的有用人才，为四化建设服务。”张先生这段话告诉我们，效率是教育的生命，是现代中小学语文教学的基本特征。要实现语文教学的现代化、科学化，必须提高教学效率，这是时代的要求。

自从改革开放以来，不管是同教师谈话，还是撰写文章，张先生总是不厌其烦地谈论效率问题，并多次呼吁语文教学“少慢差费”的问题必须彻底解决。现仅举四例。

1984 年，张先生出席全国中语会在大连召开的语文教改座谈会指出：“高效率地培养学生听读说写的能力是语文教学现代化、科学化的迫切需要，应当建立实际应用的语言的知识系统适应这一需要。”

1991 年，全国中语会第五次年会在旅顺召开，张先生发表了录音讲话，他说：“（语文教学）要在原有基础上，有所调整，或有所改进、改革，以适应新时期的需要，要在效率、致用两个方面有所突破。”

1992 年，张先生为江苏省徐州市中语会第八次年会写去贺信，指出：“我想，我们要研究如何能再加快点速度，提高点效率，充分发挥语文课进行思想教育的功能，在扎扎实实进行语文教育的过程中，尽其可能地提高学生对国家新时期基本方针政策的认识，提高学生精神、道德的素质。”

1995 年，全国中语会第六届年会在北京召开，张先生发表书面讲话，他指出：“在当今世界上，人们在国际交往中非常讲究效率，这是人所共知的问题。广东深圳人有句很有名的口号，那就是：‘时间就是金钱，效率就是生命。’”

为什么张先生这么重视语文教学效率呢？原因有二。

一是因为“世界已经跨入了信息化时代。信息高速公路兴起，就是这个时代的重要特征。世界上所有国家、所有民族，都将在‘信息化’这个问题上展开竞争，进行较量。这不是一项两项技术工作的竞争，而是一个国家、民族建设、发展的成败，也就是生死存亡的斗争。语言文字是传输信息的最主要的工具，在这场‘信息化’竞争、较量中，语言文字首当其冲。”

二是因为“多年来，语文教学的效率是不能令人满意的。从小学到中学的十二年或十年之间，语文课所用的教学时间占全部教学时间的三分之一左右，居各门课程的首位。然而，相当大的一部分中学毕业生，语文没有学通。”“高中毕业了，大学毕业了，搞贸易不会写商品说明书，不会写广告词；当干部不会写公文；搞科技的写不出实验报告、设计说明；当医护人员写不好病历、写不好值班报告……这样的青年比比皆是。”

张先生面对现实，站在世界发展潮流的高度来审视中国中小学语文教学，把语文教学纳入以提高效率为中心的轨道上来，我认为这是抓住了开创语文教学新局面的关键。

导致语文教学效率不高的症结在哪里呢？张先生一针见血地指出：“那就是：语文教学缺乏科学性。”语文教学科学性在某些方面也可以说是语文教学科学化。什么是语文教学科学化呢？张先生说：“所谓科学化，就是搞清楚语文规律，按规律办事。”长期以来，语文教学总是摆脱不了盲目性，人们不是跟着“时尚”走，就是跟着“感觉”走，能在实践上清楚而自觉地按照语文教学自身应有的“规律”走的，为数不多。因此，教学取得了好效果，不知道这效果从何而来，教学碰了壁，也不知道这壁是什么，为什么会碰壁。这种在暗胡同里摸索的状况，在社会主义现代化建设进程中必须有所改变。只有变“暗中摸索”为“明里探索”，让语文教学走上科学化的坦途，才能从根本上提高语文教学效率。

在张先生众多的讲话和文章中，列举了一些语文教学不科学的现象。下面我们来看一下。

张先生说："从旧传统承袭下来一个很不科学的做法是：语文教学限于书面，忽视口头语言的训练……如果继续对'语'和'文'采取分而治之、厚此薄彼的办法，很不利于提高语文教学的效率。"语文有四种能力，即听、说、读、写，它有如一张桌子的四条腿，缺一不可。只有把这四者有机地结合起来，才能构成语文能力赖以区别于其他学科能力的框架，从而形成自己独特的结构。人的语言活动发展顺序是：听——说——读——写。听和说是语言的第一性表现，读和写是语言的第二性表现。教育心理学研究表明，社会语言活动，听约占45%，说约占30%，读约占16%，写约占9%。由此可见，口头语言在交际中的作用，我们不可等闲视之。

张先生说："语文教学兼差过多：思想政治教育任务、提高审美观的任务、提高思维能力的任务，等等，等等。这样，语文本身也成了其中的小差事之一，反而不是主要内容了。语文就是语言文字。但是，往往是既有意于讲语言文字，同时又要讲别的什么。用意很好，结果却适得其反，两败俱伤。"诚然，语文教学目的是一个多元的结构，传授知识、训练能力、开发智力，以至立德、审美都是其宽泛的内涵。但是，我们必须牢牢记住，语文姓"语"，语文教学的特殊使命那就是指导学生学好课文，始终突出语文教育的根本目的——教会学生理解和运用祖国语言文字，把语文课真正上成语言文字基本功训练课。现在有一种倾向，一讲培养能力，似乎字、词、句、篇教学就不值一提。须知，学好知识是提高能力的基础，任何时候都是如此。现在还有一种倾向，一提思想教育，似乎听、说、读、写训练就不值一谈。须知，脱离听、说、读、写，思想教育将是一句空话，任何时候也是如此。

张先生说："把提高语文能力看作一种相当神秘的事，看作一种'只能意会，不可言传'的或者'运用之妙，存乎一心'的事，看作一种只能听其自然、任其沉浮的事，是语文教学缺乏科学性的又一表现。”语文教学规律具有客观性、必然性、普遍性、稳定性等特点。人们不能创造语文教学规律，但可以发现、认识语文教学规律，利用语文教学规律来提高语文教学质量。

张先生说：“不重视方法的另一方面，是一旦有了方法，很快就定型化，程式化。比如，说谈话法好，就谈话，不论大学还是中学，不论教这样的课或教那样的课，都采用谈话法。搞这种程式化，自然就会产生无效劳动。”语文教学应当有模式，但不能程式化。如果我们让模式凝固起来，把它变成僵死的条条框框，不看年级，不看课文的具体内容，千文一法，千课一式，那就陷入了形式主义泥潭，还讲什么教学效率？

怎样提高语文教学效率呢？张先生的观点是这样的：

1. 学习中国传统语文教育的精华

张先生用历史唯物主义的观点，两次研究中国传统语文教育，凡30年。他旁搜远绍，爬梳剔抉，精辟地概括出其中的功过得失。他认为中国传统语文教育的经验主要有四条，我们应当很好地学习。第一，最重要的，是“教学从汉语汉字的实际出发，并且充分运用汉语汉字的特点来提高教学的效率”。通过整齐押韵的字书（重要的蒙学读本），集中解决汉字的认读和积累；识字、写字分别进行训练，互不掣肘；利用“属对”进行综合的语文基础训练。第二，是“教学要从语文的工具性这个特点着眼”。重视思想材料和语言材料的有效积累，因而强调要“多读”，要“博览”；重视工具的熟练操作和灵活运用，因而强调要“熟读”，要“多写”。这都是从语文的工具性这个特点着眼的有效做法。第三，是“重视启发学生独立思考，使他们自己能不断地增长读书作文的能力”。第四，是“在以读写实践为主的前提下，在适当的时机需要教给学生一些必要的知识，教给他们使用基本工具书的方法，使他们把不自觉的学习逐渐转化为自觉的学习，从而提高其学习效率。”

2. 走语文教学“一条龙”整体改革之路

张先生的语文教学效率思想，集中体现在他的幼儿、小学、初中、高中语文课程、语文教材、语文教学“一条龙”整体改革设想中。

幼儿阶段。以语言训练（口语）为中心环节，兼顾思维训练、知识教育、思想教育，但不进行识字教育。

小学教育。语文课分三条线先后独立进行。第一条线，利用汉语拼音进行语言训练、阅读训练、写作训练，直到四年级；第二条线，从一年级第二学期开始进行识字教育，按照汉字的识字规律独立进行；第三条线，稍晚于第二条线，进行写字教学，按照写字的规律独立进行。到了四年级，分进的三条线合击，总会师。小学五年的教学任务，四年基本完成，第五年只是巩固、提高。

初中和高中阶段。把两个学段联系起来，六年或七年，分为四个大段落，每个大段落一年半左右。以系统的理性知识为先导，并以实用的语言知识系统为序，按照知识与实践合理组织全部语文课。

为实施这个方案，同时改革课程。（1）初中增设文学课，完成文学教学任务。（2）高中开设文言文选修课，让有志于文言文研究的学生选学，进行严格训练，学会用文言文写文章。

3. 更新教学观念，改进教学方法

当前语文教学的弊端之一，就是讲风太盛，无用功太多，教学方法单一。譬如讲读课文，总是时代背景、作者介绍、划分段落、分析讲解、归纳中心，然后是写作特点，篇篇如是，一个模式，使学生味同嚼蜡。本来是一篇生动形象感染力很强的作品，被教者烦琐的讲析，肢解成了支离破碎的零部件——知识点，其间的血脉贯通、气韵流动全被破坏了，文章的精髓与灵魂不见了，哪里还有情感的陶冶可言！对此，张先生指出：“教学方法的中心目标在于最有效地培养学生的能力——包括运用所学知识的能力和自己去学习新知识、新技术的能力。”对学生也要有正确的认识，“要把学生的头脑看成一个能动的、能思考的对象”，要想办法，“迅速有效地打开学生的脑子，让它动起来。”为达到此目的，张先生认为一定要有一套“科学的、新鲜活泼的教学方法”。同时要坚决废止注入式、满堂灌陈腐落后的教学方法，实行启发式、诱导式、讨论式的教学方法。在教学中要精讲精炼，要调动学生的积极性、主动性。“在老师的启发下，自己动脑子去分析问题、解决问题，从而得到更深的印象，获得更大的收益。”这样，语文教学就活起来了。一句话，提高语文教学效率的“内在资源”在于更新教学观念，改进教学方法。

4. 提高教师的整体素质

张先生指出，要想提高语文教学效率，根本问题是教师。教师本身素质不高，很难教出高水平的学生。“教师应当具有扎实的基本功，要有广博的学识，要见多识广，要掌握科学的教学方法。”教师“要下功夫学习，要懂得心理学、教育学、哲学，这样就有可能提高语文教学效率和质量。”

23　张田若的识字教学研究

张田若是我国资深的语文教育专家，他从 1954 年至今，一直从事小学语文教学研究工作。先是在人民教育出版社编辑小学语文课本，凡 24 年，然后在中央教育科学研究所研究小学语文教学，并编小学语文实验课本，负责几个小语研究课题，直至现在他还笔耕不辍。

张田若语文教育思想是比较全面的，对识字教学、阅读教学、作文教学均有独到的论述。本文只对他的识字教学思想作些探索。

1. 一贯主张识字应是小学低年级语文教学的重点

张田若著有《中国当代汉字认读与书写》《小学集中识字教学》《集中识字教学的理论与实践》等书，并发表大量关于识字教学方面的文章。不管是著作，还是文章，抑或他编写的小语教材，都贯穿一个重要思想，那就是小学一二年级语文教学应以识字为重点。他说：“儿童入学首要任务是‘识字’，这是千百年来的经验。”又说：“低年级以识字为教学重点，根据汉字汉语特点和儿童识字、学文的认知规律，培养学生读写能力必须重视识字。儿童入学初期是识字的黄金时期，不失时机地让他们多识字是学好语文的关键。”他还说：“小学一二年级以识字为重点。所谓重点，就是说语文教学的各项内容都要尽可能围绕识字来进行。”为什么小学低年级语文教学要以识字为重点呢？《语文课程标准》指出：“识字写字是阅读和写作的基础。”我们要培养学生思想道德素质、科学文化素质，就必须扎扎实实地给学生打好语文这个基础。识字是语文教学的第一关，必须集中力量突破这一关，才可能使儿童尽早“开窍”，受到更多的教育。儿童只有学会了看书、作文，那他们出校以后，就有了一种常常用得着的基础工具了。从这个意义上来说，学生的读写能力的培养是以识字为先决条件的。因此，识字是小学语文教学的重点，也是语文教学的一项重要任务。说它重要，有3个原因：

第一，我们要培养儿童阅读能力，阅读就是凭借书面语言来吸收知识，接受文化。文字是记录语言的符号，不识字就不能理解书面语言，就不能达到吸收知识、接受文化的目的。在阅读教学活动中，由于儿童认识的字不多，认识的字不巩固，阅读书面语言处处遇到障碍，因此教师在讲读过程中，就得把大部分时间花费在生字生词的教学上，而讲解、朗读、复述等工作就要减少时间，这就影响了阅读教学的质量。如果儿童认识的字越多，记得又相当牢固，阅读进行就越方便。所以小学语文学科的教学活动必须一开始就解决识字这个任务，使儿童掌握必要数量的常用汉字作为阅读的基础。

第二，我们要发展儿童的语言，丰富他们的词汇，为写作打好基础。词汇是构成语言的不可缺少的“建筑材料”，我们要使儿童掌握语言，第一步就必须丰富他们的词汇。我们都知道，小学生初进学校的时候，词汇是很贫乏的，而使用时也往往不确切甚至有错误，这就决定我们小学低年级的语文教学，必须以识字为重点，要有计划有系统地来扩大儿童的词汇量，使他们的语言逐渐做到准确、丰富、生动。同时，识字教学的目的，不仅是为识字而识字，而且是要使儿童通过识字，能够初步地掌握祖国的语言。

第三，我们现在使用的文字是方块汉字，学习起来不容易。汉字的字数多，通用的有几千个，常用的也有两三千个。汉字的形状复杂，有各种结构、各种笔画，有的差别很细微，难以辨认，我们必须根据汉字的特点，根据儿童识字的心理，进行复杂的教学工作。由于汉字难学，加上教学还不甚得法，小学生六年内有三分之一的时间要用于语文学习，比使用拼音文字国家要多花两三倍的时间，而成绩还不理想，这就直接影响到其他各门科学知识的学习。

总之，儿童入学学习汉语文，以识字为先，这是学习汉字汉语的规律和成功经验。《语文课程标准》不仅重提了低年级以识字为重点的要求，而且在识字教学的理论、教材和教法方面都有了新的发展。

当然，识字是小学低年级语文教学的重点，在抓重点的同时还要同时注意相应的读写训练，要在全面训练中抓重点。张田若指出："'以识字为重点'并不是以识字为惟一点，以识字为孤点。有的同志把'以识字为重点'与'孤立识字'划等号，我不同意。"

2. 一贯坚持"集中识字"教学法的研究与实验

什么是"集中识字"？张田若说有两种理解：第一种理解，是说小学一二年级集中力量识字，多识一些字。集中识字的第二种理解，也就是最具特色的最重要的一点是，在一二年级，每册课本都采用先集中识一批字，再读一批课文，再集中识一批字，再读一批课文的方法，也就是先把集中的生字集中教学，然后读课文，俗称"先识字，后读书"。

集中识字教学法创建于1958年，形成于1960年，近50年来，张田若始终致力于集中识字的教学研究，他是全国集中识字教学研究会会长。1958年，辽宁省黑山县北关实验学校首先搞起了集中识字实验，1960年北京景山学校成立，黑山北关实验学校的经验立即被采用，也进行了集中识字的试验。后来中央教育科学研究所加入，就形成了"两山一所"的集中识字教学流派。1980年4月，中央教育科学研究所在辽宁锦州市和黑山县召开了全国集中识字经验交流会，从这次会议后，集中识字在全国便大规模地开展起来，到1988年初，除西藏、青海和港澳台外，全国29个省市自治区都有了本体系的实验班。张田若说："上一世纪50年代初，我开始研究识字教学。祁建华的速成识字和黑山北关学校的集中识字经验引起社会广泛关注，也引起了我很大兴趣。通过深入黑山北关校的考察和在全国范围的实验，我发现集中识字是解决汉字教学问题，提高小学语文教学质量的有效途径。于是我全力以赴从事这方面的研究，并日益树立了信心。"

集中识字的主要形式有"看图归类识字"、"基本字带字"、"以词句带字"、"形声字归类"、"会意字归类"、"反义词带字"等等。

集中识字教学方法具有以下主要特点：

（1）先识字，后读书，识一批字，读一批课文，识字和阅读交替进行，教学任务相对集中且难点分散，有利于完成教学任务。这样，在识字阶段可以专心识字，为阅读打基础；在阅读阶段，可以集中精力进行阅读训练，同时又能巩固所学的字，并学习少量的集中识字中不易出现的字。识字阅读两个阶段各自独立，难点分散，任务单一，教学活动灵活生动；两个阶段又互相联系彼此渗透，相辅相成，有利于提高教学效果。

（2）利用学习的迁移规律，简化了学生识字的心理过程。因集中识字是归类识字，不论是看图归类、形声归类、会意归类、近义词归类、反义词归类，还是基本字带字、以词带字，每一种归类形式都有共同因素，而共同因素是构成迁移的客观条件。教师如果能用恰当的教法引导，极容易产生良好的教学效果。

（3）体现了汉字本身的规律，有利于培养学生的识字能力。集中识字把一二十字甚至上百字集中在一起，这样有利于按汉字的形音义特点归类。“基本字带字”的形式，容易体现形声字的规律；“会意字归类”，又体现了会意这一构成汉字的规律；同音字、形近字归类，可以使学生按照汉字的这些固有的规律，学会分析比较，从学习这类字中训练他们的辨析能力和习惯。学生通过学习各类字，逐步掌握了汉字本身的规律和识记方法，有利于识字能力的形成。

张田若说：“儿童入学学习汉语文，以识字为先，这是学习汉字汉语的规律，是我国千百年来的传统经验、成功经验。”以识字为中心的启蒙阶段，就是集中识字。就其渊源来说，集中识字是比较古老的。周秦的《史籀篇》《仓颉篇》，汉代的《训纂篇》《急就篇》，南北朝时期的《千字文》，到宋朝被广泛采用的《百家姓》《三字经》，都是先识字，后读书的集中识字教材。清末兴办新学之后，欧风西雨东渐，模仿欧美学习的方法，才改变了书塾习用的语文教材，要求读一字解一字，甚至读、讲、写、用四会结合，还要连词造句。这样那种体现连篇的

"三、百、千"形式的鸿蒙教材就逐渐消失了。

3. 一贯反对"四会同步走"不科学的做法

所谓四会，就是在识字教学中要求学生做到会认、会讲、会写和会用，即能读准字音，掌握字义，认清字形，正确运用。"四会"提法是老解放区在识字教学中总结清末民初的识字方法而形成的。到解放初期东北的《初小国语》中把它确定下来："在语文教学方面，除儿童正确地会念、会讲、会写外，并应指导儿童在日常生活中实际运用所学的文字，……以提高其讲话写作能力。"中华人民共和国成立之后，在北京和东北的一些小学里，对识字教学都有"四会"的提法，1953年以后，在全国许多小学推行。

对于"四会"的提法，张田若在1980年全国集中识字经验交流会上发表的《简论汉字教学的几个问题》中曾提出意见，认为"四会"的提法不够科学，不够周密。他说："会认，当然是对的。指能用普通话语音读出字音，还能辨清多音字的不同的读法。会讲，就成问题了。单字如果不成词，如'然''蝴''憧'……怎么讲？单字成词的如果是基本词汇又怎么讲？像'我'是否讲成'我'，'人称单数自称'？'人'是否讲成'一种哺乳动物，万物之灵'？单字与其他字组合，可成为很多不同意义的词，字义也随之不同，会讲是指讲哪一个？'行'可组成'行路''不行''行列''银行'等词，光见'行'字怎么讲义？可能认为能用单字组成词就算是'会讲'了，如'人——工人的人'。这当然是表明学生已掌握字义的一种方式，但它终究不是'会讲'字义。所以用'会讲'不大科学。有的教师为了达到'会讲'要学生死记字义注释，如背诵'醋是一种带酸味的液体状的调味品'，不就成了笑话？会写，可能是指会默写。但也理解为会抄写，不精确。会用，提法也不大妥当。单字不成词的，如何用法？单字可以与别的字连成好多不同意义的词，'会用'又指会用哪一个？指会用所有能组成的词吗？词是语言最小的使用单位，汉语也不例外，只能说用词，不好说用字。所以'会用'字的说法也不大科学。准确的说法，似乎还应该是：形音义的统一掌握。”

为此，张田若提出“分散难点，逐步占有”的四会分步走的观点。即初学时对一些容易的字词可以要求一次达到会认，能解释意思，会默写并会连成词口头造句。如学“人”会读出音，了解指的是什么，会默写，并能连成词来造句应用。有的可不要求当堂当天默写，可以在以后不断学习，逐步达到。这样分散难点，逐步占有有两个好处：一是不增加学生负担，而最后还是可以达到要求的标准；二是不影响识字进度，可以尽早地让学生多认些字，为自己独立阅读创造条件。

汉字在识字的初始阶段是难学的。对儿童来说难学不但是汉字家族庞大，而且汉字非常复杂。汉字的复杂主要表现在它的形、音、义三要素上。汉字中有许多一字多音，一字多义，一字多形，读音相同而形义不同，意义相同而形、音不同等现象，还有许多字字形相像，读音相似，意义相近，这些都给识字教学带来困难。

从识字教学来说，汉字是表意体系的文字，文字不表音而表意。一般来说，汉字的字音与字义之间大多数没有必然的联系，笔画组织变化也较多，不像西方拼音文字仅由26个字母组成，只要认识了字母，掌握了拼音方法，字可以一拼即认。这也给识字教学加大了难度。

总之，儿童要一个一个地掌握汉字，确非易事。

我们说，认，比较容易，可以先做到，写和用比较难，可以放缓。这样，“分散难点，逐步占有”可以不因为“四会”而拖住认字的进度，可以让学生多认一些字，早一点实现自己读书，如果每学一字必达“四会”方肯罢休，那就不可能多识字，而识字不到1500~2000，是不能独立读书的，不能读书就不易巩固识字，也就不易激发学生的学习积极性。

教育学和心理学的研究也表明，“四会”要求是不可能一下子完成的，分项分步实现总目标，不但可以事半功倍，而且符合儿童学习和认识事物的规律。张田若提出的“四会分步走”的主张，现在已被《语文课程标准》所承认，那就是“多认少写，识写分开”。一方面在识字教学中不要求所有的字都能读会写，其中一部分可以只认不写，以后再全面要求。同时，把会不会写和写得好不好也分开要求，识字课解决会不会的问题，写字课解决好不好的问题。这样安排很有意义，因为它针对现在学生写字水平普遍下降的问题，很有实际意义。

24 潘自由对小学语文教学的贡献

潘自由系中央教育科学研究民所研究员，他1955年从事教学工作，1978年调入中央教育科学研究所，从事小学语文教育科研工作。现兼任中央教育科学研究所第二届学术委员会委员，全国小学语文学法指导研究会理事长，全国“注音识字，提前读写”教学研究会理事长。主编两套语文教材：一套是《“小学语文学法指导实验研究”试用教材》（湖北科学技术出版社），另一套是《“注音识字，提前读写”语文实验课本》（黑龙江教育出版社）。在长达20多年的小学语文教学研究中，潘自由始终站在时代的前沿，以全新的视角审视国内外教改动态及发展走向，脚踏实地地与一线教师共同探索，在汉语拼音教学、阅读教学、作文教学等领域均有精深的研究、独到的见解和卓越的建树。

1. 始创小学语文拼音“基础音节换韵直读法”

1958年开始在全国小学教汉语拼音时，一般都以《汉语拼音方案》为教材，教学21个声母，37个韵母，四个声调和轻声，以及各项拼写规则。1963年5月，中央教育部颁布了《全日制小学语文教学大纲（草案）》，大纲对汉语拼音教学目的作了明确的规定，小学拼音教学采用的教学法是“声介合母”教学法。“声介合母”教学法的内容包括：y、w当声母教，iou、uei、uen直接教省写式和声母相拼，带介音的音节，采用声介合母的方法，少教13个长韵母。到了1978年粉碎“四人帮”以后，中央教育部颁布了《全日制十年制小学语文教学大纲（试行草案）》，汉语拼音教学方法又有了新的改进，即带介母的音节采用三拼连续法，减少学习13个复韵母和鼻韵母，采用韵母带调的办法，克服四声从头教的不足，加快了掌握音节的速度。以上是前30年我国汉语拼音教学方法演变的情况。

从1989年开始，连续三年，潘自由在浙江省宁波市鄞县钟公庙乡中心小学，与老师们合作，在吸收他人经验的基础上，搞了一个“基础音节换韵直读法”的拼音教改实验。这项实验影响广泛，对汉语拼音教学乃至整个小学语文教学具有推动作用。

所谓“基础音节换韵直读法”，又叫对比类推直读法。就是不经拼读训练而使学生能够直接读出音节的教学方法。它的主要特点是先让学生熟练掌握与声母呼读音一至的23个基础音节，然后逐一用新教的韵母来更换基础音节中的韵母，并按声韵组合规律，类推直读带有新教韵母的音节。

过去的汉语拼音教学，主要是沿用传统的拼读法教学。拼读法的主要特点是先零件（声母、韵母），后整体（音节）。它的缺点是拼音方法困难，拼音过程复杂，强调“呼必有三”，学生要通过“三拼”甚至“四拼”，一个字音一个字音地拼读，结果养成见字必拼的习惯，拼读时结结巴巴，读了后面忘了前面，把一个句子弄得支离破碎，不利于对整句话的理解，更无法快速阅读。而直读法教学从整体音节入手，通过音节与音节的对比类推，分析并认识音节的零件（声母、韵母）。这种方法正好弥补了拼读法的缺陷，从而收到举一反三、触类旁通的效果，使整个拼音教学成为一个启发式的教学过程，这就有利于减轻学生的学习负担，充分发挥汉语拼音的多功能作用，提高教学质量。

“基础音节换韵直读法”自1989年在浙江宁波首先实验至今，已遍及北京、湖北、河南、辽宁、新疆、广东、黑龙江等10多个省、自治区、直辖市，成为我国目前汉语拼音教学一个重要流派。有人担心实验效果，潘自由说：“今年二月，两位执教老师给我来信，说：‘开始我们很担心，因为拼音教学用了两个月，担心识字教学来不及。可是结果出人意外，我们是11月5日开始转入统编教材的识字教学的，到12月中旬，第一册课本全部学完，前后只用了一个半月的时间，比其他学校的一年级快了一个月。而且，期末测试成绩名列全乡前茅。’为什么拼音能促进识字呢？道理也很简单：拼音能直读了，生字的字音问题就不存在了；掌握了拼音，注音的课外读物读得多了，生字的巩固率也就提高了。因此，识字教学就变得轻松了，进度也就自然加快了。”的确如此。

2. 提出阅读教学自身最重要的任务是学法指导

在潘自由看来，阅读教学自身的最重要的任务既不是培养学生看书、报的能力和认真阅读的习惯，也不是学习文章的语言文字、思想内容和写作技巧，而是教给学生操作阅读过程的各种本领。潘自由指出：“这里首先要分清两个不同的概念，一个是阅读，一个是阅读教学。阅读是个体活动，好比张三骑自行车。阅读教学是双边活动，好比张三教李四学骑自行车。如果单就个人的阅读而言，阅读的人能把所读的对象中所有的因素都理解了，那么，阅读的理解任务自然也就完成了。然而，阅读教学主要是教师教学生学会阅读，掌握阅读的本领。所以，教师仅仅是教学生懂得了一篇文章的语言文字、思想内容、写作技巧等还不能算完成了阅读教学的任务。阅读教学要研究的不仅仅是阅读的对象，更重要的是要研究阅读这一活动的过程，要把阅读过程中如何操作的有关知识和实现操作所需要的方法、技能、技巧等本领教给学生，最终达到使学生能阅读的目的。”

学法指导强调阅读教学要教给学生阅读的方法，要让学生学会怎样阅读，掌握自能阅读的真本领，把注意力放在阅读过程的能力培养上，这样的阅读教学，在我国的阅读教学史上确确实实是一次历史性的突破。

咱们从历次小学语文教学大纲看。我国历次小学语文教学大纲都非常重视阅读教学，但从来没有把阅读这一活动过程中如何操作的有关知识以及实现操作所需要的方法、技能、技巧等本领的培养作为教学内容，更谈不上在课堂上落实了。1956 年的大纲提出：“阅读的基本指标是理解课文内容，理解课文的基本思想。”这里，根本没有把教给学生阅读方法作为阅读教学的内容列入教师教学的议事日程。1963 年的大纲虽然第一次明确指出了语文学科的工具性，但在阅读教学内容上仍然以讲读课文为主，并规定“讲读教学必须把课文内容讲清楚。”1978 年的大纲重视阅读能力的培养，提出了小学阶段要“能正确、流利、有感情地朗读课文，比较熟练地默读课文，能背诵或复述指定的课文，能给课文划分段落，概括中心思想”等培养能力方面的要求，但由于文选式的教学没有改变，因此教和学双方基本上还是在课文内容上下功夫，能力的培养仍没能落到实处。1987 年的大纲虽然明确提出了“对阅读课文要着重指导学生运用从讲读课中学到的学习方法进行阅读”，但是讲读课中教材规定有哪些阅读方法要教给学生呢？教师心中没数，见仁见智，随意性很大，最终还是围绕课文内容转。1992 年的大纲对阅读教学的要求包括理解程度、阅读方式、阅读能力、阅读习惯等几个方面，看起来比较全，但仍没有把阅读方法的教学作为阅读教学的内容。阅读能力的培养，全在教师的素质和经验。教师素质好，经验丰富，教学能抓到点子上，学生阅读能力可能强一些。反之，阅读能力的培养仍然很难落实。

能力是由多方面因素构成的，能力是在活动过程中体现的。阅读作为智力活动过程，如果不能掌握操作这一过程的方法、技能，那么，所谓的能力也就不太好说了。学法指导强调教给学生操作阅读过程的方法、技能，这对教学大纲中阅读教学内容的规定将是一个历史性的突破。

3. 论证并指导一线教师搞“言语交际表达训练”

潘自由在长期的教学研究中认识到，传统的作文教学虽然有可资借鉴的地方，但其弊端也是明显的，严重的，“这就是脱离实际，脱离社会需要的实际，教学不讲社会效益；脱离学科自身的实际，在教学过程中抓不住学科自身的主要任务。”潘自由认为：“小学作文教学是言语交际中最基本的表达训练，训练应从言语交际的需要出发，为言语交际的需要服务，可按言语交际的本来面貌来改革作文教学。”

“言语交际表达训练”基本方法是：寓作文教学于活动、交际之中。潘自由同志指出：“‘言语交际’的范围广得很。写有一定格式的应用文是言语交际的需要，写没有格式的记叙文、说明文、议论文也是言语交际的需要。”具体说，训练内容除了按大纲要求抓好记叙文的训练外，还有如下一些内容：日常生活中的会话（如购物、借物、问路、打电话等）、转述、主持会议、即席发言、讲故事，以及日常的应用文，除大纲规定的之外，还有专用书信、海报、贺词、欢迎词、答谢词、广告、简讯、解说词等。

潘自由的“言语交际表达训练”主要特点有三：（1）从教学的指导思想来说，它否定了为作文而作文，为升学考试而作文的不正确思想，强调了应用学科的应用性，强调了作文教学的社会效益。（2）从教学内容来说，它主张从内容入手，要求学生有话可说，有内容可写，做到提笔有目的，心里有读者。在重视记叙文训练的同时，特别重视应用文的训练，把作文教学的目的落实在“用”字上。（3）从训练的方式来说，它强调在言语交际中学习言语交际的表达本领，变单一的课堂上的作文教学为开放型的多渠道说、写训练，走出了一条在实践中练兵的新路子。

潘自由的“言语交际表达训练”的提出不是偶然的。一方面它深深地植根于我国古代优秀作文经验之中，体现了中华民族传统作文教学的积极因素，古为今用；另一方面，大胆地借鉴和吸收了当今国外先进的作文训练方法，洋为中用。先说古代的。我们的祖先是十分重视文章的交际功用的，韩非提出文章要“以功用为之的彀”，白居易强调“文章合为时而著”，顾炎武主张“文章须有益于天下”。潘自由提出作文教学从言语交际的需要出发，为言语交际的需要服务，批判地继承了我国传统作文思想，并赋予旧的经验以新的生命，使其得到发展。再说外国的。当今世界不少国家都从现代社会实践要求出发，注重从生活需要出发，安排写作训练内容，并让学生深入社会生活进行写作训练。如美国、英国、法国作文教学的重点是实用文的学习。日本小学二年级就学习写信。联邦德国的弗兰茨·海贝尔教授主编的语文教科书中就注重从社会生活的需要出发，安排写作训练的内容，在练习项目中，占绝大多数的是调查报告、事件报道、科技说明、新书介绍、会议记录、讲演提纲、个人经历、商品广告等实用的题材，几乎没有什么吟风弄月，感时伤怀的散文题目。

综上所述，我认为潘自由同志对我国小学语文教学做出了开创性的贡献，其思想是先进的、科学的，值得我们深入学习和研究。

25 “注·提”实验基本做法的科学性

黑龙江省“注音识字，提前读写”第一轮实验圆满结束后，丁义成、李楠、包全思、孟广智、严正五位先生合写了一篇文章，题目是《对“注音识字，提前读写”实验的科学价值的思考》。时间过去了十五六年，这项教改实验的基本做法越来越显示出它的科学性。笔者结合双城 16 年来“注·提”实验的实际，也想谈谈其科学性。

“注音识字，提前读写”实验，从语文学科的性质、任务出发，坚持走发展学生语言的路子，以语言训练和思维训练为重点，对原有小学语文教学的体系进行相应的改革，以期全面提高小学语文教学的质量。它的基本做法是：在正确估计儿童口语水平和智慧潜力的基础上，以学好汉语拼音并发挥其多功能作用为前提，寓识字于读写之中，对入学不久的儿童在未识字或识字不多的情况下，就开始听、说、读、写的训练，把读写教学提前，促使儿童的口头语言和书面语言协调发展。

说“注音识字，提前读写”实验基本做法科学，理由有五：

1. 符合现代人脑科学

生理学研究表明，新生儿脑重一般为 390 克，到 9 个月时已达 660 克，增加近一倍。2 岁半到 3 岁时，脑重 900 克～1010 克。到 7 岁时，大脑重达 1280 克，这时已基本接近成人水平。在此期间，如果给以足够而合理的刺激，那就会促进大脑的发展，反之，则会影响大脑的发育。促进大脑发展的最好刺激物便是“提前读写”。作为客观刺激物的“提前读写”，特别是词和言语，作用于人的感受器，传递大脑，引起大脑皮层神经细胞的活动，建立各种暂时神经联系，就产生了一定的心理现象，如感觉、知觉、表象、记忆、思维、联想等。暂时联系建立以后，在一定的刺激物的作用下，会进入活动状态，参加皮层的分析综合活动，重新改组，建立新的联系，因而变成人的新思想，使人的心理活动不断发展。“注音识字，提前读写”实验班的学生刚入学，就系统地接受口头语言和书面语言的训练，提前使用人类传情达意的语言文字符号进行听说读写，这无疑是对儿童大脑最好的刺激。

生理学研究还表明，人脑的潜力极大，每个人的脑神经细胞都有140亿之多，人类现在仅仅使用其中的一小部分，尚有相当大的潜在能量没有开发利用。因此，人脑的能量是不会枯竭的，而且越用越灵，越早用越活。“注音识字，提前读写”实验充分考虑到儿童的大脑潜能，在减轻师生教与学负担的前提下，汉语拼音教学要求直呼音节，熟练掌握；识字教学要求上不封顶，下要保底；阅读教学要求及早起步，加大容量；说话教学要求起点要高，系统训练；作文教学要求先求完整，再求发展。所有这些都是“注·提”实验教材和教学方法的特点，完全符合现代人脑科学，并且在教学实践中逐渐得到证实。

2. 符合儿童心理发展特点

现代心理学研究证明，儿童智力的发展存在着两个显著的加速期，第一个加速期发生在六七岁左右，为抽象思维发展的起点。学校教学应当采取有效措施，抓住这个时期，促进儿童的智力发展。另有一些心理学实验证明，儿童在七八岁时，是发展口头语言和书面语言的最佳时期，错过这个时期，再进行语言训练和智力开发将事倍功半，甚至影响其一生的智力发展。小学低年级学生正处在这个发展阶段，因此，在这个阶段对他们及时进行语言和智力训练，能取得显著的成效，并对他们未来的发展具有极其重要的意义。“注音识字，提前读写”实验就是建立在上述理论基础之上的。它以发展学生的语言为重点，以发展智力为核心，从语言与思维的相互促进关系，以及听、说、读、写的相互联系及其整体性原则出发，在学生未识字或识字不多的情况下，提前读写，寓识汉字于学汉语之中，进行听、说、读、写全面的训练，是符合小学低年级学生心理发展规律的。

3. 符合汉字本身的性质

汉字是方块形的表意文字，由不同的基本笔画，按一定的数量、度量和空间配置组合而形成的图形符号。汉字有描绘事物形状的象形字，有用简单符号指明事物意义的指事字，有将两个或两个以上汉字组成的一个具有新义的会意字，有将两个或两个以上象形或指事字组合在一起表音义的形声字。另外，还有不常见的假借字和转注字。

汉字是一种抽象的图形符号。汉字与反映一般客观事物的图形有共同之处，它们都以一定的声音符号名称为代表，都以一种物质的形态存在于客观世界之中。汉字有“三多三难”之说。（1）字多，难记。汉字与口语脱节，为了适应社会的发展，汉字越造越多，其数量已达到学不胜学的程度。（2）形多，难写。汉字结构差别大，《新华字典》收集的 8000 多个汉字，不同的结构成分约有 1000 个；笔画多，1952 年教育部公布 2000 个常用字，每个字平均有 11 画之多，其中在 17 画以上的就有 221 个；形体差异小，多一笔，少一笔就成为不同的字。（3）音多，难读。汉字不表音，必须一个个地记，有时一个字还有多种读音。汉字的这些特点，就决定了汉字难学。

什么叫识字？识字的概念是：读准字音，辨清字形，了解字义，并建立音、形、义之间的联系。要求见形而知音义，闻音而晓义形，知义能写字形辨字音，即所谓“知其一能推知其二”。正因为汉字难学，一些有识之士找了很多办法，来提高识字教学质量，诸如随文识字、集中识字、部件识字、韵语识字、字理识字、循环识字、联想识字、听读识字、字族文识字，等等。但是，所有这些识字教学方法都是针对汉字难学，从正面出击，惟独“注音识字”找了一条坡度比较缓的路从侧面迂回，那便是充分发挥汉语拼音多功能作用，办法是：（1）还没有认识汉字就用拼音来读写。（2）认识的汉字不多，就用拼音夹汉字来读写。（3）认识的汉字较多，就用汉字夹拼音来读写。（4）认识的汉字还不够用，课本和课外读物就用拼音和汉字。（5）即使都用汉字，也采取难字注音的方法。总之，不受已识汉字的限制，不识的汉字，一用拼音，声入心通，就能顺当地读下去，写下去。

4. 符合学习语文的规律

传统的语文教学是先识字，后读书。据《周礼》记载：“八岁入小学，保氏教国子，先以六书。”《汉书·艺文志》又载：“古者八岁入小学，故周官保氏掌养国子，教之六书。”可见入学之初先集中识字，这是我国从古至今多年来的传统。清代小学教育家王筠说：“蒙养之时，识字为先”。王筠这句话的意思包含两个方面：一是儿童必须先识字，然后才能读书；二是儿童在学习语文的肇始阶段，以识字为重点。我国古代的语文教学存在于启蒙教育之中，历久风行的小学语文课本便是《三字经》《百家姓》《千字文》。“三、百、千”的生字密度大。《千字文》全文千字，个个不同，生字密度为了100%；《百家姓》也几乎如此，全书472字，用字443个，生字密度为94%；《三字经》凡1068个字，用字520个，生字密度为50%。学过“三、百、千”，孩子们认了两千来字，才进入了以读写基础训练为主的第二个阶段，教学生读《四书》《五经》，边读书，边识字，边作文。

传统的小学低年级语文教学过分地强调以识字为重点，在识字的限制下，学生的阅读、写作、智力开发都爰到约束。针对这种弊端，“注音识字，提前读写”实验贯彻“寓识汉字于学汉语之中”的教学原则，注意字、词、句、篇的内在联系和听、说、读、写的内在联系，采用“边读书、边识字”的教学方式和“有师指导，无师自通”的教学方法，促使学生大量阅读。据双城实验班的不完全统计，头三年学生课内外阅读总量平均每人达250多万字，最多的达400万字左右。阅读的书籍除童话故事以外，还有自然、史地、科技常识等方面的书籍。学生在阅读中扩大识字量，发展语言，开扩眼界，丰富知识，开发智力。读多了，写的欲望也产生了，开始写一句话，后来写留言条，给亲人写信，写日记，写短文，遇到不会写的字就用拼音代替。双城实验小学的学生办起了手抄报，学生把办报作为自己的兴趣作业，联系学习和生活，选编了生动活泼、丰富多彩的内容。办报培养了学生动脑、动手、观察、分析、综合、概括和表达的能力。

5. 符合世界早期教育的趋势

第二次世界大战以后，早期教育引起世界许多国家的重视。人们认为，人类社会的历史文化和科学技术知识的积累，不论是在量的方面，还是在质的方面，都在大幅度地增长，并以愈来愈快的速度增长着。由于社会历史的发展，儿童在不断丰富的环境里已经自发地接受了更多的刺激，从而丰富了自己的头脑。为了使人们能在有限的生存时间内获得更多的知识和更充分地发展自己的能力，其中重要的一条就是要不失时机地抓好早期教育。

先说早期阅读。

1918 年，推孟报告说，一个孩子在 14 个月时，就可以学习阅读。

1931 年，莫菲特和沃希伯恩指出：智龄六岁半是开始阅读教学的最佳期。

1977 年，麦克吉尼特认为如果教学适当，每个四五岁的孩子都应该能够学习阅读。

1977 年，德金也说过，四岁是儿童对书面语言最感兴趣的时期，教师应当充分利用他们的兴趣。

研究人员也证实了早期阅读的价值。希勒里特通过 1965 年教幼儿园儿童阅读的研究，得出结论说，小学一年级结束的时候，在幼儿园时开始学习阅读的学生与上小学后才阅读的学生相比，有着更多的阅读技能。1960 年丹佛的测验和德金对六岁儿童的研究都证实，有早期阅读经验的儿童在小学一年级的学习成绩遥遥领先，尽管在以后几个年级，这种领先只表现为对阅读教学的适应性。德金在她的研究基础上作出结论说，儿童的智力越低，早期阅读的好处就越大。另外，1969 年萨顿指出，早期阅读对儿童的有益影响不仅会持续下去，而且还会随着他们学历的延长而不断增加。

再说早期作文。

早期作文训练的必要性笔者想从两个方面加以阐述：

第一，从言语心理学的角度看，学生的语言发展是口语先行。儿童入学，认识了一定数量（一、二百个）的字以后，就出现了一种发表欲的萌芽状态，他们要把所见所闻发表出来。所以我们要不失时机，因势利导，及时地引导儿童把看到的、听到的、经历过的熟悉事物讲出来，写出来。这从心理学角度看，是适应与促进学生语言和思维发展需要的。

第二，从教学的“循序渐进”原则来看，儿童在低年级不仅要打好字、词、句的基础，而且还要打好说话、写话的基础。听、说、读、写这四种能力是递次发展的过程。首先小孩儿会听，但会听不一定会说，再发展说的能力；会说不一定会读，再发展读的能力，依次再发展写的能力。听说先行，读写跟上，是一条行之有效的经验，也是一条为国内外语文教育实践所证明的经验。

苏霍姆林斯基主张早期作文训练，他曾在著作中公开推荐过小学一、二年级的作文题目。一年级：《当太阳被乌云遮住的时候》《晚霞》《春天的第一朵花》《鸽子、燕子、麻雀是怎样飞行的》《金鱼缸里的小鱼》。二年级：《夏天和秋天》《燕子筑巢》《一粒种子怎样变成面包》《柔和的微风》《炽热的夏天的太阳》。

不管早期阅读也好，还是早期作文也好，“注音识字，提前读写”实验完全顺应了世界早期教育的发展潮流。

当今人类的经济社会生活正发生着巨大的变化，以信息技术为主要标志的科技进步日新月异，高科技成果向现实生产力的转化越来越成为事实。初见端倪的知识经济和多元文化的发展，把教育提到了参与国际竞争的战略高度。小学语文作为基础教育的一门重要学科，也必定经受一次教育思想的历史性嬗变。“注音识字，提前读写”实验正是这种趋势下的一种思考和实践的方式。展望未来，可以相信，“注·提”实验还会得到进一步的发展和完善。

26 对“注·提”教学指导原则的再认识

“注音识字，提前读写”是小学语文教学一项整体性改革，是中国当代小学语文教学重要流派之一。“注·提”教学之所以发展迅速，成为语文素质教育的一面高高飘扬的红旗，就是因为“注·提”教学特别强调要贯彻三条原则，即整体性、主体性和实践性。这三条原则是“注·提”教学基本经验的集中反映，也是“注·提”教学的生命线。前年笔者从学习论的角度撰文对“注·提”教学指导原则谈些认识（《浅谈“注·提”教学指导原则的学习论思想》见《语文研究与教学》2000 年第 4 期），现在笔者再想从系统论、矛盾论、认识论的角度对“注·提”教学三条原则作些探讨，以求教于专家、同行和有识之士。

1. 从系统论看整体性教学原则

系统论认为，大千世界是无数个系统按一定的网络结构组成的复合体，每个复合体是由许多相互联系、相互作用的要素组成的，系统的整体功能大于各孤立部分功能之和。

根据系统科学这一观点，“注·提”《教学纲要》提出了“小学语文教学是由若干教学要素组成的一个整体。处理好各个要素之间的关系，整体结构合理，就能收到优化的效果。因此，教学要从整体出发，建立纵横联系的整体教学结构，力求取得最佳的教学效果。”

“注·提”教学怎样从整体出发呢？

（1）教育对象的整体性。

教育对象的整体性有两个含义：一个是以人为本，面向全体学生。坚持既要鼓励那些基础好的学生“冒尖”，为他们更快更好地成长创造条件，更要抓紧对学习有困难的学生进行帮助教育，不让一个学生掉队，从而真正做到对每一个学生负责。另一个是强调在具体的语言文字教学中以提高学生的整体素质为目标，对学生进行品德、知识、身体、心理全方位的教育，使学生的人格得到和谐健康的发展。

（2）教育内容的整体性。

语文教学是一个复杂的系统工程，字、词、句、篇互相制约，听、说、读、写互相促进，知、情、意、行互相依存。为了实现教学内容的优化统一，必须处理好以下几个关系：

①语言教学与思想教育的关系。

小学语文必须进行思想教育，这是我国的教育方针和语文学科的性质决定的。但“注·提”教学进行思想教育要根据自己的学科特点，掌握好语言教学和思想教育的辩证统一。

思维是认识的一种形式，是思考的方法，思想是人们对客观事物的理性认识，是思考的内容。“注·提”教学从语文学科的性质、任务出发，以语言训练和思维训练为重点，在训练中应体现语文学科的性质，同时，思维训练同语言训练是密切结合的，不能截然分开。

③语文知识与语文能力的关系。

小学语文基本知识是字、词、句、篇；小学语文主要能力是听、说、读、写。“注·提”教学既重视语文知识结构的研究，又重视语文能力结构的探讨，同时强调二者之间的联系。主张在掌握语文知识的基础上培养语文能力，在运用语文能力的过程中巩固语文知识，从而实现语文教学的科学化。

④口头语言与书面语言的关系。

以往的小学语文教学重书面读写，轻口头听说。“注·提”教学一改过去的“轻语重文”观念，把口语交际训练贯彻始终。在正确估计儿童口语水平和智慧潜力的基础上，抓住儿童语言发展的最佳期，单独开设说话课，从而达到及早开发智力，培养口语表达能力的目的。

（3）教育方法的整体性。

识字教学、阅读教学、作文教学构成了“注·提”教学的三大基本板块，在教学方法上，它们都强调整体性训练。

识字教学主张在阅读中识字，在发展语言中识字，做到字不离词，词不离句，句不离段，特别注意从字的音、形、义和构字规律的总体中把握汉字。这是因为汉字是结构文字，识汉字不识其构造规律等于没有学到汉字文化。由于汉字的构造性，决定了每个汉字都不是独立存在的个体，而是汉文字体系中的一个组织部分。词是语句系统中的子系统，字是词汇系统中的子系统，字的偏旁部首等部件又是汉字系统中的子系统。因此，孤立识字是违背汉字自身规律和本质特征的。

阅读教学主张按照“从整体到部分再到整体”的方法进行，其步骤是：首先通读全文，了解课文大意；然后依据中心分段讲读，在讲读中进行词、句、段的教学；最后在分析理解的基础上，进一步概括提高，掌握全文。“总——分——总”这一阅读教学模式完全符合儿童认知规律。我们说儿童观察事物过程的心理特点都是先总体后部分，先具体后抽象，先粗略后细致。这一心理过程，其实是人类把握客观世界从感性到理性，从现象到本质的认识规律。

作文教学主张“生成式”训练，即一开始就先“搭好架子”，进行开篇作文的训练，写有头、有尾、有中心的文章。到了二、三年级，在开篇成文的基础上，要求学生围绕中心写放胆文，求得量和质的发展。进入高年级，学生在教师的指导下，突出培养独立作文、快速作文的能力。这种“起步开篇，先求完整，再求发展”的整体性作文训练方法完全打破了传统作文教学所采取的字、词、句、段、篇“组合式”教学体系，符合儿童学写作文的规律，适应了学习需要。

2. 从矛盾论看主体性教学原则

矛盾论认为，在复杂的事物的发展过程中，有许多的矛盾存在，其中必定有一种是主要的，起着领导的、决定的作用，其他则处于次要和服从的地位。因此，研究任何过程，如果是存在着两个以上矛盾的复杂过程的话，就要用全力找出它的主要矛盾，捉住了这个主要矛盾，一切问题就迎刃而解了。

教学过程是一系列复杂的矛盾运动过程，这一过程中的主要矛盾是培养目标的要求和培养对象的现实发展水平的差异性之间的矛盾。这一主要矛盾的解决，主要是通过处理好教师“教”和学生“学”之间的矛盾关系来实现的。“教”与“学”是相互依存、协同活动的。“教”和“学”的目的都是为了实现培养目标，使学生掌握必备的科学文化知识，获得必要的身心发展。在“教”与“学”这对矛盾中，“学”是矛盾的主要方面。也就是说，学生是学习活动的主体，是教学系统中根本的要素。所有的学生应该是一切教育工作的着眼点与落脚点，教师要“一切为了学生，为了一切学生，为了学生的一切。”

“注·提”教学如何发挥学生的主体作用呢?

(1) 激发兴趣，让学生积极主动进入语文世界。

学习兴趣是学习活动中最现实、最活跃的因素，是学生感知事物，追求新知、发展思维的强大内驱力。因此，在“注、提”教学中培养和激发学生的学习兴趣是十分重要的。首先，要让学生充分认识到语文作为重要的基础工具学科，无论是在今天的学习生活中，还是在今后的工作或交往中都将发挥其重要的工具作用，不断增强他们学好语文的责任感、使命感和时代意识。其次，结合语文课堂教学，逐步揭示作为科学范畴的语文学科的丰富内涵展示语文内在的美、艺术的美，使固定的语文课堂变成流动的画面。时如山泉流淌，一路欢歌；时如江河奔腾，激情澎湃；时如一首优美的散文诗，婉转流畅；时如月下无声湖水，此时无声胜有声。以语文自身的磁力引起学生获取语文知识、掌握语文技能的强烈愿望。再次，要充分发挥语文课堂主阵地的作用，运用多种手段，借助丰富多彩的形式，启发学生的兴趣，调动学生的积极性、主动性，让每一个学生都得到发展，使不同层次的学生获得求知欲望的满足之乐，成功之乐，体验到做人的自尊心和自豪感。

(2) 指导方法，给学生一把打开语文知识宝库的金钥匙。

教给方法，培养自学能力是发挥学生主体作用的关键。学生有了求知欲望，而不具备学习的能力和方法，那么这种求知欲望是短暂的。因此，教师在教学活动中要致力于导，这种“导”就是编导、引导、指导、疏导、辅导，就是导读、导写、导听、导说、导思，启发学生自求得之，教师绝不能喧宾夺主，或越俎代庖。比如分段，这是学生感到困难的，教师可引导学生掌握如下一些分段方法：按时间顺序分段，如《一定要争气》；按观察顺序分段，如《海滨小城》；按事情的发展顺序分段，如《飞夺泸定桥》；按总分总关系分段，如《海底世界》。再如阅读教学，可根据不同教学内容和目的要求而采用精读、略读、浏览、默读、朗读、跳读等。

（3）培养习惯，让学生终生畅游在语文的天堂中。

叶圣陶先生说：“什么是教育？简单一句话，就是养成良好的习惯。”在谈到语文学科的任务时，他更明确地指出：教语文就是“帮助学生养成使用语文的良好习惯。”所谓习惯，就是人们经过长期的重复而逐渐建立起来的一种不会轻易改变的行为。从生理机制方面说，它是一种后天获得的趋于稳定的条件反射。在教学过程中，我们应当以学生为起点，以学生参与为基础，以学生获得知识、形成良好习惯为目标。如何实现这一目标，培养学生良好的语文行为习惯呢？那就是：字要端端正正地写，书要认认真真地读，话要清清楚楚地讲，文要老老实实地作，注重语言的感悟、积累和运用，让学生学会做人，打好人生的底色。培养学生良好的语文行为习惯，既是一项细致而艰巨的任务，又是长期的复杂的练习过程。它要求教师持之以恒，努力不懈，既要做到“严”，又要注意“韧”，既不能撒手不管，也不能急于求成。关键在于善于诱导，及时指点，教师要下一番功夫才能奏效。

3. 从认识论看实践性教学原则

唯物主义认识论认为，人们的认识是客观现实在人们头脑中的反映。人们的认识一点也不能离开实践，只有通过人的实践活动才能产生人对自然界和社会的认识。实践是认识的来源，认识依赖于实践。

语文教育作为一种认识活动，生活的实践的观点，理所当然看做是首要的和基本的观点。语言是一种社会现象，是人们约定俗成的交际符号系统。语言的产生依赖于实际的交往需要，并在实际运用中得以发展。个性语言的学习和语言能力的获得，也主要是一个在尝试应用中向社会语言贴近的过程。因此，以培养语言能力为主要目的的语文学科，必然具有实践性。理解、运用语言的能力，只有通过实际的操作才能逐步获得。实际应用，既是我们语文教学的最终目的，又是培养语文能力的最基本和最有效的途径。叶圣陶说过：“语言文字的学习出发点在‘知’，终极点在‘行’，到能够‘行’的地步，才算具有这种生活的能力。”因此，语文教学必须纠正老师讲得多、学生练得少的倾向，加强实践的环节。

“注·提”教学如何贯彻实践性原则呢？

（1）加强听、说、读、写的实践活动。

听、说、读、写是互相独立而又互相联结的四种语文能力，是人们顺利完成某种语文活动所具备的必要条件和心理特征的总和。从吸收与表达角度看，听和读是信息的输入，是语言的吸收和理解；说和写则是信息的输出，是语言的表达和运用。不管是吸收和理解，还是表达和运用，都离不开实践。为此，教师必须为学生的听、说、读、写实践提供更多的机会，必须对学生实践的时间予以充分的保证，以便学生在教师的指导下有较多的时间用眼看，用耳听，动口说，动脑想，动手写，充分施展自己的聪明才智。通过积极的探求，解决语文学习中的实际问题，促使能力的形成。这里特别强调的是要摒弃烦琐分析，强化熟读背诵，抓好语感培养。熟读、背诵是对语文学科本质属性的回归，我们要让学生养成三大习惯，即“日诵千言”的多读习惯，“娴熟于心”的熟读习惯，“虚心涵泳”的诵读习惯。学生在熟读成诵的过程中，思想有了，内容有了，篇章有了，语感、语气也有了，字、词、句、篇、语、修、逻、文、葡萄糖、维生素一古脑儿统统有了，我们何乐而不为呢？

（2）加强语文教学与生活的联系。

要谋求语文教学效率的提高，老是把思想封闭在四壁合围的教室里，把眼光死盯在篇幅有限的课本上，恐怕很难求得突破性的进展。语言是在生活的广阔天地里频繁运用的重要工具，要教学生掌握好语文工具，我们的思想要向广阔的生活开放，我们的眼光要向广阔的生活审视，要根据实际生活中运用语文工具的众多场合来开拓语文教学的空间领域。如开展课外阅读、课外写作、课外听说活动，同时，也要适当搞一些调查、参观、浏览和各种竞赛活动，在这些活动中也往往包含着学语文、用语文的因素。因为语文同生活同在，凡有人交往的地方都有语文，都有语文实践和语文学习。社会生活是语文的源泉，也是语文能力形成的土壤。

（3）加强学校教育与家庭的沟通。

家庭是社会的细胞，是社会组成的基本单位。家庭语文生活在“注·提”教学中发挥的作用也不可忽视。比如电视作为人们的一种文化生活方式，对我们当前的学校教育自然产生着不可低估的影响，而其中对语文教学的影响则尤为显著。在千家万户的荧屏上，有着丰富多彩的栏目，小学生喜闻乐见的也有不少。正确地帮助儿童利用电视学习语文，可以取得理想的效果。

27 “注·提”实验指导原则的学习论思想

被称为“不可计算的生产力”的“注音识字，提前读写”实验，自从20世纪80年代初，在黑龙江省的几所学校开展实验以来，已经取得了令人瞩目的进展。目前全国的实验范围已扩展到除香港、澳门、台湾、西藏以外的29个省、自治区、直辖市，参加实验的学生已达300多万。无论是北方话区，南方方言区，还是在一部分少数民族地区都不同程度地取得了可喜的成果，现在这项实验已经进入了区域性推广阶段。为什么这项小学语文教改实验发展这么快，效果这么好呢？笔者认为，“注音识字，提前读写”实验除了体现“三个面向”精神和符合教育学、心理学、文字学、语言学理论之外，还在一定程度上反映了现代学习论思想。

现代学习理论研究认为，学生学习过程实质上是学生在教师指导下不断地独立地对知识、能力、思想、方法进行探求、深化、应用、贮存的过程。探求，是指主动的获取知识，认识客观事物的过程；深化，是指对所学的内容理解、升华、贯通、迁移和转化的过程；应用，是指将知识付诸于生活实践，解决问题，实际操作的过程；贮存，是指“由薄到厚”、“由厚到薄”、“由知到行”、“由行到知”系统地巩固记忆知识的过程。“注·提”实验三条指导原则完全符合这一学习理论。

1. 整体性原则体现了学习语文的科学程序

“注音识字，提前读写”实验第一条教学指导原则是整体性原则，这条原则规定了实验教学的出发点和流程，它反映了学习语文的科学程序。

我们说，任何一种学习方法必然体现为一定的程序，学习程序实际上是学习方法的动态展开。从某种意义上说，学习程序和学习成果两者同样重要。学习成果可以验证并能促进学习程序的合理化；另一方面，只有合理的学习程序才能带来正确的学习成果，没有学习程序就断然没有学习成果。因此，引导学生掌握学习程序，是符合儿童认识规律的，是具有哲学意义的。

现代学习论认为，学习过程一般可以分为三个阶段，即感知——理解——巩固。感知阶段是学习过程的初步阶段，学习过程在感知阶段的核心是观察力。理解阶段是学习过程的深入阶段，是学习过程的中心环节，学习过程在理解阶段的核心是思维力。在摄取和理解知识的同时，特别是在这之后，还需要一个巩固的阶段，这是学习过程的第三个阶段，学习过程在巩固阶段的核心是记忆力。

就拿阅读来说吧，学生学习一篇课文是一次复杂的认识活动。尽管不同的课文，不同的学生，认识过程会有所差异，但大体上有着一些基本的共同程序，这就是："感知文章——理解内容——抽象意义"首先从印刷符号上感知文章信息。而后大脑对这些信息进行一连串的分析与综合，归纳与演绎，比较与联想等思维活动，从而理解文章的意思。最后还要进行抽象概括，认识文章的意义。"注音识字，提前读写"实验中的阅读教学特别注重指导学生对课文的整体理解，强调"从整体到部分再到整体"的学习程序。即：首先通读全文，了解课文大意；然后依据中心，逐段品词、析句，学习语言；最后在理解的基础上，进一步概括提高，掌握全文。这一过程实际上是对主要内容、中心思想、基本思路、文章特点的整体理解。

我们再看一下作文。作文是运用文字符号表达思想、抒发感情的活动过程。根据写作学的原理，任何一篇文章的诞生，都是经由这样一种"双重转化"：开始是现实生活、客观事物向作者头脑的转化，这是由事物到认识到表现的第一重转化。接着是作者观念、感情向文字表达的转化，这是由认识到表现的第二重转化。这种"事物""认识""表现"的写作活动双重转化性，反映了写作过程的本质属性。"注音识字，提前读写”实验中的作文教学强调“按照观察、思维、表达相统一的原则进行系统的训练”，就体现了学习作文的程序。观察就是积累，它能帮助学生解决作文的“下锅之米”的问题。思维就是砥砺思想。从宏观上说，它包括分析、综合、联想、探索等；从微观上说，它包括审题、立意、选材、剪裁、布局谋篇等。这是作文的第二步。表达是作文的最后一步，分口头和书面两种形式，它是深化认识的关键环节。“观察——思维——表达”是一个完整的写作过程，也可以概括为“获取信息——处理信息——输出信息”，这个流程也是不可逆转的。

2. 主体性原则体现了学习语文的内发规律

“注音识字，提前读写”实验第二条教学指导原则是主体性原则，这条原则规定了实验教学过程必须以学生为主体，它反映了学习的不可替代的内发规律。

我们说，学生学习好坏与教师有关，是教与学的辩证统一的结果。但是，学与教是两种活动、两个过程。学生学习的优劣归根结底是由学生自己的学决定的。因为学是内因，教是外因，外因只有通过内因才能起作用。很简单，你教师教得再好，他就是不学，那么，他的学习怎么会好呢？学生学习过程的基本矛盾是学生的知识基础、认识能力与他的学习任务之间的矛盾，而促进矛盾运动和变化的决定因素是学生的学，是学生心理发展的内部因素，即学生发自内心的求索。我们可以断言，没有学生发自内心的追求和探索，要想取得好的学习成绩是绝对不可能的。马克思主义需要理论认为，人的一切活动的原则都是由他的本质需要引起的，学生没有强烈的求知欲和执著的探索精神，那是绝对学不好的。

根据学习的不可替代的内发规律，教师应当自觉地端正教学思想，主动摒弃陈腐的教育观念，克服以讲代练的主观主义教学方式与方法，从实际出发，充分发挥学习的主体作用，进而最大限度地挖掘学生的身心潜力，提高教学效率及其整体效益。

根据学习的不可替代的内发规律，学生应当具有端正的学习态度，坚韧的学习意志，良好的学习习惯，自觉地克服学习的依赖思想和侥幸心理，增强自我教育、自我评价、自我修养、自我完善与发展的主体意识，自觉地以百折不挠、坚忍不拔的顽强意志，战胜学习中遇到的各种困难，在不断的求知探索中，发现真理，增大才干；促进自身的全面发展与成长。

3. 实践性原则揭示了学习语文的基本途径

“注音识字，提前读写”实验第三条教学指导原则是实践性原则，这条原则规定了实验教学的基本途径和方法，它反映了语文学习的特点。

我们说，语言是一种社会现象，是人们约定俗成的交际符号系统。语言的产生依赖于实际的交往需要，并在实际运用中得以发展。个体语言的学习和语言能力的获得，也主要是一个在尝试应用中向社会语言贴近的过程。因此，以培养语言能力为主要目的的语文教学必然具有实践性。

理解、运用语言的能力，只有通过实际的操作才能逐步获得。实际应用，既是我们语文教学的最终目的，又是培养语文能力的最基本和最有效的途径。所以，语文教学必须纠正教师讲得多，学生练得少的倾向，加强实践的环节。教师应该多设计一些有针对性的练习，让学生自己去动脑、动口、动手，教师只在旁边加以点拨、引导、提示。而且，教师应该尽可能地将课堂教学向课外延伸，乃至与社会语文活动结合起来，让学生在广泛的实际应用中学语文，用语文，努力打破传统语文教学的封闭格局，建立一个开放型的大语文教育体系。

从学生角度来说，学习语文的根本目的在于提高自己的听、说、读、写能力。能力的形成与发展，表现为四级形态：（1）获得知识；（2）掌握技能；（3）修炼技巧；（4）养成习惯。这个演变过程告诉我们，学生在课堂、在学校、在社会、在家庭，听、说、读、写，反复地练、练脑，练口、练手，通过多次实践，定能将语言技能积淀为语言能力，切实掌握好语文这个基础工具。

总之，“注音识字，提前读写”实验教学根据语文学科的性质、特点，遵循教育科学一般原理和儿童身心发展的规律，制定的三条实验指导原则，完全体现了学习论的思想，它揭示了“注音识字，提前读写”实验教学中最主要、最本质的东西，它是指导“注音识字，提前读写”实验教学的根本准则，它给实验教师的全部教学工作提供了理论根据。

28 “注音识字”理论体系的特点

汉字识字教学历来被视为制约中华文化与经济发展的“宝瓶口”。探索识字教学的坦途是我国自古以来历代仁人志士为之奋斗的事业。尤其是20世纪末识字教学研究异常活跃，识字教学流派多达二十余家，出现了百采纷呈、奇葩争妍的喜人局面。在众多的识字教学流派中，惟独“注音识字”得到了原国家教委的支持并在全国推广。现在这项实验已经进入了区域性推广阶段，参加实验的学生已达400多万。

为什么原国家教委对“注音识字”这样重视并多次下发文件，号召广大小学语文教师积极参与实验呢？重要原因就是“注音识字”有一套完整的行之有效的理论体系。这套识字教学逻辑体系概括地讲就是：依照少年儿童心理特征，遵循汉字本身规律，在减轻师生教与学负担的前提下，以发展语言、寓识字于读写之中为原则，采取“边读书，边识字”的做法，对汉字的音、形、义和识、写、用分步提出要求，定量的“有师指导”和不定量的“无师自通”（独立识字）相结合。识字教学主要通过三条途径进行。一是通过课内外的大量阅读重点解决“识”的问题（在具体语言环境中理解字义，熟悉字形）；二是通过写字课学习汉字的基本笔画、笔顺和间架结构等汉字的书写规律，重点解决“写”的问题；三是通过课内外的习作和练习，重点解决“用”的问题。

研究“注音识字”理论体系，我们发现有三个明显的特点，即民族性、科学性和时代性。

1. 民族性：植根于我国传统识字经验沃土之中

越是民族的才越是世界的。

树有根，水有源，汉字是中国传统文化的根，汉语是世界上最发达的语言之一。我国文字形成，自甲骨文算起至少有三千多年的历史。有了文字就有一个识字的问题。我国小学语文教材从产生到现在也有两千多年的历史。汉朝的识字教材《急就篇》流传了五六百年，梁武帝时开始流传《千字文》，到宋朝与《百家姓》《三字经》一起，延续到清末民初，稳定了一千多年。汉字流传数千年，必有其故；识字教学方法演变数千年，必有其妙；识字教材稳定上千年，必有其因。"注音识字"的设计者和实践者们以马列主义、毛泽东思想为指导，遵循"古为今用"的原则，取其精华，去其糟粕，把凝结在传统识字教学经验中前人智慧的结晶提炼出来，为我所用。具体说有两点：一是边读书，边识字；二是识归识，写归写。

（1）边读书，边识字。

中国语文教育史研究表明，我国古代儿童入学之初，先读《三字经》《千字文》《幼学故事琼林》，在读书中识字，以读书带识字。这是传统识字教学一条重要经验。"注音识字"实验从诞生之初就一改"先识字，后读书"的做法，举起了"边读书，边识字"这面大旗。当然，这并不是传统经验的简单重复，而是吸取了以读书带识字，边读书边识字的经验，充实了新的内涵。

边读书，边识字是一种从字音入手，建立音、形、义联系的识字体系。"注音识字"教材为在阅读中识字提供了便利条件。实验教材采取一种新的编排方法：一至三年级的课本采取拼音和汉字双行排列，这种注音课文上面是拼音，下边是汉字。音节和汉字上下对照，学生既可以读上面的拼音，也可以读下边的汉字，还可以上下跳动着读。这样，在多读中可以使汉字在不同的语言环境中反复重现，使学生反复感知汉字的音、形、义，并逐步强化，达到"越读越识"的目的。这样设计，冲破了旧的识字教学模式结构松、数量少、效率低的陈旧观念，而创立了联系紧、数量多、效率高的新体系。

（2）识归识，写归写。

古代的写字教学与识字教学既不同时起步，也不走一条路子。所谓不同时起步，就是先教识字，后教写字。因为那时只有毛笔，初入学的学生写毛笔字尚有困难。所谓不走一条路子，意思就是并不按照“三、百、千”的汉字顺序写，而另有一套写字教材。因为教材不可能按字的笔画多少、繁简、难易来安排。而写字都必须从基本笔画、基本字形、基本结构练起，从少到多，从简到繁，从易到难，循序渐进。比如《千字文》开头为“天地玄黄，宇宙洪荒。日月盈昃，辰宿列张。寒来暑往，秋收冬藏。闰余成岁，律吕调阳。”清代褚人获在《坚瓠集》有这样的说法：“小儿习字必令书‘上大人，丘乙已，化三千，七十二，尔小生，八九子，佳作仁，可知礼。’”

“注音识字”实验单独设写字课，单独编写字教材。写字课是指导学生识字、写字的基础课。通过写字课，教师教给学生识字和写字的方法，掌握汉字的结构特点和规律，培养识字、写字能力。如一年级的写字教材，从选字来看，要学生掌握构字能力较强的独体字，典型的合体字，从中学习笔画、笔顺、结构特点、偏旁部首等基础知识，为学生在阅读中独立识字打好基础。

2. 科学性：建立在对儿童、汉字、语言全面认识的基础之上

越是科学的才越是规范的。

“注音识字”准确地提出了实验理论假设，这种理论假设是建立在对儿童、汉字、语言全面认识基础上的，至少体现了以下几个方面的特点：

（1）“注音识字”符合儿童认知规律。

脱离对儿童认知心理特点的研究而单纯地从文字学、语言学等原理出发确定教学法是行不通的，多年来的弊病之根就在于此。其中儿童识字的兴趣与动机、记忆规律、联想特点、思维品质、情感健康和整体个性的发展都直接影响识字教学的效率。“注音识字”设计者和实践者们非常重视这些问题，他们在编写教材时都充分考虑了上述因素。我们说，“注音识字”是属于随文识字，这种识字教学模式有比较多的外在参照，容易使小学生固有的内在潜力得到发挥。就是说，在一定的语言环境中识字，能使儿童联系已有的生活经验和知识去分析识记所学的生字，加上具体、形象的教具、学具配合，他们的注意力容易被吸引，学习的兴趣浓，积极性高，能有效地提高识字效率。

再比如“注音识字”实验有关注音阅读的安排恰好满足了儿童对于汉字的好奇心和注意力，既促发了他们的识字动机，又为他们提供了识字的机会。在这项实验里，注音课文从一年级的第一学期就开始出现，而且在低年级的阅读课文中占有相当大的比重，那么由于课文内容比较适合儿童的心理水平，词句选择也都符合儿童特点，另外儿童对汉语拼音的掌握也日趋熟练，这样，阅读和理解都不会发生太大困难。于是儿童便有余力在有意无意之间注意到拼音下面的汉字，而且有可能在多种场合看到同一个字，渐渐地就产生出一种“无意记忆”的效果，识字过程也就随之开始。这种通过“无意记忆”掌握汉字的方法有充分的教育心理学依据，它是这项实验识字教学的一大特点。

以上这些都说明“注音识字”具有十分明显的优势。

(2)“注音识字”符合汉字本身规律。

汉字本身有哪些规律呢?

首先，汉字是结构文字。识汉字不知其构造规律，等于没有学到汉字文化。由于汉字的构造性，决定了每一个汉字都不是独立存在的个体，而是汉文字体系中的一个组成部分。它或是由其他笔画、部件组构而成，或是构造为其他汉字的组成部分，环环相扣，孤立地识汉字是违背汉字自身规律和本质特征的。正因为如此，“注音识字”主张寓识汉字于学汉语之中。

其次，汉字是二维平面图形文字。每一个汉字都具有“音、形、义”三个信息源，区别于世界上广泛采用的拼音文字的最显著之点是“形”，它源于象形，以形为演进的着力点，以形统一不同音域的“义”的共识，以形最大限度广泛兼容信息。所以，“注音识字”强调在“闻声”“知义”的基础上，以“察形”为重点。

再次，汉字是书写文字。这里的意思难道说还有不书写的文字吗？不是的。当然，任何一种文字都是可以书写的，但是，汉字非书写不足以证实是否真正理解和掌握了汉字。因为它是“结构”的，不书写何以了其形？因为它是同音字中鉴选而来的，不写何以了其义？所以，“注音识字”非常重视写字训练。

（3）“注音识字”符合语言习得规律。

“注音识字”强调识字先识词，做到字不离词，词不离句，句不离文，这一做法符合语言习得规律。这是由字词句章的内在联系决定的。

语言是由词和句子组成的。词是反映事物概念的，句子和句群是反映事物间、人物间、人和事之间各种关系和联系的。要理解语言就要先理解词和句子的含义；要表达语言，就要弄清楚所表达的事物概念，只有想清楚才能说清楚，写清楚。语言习得的一条基本规律就是字不能离开词，词不能离开句，句不能离开文。换句话说，要理解一段语言，先要把其中的句子弄明白；要理解句子先要把词搞清楚，还要把构成词的字（语素）含义弄明白。

从另一个角度讲，不少汉字的字音字义，只有在一定的语言情境中才能加以确定。许多字离开了一定的语言场合，到底读什么音，当什么讲，是很难说的。有时一个字就是一个词，有时两个或两个以上的字才是一个词。词是构成语言的基本单位，因此字义教学是不能离开词语形式去孤立进行的。有些含义很深或抽象的词必须结合一定的语句，甚至要结合上下文的讲解才能使学生获得清晰的理解。另外，有些字，本身就是虚词，或者跟另外的字构成虚词，表示语言的各种关系，只有放在句子里或者上下文中，才能使学生理解。

3. 时代性：面向21世纪，立足于学生全面发展

越是时代的才越是历史的。

长期以来，我们习惯于把小学生识字教学单纯地当作“认字”课，在探讨和选择教学方法时，也往往更多地考虑“怎样教认字”。其实，教学本身的功能就有教育、教养和发展三个方面，而不仅仅是“教养”。在识字教学的过程中，同时伴随着儿童的社会化教育、心理健康与发展、认知水平的提高、智力的发展与能力的培养等各个方面。因此，“注音识字”设计者和实践者们对汉字的内蕴的能量有充分的认识，并始终把学生放到主体地位，以人为本，面向未来，尊重规律，从素质教育的高度出发，使学生学会学习，在一定程度上实现了教学过程的变革。

具体表现为以下两个方面：

(1) 充分发挥汉语拼音多功能的作用。

我国儿童一般是 7 岁左右入学。这个时候儿童的口语能力已经相当成熟，语音系统完全掌握，语法的基本框架已经完整地建立起来，语汇方面显得十分丰富。可是，正在儿童急需进一步发展语言的关键时期，遇上了汉字。汉字成了“拦路虎”。怎样暂时绕开汉字这个“拦路虎”，既能提高儿童的口头语言能力，又能教他们学习书面语言，并使两者互相促进，协调发展呢？“注音识字”设计者和实践者们大胆地利用汉语拼音暂时避开汉字关，破天荒地让汉语拼音充当代行汉字职能进行读写训练的临时性工具。汉语拼音虽然也有一个学习的过程，但和汉字相比要短得多。另外，汉语拼音“言文一致”，能够很快适应儿童语言发展的需要，从书面语这个方面提高儿童的语言能力。

现在有人主张在小学淡化汉语拼音教学，降低要求。对此，北京的 16 位语言学家曾联名给教育部陈至立部长上书，希望重视汉语拼音教学，《中国教育报》2000 年 5 月 2 日公开发表了这封信。“注音识字”设计者和实践者们不但要求利用拼音识字，学习普通话，而且还强调直呼音节，利用拼音帮助阅读和写作。甚至他们还设想“一语双文”，即在现行的第一法定文字汉字的基础上，逐步在我国实现拼音文字。当然，这只能是一个长远的目标。不过我们仔细研究“注音识字”教学模式，不难发现：通过汉语拼音学习普通话，又从全拼音、注音汉字的课文读物，到全部汉字的读物，通过大量阅读，在扩大知识面的同时，不自觉地扩大了汉字识字量，并能汉字与拼音并用，提前写作，这不能不说适应了儿童早期智力开发的需要，体现了邓小平同志“教育要面向现代化，面向世界，面向未来”的方向。

（2）提倡无师自通的独立识字。

“注音识字”一方面主张“有师指导”的定量识字，另一方面提倡无师自通的“独立识字”。所谓“独立识字”就是在学生掌握了汉语拼音、笔画笔顺、偏旁部首、基本字这四大基础后，通过课内外阅读，运用掌握的识字方法和具备的识字能力，让学生不定量地增识汉字，要求上不封顶，下要保底，最后达到“教”都是为了用不着“教”的理想境界。无师自通的独立识字属于开放型教育体系，它的根本理念就是在识字方面不搞“一刀切”、“齐步走”，而是充分调动儿童自身的积极性，发掘他们各自的潜力，让他们按照自身的客观条件调整步调，自由发展。这种做法体现了民主科学与个性的教育精神，视学生为具有独立人格和主观能动性的人，在教学中尊重学生的认识潜能并引导其形成语文能力，提高其综合素质为己任。

当然，从智力开发着眼，培养语文能力，并非“注音识字”所独专，而是语文教学普遍通用的一条教学原则。只不过是“注音识字”这项实验能比较自觉地贯彻这条原则，并且长期坚持下去，取得了明显的效果，这是值得称道的。

总之，面临高科技突飞猛进的信息社会，“注音识字”坚持培养学生能力，强化学生的主体意识，走“终身教育”这条道路，无疑体现了当今世界教育发展的共同方向。21 世纪是一个知识经济的年代。江泽民同志在第三次全国教育工作会议上说：“当今的国际经济和科技竞争，越来越围绕人才和知识的竞争展开。发展的优势蕴藏于知识和科技之中，社会财富日益向拥有知识和科技优势的国家和地区聚集，谁在知识和科技创新上占优势，谁就在发展上占据主导地位。”显而易见，面对新时代的挑战，“注音识字”越来越显示其未来意识和创新精神。

29 语文学法概念的内涵及其本质

什么是语文学法？我们说，语文学法属于马克思主义方法论范畴，是学生为了达到语文学习的目的，在教师的指导下，通过语文传习、语文活动、语文生活，赖以获得真知，形成语文学习能力的手段和门路。在语文学习过程中，学法起着极为重要的作用。古人说，“学贵有法”，讲的就是这个道理。

语文学法是智力因素与非智力因素的综合体，内涵极其丰富。从宏观上讲，它既包括基本的语文活动方式，又包括基本的思想方式。具体地讲，语文学法是由五个方面构成的，即学习程序、学习技能、学习规律、学习心理和学习习惯。下面就这五个侧面谈谈我们的看法。

1. 学习程序

任何学习方法，必然体现为一定的程序。学习程序实际上是学习方法的动态展开。从某种意义上说，学习程序和学习成果两者同样重要。学习成果可以验证并促进学习程序的合理化；另一方面，只有合理的学习程序，才能带来正确的学习成果，没有学习程序，就断然没有学习成果。因此，引导学生掌握学习程序，是符合儿童认识规律的，是具有哲学意义的。

语文教学的任务主要是培养学生看书作文的能力，看书心理程序和作文心理程序存在着倒逆关系。

学生学习一篇课文是一次复杂的认识运动，尽管不同的课文，不同的学生，认识过程会有所差异，但大体上有着一些基本的、共同的程序，这就是：感知文字——理解内容——抽象意义。阅读时，首先从印刷符号上感知文字信息，而后大脑对这些信息进行一连串的分析与综合、归纳与演绎、比较与联想等思维活动，从而理解文章的意思，最后还要进行抽象概括，认识文章的意义。这是阅读的程序。

作文是运用文字符号表达思想、抒发感情的活动过程。根据写作学的原理，任何一篇文章的诞生，都得经由这样一种“双重转化”：首先，是现实生活、客观事物向作者头脑的转化，这是由事物到认识的第一重转化。然后，是作者观念、感情向文字表达的转化，这是由认识到表现的第二重转化。这种“事物”“认识”再进而“认识”“表现”的写作活动双重转化性，反映了写作过程的本质属性。这是作文的程序。

2. 学习技能

运用一定的知识和经验顺利完成某种任务的方式叫技能。语文学习技能对学生来说至关重要。掌握了语文学习技能并使之形成语文学习技巧，能使学生摆脱学习困境，从而达到从“奴隶”到“主人”的转变。语文学习技能是学生成才的必要条件。

语文学习技能包括听、说、读、写四大要素。听，是指听知技能，即接受口头语言信息并经过思维活动加以分辨、理解和评判的技能；说，是指讲话技能，即运用口头语言连贯地有条理地传递信息，交流感情的技能；读，是指阅读技能，即从书面语言符号里提取信息的技能；写，是指写作技能，即运用书面语言表情达意、传播信息的技能。听能得要领，说能得人心，读能得真谛，写能得佳文。听、读、说、写四者相辅相成，彼此制约，互为条件。

语文学习技能的形成大体经历三个阶段：一是最初运用阶段。这个阶段主要是以培养听、说、读、写的正确性和准确性为目的。二是熟练运用阶段。这个阶段重在加强听、说、读、写技能的速度与效率的训练，使语文技能转化为语文技巧。三是创造性运用阶段。这个阶段的重点是，要求能综合运用语文知识和技能技巧，借以解决实际问题。

3. 学习规律

宇宙中的一切事物都处在普遍的联系之中，规律所反映的正是这些事物内部的本质的必然的联系。语文学习规律就是字、词、句、篇之间的联系和听、说、读、写之间的联系，只要学生自觉地循之以规，蹈之以法，便可以化繁为简，以简驭繁，从根本上摆脱学习的盲目性。例如，汉字有“义音”规律，我们可在多音字教学中采用“以义辨音”的方法指导学生去学习。教“重”字，先引导学生通过查字典把常见常用的带有“重”的词语找出来，并注意它们的词义。然后从众多词义中找出两种基本词义：①表示重量、分量的；②表示重复、重叠的。再将找出的词语归类，学生发现属于第一基本词义的“重量”、“重大”、“重任”等词中的“重”都读“zhòng”，属于第二基本词义的“重复”、“重叠”、“重新”等词中的“重”都读“chóng”。学生掌握了这个规律，就可以触类旁通，从而提高学习效率。

4. 学习心理

心理学认为，语文学习是一种复杂的心智活动，语文学习的过程是一个特殊的认识过程，其间，既包含着学生感知、理解、巩固、应用语文知识的认知活动，也包含着情感、意志、性格等意向的心理活动，两者有机结合，自然统一，构成了完整的语文学习的过程。这个过程有如下两个心理特点：一是语文学习是学生眼看、耳听、口读、手写等一系列自我运动的过程；二是语文学习的过程是学生丰富多彩的智力情绪活动的过程，前者起加深认识的作用，后者起激发动力的作用。指导学生学习旨在优化学习心理，使其产生自觉的学习心愿、意向、目标，在语文传习、语文活动、语文生活中，能经常依据环境和条件，自我调节学习行为和学习方式，有宽泛而持久的求知欲和学习兴趣，有勤奋好学、刻苦钻研、踏实训练的学习态度。这样才能使学生不断丰富和更新自己的知识。

5. 学习习惯

所谓习惯，就是人们经过长期的重复而逐渐建立起来的一种不会轻易改变的行为。从生理机制方面说，它是一种后天获得的趋于稳定的条件反射。良好的学习习惯是在纠正学生的不良习惯中确立起来的。学生在语文学习中，开始总有一些不良习惯，如写字不注意笔顺，没有正确的姿势，不讲“三个一”（指握一寸，胸离桌一拳，眼离纸一尺），读书爱唱读，作文不打草稿，说话常带口头禅，回答问题啰嗦，抄写文章不讲行款格式，等等。习惯属于非智力因素，在智力水平相当的情况下，非智力因素往往决定学习的好坏。因此，我们要根据学生个性有极大可塑性的特点，要早期着手，经常训练，严格督促，使学生养成良好的心理品质。如：课前有主动预习，上课有勤记笔记，课后有自觉复习的习惯；阅读时有随手查阅字典，有边读边思考的习惯；课堂里有大声答问，大胆质疑的习惯；讨论时有坚持真理，修正错误的习惯；作文时有文必加点，文必分段的习惯；课外阅读时有随手摘录，随时积累并运用的习惯。

学习程序、学习技能、学习规律、学习心理、学习习惯构成了学习方法内涵的完整结构，学法结构是学力结构的基础，五要素之间相互依存，相互促进，我们可以这样图示：

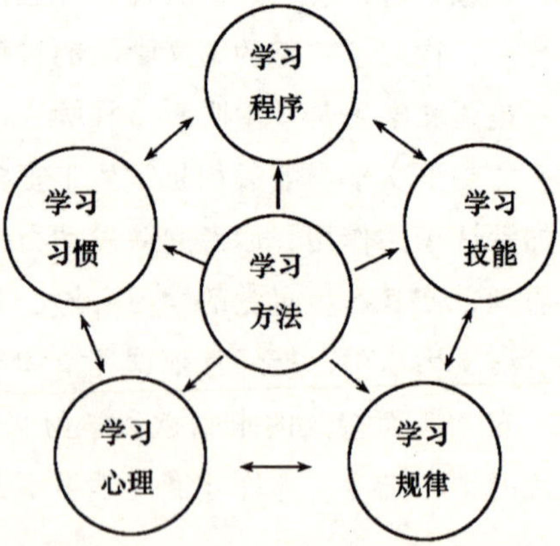

语文学法的本质是什么呢？我们说，就其实质而言，归根结蒂可以概括为三个字：会学习。“会学习”就是“自能读书，不待老师讲；自能作文，不待老师改。”培养“自求自得”能力，是国内外语文教学改革的共同目标，是当代语文教学的发展方向，它体现了终身教育的现代意识。人类的知识原已浩如烟海，当今又是科技迅猛发展，知识骤增的时代，如何使语文教学与社会发展的要求相适应？如何超越语文课堂教学的局限？如何使学生广泛摄取人们可能利用的知识？惟一的捷径就是培养学生自学能力。

培养学生自学能力，是时代赋予语文教师的历史使命。我们必须启发学生的自我意识，加强自学方法的指导，对学生进行严格的自学训练，提高学生的自学心理素质。

30　引导学生掌握最基本的语文学习方法

一

《语文课程标准》指出："培植热爱祖国语言文字的情感，养成语文学习的自信心和良好习惯，掌握最基本的语文学习方法。"我们可以这样讲，"掌握最基本的语文学习方法"是语文课程"总目标"十项内容之一，是语文教育四项基本任务中十分重要的一项任务，它在整个语文教育中占有举足轻重的位置。

什么是语文学习方法？我们说，语文学习方法属于马克思主义方法论范畴，是学生为了达到语文学习的目的，在教师的指导下，通过语文传习、语文活动、语文生活，以获得真知，形成语文学习能力的手段和门路。在语文学习过程中，学习方法起着极为重要的作用。古人说"学贵有法"，讲的就是这个道理。

语文学习方法是智力因素与非智力因素的综合体，内涵极其丰富。从宏观上讲，它既包括基本的语文活动方式，又包括基本的思想方式。具体地讲，语文学习方法是由五个方面构成的，即学习程序、学习技能、学习规律、学习心理和学习习惯。

先生讲，学生听，先生写，学生抄，先生考，学生背是传统的小学语文教学模式。这种教学模式在一定的条件下，固然有其合理的因素，但在这种教学过程中，学习方法的掌握被完全阉割了，这是导致小学语文教学少、慢、差、费重要原因之一。我们认为，教学方法与学习方法二位一体，是现代教学论系统的自在结构。尽管当代教学理论派别林立，但从国内外教改发展的总趋势看，各家都非常重视学习方法的研究，认为教学最终目的是培养学生终身受用的“自学能力”。布鲁纳倡导的“发现法”，赞可夫提出的“使学生理解学习过程”的原则，苏霍姆林斯基主张的“教会儿童学习”的观点，巴班斯基创立的“教学过程最优化”的理论，叶圣陶先生讲的“讲是为了达到用不着讲，教是为了达到用不着教”的著名论断都从不同角度对学习方法研究给予充分肯定。

为什么“学习方法”的问题备受中外教育家如此青睐呢？

这是因为现代科学技术发展日新月异，迅猛异常，人类知识总量正以几何级数增长，据估计，世界知识总量每隔 7～10 年就要翻一番。庄子说：“吾生也有涯，而知也无涯。”这种知识发展的无限性和时间的有限性尖锐矛盾如何解决？我们认为，只有学到一套科学的学习方法和思维方法，才能适应当今知识世界的需要。说近一点，学生掌握了正确的学习方法，就会产生两个飞跃：一是由“学会”变为“会学”，二是由“被动地学”变为“主动地学”，达到“自能读书，不待老师讲；自能作文，不待老师改”的理想境界。这样，学生的主体精神被大大激发，其学习效率就会大大提高，做到事半功倍。因为，看未来，看发展，“方法比事实更重要”，正如未来学家埃德加·富尔所说：“未来的文盲，不再是不识字的人，而是没有学会怎样学习的人。”

二

语文学习方法很多。北京出版社出版的《语文学习方法大全》介绍了 371 种方法。其中阅读 137 法，写作 57 法，听说 33 法，思维 28 法，记忆 48 法，其他 68 法。广西教育出版社出版的《当代语文教法学法辞典》共收录语文学习方法词条 1038 个，大体分为观察、思维、记忆、语文基础知识、听说、阅读、作文、综合学习等八个大类。那么，小学生应该掌握哪些最基本的语文学习方法呢？按照《语文课程标准》的要求，以及小学语文教材的具体内容，我认为，小学生到第三学段结束时，应当掌握如下一些最基本的语文学习方法。

1. 基本的识字、写字方法

先说识字方法。

识字是阅读与写作的基础，是语文教育之根。《语文课程标准》要求："认识3500个左右常用汉字。能正确工整地书写汉字，并有一定的速度。"为此，小学生应当会：基本字带字识字法、拼音识字法、看图识字法、查字典识字法（部首查字法、音序查字法、笔画查字法）、编记口诀识字法、语言环境识字法、同音字辨析法、音近字辨析法、多音字辨析法、多义字辨析法和形近字辨析法。

再说写字方法。

写字是小学生应具备的一项重要的语文基本功。写字教学是小学语文教学的重要组成部分。《语文课程标准》指出："养成正确的写字姿势和良好的写字习惯"，"写字教学要重视对学生写字姿势的指导，引导学生掌握基本的书写技能，养成良好的书写习惯"。从写字姿势角度来说，小学生应当掌握的方法是：身正，背直，肩平，臂张，足稳。从执笔方法的角度说，小学生应当掌握"三指捏笔一指挡，二指垫住真稳当"这样的要领。

2. 基本的阅读方法

书籍是人类进步的阶梯，阅读是人生不可或缺的生存方式。阅读教学是语文教育的核心。《语文课程标准》指出："学会运用多种阅读方法。"我理解小学阶段"阅读方法"应当包括解词法（抓住词素理解词语法、利用注释理解词语法、查阅词典理解词语法、比较辨析理解词语法、追本溯源理解词语法、联系语言环境理解词语法）、析句法（句式比较法、标点分析法、语境体会法、抠词吟诵法）、分段法（时序法——按时间先后顺序分段，空序法——按空间变化顺序分段，地序法——按地点移动顺序分段，事序法——按事情发展的顺序分段）、解题法、默读法、朗读法、浏览法、背诵法、复述法等。

3. 基本的习作方法

习作是小学语文学科中最重要的语文训练，小学生习作就是把自己在日常生活中看到的、听到的、想到的、亲身经历的事情，用恰当的语言文字表达出来。小学生习作能力的高低是语文水平高低的重要标志。《语文课程标准》要求："能具体明确、文从字顺地表述自己的意思。能根据日常生活需要，运用常见的表达方式写作。"为此，小学生应当掌握如下一些习作方法：观察法、审题法、拟题法、立意法、构思法、选材法、联想法、列习作提纲法、自我修改法等。

4. 基本的口语交际方法

当前，我们正面临着一场新的科学技术革命，这场革命正迅速改变着人们的生活方式和传统习惯。"邻国相望，鸡犬之声相闻，老死不相往来"的情况已经不复存在。人们的交际活动日益频繁，生活节奏大大加快。为了迅速完成传递信息、交流思想的任务，人们交往的方式也随之改变，快捷的电话代替了缓慢的信函，充满人情味的交淡代替了死气沉沉的公文。很难想象，一个不会听、不会说、不会口语交际的人，在这样的社会里，怎么能够生存下去。因而，《语文课程标准》对小学生的口语交际能力提出了新的要求："在各种交际活动中，学会倾听、表达与交流，初步学会文明地进行人际沟通和社会交往，发展合作精神。"要想达到这个要求，必须得会讨论法、答问法、聊天法、介绍法、交谈法、劝说法、辩论法、即席发言法、简要转述法、礼貌语言使用法等。

5. 基本的综合性学习方法

综合性学习是一种学习方式，是一种实践活动，要着力培养学生发现问题、合作探究、解决问题的能力。《语文课程标准》指出："综合性学习主要体现为语文知识的综合运用、听说读写能力的整体发展、语文课程与其他课程的沟通、书本学习与实践活动的紧密结合。"小学生在综合性学习中应当掌握的方法有：资料索引法、自学笔记法、剪贴报刊法、工具书查读法、图书馆利用法、资料积累法、网络学习法等。

三

小学生掌握语文学习方法需要指导，那么，小学语文学法指导都有哪些途径呢？

1. 依据课标和教材进行学法指导

《语文课程标准》多处谈到学习方法问题，对学法指导提出了明确要求。如“培植热爱祖国语言文字的情感，养成语文学习的自信心和良好习惯，掌握最基本的语文学习方法。”又如“具有独立阅读的能力，注重情感体验，有较丰富的积累；形成良好的语感。学会运用多种阅读方法。”所有这些都为我们进行学法指导指明了方向。

现行的各套语文“注·提”教材的“单元提示”本身就构成了一个具体的语文学法指导体系，再加上每篇课文的“例子”，小学生毕业时，就能从教材中学到很多行之有效的读书、作文方法。从这个角度说，一套“注·提”教材就是一本小学语文学习方法指导全书。

2. 根据课文特点相机进行学法指导

如教《可爱的草塘》一课，教师首先让学生读下面一句话：“我跑到跟前，扒开草丛一看，是一个方圆十多米的水泡子，水面上波光粼粼，仔细一看，挤挤挨挨的都是鱼。”然后让学生查字典，查“挤”和“挨”各是什么意思。学生查到：挤，许多人、物很紧地挨着；挨，靠近。教师说：“‘挤挤挨挨’在这句话里是什么意思？”学生说：“说明草塘物产丰富，这个地方非常可爱。”最后回顾课题，学生明白了理解词语的方法——查字典，思本义，联系全文想含义，结合课题悟中心。

3. 在学习实践中让学生自己领悟学习方法

人的实践活动是心理、意识的基础。对客观事物的心理反映，总是要通过自身的眼看、耳听、脑思、手动来完成。通过学习实践领悟的东西，往往印象深刻，即使在情境变换的条件下，也能实现迁移，运用自如。如学习《可爱的草塘》，教师要求学生在一分钟内背诵下面一个句群："芦苇、蒲草倒映在清凌凌的河水里，显得更绿了；天空倒映在清凌凌的河水里，显得更蓝了；云朵倒映在清凌凌的河水里，显得更白了。"不到一分钟，学生背下来了，老师问："你们都用什么方法背的?"一个学生说："我是用'想象法'背诵的。开始背诵时，我把眼睛闭上，眼前仿佛出现一幅秀美的画面，绿草、蓝天、白云倒映在清凌凌的河水里，我好像看见一样。"一个学生说："我是用'线索法'背诵的。三个排比句，一句写绿草倒映美，二句写蓝天倒映美，三句写白云倒映美。我按照'绿草——蓝天——白云'这条线索背诵的。"一个学生说："我是用'熟读法'背诵的。我一口气把这段话读了三遍，第一遍理解了，第二遍上口了，第三遍我就背下来了。"

4. 组织学生定期总结和交流学习方法

如召开读书汇报会，办学法专栏，出版小报等，利用这些形式交流学法，交流思想感情。

31 小学语文学法指导循序渐进的原则

拙文《关于建构小学语文学法指导序列的思考》在中央教育科学研究所召开的首届全国小学语文学法指导课堂教学比赛及论文评比大会上交流后，意犹未尽。现就小学语文学法指导循序渐进的原则，再谈一些认识，以便与同行们进一步探讨。

在小学语文教学中，重视方法的指导，探索学法指导在课堂教学中的落实，乃是新时期对语文教师提出的新的要求，是教学改革发展的方向。然而，目前小学语文学法指导多数还处于一种随意无序的状态，或难易颠倒，或繁简错位，或杂乱无章，或躐等冒进，这种盲目的训练，必然会降低学法指导的效益。

要想使学生真正成为学习语文的主体，提高他们的整体素质，小学语文学法指导必须按照小学语文学科逻辑体系，注意小学生认识能力的发展规律，循序渐进地进行。这里的“序”，既包括学习内容的逻辑顺序，又包括学习者的知能发展顺序；这里的“进”，既包括学习的进度，又包括学习的步骤。“序”与“进”在学生学习进程中，是紧密联系、互相配合、彼此作用的。

为什么小学语文学法指导要贯彻循序渐进这一原则呢？这是因为——

（1）任何一门科学知识都有其严密的逻辑体系。这个体系一般地说，就是由简到繁、由浅入深、由此及彼、由表及里。学习时必须依照科学知识本身的系统按部就班，循序渐进，才能把其真正学到手。例如，学习语文，先要识字，一个字一个字地掌握它的正确发音、正确书写和初步意义；然后在此基础上，一篇文章一篇文章地掌握字、词、句、篇；最后才能更好地培养口头的和书面的表达能力，谁要是不顾科学知识的系统性，企图躐等以求，捷足先登，那就会使学习欲速不达。

（2）人的认识活动具有一定的规律性。这个规律一般地说，就是由具体到抽象、由感性到理性，学习时必须依据认识活动本身的规律，逐步深入，循序渐进，才能使学习获得成功。例如，学习给课文分段属于逻辑思维训练，要想形成这种认识能力，必须从三年级开始，加强段的教学，依据"感知——理解——识理"的顺序，通过反复实践，使学生获得具体的感性知识，然后在此基础上，才能归纳出小学语文连段成篇的基本方法。即：时序法——按时间先后顺序分段；地序法——按地点移动顺序分段；事序法——按事情发展顺序分段；空序法——按空间变换顺序分段。谁要是不顾认识活动的规律，从概念到概念，以抽象释抽象，那就只能囫囵吞枣，患消化不良症。

（3）人的大脑皮层形成暂时联系也具有一定的系统性。这个系统一般地说，就是在无条件反射的基础上，形成单一的暂时联系系统，再到多级的暂时联系系统，再到复杂的暂时联系系统。例如，学习一篇文章，就是要在大脑皮层上形成一个极其复杂的联系系统，但这个联系系统只能一步一步、一个一个地去建立，先形成对字、词的暂时联系，再形成对句、段的暂时联系，最后形成对篇、章的暂时联系。只有这样，学生才能牢固掌握这篇文章。谁要是违背形成暂时联系的这个规律，企图一下子就建立对整体篇章的复杂的暂时联系系统，那就不免要弄得头晕脑涨，不见成效。

另外，我国古代学者和外国一些教育家也主张学习要循序渐进。

孔子说："比如行远，必自迩；比如登高必自卑。"

孟子说："原泉混混，不舍昼夜，盈科而后进，放乎四海。"

荀子说："不积跬步，无以至千里；不积小流，无以成江海。"

朱熹说："未得其前，则不敢求其后，未通乎此，则不敢志乎彼。"

夸美纽斯从"遵循自然"这一基本思想出发，提出了循序渐进的主张，他说："假如教材的排列能使学生先知道最靠近他们心眼的事物，然后去知道不大靠近的，再去知道相隔较远的，最后才去知道隔得很远的，那就好了。”

巴甫洛夫在逝世前不久告诫青年说：“你们从一开始工作起，就得在积累知识方面养成严格循序渐进的习惯。你们在想攀登科学顶峰之前，务必把科学的初步知识研究透彻。还不充分领会前面的东西时，就决不要动手搞后面的事情。”

综上可见，循序渐进是小学语文学法指导一条重要原则，它符合现代知识论观点，符合唯物辩证法观点，更符合脑科学观点。

在小学语文学法指导中，怎样贯彻循序渐进的原则呢？

1. 从要求上体现阶梯性

小学语文教学是一个复杂的系统工程。字、词、句、篇、点是学生学习的基本知识因子；听、说、读、写、思是学生学习的基本能力因子；读、划、批、议、查是学生学习的基本操作因子；眼、耳、口、脑、手是学生学习的基本感知因子。我们把这四种因子的形成作为四个奠基工程，在学法指导中做到：字、词、句、篇、点综合训练；听、说、读、写、思整体发展；读、划、批、议、查提前起步；眼、耳、口、脑、手协调到位。在具体操作时，要有一定的顺序，做到不同阶段、不同年级有不同的要求和目标，体现阶梯性。比如阅读学法指导，一年级，教给以拼音为拐棍的识字方法。二年级，教给“音序查字法”和“部首查字法”；初步学习、理解自然段的意思。三年级，学习“数笔画查字法”，初步释义；学习按提纲分段的方法；会找重点词、句；初步学习质疑。四年级，比较熟练地使用工具书查字、词，并初步结合上下文选讲；初步学习理解文章题目；学习简单的按规律分段方法；初步学习概括段意和文章的主要内容；会找重点段，会质疑问难。五年级，使用工具书，较熟练准确地结合课文选讲取义；理解文章题目及其同文章的关系；按规律给文章分段并掌握概括段意的方法；初步理清作者写作思路，概括文章的主要内容；捕捉中心句，初步归纳文章的中心思想；从文中汲取“营养”指导写作；会质疑并初步作解。六年级，掌握以拼音为拐棍识字的方法；掌握使用工具书认字释词解句的方法；掌握审清题目的方法，掌握分清段落层次、概括段意的方法；掌握理清作者思路，概括文章主要内容的方法；掌握捕捉中心句，归纳中心思想的方法；掌握读懂文章，会找重点词、重点句、重点段的方法；掌握学课文时会质疑问难并试作解答的方法，掌握从文章中汲取“营养”指导写作的方法；掌握学习写读书笔记的方法。

2. 从过程上体现渐进性

这里的“进”，指的是学习的速度、进度和步骤。学习的速度、进度和步骤与学习者知识的积累和智能发展的顺序是互相促进的，同步发展的。也就是说，对一个完整的学习过程来讲，“序”与“进”是辩证统一的。“序”是制约“进”的前提条件，背离了客观存在的“序”，就谈不上有效的“进”；“进”是在符合“序”的要求基础上实现的，越是合理的“序”，就越能保证学习的质量，节约学习时间，加快学习速度，提高学习效率。要想使小学生形成初步的自学能力，掌握基本的学习方法，养成良好的学习习惯，就必须做到三个“注意”：（1）注意打好基础。老子说：“九层之台，起于垒土；千里之行，始于足下。”学习任何知识，都必须从“双基”开始，打下扎实的基础。（2）注意日积月累。范晔说：“一丝而累，以至于寸，累寸不已，遂成丈匹。”学习任何一门科学知识，都必须从无到有，从少到多一点一滴地积累，如果不肯下“积累”的功夫，而企图一口吃一个胖子，一锹掘出一口水井，那是会事与愿违的。（3）注意新旧联系。孔子说：“温故而知新。”学习任何一门科学知识，都必须在已有的知识基础上去学习新的知识，并把新的知识纳入已知识系统之中，这样新旧联系，系统学习，才能收到预期的学习效果。

为此，在语文学习上一般要做到：汉字要规规矩矩地写，课文要仔仔细细地读，练习要踏踏实实地做，作文要认认真真地做。勤学苦练，日复一日，年复一年，就会感到语文学习由原来的“山重水复疑无路，”而今“柳暗花明又一村”了。

3. 从方法上体现阶段性

实现学法指导的主渠道是课堂教学，精心设计课堂教学结构是实现学法指导目标的有效途径。学法指导阶段性为呈现目标——实施目标——检测目标。

第一阶段；呈现目标。呈现目标就是教师把教学目标呈现出来，在课堂上，教师必须依据目标教学，学生必须根据目标选择自己的学习方法，师生共同朝着自己的目标奋斗，从而克服教与学的盲目性和随意性。呈现目标可在课前、课中或随教学进度有机进行，方式可多种多样，如口述、投影、出示小黑板、印发卡片等，但一定要注意目标的可操作性。

第二阶段：实施目标。实施目标主要是通过“自学讨论、读议点拨、分类练习”等形式来进行。“自学讨论”这个环节可突出学生的主体地位，培养学生的自学能力，有效地控制教师的“满堂灌”和“满堂问”。“读议点拨”这个环节可活跃课堂气氛，较好地展开师生的双边活动过程，发挥教师的主导作用。“分类练习”体现因人施导、因材施教的原则，教师可根据优、中、差不同学生的特点相机分类教学，使所有的学生都能在原有的基础上得到发展。

第三阶段：检测目标。检测目标主要以“反馈矫正”的方式进行。反馈的目的是为了获得学生学习的信息，了解学生是否掌握了学习目标；矫正是为了落实教学目标，帮助学生更好地掌握学习方法，以达到学习目标。检测目标的方法很多，如提问、抽查、练习、单元过关、形成性测验等。

32　语文学法指导因材施教论

语文学法指导，就是在传授语文知识、培养语文能力的过程中，使学生学会思考自己的语文学习活动，从而把立足点从“学会”转移到“会学”上来。这是获得“终身学习”能力、提高公民文化素质，使他们能驰骋于科学技术日新月异的未来社会的必由之路，也是实现语文教学自身现代化的肯綮之处。

语文学法指导，是语文教学总系统中的子系统，它必然反映语文教学规律的总原则，在学法指导中必须遵循的。因材施教是中国教育史上的优良传统，也是语文教学的重要原则，当然也是指导语文学法活动的基本原理和要求。本文想就这个问题，谈谈我的几点认识。

1. 我国古代教育史上因材施教的宝贵经验

孔子是我国因材施教的首倡者，也是古代贯彻因材施教的一个范例。朱熹在《论语章句集注》曾指出：“孔子教人，各因其材”。他通过“视其所以，观其所由，察其所安，退而省其私”等方法，细致地了解和研究每一个学生，然后根据每个学生的性格、才能、志趣和特长进行学习指导。当不同的学生提出同一问题时，他往往针对学生各自的特点，给以不同的乃至相反的解答。

孟子继承并发展了孔子因材施教的思想，他主张在指导学生学习的过程中，应按照学生不同的条件，运用不同的方法，使其得到不同的发展。他说：“君子所以教者五：有如时雨化之者，有成德者，有达财者，有答问者，有私淑艾者。此五者，君子所以教也。”可见，孟子在因材施教方面比孔子有了进一步的发挥。他不仅对学生进行了类型的分析，并且强调了教育对象对学习指导方法的制约性。

《学记》的作者对我国古代因材施教的思想作了总结，他认为教学成功的重要条件之一就是要很好地了解学生，用《学记》上的话说，就是“学者有四失，教者必知之。人之学也，或失则多，或失则寡，或失则易，或失则止。此四者心之莫同也。知其心，然后能救其失也。教也者，长善而救其失者也。”

张载竭力主张“因材施教”的方法，他认为：“教人至难，必尽人之材，乃不误人”。若教人“不尽材，不顾安，不由诚，皆是施之妄也。”意思是说：教师如不能因材施教，不顾学生的内心要求，就不能使学生的智力、才能得到充分发展，反而会误人子弟。张载的见解是非常正确的。

王阳明坚决反对千篇一律和公式化的学习指导，主张适应学生的个性，分别加以适当的陶冶。他说：“夫良医之治病，随其病之虚实强弱，寒热内外，而斟酌加减，调理补泄之，要在去病而已。初无一定之方，不问症候之如何，而必使人人服之也。君子养心之学，亦何以异于是?”这就是说，对于具有不同性格和才能的学生，决不应采取同样的方法，把他造就成一模一样的人。

总之，中国古代先哲们都强调指导学生学习，一定要从他们的实际出发，不躐等，不凌节而施教。学生的实际主要是指学生的年龄特征、心理特点、道德修养、意志性格、知识水平、接受能力、兴趣爱好等差异。语文学科与其他学科不同，虽然在同一个班级学习，但发展很难平衡，程度的差距较大。这就要求语文教师首先要了解、熟悉自己的学生，语文学法指导的因材施教首先必须从这里开始。

2. 小学生语文学习方法透视

语文学法指导要因材施教，必须得了解学生的学习特点，只有这样，才能根据学情确立学法指导的目标，设计学法指导的程序，筛选学法指导的教法，从而使教法学法化，学法教法化，达到师生和谐共振，完成教学任务。

那么，小学生在语文学习方法上都有哪些特点呢？下面从三个方面试加阐述。

（1）不同学习阶段的学生有不同的学习方法特点。

从时间顺序看，小学生的学习过程是一个由低年级——中年级——高年级逐步递增的过程。它们的特点依次是：

①低年级儿童学习方法的特点。

低年级儿童活泼好动，注意的持久性较差，思维中具体形象的成分占优势，概括水平的发展处于概括事物直观的、具体形象的外部特征或属性的直观形象水平阶段。他们所掌握的概念大部分是具体的、直观感知的。因此，低年级儿童学习方法的选择和运用应注意直观形象性和游戏活动性。

②中年级儿童学习方法的特点。

随着年龄的增长和学校学习常规的训练，中年级儿童学习的自觉性、组织纪律性有所增强。与此同时，中年级儿童的学习能力伴随着生理的发育和心理素质的完善，也逐步发展起来，感知能力的发展，注意品质的进步，有意识记能力的提高，都为小学生的学习进步创造了条件。尤其是中年级儿童思维能力的发展，更使小学生学习方法有了新的特点。他们思维时，抽象逻辑成分开始增加，概括水平的发展处于直观形象水平向抽象逻辑水平过渡的状态。因此，中年级儿童学习方法的选择和运用应充分考虑机械识记法和意义识记法交叉渗透性，直观形象法和抽象逻辑法的自然过渡性。

③高年级儿童学习方法的特点。

高年级儿童的有意注意能力、意义识记能力和抽象逻辑思维能力有了新了发展，他们初步学会对事物本质特征或属性以及事物之间的内在联系和关系，进行抽象概括，并逐步接近科学性。较为熟练地掌握了语文学科的学习方法、方式、技能和技巧，自学能力进一步增强。因此，高年级儿童学习方法的选择和运用，一是要注意发展思维的抽象逻辑性，二是要注意学习方法运用的综合性和独立自主性。

（2）不同感知类型的学生有不同的学习方法特点。

知识的学习在很大程度上依赖于对外界信息的接收。外界信息可以通过视觉、听觉、动觉等各种感知通道为人们所获取，但不同的学生对各种感知通道有着不同的偏爱。研究资料表明：大约20%～30%的学龄儿童通过听觉更易接受并贮存信息，课堂上需要老师的言语讲解和提示，对没有口头讲解和提示的书面材料中布置的作业，他们可能“视而不见”；大约有40%的小学生要通过视觉获取信息，这部分学生如果只听老师讲解或口头要求，而得不到视觉信息的刺激，他们常常会“充耳不闻”；另有一些学生则通过自身的实际操作和运动较为有效地获取知识。因此，我们可以将不同学生划归不同的感知觉类型：即视觉型、听觉型和动觉型。不同类型的学生在语文学习方法上表现出不同的特点，见下表：

感知类型与语文学习方法特征

	视觉型	听觉型	动觉型
识字	乐于辨字形	乐于读字音	乐于抄生字
书写	能较好地掌握大小空间关系，字体匀称	用笔较轻，书写不流畅	用笔较重，字体偏大，写小字较困难
阅读	喜欢描述性材料，注意力高度集中，常根据材料的描述想象画面	不爱看图画，不喜欢描述性材料，愿意活动嘴唇轻声阅读	静坐阅读困难，不喜欢阅读

（3）不同性别的学生有不同的学习方法特点。

在研究语文学法指导时，必须注意另外一个重要事实，那就是同一种学习方法，在班级贯彻时，男女学生收到的效果不一样。这是因为男生和女生有着不同的心理特征和心理规律，就智力因素方面来说，男女学生特点如下：

	女生优势部分	男女生持平方面	男生优势部分
记忆能力	记忆的广泛性、持久性、准确性，女生占优势	记忆的敏捷性双方持衡	
观察能力	观察的持久性、精确性，女生占优势	观察的目的性，双方持衡	观察的概括性，男生占优势
思维能力	思维的严密性、条理性，女生占优势		思维的敏捷性、灵活性、深刻性，男生占优势
注意能力	注意的稳定性，女生占优势	注意的广泛性，双方持衡	注意的迁移性、分配性，男生占优势
想象能力	再造想象女生占优势		创造想象男生占优势

从上表可知，男女生在智力总体上是等效的，只是表现的特点和范围不同，并且各有所长。

3. 发扬因材施教的优良传统

语文学法指导这一课题的提出已有20余年的历史了。经过20余年的研究，语文学法指导实验在学法指导的内容、途径，及课堂教学结构等方面都进行了有益的探索，并收到了较为明显的成果。但存在的问题也不少，其中“重统一要求，轻因材施教”便是一例。在语文学法指导中，不考虑学生的实际，一个模子，一样要求，一种门路，搞“一刀切”、“一锅煮”，千课一式、千篇一律、千人一面的现象比较普通。这样做的结果，必然使活生生的语文学法指导僵化，走向形式主义。

为了使各类学生的学习人人有兴趣，个个有所得，在各自的“最近发展区”得到最充分的发展，较好地完成学习任务，语文学法指导需特别注意因材施教，具体说，是下面的四个问题：

第一，要科学地制定学法目标。

学法指导目标，概括起来说，就是为学生创设良好的学习条件和环境，使学生掌握科学的学习方法，逐步形成独立学习的技能。制定学法指导目标，要根据学情，考虑学法指导的途径、方式和时机，尽量明确而具体。学法目标分学期目标、单元目标和课时目标三种，从整体上说，我们要将这三种目标分解为基本目标、中层目标与发展目标三个层次，并给予明确、具体而有序的规定。其中，基本目标是面向学困生的，中层目标是面向中等生的，发展目标是面向优等生的。

第二，要客观地把握学生层次。

了解学生学习方法的情况，是搞好学法指导的重要前提，否则学法指导就是盲目的，无效的。由于遗传、环境和教育错综复杂的影响，学生每个人都互不相同，越往前发展，越显出差异。知识、能力、思想、情感、兴趣、爱好、意志、性格等等，各有倾向。所以，我们要以动态的观点来观察每个学生所处的层次，有针对性地对其提出学习要求，采取不同的方法，因势利导，取长补短，使他们快者快学，慢者慢学，从而解决“吃不饱”与“吃不了”的矛盾。

第三，要灵活地选择指导方法。

选择指导方法，就是寻求达到教学目标的途径。选择指导方法的根本原则就是面向全体，因人而异，“提优”“补差”。基础差的学生应以模仿性学习为主，通过简单模仿举三反一的方法，让学生从中找出规律；基础好的学生应以创造性学习为主，启发举一反三，发散思维，让他们在质疑解惑中发展智力，培养能力。

第四，要有效地实施个别辅导。

个别辅导的成功与否，是直接关系到上、中、下三部分学生能否各自在原有基础上得到提高的重要一环。个别辅导的重点应放在语文学习基本方法上，如使用工具书的方法（包括部首查字法、音序查字法、数笔画查字法等），读懂一篇文章的方法（初读：感知内容，学习词语；细读：弄清结构，探索思路；精读：抓住重点，研究精华；评读：整体认识，评价鉴赏），语文单项学习方法（朗读、默读、复述、背诵、解词、析句、分段等），作文学习方法（审题、立意、选材、编列提纲、自我修改等）。

总之，以学生发展存在的差异性为前提进行教学的思想是我国古代教育家所一贯崇尚的，也是我们今天语文学法指导必须遵循的一条重要原则。这是由应试教育向素质教育转轨的需要，是21世纪充满生机与活力的教育战略目标的需要。

33 小学语文学法指导的“度”

自从潘自由1990年在哈尔滨召开的全国小学语文学法研讨会上提出“学法指导是小学阅读教学内容改革的一次历史性突破”后，“学法指导”已成为小语界的热门话题。各地先后有很多学校开展了此项实验，并取得了令人欣喜的成绩。

在语文教学中进行学法指导，势在必行。因为当今全球教学改革的总趋势是强调在传授知识的同时，重视开发学生的智力，发展学生的能力，让学生学会学习。学法指导作为重要的教学内容进入课堂，这是小学语文教学改革的重大突破，是具有历史意义的转变。然而，就当前全国小学语文学法指导看，从指导思想到课堂操作，从理论研究到教改实验，都程度不同地出现一些偏颇。这些偏颇集中表现在学法指导的“度”上。所谓学法指导的“度”，就是学法指导中坚持的“量”和“质”的界限，即对学法指导地位与作用的认识，如何把握学法指导的分寸，教给学生多少学习方法，掌握到什么程度，等等。世界上任何事物都处在一定的“质”与“量”的规定之中，“质”与“量”互相依存，互相制约。没有一定量的增长，质就不会变化；没有明确的量，质也无法存在。如果我们避开学法指导的“量化”问题，那么学法指导的“质”也就难以保证。这问题是严峻的，逼迫我们不得不去思索，这就是我所要论“度”的缘由。

下面拟从三个方面谈谈学习方法指导的“度”。

1. 把握学法指导的“尺度”

毋庸讳言，现在有些同志把学法指导的作用夸大到无以复加的程度，不顾小学语文教学的目的和要求，忽视小学阶段的教情与学情，主张用学法代替教法，把语文课上成学法指导课，甚至提出“独霸天下”的口号。我们说这是学法指导“越位”的表现，不能不令人深思。当然，任何一项工作或一项实验，在实施过程中，这种“矫枉过正”的现象是难免的。为了更科学、更有效地进行学法指导，还是尽量排除一些非实验因素的干扰为好。更值得注意的是，现在还有不少地方不太重视学法与学法指导，至今还把学法指导拒之课堂之外，未纳入教学目标，而产生另一种倾向，就是学法指导没有到位，这也是不对的。

那么，如何准确地把握学法指导的尺度呢？我想应当正确处理好3个关系。

（1）正确处理教法与学法的关系。

根据系统论的观点，教学过程是一个由教与学双方活动耦合而成的有计划发展的社会系统。教师的教与学生的学是构成教学活动的最起码的条件。首先，教法对学法有着制约和影响作用。优良的教法能促进学生良好学法的形成，提高学法的质量。小学语文教学中不乏这样的例证，学生有些有效的学法是直接从教师的具有示范价值的教法转化而来的。其次，教法也受学法的制约。我国教育史上“以学论教”的传统，充分体现了这种制约的关系。因为判定一种教法的优劣，主要看其教学效果，而影响教学效果的因素又是多方面的，其中学法是关键。因此，教法和学法不是对立的，片面强调哪一方面都是不对的，而是两者受一定的教学思想支配，辩证地统一在同一教学过程中，共同为提高学习效率服务。

（2）正确处理整体与局部的关系。

恩格斯指出：“宇宙是一个体系，是各种物体相互联系的总体。”语文教学活动是一个有系统、有层次、多元素构成的整体。从知识系统看，包括字、词、句、篇；从能力系统看，包括听、说、读、写；从思想系统看，包括德、智、体、美；从动力系统看，包括兴、情、意、习；从方法系统看，包括读、议、讲、练；从管理系统看，包括备、教、批、考。总之，小学语文教学活动是一个具有横向、纵向、立向联系的三维立体结构。因而必须用整体的观点、系统的观点研究学法指导，不能把学法指导的研究从这个系统中分割出来，孤立进行。而应注意诸因素之间的相互联系，相互促进，形成一个有机整体，同步改革，达到整体目标的最优化。

（3）正确处理学法指导与语文教学的关系。

语文教学的最大特点就是语言文字训练和思想政治教育的辩证统一，工具性和思想性是语文学科的基本属性。从语文教学的任务看，它包括：①知识教育。引导学生掌握字、词、句、篇等基本知识。②能力教育。培养学生听话、说话、阅读、写作四大能力。③智力教育。全面开发学生的智力，包括观察力、记忆力、想象力和思维力。④审美教育。培养学生对自然美的热爱，对社会美的追求，对艺术美的欣赏。⑤思想教育。提高学生觉悟，塑造学生灵魂。如果撇开这些，把语文课上成了技法训练课，不仅会使人感到枯燥乏味，更严重的是背离了语文学科的性质和任务。因此，学法指导不能游离于语文教学之外，而应融会在语文教学之中，要正确处理学法指导与语文教学二者之间的关系。

综上，学法指导正确的做法应该是：根据教学任务以及教情、学情，有机、和谐地渗透，既不能喧宾夺主，又不能浅尝辄止。

2. 注意学法指导的"准度"。

一篇文章的学法指导可能包含许多方面，导致语文学法指导的"多元性"，教学时，不能面面俱到，眉毛胡子一把抓。必须明确学法指导指向性，突出重点。在制订每篇课文学法目标时，细致、集中、恰当，尤其要注意操作和评价的可能性。例如，有位教师制订的《草船借箭》这篇课文的学法目标："围绕抓住重点词语前后联系读懂课文"，这就显得过于笼统，学生无法据此操作，教后对目标的达成度也很难评价。如果我们把它改为"在整体感知课文内容、弄清草船借箭的起因和结果的基础上，切入重点段，找出'神机妙算'与其他词语之间的内在联系，把握文章的主旨，从中学会围绕重点词句联系上下文读懂课文的方法"，这就便于学生操作学习了，评价学习效果也有依据了。这就是学法指导目标的准度。

那么如何优化学法指导目标的准度呢？我的观点是：体现语文教学大纲精神，突出每篇课语文特点，考虑学生认知规律，辨课文类型，辨文章体裁，辨施教内容，实现一法为主，多法为辅，互相渗透，融为一体。具体讲，有以下几点：

（1）情节感人的记叙文，可把感情朗读、品味欣赏作为学法指导的目标。

（2）层次段落比较清楚的、故事性强的课文，应当考虑把概述、复述、讲故事作为学法指导的目标。

（3）学生自已能读懂的课文，宜以训练独立阅读作为学法指导的目标。

（4）语言含蓄，内容较深的课文，可将训练创造思维作为学法指导的主要目标。

（5）说明文、常识性的课文，主要是训练学生自已去发现特点，课堂教学可采取讨论的方式。

（6）表现优秀人物的课文，要考虑把学会分析、评价作为学法训练的重点。

（7）写景或有大段景物描写的课文，学法目标应考虑定在训练联想上。

（8）诗歌，主要是学习朗读吟诵，展开想象，弄懂含义的方法。

3. 重视学法指导的“效度”

“效度”是统计学概念，是一个工具能够测出其所要测的东西的程度。语文学法指导的“效度”是指教师进行学法指导获取成功的程度。重视“效度”实质上就是最大限度地发挥语文课固有的优势，使学法指导功能的各项任务落到实处。

要想使学法指导具有更高的实效性，要想真正大面积、大幅度地提高学生的学习质量，就必须发展学生的积极的心理因素。学生的学习是由认识系统、智能系统、动力系统组成的复杂的心理过程。学法的掌握不光是认知的事，有智力活动，也需要非智力因素的参与。假如学生对学法没有自觉掌握的愿望，兴趣索然，情感淡漠，意志薄弱，学法的内化吸收就不大可能实现。要知道，自求才能自得，学习动力是掌握学习方法的心理保证。所以，教师在学法指导中，见法要见人，尤其要重视诱发领悟学法的兴趣，激发运用学法的情感，锤炼掌握学法的意志。这3个动力因素的参与，会使学生在掌握学法的全程中始终学而不厌，乐而不疲，难而不怯。所以，加强学生非智力因素的培养、提高，是促进学法指导效度的重要途径。具体讲应加强4个“培养”：

（1）培养学生正确的学习动机。

学习动机是直接推动学生进行各种学习活动，以达到一定目的内在动力，它在由各种动力因素组成的非智力因素系统中，起着主要的动力作用。它是非智力因素的核心内容，它能把学生的全部精神力量发动起来，进行卓有成效的学习。所以，很多优秀教师都非常注重激发学生的学习动机并以此作为教学的第一步。同样，教师在教给学生学习方法之前，也要有意识地激发学生掌握学习方法的动机。斯卡斯金说：“如果孩子没有学习愿望，教师的一切想法、方案、设想都会化为灰烬，变成木乃伊。”

（2）培养学生浓厚的学习兴趣。

从生理角度上讲，兴趣是学习的内部驱动力。学习兴趣是学生力争认识某种学习对象并参与某种学习活动的倾向和动力，是学习积极性中最现实、最活跃的因素，是课堂教学中推动学生探求知识的一种“激发剂”。有了兴趣，就可以使人入迷，发疯，变痴，更可以使人心甘情愿地克服重重困难去实现理想；倘若没有兴趣，也就难以使人追求，难以唤起人们学习的主动性和积极性。所以，教师不可忽视学生兴趣的培养。苏霍姆林斯基说：“没有兴趣就没有发现，就没有才能和爱好，就没有活的灵魂，就没有人的个性。”

（3）培养学生坚强的学习意志。

学习意志是指学生在学习过程中，自觉调节自己的行动去克服困难以达到预定目的的心理过程。良好的学习意志品质是指对学习具有坚持性、自觉性、顽强性和自控性，它是保证学习过程顺利进行的重要心理条件。学习过程是一种复杂而艰苦的劳动，总会遇到很多的困难，这就需要做出一定的意志努力。如果没有坚强意志，不但会使学生半途而废，而且还会影响智力水平的发挥和智力活动的顺利进行，正如墨子所说：“志不强者智不达。”

(4) 培养学生良好的学习习惯。

习惯对于提高学习效率，保证学习活动的顺利进行是至关重要的。不少学生学习方法不当、成绩低下的主要原因就是在于缺乏良好的学习习惯。习惯有优劣之分。优良的习惯可以保证一个人在一定的情况下，自动地进行一系列有关的动作，优良的学习习惯对于学习活动有着重大的促进作用。要彻底根除影响学习的不良习惯，如不注意选择学习环境；书籍、文具从不整理，丢三落四；不愿动手、动笔，不善于独立思考和分析问题；以及不愿预习，不及时复习等等。要积极地在学习实践中，领略学习的乐趣，当学生一旦体会到学习的乐趣时，就会巩固优良习惯，减弱不良习惯，保证学习活动顺利进行。正如叶圣陶先生所说：“养成了良好习惯，做人做事才能得心应手，好的态度才能随时随地表现，好的方法才能随时随地应用。”

总之，我们在语文教学中，进行学法指导，不但要把握“尺度”，还要注意“准度”，更要重视“效度”，只有这样，学法指导才能走出误区，改变高耗低效的现状。

34 继承和发扬我国古代学习思想

中华民族素有重视教育、热爱学习的优良传统。在中国古代文化教育发展史上，涌现出无数闪耀着智慧光芒的学问家。他们不仅为形成、发展和传播中华民族灿烂的古代文化做出了历史性的贡献，而且在长期的教学与治学实践中，留下了丰富的学习思想遗产。让中小学生从小知道一点孔孟韩朱等人的学习思想和学习方法，对弘扬民族文化，探索和揭示学习王国的奥秘，改善中小学生学习状况，提高青少年的整体素质，有着重要的现实意义。

本文将我国古代学习思想概括为十个方面，现依次加以概述。

1. 趣——乐知好学

趣，即兴趣。参与学习活动的“趣”，用现在的话说，就是爱好、热衷。兴趣是带有积极情绪色彩的心理倾向，是指对一定对象的指向性。

孔子是最早提出乐知好学的。他说：“知之者，不如好之者；好之者，不如乐之者。”意思是，对学习怀有很大兴趣，以学习为快乐之事，其学习效果最好。

元代教育家吴澄也主张乐学。他说：“读书当知书之所以为书，知之必好，好之必乐。既乐，则专在我。苟至此，虽不读，可也。”意思是，认识到了书的价值，必然好之乐之，产生读书的兴趣。

张载说得更深刻：“学者不论天资美恶，亦不专在勤苦，但观其趣向着心处如何。”意思是，如果一个人对学习感到索然无味，即使天资美好，且能刻苦勤奋，都不能使学习卓有成效。

以上言论表明，古人已经认识到学习兴趣是一种学习者对学习活动产生的心理爱好的倾向，是积极探索知识的一种带有情绪色彩的意向活动，是学习活动赖以发生和持续的强大动力。他们从切身体验中发现，如果一个人对他所学的东西发生了浓厚的兴趣，那么，他就会在这方面主动地、积极地、执著地去探求，表现出强烈的求知欲望，而且不觉得学习是一种负担，反而是一种精神享受。如果一个人对学习不感兴趣，就会产生厌学情绪，感到学习是一种难以忍受的痛苦，就会懒于思考，不肯钻研。我们说，这些精到的见解，与现代心理学的兴趣理论是相暗合的。

2. 勤——业精于勤

勤，即勤奋，就是肯下功夫。学习要孜孜以求，勤勤恳恳，发扬勤勉精神，这是古代学者治学成功的重要经验。

勤奋是学习者在学习过程中，经过长期不懈的努力而形成的一种积极的性格特点，又是学习不可缺少的心理条件。韩愈认为："业精于勤，荒于嬉。"叶适认为："天下之物，未有人不极其勤而可以致其用者也。"

如何做到勤奋学习呢？朱熹主张："凡人便是生知之资，也须下困学勉行的功夫方得。"阎若璩指出："人一能之，己百之；人十能之，己千之。"郑板桥强调勤奋精神首先应表现在为学要能"自刻苦，自愤激，自树立。"

古人勤于学习的故事不胜枚举，诸如顾欢燃糠、车胤囊萤、孙康映雪、匡衡凿壁等等，无不传为美谈。白居易在《与元九书》中道出了自己勤学的甘苦："二十以来，昼课赋，夜课书，间又课诗，不遑寝息矣。以至于口舌生疮，手肘成胝。"白居易之所以成为唐代伟大的诗人，在很大程度上取决于他勤奋地学习。由此可见，"业精于勤"的确是一条平凡的真理，或者说是一条重要的学习规律。

3. 恒——持之以恒

恒，即恒心，就是持久不断、善始善终的意志品质。学习是一个由少到多，由浅入深，长期积累的过程，没有坚忍不拨的毅力，锲而不舍的精神，不达目的决不罢休的决心，就不能取得成功。纵观古今人物，在为学上莫不是善始者繁，善终者寡；求学者众，成学者少。

孔子说：“譬如为山，未成一篑，止，吾止也；譬如平地，虽复一篑，进，吾往也。”无数事实证明，真正能登上学问高峰的，并不是虽然已经取得了某些成就半途而废的人，而是能勇往直前的人。

荀子说：“不积跬步，无以至千里；不积小流，无以成江海。骐骥一跃，不能十步；驽马十驾，功在不舍。锲而舍之，朽木不折；锲而不舍，金石可镂。”世界上的事物都是由量的积累到质的变化，在学习方面，促使它成功的条件就是持之以恒。

总之，古代学者认为“恒”是学习不可缺少的心理条件，持恒是为学必须的态度。学习过程中如果有恒心，有毅力，能坚持，一定能获得成功；反之，学习如果一暴十寒，时断时续，必然荒废学业，浪费精力。古代学者的治学经验充分说明了这一结论。

4. 序——循序渐进

序，即顺序，就是学习内容的逻辑顺序。学习者知识积累和智能发展的顺序，以及学习者的认识顺序。这些“序”在人的学习过程中是紧密联系、互相配合、彼此作用的。

古代学者治学是非常讲究循序渐进的。朱熹主张：“读书之法，在循序而渐进，熟读而精思。”“未得乎前，则不敢求其后，未通乎此，则不敢志乎彼。”他最反对的是杂乱无章，企图一步登天的读书方法。

周永年在《先正读书诀》作了形象的比喻：不按顺序杂乱地读书，就像一个饿肚子的人走进了饭馆，看到大盆小碗，鱼肉糕饼乱七八糟地放在面前，于是就左手拿一块，右手抓一把，一下子都塞进嘴里，三嚼两咽急急忙忙吞下去，虽然填满了肚子，但是并没有尝到饭菜的滋味，因此根本不知道吃的是什么东西。

王夫之强调：“有初学难而后易者，有初学易而后难者，因其序则皆可使之易。”这句话意思是：人在学习开始时，无论是遇到先难后易，或者是先易后难，只要能遵循知识内在的有序性规律，坚持下去，最终总会在学习上得心应手。

综上可见，古代学习论的序进统一规律，是颇有理论价值和实践价值的。学习者如果能够站在辩证唯物主义认识论和现代科学的基点上，准确地把握这一规律的科学含义，并把它贯彻到学习活动中去，使自己的学习“循循而有序”，就一定会收到事半功倍的显著效果。

5. 专——专心致志

专，即学习态度。就是学习应专心，全神贯注，不要三心二意，心不在焉。

孟子曾以下棋为例，形象地说明了专心的重要性。他说：如果请一个围棋高手教两个学生走棋，一个专心致志，另一个却胡思乱想，一心以为有一只天鹅快要飞来，想去拿弓箭射它。其结果后者的学习一定不如前者，这绝不是由于他们智力上的差异，而是由于他们专心不专心的关系。这就是说，学习上的差异，主要的是决定于人对学习的专心与否，而不完全取决于人的天资高低。

汉代著名学者刘勰对专心致志的含义作了更为详细的说明。他说：“学者出于心，心为身之主，耳目候于心。若心不在学，则听讼不闻，视简不见。如欲练业，必先正心，而后义理入焉。”也就是说，把心放在所学上，精神贯注，是耳目接受信息的前提。如果心不在学，则只能是充耳不闻，视而不见。

总而言之，专心致志，全神贯注，是我国古代学者积累起来的一条重要的治学经验，它与现代心理学对注意这一心理品质在人学习活动中的作用的论述相符合，值得广大青少年朋友借鉴。

6. 虚——虚怀若谷

虚，即学习应虚心而不自满，老实而不掺假，严谨而不疏漏。谦虚是人的美德，也是治学必备的品质，古代学者都强调学习要虚心。

孔子认为学习是为了充实提高自己，不是为了在别人面前炫耀，因此，应该有谦逊的态度，“知之为知之，不知为不知。”

荀子一方面反对不懂装懂，自欺欺人，另一方面还提出了“虚一而静”的原则，其中“虚”就是指虚心，就是“不以所己藏，害所将受”，不以先人之见或已有的知识妨碍对新事物或他人意见的接受。他认为，一般的人往往都容易自以为是，先入为主，以个人的偏私或成见拒绝、排斥接受新的知识，这是学之大忌，必须努力克服。

张载也主张排斥陈见，虚心以学。他认为虚心就是要做到如赤子之心，毫无成见、毫无积习所碍，这样自然会虚空录通，无一物不体，无不处不感，求知欲必然大增，学习也会自然前进。

朱熹也认为治学必须有虚怀若谷的态度，如果固执己见，死抱陈说，就无法接受新知识。因此，他主张“看书须虚心看，不要先立说”，“若不濯去旧见，何处得来新意来。”

总之，骄傲自满是学习的大敌，虚心学习才能使学问日进日得，遂成博大精深。因此，“满招损，谦受益”这句蕴含着丰富而又深刻哲理的古代治学名言，至今仍然不失为我们进学修业的座右铭。

7. 思——学贵有疑

思，即体察、明辨、玩味。学是信息的输入，思是信息的处理。学习与思考是学习过程中两个决定性的环节。只学习不思考，必然茫然无得，这就是孔子所说的“学而不思则罔”。

程颐也认为：“为学之道，必本于思，思则得之，不思则不得也。”在这里，古人把思维看成是获得知识的关键，是巩固知识的前提，深刻地阐明了独立思考对学习的重要作用，是难能可贵的。

另外，古人还提倡学贵有疑。陈献章说：“前辈谓学贵知疑。小疑则小进，大疑则大进。疑者觉悟之机也，一番觉悟，一番长进。”有疑才有自己的深入思考，有疑才有向人求教的动机，疑就是学求进步的心理反映。学习只是一味埋头读书，提不出什么问题，这种学习也是没有益处的。

学贵有疑更深层次的表现就是创新，就是批判，不信师泥古，不拘守陈说。孟子就曾说："尽信书，则不如无书。"王充是一位反对"颂古非今"的著名学者，他首先批判了唯师、唯书、唯古的盲目迷信的不良学风，指出盲从限制了人们独立思考和创造力的发展，他主张用怀疑批判、思考创新的态度去从事学习。他说："世儒学者，好信师而是古，以为圣贤所言皆无非，专精讲习，不知问难。夫圣贤下笔造文，用意详审，尚未可谓尽得实；况仓卒吐言，安能皆是？"

古代学者的以上思想告诉我们：学习既不能凭主观臆测，又不能拘守旧学，而应独立思考，有所创新。只有把学习与独创、批判与继承、推陈与出新结合起来，才能学有所得。古代学者的精神是难能可贵的。

8. 问——好问则裕

问，即询问。不知道、不明白的事情或道理请人解答。对于人们读书学习、探索求知的过程，我们的先哲称之为做"学问"。"学问"，顾名思义，就是既要勤于学，又要勤于问，学和问不能拆开，它们是嫡亲姐妹。关于"问"，古人有很多见解。

孔子说："敏而好学，不耻下问。"这是孔子说孔圉生前聪明而又好学，不以向地位比自己差的人请教为羞耻。

荀子说："知而好问，然后能才。"这句话意思是聪明并且喜欢向别人请教，然后才能成为有才能的人。

郑燮说："读书好问，不问不得，不妨再三问，问一人不得，不妨问数十人，要使疑窦释然，精理迸露。"这句话意思是真知灼见，首先来自多思善疑。有了疑问，要虚心地向别人请教。请教要不耻下问，不厌其烦，以弄懂为止。

这些见解多么精到，他们这些闪光的语言，正是自己一生做"学问"的总结，那就是不仅要重视"学"，还要重视"问"，只有时刻不忘"问"这把开启知识宝库之门的"钥匙"，才能达到索取智慧之花的目的。

9. 习——温故知新

习，即复习。复习是与遗忘做斗争的最基本方法，是巩固记忆，加深理解，获得新知识的基础。

孔子很重视复习，他主张“学而时习之，不亦悦乎。”在《论语》里，孔子又提出：“温故而知新，可以为师矣。”朱熹继承和发挥了这一思想，他解释“学而时习”时说：“时者，无时而不然也；习者，重复温习也。”他认为，学而不习，则感到生疏，不能巩固于心；习而不时，工夫间断，也达不到巩固知识的目的。

“温故”所以能够“知新”，是因为新旧知识之间存在着内在的必然的联系。这些已有的知识，主要是有关知识的概念、原理、规律、范畴等构成了学生学习新知识的基础，学生只有以这些知识作为广泛迁移的基础，才能使自己在学习新知识时，思维通达，左右逢源，举一反三，触类旁通，不断扩大和加深知识。而离开了这些知识基础，便不可能在新问题面前从旧知识中受到启发，获得新体会，新知识就成了无源之水，空中楼阁，掌握新知识便只能是美妙的幻想。所以，不能躐等而学。这反映了古人对新旧知识之间内在关系的看法，是符合学习规律的。

10. 行——学以致用

行，即运用知识，是指练习、做事、实践。知识是人类在社会实践中积累起来的智慧的结晶，它本身具有巨大的能量。但知识凝结在书本上的却只是一些文字符号，因此，它只是一种潜在的能力。要把潜在的能力转化为实际的能力，就必须把学习同实践结合起来，对知识进行经常的多样化的练习和运用。所以历来人们主张学与行结合，提出了学以致用的原则。

朱熹说：“为学之实，固在践履。苟徒知而不行，诚与不学无异。”

黄希说：“学而不知道，与不学同；知而不能行，与不知同。知而后行者，上也。”

司马光说：“学者贵于行之，而不贵于知之。”

颜元认为：“心中醒，口中说，纸上作，不从身上习过，皆无用也。”

古代学习论以知识的应用作为学习的目的，主张书本知识与实际生活相联系，在行动中学习，做到知行结合，学以致用，这在学习过程中有着特别重要的意义，是值得我们认真研究和参考的。

我国古代关于学习的思想是非常丰富的，其内容决不限于以上所列十项，由于篇幅所限，其他内容不再赘述。

35 古诗教学学法指导操作程序

任何学习方法，无不呈现为一定的操作程序。所谓操作程序就是学习方法的动态展开。宋代朱熹所说的“读书之法，在循序而渐进”就是这个道理。那么，学习古诗有怎样的操作程序呢？按照古典诗词的内在逻辑，根据小学生的认识规律，我们可以把学习古诗的操作程序定为：知诗人——晓背景——明诗题——释字词——译诗句——悟诗情——练朗读这样七步。学生凭借教师的这一教学程序，就可以掌握学习古诗的一般方法。

1. 知诗人

知诗人就是了解诗歌的作者是谁，他生活在哪个朝代。知诗人目的有二：一是增加学生的语文知识，二是加深对作品的理解。介绍作者切忌倾盆大雨，无的放矢，大讲特讲诗人的生平事迹、文学观点、创作道路等资料。因为这是小学语文课，而不是中学的文学常识课。

2. 晓背景

诗歌是时代的最强者，是诗人的心声。一首诗的产生，总有它一定的时代背景。因此，学习古诗首先得了解诗歌的历史背景。例如林升写《题临安邸》，当时的社会现实是这样的：北宋被金国灭亡之后，宋高宗赵构逃到江南，把临安作为都城，形成偏安江南的小朝廷。处于这种险恶形势下的南宋王朝，照理应该接受北宋灭亡的教训，励精图治，重用贤良，以图恢复北方失地，回都汴京。但昏庸的统治者却蹈着北宋灭亡的覆辙，继续走妥协投降的道路，任命卖国贼秦桧为宰相，对金人屈膝求和，把淮北广大国土拱手让与金人。诗人林升目睹杭州纸醉金迷的腐败景象，内忧外患，触景生情，才写下了这首忧国忧民的爱国诗篇。

3. 明诗题

不管学哪一首古诗，都得从题目入手，明确题目意思。例如学习《题西林壁》，应告诉学生："题"是书写，这里作题诗解，"西林"即西林寺，是庐山的一座庙宇，"题西林壁"是写在西林寺墙壁上的诗。

选入小学语文课本中的古诗的题目大致可以分为以下几种类型：①以人名篇，如范仲淹的《江上渔者》；②以事名篇，如刘长卿的《逢雪宿芙蓉山主人》；③以景名篇，如柳宗元的《江雪》；④以物名篇，如李贺的《马》；⑤以地名篇，如王维的《鹿柴》。

4. 释字词

小学生学古诗理解字词是难点，因此必须逐字逐词帮助学生弄懂。方法有5：①认识生僻字。如王之涣《登鹳鹊楼》中的"鹳"字，要告诉学生，"鹳"，是形声字，从鸟，读藋（guàn），鹳鹊又写为鹳雀，形似鹤，是羽毛灰白色的食鱼类水鸟。②分析多音字。如王安石《梅花》诗中"墙角数枝梅"的"角"字，应解为墙壁角落，读 jiǎo；作"角色"用则念 jué。③比较形近字。如龚自珍《己亥杂诗》中"九州生气恃风雷"的"恃"字，可引导学生与"侍"、"特"字作比较："恃"字从"忄"，读 shì，是依靠、凭借的意思；"侍"字从"亻"，也读 shì，服侍、伺候的意思；"特"字从"牛"，读 tè，特殊、尤其的意思。④指出通假字。如王维《鹿柴》的"柴"字，也写作"砦"，同"寨"，读 zhài，不读 chái。⑤辨别义迁字。如杨万里《宿新市徐公店》中"儿童急走追黄蝶"的"走"字，古义为"跑"，我们现在说的"走"，在古代叫"行"。

5. 译诗句

古诗最讲究凝炼，要求用极为有限的词句，表达尽可能多的意思；同时又要求整齐押韵，还有种种格律规定。因此，翻译是学习古诗的难点。译诗句常用的方法有：①保留法。释译古诗，凡遇到古今意义相同的字词、古今词序相同的句子，以及帝号、国号、年号、人名、地名、物名、官名、度量衡单位等，在译文中都可以保留下来。如："不及汪伦送我情"中的人名"汪伦"，"欲穷千里目"中的"千里"是古今同形同义的词语，"不知细叶谁裁出"一句的词序和现代汉语的词序相同，翻译时都可以保留下来。②增补法。古诗受字数、平仄等限制，加上诗歌内容跳跃性强，往往省略某些句子成分或内容，翻译时应根据现代汉语的习惯和内容的需要，作必要的增补。如"林暗草惊风"，省去表示被动的介词"于"，"草惊风"应译成"草被吹来的风惊动了。"③替换法。在现代汉语中一般已不再用的文言词，须用现代汉语中意义相同的词语来替换。如"移舟泊烟渚"中的"舟"应换译为"船"，"渚"应换译为"水中小洲"。"松下问童子"中的"童子"，应译为"小孩子"。④移位法。由于古汉语语法和古诗受格律限制等关系，古诗中有的句型语序与现代汉语不同，翻译时必须按照现代汉语的习惯进行移位。如"万条垂下绿丝绦"中的"万条垂下"，翻译时，应将词序调整为"垂下万条"，可译为"垂下了万条（绿丝似的柳枝）。"

6. 悟诗情

理解了一首诗的句面意思，还不能算是把一首诗真正地读懂了，还必须领悟诗的意境。对于写物写景的诗，我们要展开丰富的想象，再现作者所描绘的生动画面。如读了《鹅》以后，我们可以想象，一只鹅，白色的羽毛，浮在绿水上，水里有红色的脚掌，多美丽啊！它伸着长长的脖子，拨动着红色的脚掌，在碧绿的水里游来游去，多么可爱啊！对于借景抒情的诗，我们要从景中悟出作者所抒发的情感。如读《登鹳鹊楼》，从作者对黄河一泻千里的雄伟气势，长河落日后的壮丽景色的描写中，不难领悟出诗人那种昂扬向上的进取精神。

7. 练朗读

古诗以其特具的音韵美、节奏美和状物抒情之美，最能激起学生的朗读兴趣。因此，朗读是学习古诗的重要方法之一。在要求上，应做到：读准字音，读出节奏，把握韵尾，体会感情。古诗朗读分三步，第一步，了解性朗读，第二步，理解性朗读，第三步，欣赏性朗读。朗读古诗犹如登山，了解性朗读，像在山底，仰望山势，目有全貌；理解性朗读，像在山腰，流连一石一涧，一草一木；欣赏性朗读，像在山顶，举目远眺，悠然自得。

36 比较学习法在阅读教学中的运用

人们认识事物，总是自觉不自觉地从区分事物的异同开始。而要区分事物，第一步就是比较。有比较才能有鉴别。吕叔湘先生指出：“一切事物的特点，要跟别的事物比较才显示出来。语文也是这样。”

什么叫比较学习法？所谓比较学习法是指在学习中对不同材料进行由此及彼、由表及里、由已知到未知的对比分析，弄清异同点的一种思维方法。比较学习法在阅读教学中有着特殊的意义，它能有助于全面了解材料，达到立体认识的效果。如学《卖火柴的小女孩》时，教师在学生初步了解课文大意之后，就可以引导他们展开多角度的对比，启发学生思考。作者为什么要多次写故事发生在一个寒冷的除夕之夜？（时间对比：欢聚之夜——冻饿而死）作者为什么要写小女孩美丽的头发？（形象对比：体态美丽——生活痛苦）作者为什么反复写小女孩擦燃火柴产生的幻想？（心理对比：幻想美丽——现实残酷）小女孩冻死街头，可为什么作者说她是走向幸福？（哲理对比：活着痛苦——死去“幸福”）通过比较，学生更深刻地理解了课文，造成强烈的教学效果。

比较学习法用于阅读教学，一般说来可以从以下几个角度入手。

1. 比较汉字

汉字是音、形、义结合体，众多的汉字，音、形、义之间既有相同之处，又有不同之处。有些字字音相同，字形不同；有些字字形相同，字音不同；有些字字形相近，字音也相似。要想读准字音，认清字形，了解字义，就得做一番比较，在比较中加以鉴别，从而发现汉字音、形、义之间的相同点和相异点，以达到正确识字的目的。

（1）比较字音。适用于多音字，方法是据词定音。汉字中有不少字是多音字，学习多音字，要据词定音，依靠字义作为分辨字音的手段，如，快乐（lè）—— 音乐（yuè），长（cháng）短—— 首长（zhǎng），重（chóng）新—— 重（zhòng）要。据词定音，可以防止把字读错。

（2）比较字形。适用于形近字，方法是同中求异。形近字大同小异，差别细小，有的一笔不同，有的局部不同，有的多一笔或少一笔，有的长一些或短一些，如，夫和天，没和沿，今和令，士和土。独立识字时，采用比较方法揭示字形之间的差异，可以避免出现错别字。

（3）比较字义。适用于同义词，方法是依句辨义。汉语词汇中存在大量的同义词，对于同义词的辨析，常常要放在具体语言环境之中，通过对照分析，细微的差别就能清楚地显露出来。如，屹立、矗立、耸立这三个词，都表示立的姿态，都有直立的意思，适用于物，也适用于人，如，“巨大的桥身横卧在九个屹立江心的桥墩上。”“刘胡兰像钢打铁铸的巨人一样屹立在那里。”“矗立”表示又高又大的事物立的姿态，如，“桥头堡前，矗立着巨大的工农兵塑像。”“耸立”偏重于表示高而突出的姿态，如，“山顶上耸立着几棵苍劲的青松。”

2. 比较词语

在词汇的海洋里，同义词是一支庞大的队伍。拿小学语文课本来说，一课里有两三组、五六组同义词的并不鲜见。同义词的大量存在，使人们能够精确地反映事物、概念之间的细微差别，准确地表情达意。在阅读教学中，结合具体的语言环境，进行同义词比较，不但能深入理解课文的具体内容和作者的思想感情，而且还能培养学生的语感，提高辨词、造词、用词的能力。

在《我的伯父鲁迅先生》一课中有“爱戴”和“爱抚”。这两个词都是动词，都表示对人有深厚的感情，但它们在词义和运用场合等方面有差异：“爱戴”着重指“尊敬热爱并且拥护”，常用于群众对领袖、下级对上级、幼辈对长辈以及对自己所热爱、敬重的人。课文中写道：“那时我有点惊异了，为什么伯父得到这么多人的爱戴？”这里用“爱戴”一词，就突出了鲁迅的伟大，真实地写出了当时社会上进步人士对鲁迅的敬重、热爱，同时又准确地表达了作者的思想感情。“爱抚”着重指“疼爱、安慰”，常用于长辈对幼辈、上级对下级，运用场合正好和“爱戴”相反。课文中写道：“我……想到就要永远见不到伯父的面了，听不到他的声音了，也得不到他的爱抚了，泪珠就一滴一滴地掉下来。”这里用“爱抚”一词就反映了鲁迅平时对小辈的关心、爱护、教育、帮助。

3. 比较句子

句子，是语言的基本结构单位，也是篇的基础。在阅读教学中，让学生辨析、咀嚼、领会句子的思想感情，这对学生理解课文的主要内容和中心思想，深入体会文章语言的精巧，训练和发展学生的思维，都有着极其重要的作用。

《荷花》第二段描写荷花的样子，共有六句话：“荷花已盛开了不少了。荷叶挨挨挤挤的，像一个个碧绿的大圆盘。白荷花在这些大圆盘之间冒出来。有的才展开两三片花瓣儿；有的花瓣儿全都展开了，露出嫩黄色的小莲蓬；有的还是花骨朵儿，看起来饱胀得马上要破裂似的。”为了让学生确切地理解这一段的内容，并学习这一段的表达方法，有位教师设计了与这一段文字内容相同而语句不同的另外六句话，写在小黑板上：“荷花已盛开了不少了。荷叶很多，是绿的，是圆的。白荷花长出来。有的刚开。有的全开。有的要开。”她让学生比较，看看哪段话写得好，好在什么地方。

通过比较，这两段话的工拙，十分清楚，不必多作说明，学生也能分辨出来。老师设计的那段话，只对荷花作笼统的叙述，给人的印象是模糊的；而课文中的那段话，则刻画了荷花的神态，色彩，写出了荷花蓬勃的生机，流露了作者喜爱的感情，是一个生动的特写镜头。它吸引着读者去欣赏，去回味生活中见到过的情景。为什么写得这么好呢？这是由于作者观察得细致，能抓住荷花的特点，并且选用了确切的词语来描写。

4. 比较句群

一组有明晰的中心意思，前后衔接连贯的句子叫句群。句群是大于句子小于或等于自然段的语言单位。进行句群比较主要是研究句群的结构样式，认清连句成段的逻辑关系，搞好片断训练。如下面四个句群：

（1）有的战士滑倒了，架桥的同志就用头把他顶住；有的战士踩着架桥同志的肩膀，架桥的同志就咬紧牙顶着；有的战士滑到河里去了，架桥的同志就赶快把他扶上去。(《人桥》)

（2）松鼠是一种美丽的小动物。它玲珑的小面孔上，嵌着一对闪闪发光的小眼睛。一身灰褐色的毛，光滑得好像擦过油。一条毛茸茸的大尾巴，总是向上翘着，显得格外漂亮。(《松鼠》)

（3）西沙群岛一带，海水呈现出种种色彩，有深蓝的、淡青的、绿的、淡绿的、杏黄的，一块块一条条交错着，五光十色，异常美丽。因为海底有高耸的山崖，有低陷的峡谷，所以海水有深有浅，从海面看，色彩也就不同了。(《富饶的西沙群岛》)

（4）有一次，火车开动的时候猛地一震，把一瓶白磷震倒了。磷一遇到空气马上燃烧起来。许多人赶来，和爱迪生一起把火扑灭了。车长气极了，把爱迪生做实验的东西全扔了出去，还狠狠地打了他一个耳光，把他的一只耳朵打聋了。(《爱迪生》)

通过比较，学生会发现：（1）是并列式句群。一共三句话，每个句子前半句讲过桥的战士怎样，后半句讲架桥的战士怎样，三句话是并列的，构成一组排比句，真实地写出了解放军战士不怕艰难险阻，胜利通过“人桥”的英雄气概。（2）是总分式句群。一共四句话，第一句先总的讲松鼠是一种美丽的小动物，第二、三、四句分别从松鼠的眼睛、毛和尾巴这三个方面具体加以说明。（3）是因果式句群。一共两句话，第一句讲海水的种种色彩和由这些色彩构成的“五光十色”的美丽画面，第二句讲海水种种色彩形成的原因。（4）是接续式句群。一共四句话，第一句写火车开动震倒白磷瓶，第二句写空气燃烧，第三句写人们救火，第四句写爱迪生挨打。四句话构成一个接续式句群，内在联系非常紧密，前后不能颠倒。

5. 比较篇章

语文教学实施的最小单位是单篇文章的教学。但为了让学生认识事物的同中之异或异中之同，有时也可以把两篇文章放在一起学习，进行同类比较，这样，可以加深学生对课文的理解，促使创造性思维更加活跃。如古诗《陶者》和《蚕妇》都是宋诗五言绝句，在思想内容和艺术表现形式上具有共同的特点，都反映了封建社会中劳而不获和不劳而获的不合理现象，表现了对劳动人民的极大同情，而且都是以从事劳动的职业者命题的。但仔细看，却同中有别。《陶者》运用的是对比的手法；《蚕妇》则是运用倒叙的手法。教学时，教师可以把辨别异同作为发散点，活跃学生的创造性思维。

再如《望庐山瀑布》和《题西林壁》都是歌咏庐山的，但绘景意图迥然不同，一首旨在传情，一首意在达理。《望庐山瀑布》借景抒情，重在一个“情”字。诗人以生动的笔触有声有色地描绘了庐山香炉峰红日升腾，紫烟缭绕，山间飞流直泻，银光耀眼的雄奇景象，诗中跳荡着诗人狂喜的豪情，反映了诗人对祖国山河的无限热爱。诗人寓情于景，以情感人。《题西林壁》缘景说理，重在一个“理”字。诗人并没有着意去描述庐山瑰丽的景象，而是从大处着笔，概括地抒写游览庐山的一个总印象：正面看，千山万岭，逶迤起伏；侧面看，峰峦叠嶂，高耸险峻。远眺、近视、鸟瞰、俯视，所见奇景各不相同。诗人在绘景中揭示一个普通的哲理：看问题要客观些，不要主观片面。诗人篇外有意，启人深思。

通过对照比较，我们可以把握教学重点：教学《望庐山瀑布》应侧重于“情”的感染，让学生理解诗人抒发的是什么样的感情；教学《题西林壁》则要注重于“理”的启迪，使学生明白诗人通过形象来阐明道理。

37 小学语文课外阅读学法指导

阅读是最重要的基础能力，阅读能力是一个非常复杂的心智活动。阅读能力的形成要在大量的阅读实践中获得。就时间说，阅读教学仅仅着眼于课内 40 分钟远远不够；就空间看，阅读教学仅仅局限在课堂内同样难以奏效。教师必须把教学的视野从课内扩大到课外，指导学生利用各种时间，通过各种渠道，加强阅读训练，这样才能有效地提高阅读教学的质量。一句话，课内教学与课外阅读犹如车之两轮，鸟之两翼，缺一不可。

就目前情况看，大部分小学生还不善于课外阅读，其表现是：

1. 只读不记。正确的读书习惯是“不动笔墨不读书”，反之，尽管读了万卷书，也将一无所获。

2. 只读无疑。疑问是知识获取的基点，是完成认识由无知到有知的重要的转化过程，没有疑问就难以取得新知。

3. 只读不思。古人说：“俯而读，仰而思。”说明读书要做到边读边思考，才能读出新意。

4. 只读不积。知识需要边学边积累。善学者不仅把知识内贮于脑子里，更重要的是要外贮在知识的档案中。

基于上述认识，我们有必要在语文教学中加强课外阅读学法指导。

1. 指导学生选好读物

古人云：“书富如入海，百货皆有。人之精力，不能兼收尽取，但得其所欲求者尔。”面对浩瀚的书山文海，教师要做好“导航”的工作，帮助学生精选慎读。

清代学者唐彪在《读书作文谱》中把书籍分为五等，主张按等选择读物："有当读之书，有当熟读之书，有当看之书，有当再三细看之书，有必当备以资查之书。书既有正有闲，而正经之中，有精粗高下，有急需不急需之异，故有五等分别也。"据此，课外读物可分为五个层次：（1）与课内教学密切相关的书，是当读之书。（2）使学生形成知识系统，与培养语文能力有关的，是当熟读之书。（3）属于与语文有关的报纸杂志，是当看之书，让学生日常广泛浏览，扩大视野，发展智能。（4）有代表性又有相当深难度的名著，属于当仔细精密地再三细看之书。（5）属于字典、辞典方面的书，是必当备以资查之书，这是读书的工具，要让学生熟悉它们，并善于运用。

教师指导学生选择课外读物必须以精、当、佳为原则。所谓精，是精心挑选，教师事先要经过比较、鉴别，选取有代表性的，不能多多益善，良莠不分。所谓当，是根据课内教学情况，以及学生的阅读心理和阅读能力，讲求适度、适量、适时、适味。所谓佳，指选择和推荐的读物必须是情文并茂，有益于学生身心健康的。总之，语文教师必须善于为学生选择课外读物，使课外读物真正能增知益智，成为学生的良师益友。

2. 指导学生掌握基本的阅读方法

阅读方法因文而异，因人而异，不能强求一律。但教师还是应该把基本的常用的阅读方法介绍给学生。掌握了最佳的阅读方法对于提高阅读效益，培养顽强的学习心理品质，养成良好的阅读习惯将起到重要的作用。

课外阅读的基本方法有以下几种：

（1）精读法。

所谓精读，就是咬文嚼字，由表及里精思熟读。元代学者程端礼说："每句先逐字训之，然后通解一句之意，又通解一章之意，相接续作去，明理演文。"这是传统的三步精读法。第一，在认读方面，要求按照顺序仔细地看清每一个字，不允许错认和漏认。第二，在理解方面，要求对文章的词、句、段、篇都要进行深入的分析和思考；对于词，不仅要弄懂它的表面意义，还要理解它的表达作用和感情色彩；对于句子，不仅要了解它的表达的直接意思，还要领会它的深刻含义；对于段落，不仅要会概括它的大意，还要懂得它在全篇中的地位和自身的结构；对于全篇，不仅要能归纳出它的中心思想，还要明了它的结构方式和作者的思路。第三，在评价方面，要求能够对文章所表达的思想内容和表达方式做出客观的衡量和判断。

（2）浏览法。

所谓浏览，就是大略地看，泛泛地阅读。拿到书籍、杂志或报纸粗略地翻一遍，脑子里有个轮廓，目的在于侦察、调查、选择和寻找与自己学习有关的阅读资料。浏览可分扫描式和跳跃式两种。扫描式，其特点是在阅读时，视线快速运动，按行按段扫视读物，每次扫视只注意其中少数几个重要的字。跳跃式，着重扫视段落的开头、结尾，注意标题和特殊字句，有的段落根本不看，甚至整页整页翻过去。这种被鲁迅先生称之为“随便翻翻”式的阅读方式，由于节省时间，节省精力，小学生是可以采用的。但必须向学生提出，浏览并不是意味着马马虎虎地读，浏览的意向性仍然是很强的。

（3）笔读法。

所谓笔读，就是以笔记来辅助阅读的一种读书方法。笔读，是古今中外名人学者读书的宝贵经验，“不动笔墨不读书”就是对笔读的精辟概括。笔读不但能加深印象，增强记忆，还能促成潜思索，启迪创造，积累资料，备查待用。笔读的形式有三种：①勾画式。一边阅读一边在书上作各种记号，对重点难点、精彩语句、生字新词、段落划分、存疑之处进行勾画。②评点式。阅读时，把自己对文章的理解、看法和体会写在书页的天头、地脚或空白处，写下这“一得之见”或“一隅之得”，有利于学生分析、概括、归纳、判断能力的提高。③摘抄式。阅读时，把书中自己认为精粹的语言、独到的见解、哲理丰富的段落、着实可靠的资料，一丝不苟地摘录下来。这样做，既能积累知识，还能牢固记忆。

3. 指导学生掌握几种常见文体读书法

对小学生来说，诗歌、寓言、童话、游记、记叙文、说明文是他们喜闻乐见的文体，教师要授之以法，提高学生的阅读能力。

（1）诗歌阅读法。

诗歌是高度集中地概括现实生活的文学作品。它通过凝炼、形象的语言，抒发表达浓烈的思想感情，集中概括地反映自然景物和社会生活。它具有形象鲜明、感情强烈、想象丰富、语言精炼、音韵和谐、节奏鲜明等特点。根据这一特点，诗歌阅读法的基本要领是：①认真、反复地对全诗进行朗读吟诵；②结合上下诗句，对每句诗的内容和所表达的意思进行分析，弄清每句诗的含义，进行反复的推敲；③认真分析诗歌的艺术形象；④结合诗歌的阅读，展开丰富的想象；⑤分析并学习诗中的语言。

（2）寓言阅读法。

寓言是一种熔哲理和文学为一炉的文学体裁，即编一个小故事，让读故事的人心中领会到一定的道理。寓言的特点是：集中单一的情节，借此喻彼的手法，含蓄生动的语言。根据这一特点，寓言阅读法的基本要领是：①把握故事本体，明确人物关系；②把握寓言本体，明确实际意义；③进行情景转换，明确生活哲理。

（3）童话阅读法。

童话是在现实的基础上，运用适合儿童的语言，以拟人、夸张的手法，通过丰富的想象、奇妙的幻想、饶有兴趣的情节，创作出来的虚构的故事。根据这一特点，童话阅读法的基本要领是：①仔细阅读，搞清童话故事的主要内容；②精读童话重点部分，在理解童话内容的基础上，初步体会童话中心；③再读童话，挖掘童话塑造形象所反映的思想意义。

（4）游记阅读法。

游记是以生动、轻快的笔调描写游览见闻，抒发游览感兴的一种散文体裁。根据这一特点，游记阅读法基本要领是：①找出作者的游踪线素；②抓住作者描写风光的观察点；③理解作者在描写观赏风光时所倾注的感情。

（5）记叙文阅读法。

记叙文是指以记叙、描写为主要表达方式，记人、叙事、写景、状物的各种文章。它通过具体生动的形象来反映社会生活，表达作者的思想感情。根据这一特点，记叙文阅读法的基本要领是：①弄清记叙的要素；②把握记叙的线索；③感受具体形象；④学习写作方法。

（6）说明文阅读法。

说明文是用简明的文字，对某一种事物的性状、构造、性能、用途、用法进行介绍，或对某一问题发生的原因、发展的经过加以说明的文体。根据这一特点，说明文阅读法的基本要领是：①一读，搞清说明对象；②二读，理清说明顺序；③三读，了解说明方法；④四读，体会语言特点。

38 汉语拼音教学的经验与教训

1958年2月，全国人民代表大会通过决议，正式批准《汉语拼音方案》在全国推行。周恩来总理在公布《汉语拼音方案》时指出：“汉语拼音方案作为帮助学习汉字和推广普通话的工具，应该首先在师范、中小学校进行教学。”根据周总理的指示，1958年秋季，汉语拼音编入小学语文课本。从此，废止了注音字母，40多年来，汉语拼音一直被视为小学生入学后的一项不可或缺的语文学习内容。

把汉语拼音教学纳入小学语文教学之中，最初的目的是利用汉语拼音帮助识字和学习普通话。但由于《汉语拼音方案》刚刚公布，人们对《方案》还缺乏认识，加上经验不足，在教学内容安排上出现了多而复杂的现象。要求一年级小学生学会《方案》上的21个声母、37个韵母、四个声调及轻声、拼音方法和全部拼写规则。从积极的角度讲，这样安排保持了《方案》的完整性和系统性，但对入学不久的儿童来说，学起来吃力，困难太大。比如拼写规则有四条，j、q、x和ü相拼省略ü上两点，这一条比较好掌握，iou、uei、uen的省略就复杂了。怎样省略，省略哪个字母，省略后，声调符号怎么标，学生很难弄清。最难记认的是y、w的用法，学生要记住23个需要加换的音节，哪几个是加头母，哪几个是换头母，要让一年级小学生既能分辨又能记忆，极不容易。另外，各地对小学教师没有普遍进行培训，不少老师对《汉语拼音方案》不熟悉，抓不住拼音教学的难点、重点。再加上拼音教学经验少，教师对教材的编辑意图不很理解，无法驾驭教材，这样就导致了学生负担过重，影响了汉语拼音的教学质量。但尽管如此，最初几年的汉语拼音教学还是功不可没，作为识字的有效工具—汉语拼音在小学语文教学中具有不可替代的作用。学习语言，必须从语音入手，小学语文教学就是要从汉语拼音开始，汉语拼音是整个语文教学的基础，这是一条被历史证明的成功的经验。

20 世纪 60 年代初期，中共中央决定对国民经济实行“调整、巩固、充实、提高”的方针，初步总结了“大跃进”的经验教训。这一时期，教育战线也在逐步摆脱“左”的影响，认真总结“教育大革命”中的教训，努力探索教育规律，促进了教育改革稳步前进。在这样的社会背景下，人民教育出版社根据《全日制小学语文教学大纲（草案)》的精神，重新编写了小学汉语拼音教材，并做了较大的调整与改进。特点是这样的：①一年级学生只学声母、韵母、声调和拼音方法。大写字母、字母表、隔音符号等内容，分散在以后的各册教材中。②用变通的办法，避开头母 y、w 的使用规则。y、w 当作声母教，用它们和韵母相拼，不便拼的整体认记。③带介音的音节，采用声介合母拼读的方法，少教 13 个长韵母。④iou、uei、uen、直接教省写式和声母相拼。1963 年的汉语拼音教学虽然比 1958 年的汉语拼音教学有了改进，但仍然存在着内容多、教学时间比较长的缺点，比如声介合母拼读。所谓“声介合母拼读”，就是声母先同介音拼，然后再同韵母拼。如 hua 先拼成 h－u hu，再拼成 hu－a

hua 采用声介合母拼读法，必须要求比较熟练地掌握全部声介合母，甚至要把声介合母当作零件来教。这样一来，势必延长教学时间，增加学生负担。

1972 年，广大教师在“声介合母和韵母连读法”的基础上，吸取了注音字母教学法的好经验，提出了“三拼连读法”。“三拼连读法”适用于有介音的音节，拼音时由声母连介音再连韵母，由慢到快，连成一个音节。如 ch－u－ang chuang，拼读中强调连读，声母、介音轻短些，韵母重长些。当时，教师总结的口诀是“前音轻短后音重，介音一滑猛一碰”。这种拼法简单易学，可以省写用介音开头的 12 个复韵母，精简了拼音教学内容，深受广大师生的欢迎。

1973 年，中国文字改革委员会在一些学校实验“汉语拼音基本式”教学。“基本式”是对“通用式”而言的，顾名思义，“基本式”教学就是把《汉语拼音方案》的教学分两步走。第一步（一年级第一学期），先教《方案》规定的最基本的内容（不教 y、w 以及它们的拼写规则；不教 iou、uei、uen 及 ü 上面的两点的省写规则）。第二步（二年级），再教拼写规则。基本式教学的优点是：①第一步的教学内容简化了，不接触复杂的拼写规则，教师易教，学生易学。②教材中出现纯拼音句子和汉字，能引起学生的学习兴趣。③课文采用汉字夹拼音的形式，（熟字出汉字，要学的生字加注音，暂不学的生字用拼音代）解决了低年级课本不好编，课文短、浅的困难。也就是说，有些课文内容很好，但一查生字太多，只好不用，或删去一些词语，改变一种说法，这种削足适履的做法，不仅使教材的思想内容受到局限，而且容易出现因词害义的现象。采取夹用拼音的方法，打破了这个局限，灵活性大了。编辑课文选词用句的范围扩大，不必局限在学生学过的少数几个汉字里去“编织”文章。基本式教学最大的缺点是：第一步学的音节中大约有 67 个音节和《方案》规定的拼写形式不同（约占 17%），到二年级学了拼写规则以后，才能改成规范的。一年当中学生已经用的非常习惯了，再改成别的样子，很不容易接受，而且先入为主，容易混淆。“基本式”教学吸取了人教社 1958 年至 1962 年拼音教材中两步教学的做法，出发点是好的，是想分散难点，减轻学生的学习负担。但实验证明用不规范的音节拼写，给二年级的教学造成了困难。二年级是学习汉字的黄金阶段，如果学生还用一部分精力学习拼写规则，纠正不规范的音节，势必影响识字和阅读能力的培养。

1978 年，全国试用人教社编写的小学语文第一册课本。小学语文课本第一册汉语拼音教材，在总结 20 多年来各地拼音教学经验的基础上作出了新的设计，比 1958 年、1963 年、1965 年的通用教材有明显的改进。其特点如下：（1）内容简练。根据教学目的，教材只教《汉语拼音方案》的最基本的内容：①学习 63 个拼音“零件”（声母 23 个，韵母 24 个，整体认读音节 16 个)；②会读四声；③会拼音；④会默写声母和韵母，抄写音节。先不教《字母表》，不教隔音符号，不要求拼写音节。因为教材内容简练，学生能较快地掌握拼音这套工具，为识字教学做好准备。(2) 分阶段要求。汉语拼音 1－15 课为第一阶段。集中安排汉语拼音最基本的内容，突出字母和拼音方法的教学，达到会拼读音节的目的。《拼音识字》为第二阶段。这一阶段将拼音与识字联系起来，起相互促进的作用。也就是说，在运用拼音帮助识字的同时，继续复习、巩固汉语拼音，逐步达到熟练拼读的目的。(3) 方法简便。为了便于儿童学习，教材对《汉语拼音方案》的内容作了适当调整，教学方法简便了。例如，y、w 当声母教，不教 y、w 的拼写规则；少教 12 个复鼻韵母；韵母 iou、uei、uen 直接教省写式；采用“三拼连读法”，等等。(4) 插图适用。教材中的插图，绝大部分都是直接表示声母和韵母的字形和读音的。因为音、形统一于一幅图里，所以儿童利用图画不仅可以学会字音，同时又能掌握字形。

1982 年，黑龙江省首先在全国进行了“注音识字，提前读写”教改实验。这项实验把汉语拼音教学的作用扩大了，它不仅是帮助识字、学习普通话的工具，而且可以用汉语拼音帮助阅读和写作。所以，有人称从 1982 年起，是广泛应用汉语拼音的阶段。“注·提”实验的拼音教学，以掌握音节为中心，与语言训练相结合。经过一段时间的训练，要求学生具有熟练直呼音节和书写音节的能力。所谓直呼音节和书写音节，是指看到一个音节，不用现拼现想，就能直接读出来；听到或想到一个音节，就能正确写出来。一年级的学生能阅读纯拼音或汉字注拼音的课文，或阅读材料，能写纯拼音或汉字夹拼音的日记或短文。以掌握音节为中心，目的是使儿童能在不识字或识字不多的情况下，借助汉语拼音全面地进行听、说、读、写的训练，熟练地掌握汉语拼音这个工具，有利于提高语文教学质量，早期开发儿童的智力。实践证明，“注音识字，提前读写”教改实验是成功的，它是小学语文教学一项整体性改革，是当代中国小学语文教学一个重要流派。

1989 年，中央教育科学研究所潘自由在浙江省宁波市鄞县钟公庙乡中心小学，与老师们合作，在吸收他人经验的基础上，搞了一个“基础音节换韵直读法”的拼音教改实验。这项实验影响广泛，对汉语拼音教学具有推动作用。所谓“基础音节换韵直读法”就是不单独教声母，声母教学融在基础音节教学之中。如教音节“bo”，告诉学生音节由声母和韵母组成，后面“o”是韵母，前面“b”是声母，声母“b”单独称说的时候也叫“bo”，但在音节中，声母“b”的实际发音只是在“o”前面加了一个嘴唇闭一闭的动作（“b”的发音动作让学生在“o”和“bo”的读音比较中自我体会），这样教声母既克服了在教呼读音时后面元音干扰的矛盾，又排除了声母教本音，教发音部位等难教难学的苦恼。为此，只要学生能把音节读准，那么音节中的发音部位、发音方法就不会出错。在音节教学中，带介音的音节教学历来是个难点，而“直读法”遵循了汉语音、声、韵的成音规律，始终把音节分成一声一韵两大部分，而不出现介音部分，如“jiao”分成“j－iao”，“zhuang”分成“zh－uang”，使介音在韵母之中成为一个不可游离的部分，因而“直读法”教学带介音的音节排除了呼读音中介音的干扰。

1993 年，原国家教委颁布了《九年义务教育全日制小学语文教学大纲（试用）》。对汉语拼音教学，《大纲》提出的教学任务是：“在小学阶段，要使学生学会汉语拼音的声母、韵母、声调和整体认读音节；能够准确、熟练地拼读章节，有条件的可以逐步做到直呼音节；能默写声母、韵母，能抄写音节；认识大写字母，能背诵《汉语拼音字母表》；认识隔音符号。”从上述任务看，《九年义务教育全日制小学语文教学大纲（试用）》吸收了“注音识字，提前读写”教学改革的成果，扩大了汉语拼音的功能，肯定了汉语拼音帮助阅读的经验，强调了汉语拼音的重要性。

人教社根据“九义小语大纲”编写了新教材，低年级教材在编排方式上与以前的教材有两点不同。第一，从第一册到第三册全文注音，第四册过渡到难字注音。第二，在开始识字阶段，安排有纯拼音句群。这样编排的意图在于先学习汉语拼音的基本内容，然后一边识字，一边阅读。先读纯拼音句群，而后读汉语拼音夹汉字的看图学词学句，再逐步过渡到读带注音的看图学词学句、看图学文以及课文。这样以汉语拼音开路，既提前进入了阅读阶段，又在阅读中巩固和熟练了汉语拼音。由于新教材不再受生字的限制，所以，编排的内容比较丰富，加大了阅读量，学生可以结合阅读，充分利用汉语拼音受到听、说训练，发展语言。教师在教学中采用拼音带汉字的办法，让学生把想说的话写下来，使他们增加了写作练习的机会，既达到了早期开发学生智力的目的，又使学生的读写能力得到了提前的培养。我们从人教社编写的九年义务教育教材完全可以看出汉语拼音被重视的程度。

2000年初，教育部组织了有关专家，对原国家教委颁布实施的《九年义务教育全日制小学语文教学大纲（试用)》进行了修订。修订后的大纲把汉语拼音教学定位于帮助识字、学习普通话，不再提帮助阅读，也不再提直呼音节。具体要求是：学会汉语拼音的声母、韵母、声调和整体认读音节，能够准确拼读音节，正确书写声母、韵母和音节，认识大写字母，熟记《汉语拼音字母表》。

针对汉语拼音教学要求的降低和社会上“淡化”汉语拼音的倾向，中国语文现代化学会名誉会长周有光，会长苏培成，以及国家语委、中央教科所、北京大学、北京师大、中国人民大学、中国社科院语言所、民族所等单位的十多位知名教授、研究员致信教育部陈至立部长，就汉语拼音教学问题提出积极建议。信中说：“听说有人主张在小学‘淡化’拼音教学，降低要求。我们认为，小学不仅应当从一开始就教好拼音，而且要发挥汉语拼音的多功能作用，用它来辅助汉字，带动各科的整体教学改革，实现全面推进素质教育的宏伟目标。”

不久，国家语委的王均先生又发表了题为《让汉语拼音教学更好地为素质教育服务》的文章，文章从语文教学现代化的角度论述了汉语拼音教学的重要性。王均先生语重心长地说：“面对国际网络时代，一定要学好拼音”，“不把拼音学好，将来会后悔不已！”2000 年 5 月，在天津召开的全国汉语拼音教学研究会第二届理事会上，王均先生提交了一份书面发言，从“三个面向”的战略高度，重申了他的观点：“拼音教学不能淡化，不宜降低要求。”

2002 年，教育部语言文字应用管理司袁钟瑞撰文《小学汉语拼音教学不能削弱》。文章指出：“总而言之，汉语拼音教学不能削弱，只能进一步加强。主张削弱汉语拼音教学的人士，先去了解一点儿汉语拼音。从 2001 年起施行的《中华人民共和国国家通用语言文字法》第十八条规定：‘初等教育应当进行汉语拼音教学。’我们也请这些先生们好好领会法律的精神。”

2001 年教育部推出《全日制义务教育语文课程标准（实验稿）》，把汉语拼音归到识字与写字部分，有人说：“汉语拼音目标历来列于各项目标的前面，这次退居识字与写字项目的最后面，说明地位下降了。”这纯属无稽之谈！我们说，《语文课程标准》对汉语拼音的要求没有像以前大纲与识字写字并列提出，而是放在第一学段阶段目标《识字与写字》要求中列出，这样的表述更体现了语文教学的整体性。无论谁都不能否认这样一个事实：不识字，就无法进行阅读；不会写字，就无法进行写作；不会普通话，就无法在各种情况下顺畅地进行口语交际；而不会汉语拼音，就很难学好普通话，也难以做到独立识字。

纵观汉语拼音教学 40 多年的历史，我们会得出这样的结论：

1. 小学生应该熟练地掌握汉语拼音

这是因为：第一，汉语拼音是帮助识字的工具。汉字是表意文字，汉字本身不能表示出汉字的读音，这就给识记汉字带来很大的困难。如果掌握汉语拼音，就能够借助拼音读出生字的音，还能区别多音字，纠正读错的字音。多年来的教学实践证明，汉语拼音可以帮助读字音，是加快识字速度，培养独立识字能力，提高识字质量的有效工具。第二，汉语拼音是帮助阅读的工具。学会了汉语拼音，学生就能借助拼音阅读汉字注拼音的词、句、文章，这样，就可以使学生在识字不多的情况下，阅读比较丰富的内容，不仅可以增加识字量，培养阅读能力，还能增长知识，发展智力，受到思想教育。第三，汉语拼音是帮助说普通话的工具。由于我国地域广阔，各地方言差异很大，因此给人们之间的语言交际带来很大不便。只有推广普通话，才能克服方言障碍，达到相互交流的目的。如果掌握了汉语拼音这个工具，就能做到语音正确，较快较好地学会普通话，就能利用汉语拼音纠正方言。第四，汉语拼音是学习计算机的工具。近年来计算机应用的领域不断扩大，中文信息处理也正如火如荼，这就要求人们尽快把使用计算机当成一种普通技能，以适应形势的需要。汉语拼音作为中文输入的一种有效编码，它的生命力是十分旺盛的，前景也非常广阔。因此，重视和加强小学语文教学中的汉语拼音教学，对于小学生学习计算机，使用计算机，都具有直接的促进作用。

2. 汉语拼音教学方法不能强求统一

《汉语拼音方案》诞生以来，汉语拼音教学在小学语文教学中一直处于重要的基础地位。为了揭示汉语拼音的规律，提高汉语拼音教学质量，广大教师不断试验新教法。例如教学声母，有教呼读音的，有教本音的。教学复鼻韵母，有教 17 个的，有教 9 个的。教学声调，有教“数调法”的，有教“韵母定调法”的，有教“三呼”的，有教“直呼”的，有教“声介合母和韵母连读”的，有教“三拼连读”的。等等。所有这些都是发展中的问题，都是改进拼音教学过程中的必然现象。要改进汉语拼音教学，就得试验新教法，因而也就自然出现教学方法的不统一。只有各种教学方法之间的撞击和交融、竞争与互补，才能推动汉语拼音教学整体水平的提高。如果靠行政命令强求一致，那么汉语拼音教学的生命力也就不复存在了。这是事物发展的辩证法。

3. 汉语拼音教学是在不断反复中前进的

人们认识客观世界的自由，不是一次实践就能获得的，而是要经过实践，认识，再实践，再认识的多次反复才能得到，汉语拼音教学也是这样。教学要求是高了，还是低了，教学的内容是多了，还是少了，教学方法是优了，还是劣了，所有这些都需要反复实践，反复认识。如果我们只惟书，只惟上，不讨论，不争鸣，或者不试验，不实践，汉语拼音教学怎能发展，怎能前进？比如“分词连写”问题，“分词连写”是汉语拼音正词法的主要内容之一。汉语拼音正词法，就是用汉语拼音拼写普通话的规则。“分词连写”有利于中文电脑现代科技的研究和应用，如果小学语文课本拼音只给单字注音，而不按词连写，就培养学生准备日后进入网络社会来说，是有缺陷的。当前，我们要树立课程标准新理念，激活汉语拼音教学研究，只有这样，才能提升语文教学水平，推进素质教育。

39　小学生写字姿势与习惯的培养

《语文课程标准》指出："养成正确的写字姿势和良好的写字习惯"，"写字教学要重视对学生写字姿势的指导，引导学生掌握基本的书写技能，养成良好的书写习惯"。按照《语文课程标准》的要求，审视小学生写字现状，审视小学写字教学现状，我们觉得还有很大差距。日前，笔者深入一些市、县城乡小学认认真真地进行了调查研究，在听课中，在检查学生的语文作业中，在同校长、教师、学生和家长广泛的接触中发现很多问题，这些问题归纳起来是：写字姿势不正，执笔方法不对，书写习惯不好。

（1）写字姿势不正主要表现是：有的歪头写字；有的把头枕在胳膊上写字；有的前胸紧挨桌子写字；有的双腿交叉写字；有的扭着身子写字；有的一条腿压在另一条腿上写字；有的双脚蹬在桌梁上写字；有的一只脚放在桌梁上，一只脚放在椅梁上写字；有的双脚悬空写字；有的左手放在桌下写字；有的坐得太靠前写字；有的坐得太靠后写字；有的一条腿正放，一条腿斜放写字；有的将椅子两条后腿悬起来写字。等等。

（2）执笔方法不对主要表现是：有的用食指第一节捏笔，用力过大，第二关节呈弓状向前突出；有的拇指第一节全压住笔杆；有的拇指第一节和食指第一节紧紧并拢笔杆；有的笔杆顶端指向身体的右方；有的用拇指关节处或拇指第二节和食指第一节握住笔杆；有的捏笔手指与笔尖的距离过近；有的小指外伸。等等。

（3）书写习惯不好主要表现是：有的学生写字习惯于将笔尖削得过长、过细、过尖；有的学生写字习惯于用舌头舔铅笔尖；有的学生写字习惯于在本子上随便用橡皮或手指擦抹；有的学生写字习惯于将书本斜放；有的学生写字习惯于在桌子上摆放杂物；有的学生写字习惯于乱撕本子；有的学生写字不知爱惜文具，纸面不净，本子不洁。等等。

写字姿势、执笔方法、书写习惯是否正确，不仅影响写字教学的质量，而且还严重危及学生的身体健康。从上海中医药大学附属龙华医院骨伤科医生对2500名7～16岁的学生进行普查，初步了解到：青少年脊柱侧突症的发病率在10%左右，发病高峰在9～11岁之间，女生多于男生。造成脊柱侧突的原因固然很多，而写字姿、执笔方法、书写习惯不正确不能不说是个重要原因。另外，青少年患近视病也与写字姿势、执笔方法、书写习惯不正确有关。据医学专家介绍，写字眼睛离纸面过近是导致近视的重要原因。

造成上述问题缘由有二：一是对正确执笔的重要性认识不足。有些人觉得只有毛笔的执笔方法才有学问，铅笔和钢笔的执笔方法正确与否无所谓。二是对学生写字指导不利。少年儿童第一次拿笔写字时，没有得到正确的指导，另外，对学生养成的不良写字习惯也没进行及时纠正，这样，致使学生从小养成的错误，终生难改。

培养学生良好的写字习惯，要从低年级抓起，应认真做好以下五方面工作。

1. 讲授

教师在教学中，要反复地、通俗地从道理上向学生讲清养成良好的写字习惯的意义、要求和作用，使学生明确为什么从小就要养成良好的写字习惯，以激发他们对形成良好的写字习惯的兴趣和动机，从而在其心理和行动上形成一种自觉与向往。

2. 示范

小学生模仿力强，其习惯的形成都具有模仿的因素，为此，教师应注重给学生示范。如学执笔，可先告诉学生执笔要领：三指捏笔一指挡，二指垫住真稳当。然后示范；一捏。用拇指的前侧方，食指的罗纹处，中指第一关节的侧上方，捏住笔杆下端离笔头3厘米的地方，并使笔杆向虎口方向倾斜约45度。二挡。用食指靠近虎口部分的外侧，将捏倒的笔杆挡住。三垫。用无名指和小指依次垫在中指下边，成自然弯曲形状。

3. 训练

小学生特别是低年级儿童对教师有一种特殊的信任感。教师应因势利导，有目的、有计划地抓好训练，促使学生良好写字习惯的养成。如正确的写字姿势主要是身正、背直、肩平、臂张、足稳，教师可采用儿歌的方法来训练：头部端，肩放平，身子挺直稍前倾。双眼与纸有一尺，胸部离桌约二寸。两臂放开纸放正，双腿平摆脚放平。正确姿势要记牢，字能写好人精神。

4. 强化

良好的习惯总有一个形成和巩固的过程，而不好的习惯也总具有一种回归的本能。按照巴甫洛夫的观点，习惯是条件反射长期积累强化以至成为一种"动力定型"的结果。因此，小学生初步养成了良好的写字习惯后，应通过提醒、奖励、互评、竞赛等形式加以强化。要注意反复抓，抓反复，直至成型。使良好习惯在小学生的大脑中不断加深印迹，以达到"习惯定势"，在行为上呈自动化的特点。

5. 配合

正确的写字姿势的形成不是一朝一夕的事，要严格训练，持之以恒，这也不仅仅是学校的事，争取家长的配合是十分重要的。因为家庭是教育的阵地之一，也是培养学生各方面能力的有力处所。因此，要向家长讲明写字姿势正确的重要性，要求家长根据家庭情况，尽可能地给学生创造良好的适当的学习条件，并要随时注意纠正学生不正确的写字或读书姿势，充分发挥家长在写字训练中的作用。

40　积极预防和纠正错别字

1997 年有人撰文，称小学低年级识字教学质量滑坡。本人同意这种看法。我认为小学低年级识字教学质量下降确是事实，表现之一就是小学生读错字、写错字现象严重。

先说读错字。

读错字也称“口头上的别字”，有两种情况：第一种是把一个字用在不同地方的不同读音弄错了，如把“处理”说成“处（chù）理”。第二种是读出了某一个字所没有的读音，如把“吼叫”读成“吼（kǒng）叫”。下面是抽测学生朗读《草地夜行》出现的别字。

例子	用 例	正确的读法	错误的读法
冲	冲着我大声嚷	chòng	chōng
落	我又落了一大段	là	luò
恶	可恶	wù	è
寨	金寨	zhài	zài
劣	劣绅	liè	liě
革	革命	gé	gě
没	吞没	mò	méi
摘	摘下我的枪	zhāi	zāi

再说写错字。

写错字也有两种情况：一种是把字的形状写错了，即写成不成其为字的字，如把“武”写成“武”。另一种情况是误写其他一字以代替原来要写的字，如将“走投无路”写成“走头无路”。

1986 年第 3 期《上海教育》上刊登了上海市普陀区教育学院傅宗奕的一篇文章，题为《142 篇作文与 1139 个错别字》。作者统计了 4 年级小生作文 142 篇，错别字多达 1139 个，平均每篇近 8 个。错字占 27%，别字占 73%。

小学生错字的情况大致可分三类：第一类是增添个别笔画，如吃→吃；第二类是丢失个别笔画，如直 →直；第三类是改变字形的部分，如假→假。

小学生别字的错误率较高，大致也有三种类型：第一类是音同而义形不同的音别字，如记账→计帐。第二类是形相近而字义不同的义别字，如遵守→尊守。第三类是形近而音义不同的形别字，如招待→招侍。

错别字的产生是个复杂的问题，如果单从教学方面来研究，我认为主要是学生对字音不准，字形不熟，字义不清所致。当然，学生的不良学习习惯也是产生错别字的重要原因。马马虎虎、粗心大意、一知半解、潦草粗糙、乱写乱涂，不负责任的学习态度，怎么能把字读准写对呢？

语言是人类最重要的交际工具，文字是记录语言的符号。语言文字的规范化、标准化，对语文教学质量的提高和少年儿童的发展，都有十分重要的意义。我们应当提高认识，采取有效措施，认真地预防和纠正错别字，这是当前小学语文教学亟待解决的一个重要问题。

那么，采取哪些有效措施来预防和纠正错别字呢？

1. 教师示范要正确、规范

字是语文教师的衣冠。作为一名语文教师，你所写的字，不管是钢笔字，粉笔字，还是毛笔字，不管是写在作业本上的、黑板上的、还是写在墙报上的，都要给学生以示范，其笔画、笔顺、间架、结构、章法均要规范，切忌随心所欲地乱画。因为小学生模仿性很强，教师的一举一动都会对其产生直接的影响。

2. 严格训练，打下牢固基础

教师示范正确是给学生提供模仿的标准，要使学生读音正确、书写规范，还必须进行严格训练。因为动力定型要在一定的情况、条件下因练习而建立。在识字教学中，要建立正确的动力定型，必须经过一系列的条件反射。开始识字，行动方式要正确、规范。学习汉语拼音，必须要求学生发音准确，会拼读，及时纠正学生的不正确的发音；学习写字时，一定要笔画写得准确，笔顺要正确，间架结构要匀称。同时要不断地强化，反复练习。开始可以慢一些，待建立了正确的动力定型，再要求速度快些。

3. 讲清汉字的造字方法

很多错别字的产生，是由于没有弄清有关汉字的构成原理。汉字虽然很多，但是这些字的形体结构是有规律的，教师只有给学生讲清汉字的结构特点，才能少写或不写错别字。如：憾，是忄旁，和心理有关；撼，是扌旁，和手有关。“遗憾”是表示心理活动的，因此，就不能写作“遗撼”了。再如，学生掌握了“幕、慕、暮、墓”四个字可以从它们的形旁所表示的意义，就不会出现别字了，这叫以义正形。

另外，还可以以音辨形。有人统计，3190个形声字的读音与其声旁作为独体字的读音接近。所谓以音辨形，就是利用形声字的声旁来辨别字形。如：从“令”得声的字有“怜、铃、玲、岭、零、领”等，其声母都是“l”；从“今”得声的字有“吟、琴、矜”等。这两类字中的声旁极易混淆，但只要引导学生记住声母为“l”的字都是“令”字旁，就可把它们区分开来了。

4. 培养学生查字典的良好习惯

对于不认识的字，要及时查字典，自觉弄清它的音、形、义，不能“绕道走”，也不能“秀才认字读半边”，避免“先入为主”，克服产生错别字的现象。这样，才不至于将“造诣”读成“造旨”，将“破绽”读成“破定”，将“千里迢迢”读成“千里召召”等等。

5. 严格批改学生作业中的错别字

对学生作业中的错别字严格批改，是纠正错别字的一个重要方法。批改的办法最好是用红笔将错别字分开作出记号，如系错字，就在错字的旁边打上一把叉（×）；如系别字，就在别字的旁边打上一根杠子（—），以引起学生的注意，使其知道那个字是错了或是别了。如果是头一两次写错了，就在错别字的旁边或在作业本的顶上给他写上对的，以后再写错别字了，就只给他打上记号，并在作业本的顶端画上方格，令其自己改正。让学生自己改正，有个很大的好处，那就是经过自己用脑思考，或查字典，或问别人，再亲手动笔改正，可以牢固记忆。

6. 开展儿童喜闻乐见的识字活动

（1）编顺口溜。

把相近似的两个字或几个字，编成顺口溜，可以帮助学生区别和记忆某些形近字。如把“己”、“已、”“巳”三个字，编成“堵巳不堵己，半堵是个已”。“戊”、“成”、“戌”、“戎”编成“戌（xū）横戍（shù）点戊（wù）中空，十字交叉就念戎（róng）。”

（2）编字谜。

把字编成谜语，不但可以纠正错别字，提高儿童学习汉字的兴趣，而且还能发挥启迪智慧、锻炼思维、陶冶情操的作用。如：雷，上能浇庄稼，下能种庄稼，上下合起来，说话震天下。再如：滩，左看是汉水，右看是难关，左右相对看，又在淮河间。

（3）编句子。

把相近似的两个字或几个字，编在一句话里，让学生比较，也是纠正错别字的有效方法。如把“辛”、“幸”字编成一句话：“为了广大人民的幸福，我们不怕辛苦。”如“代”和“带”字，用在一句话里：“你是代表吗？你的介绍信带来没有？”再如“墓、幕、摹、慕、蓦、暮”六个字，可以编成“有土堆坟墓，有巾是幕布，有手好临摹，有心真羡慕，马跳蓦地惊，日落天已暮。”

7. 开展社会用字调查活动

近年来，在一些报刊图书、音像制品等出版物中，不规范汉字出现的频率越来越高；影视片中，商业广告里，也大量充斥着早已废止的繁体字、异体字及不规范的简化字；街头标语和广告牌上，错字、别字、生造字更是屡见不鲜；甚至一些大公司、大商场的标牌中，重大社会活动的新闻性示意文字中，不规范的汉字也触目可见。这种现象给语文教学带来极大的困难和阻碍，给广大少年儿童造成严重的不良影响。教师可组织学生到街头开展捕捉错别字的“啄木鸟”活动。这项活动一举多得，既可巩固学生自身的建设，又可取得社会效益。

41　小学高年级汉字教学艺术

汉字教学是小学高年级语文教育的薄弱环节。当前，有相当一部分学生对汉字认识不足，有相当一部分教师对汉字文化了解不深，有相当一部分学校对汉字教学重视不够。由于这三种原因作祟，严重地影响了小学高年级语文教育整体水平的提高。本文拟就汉字、汉字文化和汉字教学谈点粗浅的认识，以示笔者对当前小学高年级语文教育改革的关注。

1. 汉字，伟乎高哉

（1）汉字源远流长。

关于汉字的历史，仅从出土的甲骨文看，大约已有三千五百年。甲骨文书法纯熟，刻工精细，不像原始形态的文字。因而，甲骨文还不能算是最早的汉字。在仰韶文化和大汶口文化的陶器上发现了原始的文字，从这里推测，汉字就有六千年左右的历史了。据世界文字史的记载，现在所知道的最古老的文字有三种：古巴比伦钉头文字（又称楔形文字）、古埃及圣书文字和中国的汉字。巴比伦钉头文字和古埃及圣书文字虽然都比我国的甲骨文的出现要早一点，但是，它们都只有三千多年的历史。古埃及圣书文字几经变迁，失去了原来的面目，最后演变为拼音文字。钉头文字则早已失传。而汉字不仅已经使用了三千年以上，而且现在仍为汉民族的语言服务。所以，我们说汉字是世界上历史最悠久的文字。

（2）汉字形象优美。

汉字不仅是世界上最古老的文字，而且也是最美的文字。最初的汉字取法于天地、日月、山水、草木及鸟兽虫鱼，是象形文字，因此，它生动而直观地反映了自然美。在后来的发展演变过程中，汉字又与绘画同源，具有很强的形象特点，体现了严正、均衡、对比等美学原则。它的字形、结构和点面，都具有极高的审美价值。从结体上看，汉字具备疏与密、刚与柔、屈与伸、开与合、正与偏、连与断、方与圆、藏与露等多种变化，由这些变化造成音乐般的节奏和旋律，给人以美的享受。从章法上看，字距、行距相称，启承连断，大小向背，顾盼映带，往往显示出一种气韵，一种格调，也能给人以一种美的享受。

（3）汉字信息量大。

汉字作为记录汉语的书面符号，也是一种载体。它笔画紧凑，字形密集，视觉集中，是形、音、义大量信息浓缩成的一个个方块形文字。大家知道，就信息量的贮存来说，线大于点、面大于线。汉字是方块形的平面文字，比线形文字储存的信息多。可以说，每个汉字就是一个储存了大量信息的信息袋。现在运输一般都采用集装箱的办法，方块汉字就是一种经过精细包装的“信息集装箱”，便于传递、储存和提取。一位日本学者甚至认为，每个汉字就是一个集成电路，这种认识是颇有道理的。

（4）汉字构词力强。

单音节的汉语和方块汉字配合在一起，使汉字具有了“以字组词”的功能。汉语书面词汇多数是合成词，合成词的多数又是以单音词为基础组成的。由于汉字有理性内涵可以灵活地富于逻辑性地层层组词的特点，使汉字汉语成为世界上最明确而简短易学的语言文字。“冰”和“箱”可合成“冰箱”，进而又能组成“电冰箱”。“箱”是一种装物品的容器，“冰箱”概括出箱里面是“冰冷的”特性，而“电冰箱”又把“冰冷的来源”说得明明白白。

（5）汉字易辨易读。

文字的功能，主要用于书写和阅读。就人的一生来说，阅读量又极大地高于书写量。因此，阅读效率的高低，是考察一种文字功能大小的重要标志。各种文字一般都有音、形、义三项，汉字是表意文字，也在相当程度上可以叫做意音文字。这和欧美的表音文字相比，就明显地具有包容性强、易读值高的优点。安子介先生在《解开汉字之谜》一书中用下列文字做了对比：欧洲语文：拼写＝发音≠意义，汉语文；字形≌发音≌意义。意思是说，欧美文字看到字形通过拼写可以知其发音，但没有办法知道字义，即属于“拼音”等于“读音”不等于“意义”的文字。汉字是一种“字形”大约等于“读音”大约等于“意义”的文字。两者相比，在碰到生字时，汉字可以“估猜”，前两者除了查字典没有别的办法。

2. 汉字文化，博大精深

什么是文化？一般地说，文化指的是人类后天习得和创造的为一定社会群体所共有的思想规范和行为方式，其中主要包括三方面的内容：知识、价值规范和艺术。各项的具体内容可大体作如下区分：知识包括宗教、哲学、语言、文学、科学；价值规范包括民族精神、集体心理、世界观、价值观、人生观、规范、规则、礼仪、行为准则、风俗习惯；艺术指艺术形式、美感等。

汉字是中华文化的瑰宝，是中华民族智慧的结晶。自从汉字产生之后，它就成了传承中华文明的最重要的工具，同时，汉民族深厚的文化积淀又为汉字注入了深刻的内涵。说汉字文化博大精深，主要体现以下三个方面：

（1）汉字具有因义赋形的特点。

在世界上的各种文字体系中，汉字是极富魅力、极有特色的一种，那就是它具有因义赋形的特点。香港著名文字学家安子介先生认为：任何汉字，不管形状简单或复杂，都是一张图画。他说：“汉字是一个阿丽斯仙境似的领域，每一段转弯抹角，就有一段故事。”一个汉字在开始出现时，就含有画意。是人们“观夫天地万象之端，人物器皿之状，鸟兽草木之文，日月星辰之章，烟云雨露之态而为之”的，基本上是对某事物的形象作概括的描绘而成。从“六书”的构字方法看，不管是“象形”、“指事”，还是“会意”、“形声”，都表现了字的造形特点，那就是每个汉字都是一个精美的图像，每个图像都表示一个特定的含义。例如：象形字“山”（），古字形像连绵的三座山峰形，楷书将三座山峰变作三竖。指事字“甘”（），古字形是在象形字“口”中加上一画作指事符号，表示口中的食物甜美。会意字“及”（），从人、从又（手），古字形像右手从后抓到前面行走的人，意思是已追赶上。形声字“慧”，从心、彗（笤帚）声，联想象拿笤帚扫地那样，彻底清除心灵上的私心杂念，人就会聪慧、睿智。我们再具体分析一下“休”。用一个“人”和一棵树（木）的组合来表示“休息”，无疑是一种非常朴素的创意。在远古时代，人们要在自然界中寻觅一个歇息的处所，大树之下显然会成为最自然的选择。暑天可以遮阳，雨天可以挡雨，结实的树干足可以让人依靠。这种物质特征，是其他自然物所不具备的，综上所述，我们说，汉字饱含着民族生活史的丰富的内涵，蕴藏着深刻的生活哲理和严密的逻辑规律。

（2）汉字具有富于联想的特点。

以许慎为代表的汉代学者建立了汉字“六书”的理论体系。这个理论体系告诉我们，汉字是由音、形、义统一构成的语言符号，字音是它的名称，字形是它的躯壳，字义是它的灵魂。阴阳上去的四声使汉字具有高扬起降的节奏感和音乐美，再加上横竖撇捺的奇妙组合，使汉字不再是僵硬的符号，“轻”字令人有飘浮感；“重”字一望而沉坠；“笑”字使人欢快；“哭”字一看就像在流泪。造字之初，汉字是一字一义一音的，后来由于种种原因，便出现了一音多义字、多义多音字和同义多音字，这样就给人们的交际提供了广阔的平台和空间。清人陈沅有一首七言绝句：一帆一桨一渔舟，一个渔翁一钓钩，一俯一仰一场笑，一江明月一江秋。这首诗中有十个“一”。这些“一”，抑扬顿挫，含义丰富，表现力极强，除表数量“一”外，还有“独”“满”“全”等不同的意义。全诗有动有静，每个“一”都是具体鲜明的形象，带给我们的是一个美妙的意境。

（3）汉字具有书法艺术的特点。

汉字是世界上历史最悠久、使用人数最多的文字，也是惟一可作艺术品的文字。汉字在演变过程中，由甲骨文到金文，再由金文到篆、隶、草、楷、行书，变化万千。中国的书法篆刻艺术，堪称千姿百态，绚丽多彩，令人神往，它是中华民族的独创，而为当今一些国家享受的一份美学艺术。中国书法艺术中所谓“横”如千里陈云，“竖”如百年枯藤，“点”如高峰坠石，“捺”如崩浪雷奔等，都显示出汉字的书法的审美特征。中国的书法艺术能表现人的品性和风格。美学大师朱光潜先生曾深有体会地说：“我在看颜鲁公的字时仿佛对着巍峨的高峰，不知不觉地耸肩聚眉，全身的筋肉都紧张起来，模仿它的严肃。我在看赵孟頫的字时，仿佛对着临风荡漾的柳条，不知不觉地展颐摆腰，全身的筋肉都松懈起来，模仿它的秀媚。”颜鲁公的书法雄浑刚健，属于“壮美”的范畴；而赵孟頫的书法优雅柔和，具有“优美”的特性。

3. 汉字教学应当牢牢植根于汉字文化沃土之中

汉字教学是小学高年级语文教育重要的组成部分。闻声、察形、知义、书正是汉字教学的基本任务。以往的汉字教学大多都是浅层次的，底蕴不深，常常是就字教字，方法简单，教者不愿寻绎汉字内部潜在的音、形、义各种规律，看不出中国传统文化的特点。如教“大”字，只要学生说出这个字是一横一撇一捺，共三画，教师便夸其“顶呱呱”；如教“男”字，只要学生能说出这个字是上下结构，教师即赞其“你真棒”。诚然，在学生初识笔画和结构阶段，这样的笔画和结构教学也是必要的，但上了小学高年级仍千字一律地、毫不讲构字原理，机械地识记，必然影响汉字教学的质量和效率。如果我们的语文教师在教学中能从汉字造字规律入手，去挖掘文字所潜藏的深层文化内涵，则学生不仅可以受到通常意义上的语文教育，还可以借此了解古代的文化知识。倘若把“大”解析为：“人”伸臂跨腿表示“大”；把“男”解析为古代妇女在家操持家务，男子在“田”间劳作出“力”，所以“田”加“力”组成“男”，那么像“大”“男”等字出现在学生面前时就不会是抽象的笔画符号，而是一幅幅图画，甚至还会出现动态性的内心视像。

要想将汉字教学牢牢植根于汉字文化沃土之中，汉字教学必须体现“四性”，即科学性、知识性、趣味性和训练性。

（1）科学性。

科学性是汉字教学的灵魂，它要求汉字教学符合汉字组构规律。比如，学生常常把“初”字中的心字旁写成示字旁，如果我们在教学中，讲清“初”是个会意字，由“衣”和“刀”组成，表示用力裁衣，是缝制衣服的第一道工序，本义是“开始”的意思。柳宗元的《封建论》说：“天地果无初乎？吾不得而知也。”意思是，天地果真没有开始吗？我是不知道的。又如“初春”，指春季刚开始，也就是春季的第一个月。学生就不会将“初”字写错。再比如，“虐”字，由于受“雪”字的影响，学生也常常写错。我们可以这样纠正：“虐”的小篆写作“[illegible]”，是由“虍”“爪”和“人”组成的会意字。“虐”的小篆字形清楚地显示出老虎张开血盆大口，伸出前爪扑人的形状，以此表示本义残，引申为侵害，如暴虐、虐待。隶变后的楷体，笔画趋于正直，虎头变成“虍”，虎爪变成“∈”，而“人”却被省略，整个字变为“虐”，再也看不出虎爪扑人的形象和意义。但是虎爪仍然向外写成“∈”，不能错写成向里的“∋”，把“虐”写成“[illegible]”，这样向里的虎爪怎么能扑人呢？

（2）知识性。

小学高年级汉字教学应当尽量穿插一些诗词名句、神话传说、轶闻趣事、成语典故、经典文献，通过汉字的音、形、义联系，挖掘汉字在三千多年的历史发展中积淀的大量文化信息，从而增加汉字教学的知识性。比如教“酉”字。酉，表示天干的第十位，“申猴酉鸡”，就是这个“酉”。“酉”字的本义是指酒瓶。汉字凡是用“酉”字组成的字，大都与酒有关，如“酌”“酤”“酣”“醉”“酝”“酿”等等。逢年过节，酒是助兴之物，不可缺少。有首歌，叫《祝酒歌》，歌中唱道：“美酒啊，飘香歌声飞，朋友啊，请你干一杯。”可见，喝酒是一件让人高兴的事。尤其是亲戚、朋友聚在一起，更是“酒逢知己千杯少”。

酒的历史距今已经有四千多年了，我国夏朝以前就已经会酿酒。商朝还有专门制造酒器的工人叫尾勺氏，商纣王是个酒色之徒，造了酒池肉林。到了周朝，还有专门管酒的官，叫“酒人”。我国的酒，品种很多，有些酒在国外都是很出名的，但是好酒不能多喝，酒喝多了就会醉。“醉”字是一个“酉”字加一个“卒”字，大概古代的士兵多半喝大酒。喝完酒以后，如果要是耍酒疯，那就称为“酗酒”。酗酒是非常不好的，这可以从“酗”的字形上得出结论，“酗”字左边是“酉”字，右边是“凶”字，凶就是不幸。再看“醒”字，“酉”字加一个“星”字，醒就是酒醉之后又恢复常态。爱国诗人在诗中写道“众人皆醉我独醒”，这个“醒”是说头脑清醒。

再比如教“春”字，可以这样设计：

说到“春”，不由得想到朱自清先生的散文《春》。“盼望着，盼望着，东风来了，春天的脚步近了。一切都像刚睡醒的样子，欣欣然张开了眼。山朗润起来了，水涨起来了，太阳的脸红起来了。小草偷偷地从土里钻出来……”多么美妙的春天。“春”的造字本义是“春天的季节”。《荀子·五制》说：“春耕、夏耘、秋收、冬藏，四者不失时，故五谷不绝。”春天正是播种的季节，万物吐露生机，人们播撒希望。人与春天一样，年轻时也是充满希望与憧憬，也是努力学习、勤奋工作的季节，所以，这段时间叫“青春”。春天是充满生机的时候，所以“春”也有生长、生机之义。唐代诗人刘禹锡有诗；“沉舟侧畔千帆过，病树前头万木春。”其中的春即生机之义。人得了病会面黄肌瘦，毫无生气，若有名医救治，可以让病人恢复健康，这叫“妙手回春”。古人还把春天的阳光称作“春晖”，唐代诗人孟郊《游子吟》中曾把母爱比作“春晖”。的确，母爱就像春天的阳光一样哺育我们每个人的成长，后来人们就用“春晖”比喻父母、师长之爱。古代“春”还是“酒”的代称，现在依然还有“剑南春”、“景阳春”等名酒。那么酒为什么称为“春”呢？一说古人酿的酒颜色呈黄绿色，如同春色，故称酒为春。

（3）趣味性。

兴趣是学生学习的重要心理动因。孔子说：“知之者不如好知者，好知者不如乐知者。”有兴趣才有动力，有兴趣才有潜力，有兴趣才有主动性和积极性。能否激发学生的兴趣是汉字教学成功与否的一个重要标志。趣味识字方法很多，比如字谜就是学生喜闻乐见的一种形式。请看这样的谜语：“千条线，万条线，落到水里看不见。”谜底是“雨”。诗情画意，通俗易懂，富有生活气息。再比如汉字有多字一义现象，如：母、妈、娘、堂、萱、慈、妣等都是母亲的意思，可根据这种现象设计填空趣味题；请你填上“看”的同义词。①集中视力看（ ）；②很快地看一下（ ）；③斜着眼睛看（ ）；④张大眼睛看（ ）；⑤从小孔中偷偷地看（ ）；⑥向上看（ ）；⑦向下看（ ）；⑧向远处看（ ）。再比如小学高年级学生学了不少古诗，可进行“唐诗填颜色游戏”：请你在黑、白、红、绿、碧、青、紫中做出选择，填到下列诗句中去。（ ）山郭外斜（孟浩然），月（ ）雁飞高（韦应物），一骑（ ）尘妃子笑（杜牧），春风又（ ）江南岸（王安石），北风卷地（ ）草折（岑参），日照香炉生（ ）烟（李白），接天莲叶无穷（ ）（杨万里）。

（4）训练性。

毋庸讳言，当今的小学高年级学生写字能力普遍较差，基本功不过硬，其根本原因有二，一是平时缺乏严格训练，教师指导不利；二是没有把写字教学纳入富有情趣的书法艺术范畴，只是浅层次的练习。我们说，小学高年级学生学习钢笔字就是掌握汉字的规则和技巧，从而把字写得正确、清楚、整齐，进而写得熟练、美观。写得正确、清楚、整齐是写字的基本要求，也就是要做到笔画齐全，结构准确，画与画、字与字、行与行要疏密得当。写得熟练、美观，是写字的进一步要求。熟练指的是要写得纯熟，不是写了这笔，再考虑那笔。美观是指笔力刚劲，笔画遒媚，结构匀称严正，字形秀丽，使人看了感到劲美多姿，给人以美的感受。

要想写好字，首先就得勤学苦练，坚持不懈。米芾曾经说：“我写书以来，写过笺麻十万，流布天下，老来书写益多。”苏东坡说：“笔成冢，墨成池，不及羲之即献之；笔秃千管，墨磨万锭，不作张芝作索靖。”羲之、献之、张芝、索靖，这四个人都是我国古代杰出的书法家，苏东坡对他们推崇备至，并认为只要勤学也可以像他们那样获得成功。其次是方法正确。苦练不是蛮练，必须掌握循序渐进的科学方法。古人学书法行之有效，立竿见影，那就是，读帖，摹帖，描红，临帖，背帖。①读帖。书法中讲的“读帖”不是阅读字帖内容的意思，而是认真细致的观帖，即揣摩其点画运笔方法，结字特点，章法变化，做到以目导心。②摹帖。所谓摹帖，就是用透明度较好的而不渗墨的白纸蒙在钢笔字帖上，用钢笔直接在白纸上描写。③描红。所谓描红，就是用黑墨水的钢笔直接将描红本上的红字描黑。描红练习要下笔准确，一笔一画，认真描写。④临帖。所谓临帖，就是将钢笔字帖摊开，置于案前，对照帖上的字体，依其运笔方法，观其大小形势，书写于纸上。⑤背帖。所谓背帖，就是不看字帖，凭大脑记忆将字帖中的范字默写出来，再对照原帖进行比较，找出缺点，加以改正。这样有助于加深理解，能收到良好的效果。

42 引导学生在生活中主动识字

新颁布的《语文课程标准》指出："语文教师应高度重视课程资源的开发与利用，创造性地开展各类活动，增强学生在各种场合学语文、用语文的意识，多方面提高学生的语文能力。"这段话告诉我们，在语文教育的广阔天地里，蕴藏着丰富的自然性课程资源、社会性课程资源、人文性课程资源，语文教育应植根于现实生活，面向未来，语文教师要创造性地理解和使用教材，拓宽学生学习语文的空间，这是语文教育生命力的表现。

从宏观角度讲，语文课程分五个板块（识字与写字、阅读、习作、口语交际、综合性学习），其中"识字与写字"最具广泛的社会资源，学生学习汉字有得天独厚的条件，即满耳皆汉语，满眼皆汉字，处于汉语、汉字和民族文化的海洋之中。刚入学的一年级小学生大凡都认识"男、女、厕、所"这些字，所有会下象棋的小朋友都认得"将、士、相、车、马、炮"，看过电视连续剧《西游记》的孩子，对"西、游、记"三个字自然过目不忘。凡此种种都说明整个社会是一个广阔、充满活力的学习汉字的天地。为此，我们应当以"大语文观"为指导，打破只局限于课堂、课本的做法，密切联系学生的生活环境，引导他们在沸腾的生活中主动识字，建立一个识字教学的开放系统。

小学生生活识字的渠道很多，如果加以概括，主要有以下五条：(1）社会环境渠道。如地名、路名、桥名、牌名、招牌、广告、商标、标语、口号、春联等。(2）人际关系渠道。如亲戚、同学、老师、朋友、邻居、同志的姓名。(3）其他学科渠道。如数学、思品、社会、科学、音乐、美术、体育课本中的文字。(4）课外读物渠道。如童话、寓言、小说、故事、散文、诗歌中的书面文字。（5）影视活动渠道。如电影电视中的片头字幕、人物对话字幕、演职人员字幕、鸣谢单位字幕中的文字。以上这些都是学生无意识字的重要媒体，他们与汉字反复见面，耳濡目染，只要充分调动自身的积极性，发挥他们的各自潜能，汉字的音、形、义基本上都能“无师自通”。

我们如何利用各种机会，在潜移默化中进行全方位识字教学呢？

1. 激发生活识字兴趣

生活识字，要从兴趣开始，因为兴趣是一切学习的原动力。要想激发学生识字兴趣，首先必须培植学生热爱中华汉字的情感。中华汉字，在世界上独树一帜，是东方文化的杰出代表。它源远流长，形象优美，体态千姿，是中国的第五大发明，它的伟大历史功勋不亚于万里长城。它的有影无形的可爱图画，横竖撇捺的奇妙组合，使它不再是僵硬的符号。“轻”字令人有飘浮感，“重”字一望而沉坠，“笑”字使人欢快，“哭”字一看就像在流泪。这些美丽的富有魅力的文字，足以激发学生掌握它们的愿望，调动学习情绪，产生驱遣文字的乐趣，甚至能在语义之外，寻求那种文字对思维各感官的想象力。

2. 教给生活识字方法

生活识字一定要使学生掌握最基本的方法，学生掌握了正确的学习方法，就会产生两个飞跃，一是由“学会”变成“会学”，二是由“被动地学”变成“主动地学”。生活识字方法名目繁多，但被实践证明最有效的方法是比较法。从汉字本身来看，每个汉字都包含音、形、义三个要素，而识字教学的要求就是读准字音，认清字形，理解字义，进而会运用。由于汉字音、形、义特别复杂，学生辨认和记忆非常困难，如何建立汉字音、形、义的巩固联系，我们认为只有比较才能奏效。如在字音学习中，有同音、近音的比较；在字义学习中，有近义、反义的比较；在字形学习中，有形近字的比较等。有比较，才有鉴别，在比较中，学生自然能闻声、察形、知义、书正。

3. 提供生活识字舞台

教师要经常给学生展示生活识字的机会、舞台，让学生不断地交流自主识字的成果。坚持这样引导，学生不仅能增识许多汉字，而且还能培养他们的创新精神和实践能力。一位教师针对街头海报、店铺招牌、商业广告、街道路标中的错字、别字、繁体字及不规范的简化字屡见不鲜的现象，组织学生走向社会开展消灭错别字的“啄木鸟活动”。她的学生发现一家饮食店在橱窗上将“炸糕，”写成“炸羔”，立即给这家饮食店的老板写了一份《纠正错别字建议书》，建议这家饮。食店为纯洁、净化祖国语言文字改正上述错别字。这位学生以高度的社会责任感，不让街头错别字泛滥成灾，污染我们的社会环境，着实令人钦佩！

4. 养成生活识字习惯

学习习惯是指学生在一定情境下自动地去进行某些活动的特殊倾向。它是学生在学习上的一种自动化动作。生活识字的良好习惯应当有如下的表现：学生在校内、在家里、在街道、在社区，通过读书、看报、看电视、看商标字、招牌字、广告字……能自主识字，只要见到汉字，就产生识字的欲望，就自觉地识记。一位二年级的小学生跟随妈妈到菜市场买菜，他发现每种蔬菜都有一个标牌，标牌上标有蔬菜的名称，他对着每种蔬菜认真识记“韭菜、芹菜、菠菜、茄子、辣椒、黄瓜、西红柿”这些字，小学生兴趣盎然，他把识字与认识事物结合起来。这就是在生活中主动识字的良好习惯。

43　指导学生在课堂上把字写好

这几年，由于工作的需要，我经常到城乡小学听课，搞调研，在同教师和学生广泛的接触中，深感当前小学生普遍存在一个比较严重的问题，就是字写得不好。有相当数量的学生写字不认真，他们写字姿势不正确，不会执笔，不会运笔，写出来的字不规范。有的字迹潦草，有的东倒西歪，有的顶天立地，有的把横写成"鹤膝"，有的把竖写成"鼠尾"，有的把点写成"牛头"，真叫人惨不忍睹。所有这些，不仅影响学生当前的学习，还严重危及他们的身体健康。

造成这种状况的原因有四：一是学校不重视写字教学，写字课往往挪作他用；二是教师对学生写字缺少严格要求，有的甚至放任自流；三是教师本人板书潦草，有的字难以辨认；四是个别教师书法知识有限，基本功不扎实，对学生无法指导。另外，现在电脑普及了，用微机处理文字既快捷又漂亮，所以有些人认为没有必要花那么大的力气去抓写字教学。对于上述这些思想和现象笔者深感忧虑。

写字教学历来为国家所重视。早在殷周时期，习字就被列为"六艺"之一。今天写字教学是语文教学的重要组成部分，儿童入学要先识字写字。儿童在小学阶段打下良好的写字基础，能写一手好字，对其今后的学习、工作、生活等方面都将产生积极的影响。同时，小学写字教学还有育德、启智、审美、健体的潜在功能。我们只有树立正确的、全面的写字教学功能观，写字教学才有可能得到真正的优化，在素质教育的实施中发挥更大的作用。

写字过程就是熟练掌握字形特点、笔画、结构和书写方法的过程。《语文课程标准》对小学生写字的基本要求是：养成正确的写字姿势和良好的写字习惯，书写规范、端正、整洁，有一定的速度。书写规范就是把字写得对，端正、整洁就是把字写得好，有一定速度就是字写得快、熟练。

据笔者多年观察研究表明，小学生写字的毛病通常是：

（1）笔画方面。

点：容易拉长，或写得又轻又小，看不出起笔收笔。横：掌握不好向右上倾斜的角度。竖：直的易写斜，斜的却写直，掌握不好斜度。撇：平撇斜角过大。捺：平捺写得过直或过斜，没有正确的曲弯度。提：不能控制用笔力度，收笔不轻快，笔画两头一样粗。钩：把握不住长短，有的写得太大，有的写得过小，斜钩弯度不自然。折：用笔不分轻重，特别是折处，不顿笔就向下滑。

（2）部首方面。

字头容易写长，左旁容易写宽，右旁容易写小，字底容易写高，字框容易写大。

（3）结构方面。

比例失调，笔画不当，呼应不好，重心不稳。

那么，怎样指导学生在课堂上把字写好呢？这里提供十种常用的方法，供青年教师参考。

1. 讲解法

要想写好字，懂得一定的写字知识是非常重要的。既要懂得怎样写，还要懂得为什么要这样写，这就要用生动的语言、恰当的比喻进行必要的讲解。如教写“安”字，可向学生讲解“安”的主要笔画是横画，所以横画要写得长些，拦腰横贯左右。这一横就好像杂技演员走钢丝时所用的一根长长的金属棍，起平衡稳住重心的作用。在教师的讲解之下，学生头脑中有了这个形象，写出的“安”就容易端正、美观了。实践证明，教师在写字指导时，把书写要领讲得越清楚、越生动，学生的写字兴趣就越浓厚，有利于写字技能的提高。

2. 手教法

手把手教学生写字是传统教法，此方法适用于指导低年级小学生写字。手把手教学生写字和讲解写字要领紧密结合，一边写一边讲怎样起笔，怎样行笔，怎样收笔，效果非常好。如手把手教写竖画，悬针竖：下笔轻顿后，轻笔向下缓缓运行，至末端轻轻提起，与水平面夹角为90°，竖画给人以均衡、稳定之感，因此要写得垂直有力。垂露竖：运笔方法同悬针竖的入笔，中间轻，末端顿，呈露珠下垂状。这样手把手教学生便领悟到了悬针竖笔直均齐之美，垂露竖挺拔刚劲之美。

3. 歌诀法

歌诀言简意赅，便于诵读、记忆，在写字教学中运用这种方法，可以记忆有关的写字知识。如写捺画的歌诀："写捺画，起笔轻，边行边按渐粗重，到出脚时略顿笔，用肘平掣慢出锋。"又如写字姿势和执笔方法的歌诀："足安腰挺头微俯，心静臂张眼正视。笔头离指约一寸，不挡视线眼舒适。笔杆斜靠虎口上，指实掌虚腕松弛。练字健康两不误，字好受益一辈子。"这些歌诀能帮助学生掌握写字要领，保持正确的写字姿势。

4. 激趣法

写字比较枯燥、乏味。小学生年龄小，自控能力差。指导学生练字，如果只是一味地向他们讲解偏旁部首、结构造型，只是机械重复点、画、钩、挑等写字技巧，久而久之，学生就会感到乏味，若注意以故事激趣，可以改变这种状况。比如以"一字千金"的故事导入新课：有个牧童"福"字写得好，常得到人们的夸奖。打那以后，牧童把"福"字写得更好了，方圆百里的乡亲们都请牧童写"福"字，牧童也是有求必应，而且一个"福"字能写出很多花样来。后来，牧童的名气传到了京城，宰相愿出千金重酬，请牧童在相府大门上写个斗大的"福"字。学生听后，必然个个兴趣盎然，这就为上好这节写字课奠定了良好的情感基础。

5. 示范法

在指导学生写字时，教师示范十分重要，它是最形象、最生动、最切实的指导。学生通过观察老师形象的动作，亲眼看到起笔、行笔和收笔的全过程，直接地感受到运笔的轻重缓急和间架结构的均匀、协调，能领略到书写汉字的韵律美和汉字的结构美。如写“横”，随着笔画的运动，教师说出“笔尖触纸，向左逆行，折锋顿笔向右下，提笔行走。稍驻，微提，转锋向右下，向左回收”等运笔动作，让学生看清笔毫的运动，思考笔毫运动与笔画形态的关系，学生从观察中学到运笔的方法。

6. 比较法

比较法是确定对象之间的差异点和共同点的方法。人们通过比较来区分对象，否则就是千歌一曲，千人一面，也就无从认识对象了。有比较才有鉴别，运用比较的方法可以帮助学生了解字的特点。如“木”字的撇捺要舒展，在教“木”字旁时就与“木”字进行比较，只是捺改为点，给右边让出点地方。“土”作为独体字，最后一笔为横，作偏旁时则改为提，通过比较容易记住两者的区别，避免书写时出现错误。

7. 讨论法

讨论法就是把学生写字中带有普遍性的问题，拿到课堂上师生共同分析。如“双耳旁”很多学生都写不好，不知毛病在哪儿。拿出“防”、“部”两字集体讨论分析，并出示这两个字的范字进行对比，这时学生往往能谈出正确意见。学生会说，“上折右肩要高，不能写平”，“在‘防’字中第二折要小，写大了‘方’就无法写了”，“‘部’字中右耳旁的第二折要大”，“两折间像断又不断”，“左耳旁竖较短，是垂露竖”，“右耳旁竖较长向下伸，是悬针竖”。教师肯定学生的正确意见，并给予补充，同时让学生当场书写，教师总结。运用这种方法可以培养学生的观察分析能力。

8. 观察法

指导学生写字，必须先指导学生观察。让学生静心地看课本上田字格中的范字，观察字的笔画、笔顺、间架结构以及主笔的位置等，使范字深深地印在脑海中，做到心中有数。在观察范字时，要求学生一边看范字一边用手指空临，一丝不苟，熟练之后再实写。如“示字旁”，第一笔点向右下斜，第二笔横撇不要太长，第三笔竖起笔要和第一笔相对，第四笔点在竖的起笔处写。

9. 训练法

写字的技能性很强，只有加强训练才能把想写好字的愿望变成现实。教师的讲解、示范以及学生的观察，都是习字的辅助手段，是为习字服务的。因此，指导学生写字要落实在“练”上，“练”要做到先书空后实写。书空也叫空临，就是不用书写工具，只用手指仿摹范字，把意念中的字形表现出来，这有利于提高学生的空间思维能力，有利于学生写好字。

10. 演示法

教师在写字教学中，借助投影、多媒体电脑等现代化教学手段，将难写的字的部件进行折拼组合，形象直观地让学生明白书写要领。如“滚”字比较难写，可先在投影上出示左边的三点水，再在右边出示一个“衣”字，然后将“衣”字拉开，把一个扁扁的“公”放进去，边演示边教学生读顺口溜：“左边三点水，右衣上下分，公字写扁形，放进衣字中。”这样，难写的“滚”字就化难为易了。

俗话说“字无百日功”，只要下定决心刻苦练习，再加上教师的有效指导，经过一段时间的努力，学生是完全可以把字写好的。

44 情趣识字十法

兴趣是学生学习的重要心理动因。孔子说："知之者不如好知者，好知者不如乐知者。"有兴趣才有动力，有兴趣才有潜力，有兴趣才有主动性和积极性，能否激发学生的兴趣是识字教学成功与否一个重要标志。这里介绍十种情趣识字教学方法，仅供小学教师参考。

1. 形象比拟法

所谓形象比拟法，就是根据字形特点，将生字比拟成某种具体事物，使之形象化。如"竹"字的教学："竹"字是一对双胞胎，哥哥和弟弟的模样差不多，只是弟弟调皮，翘起了一只脚。"伞"字的教学："伞"字就像一把伞，"人"是伞面，"丷"是伞撑，"一"是伞卡，"丨"是伞把。

2. 杜撰会意法

此法古已有之，如《左传》中的"止戈为武"，王安石的"波为水之皮"等，都是对汉字随心所欲的解释。这类解释虽不合字的本意，但作为一种识记汉字的手段，还是有其实际意义的。用这种方法可以把"臭"字说成"因为自大一点，惹得人人讨厌"。又如"裕"字，教师可让学生这样会意：左边是个"衤"，右边是个"谷"，既丰衣又足食，这不就富裕了吗？

3. 故事识字法

即通过讲一个故事，识一个或几个汉字。如讲《伯虎卖画》的故事，说的是唐伯虎卖画，画面上是一个人牵着一只狗，让人猜字，猜准了就赠画给别人。有一个人猜中画谜是个"伏"字。又如讲《杨修修门》的故事，说的是曹操在门上写了个"活"字，杨修灵机一动，意识到曹操嫌门大了（阔），便把门拆了重修，讲这个故事来识记“阔”字。

4. 动作演示法

有些汉字，用动作演示一下，就可以加深学生的印象，从而突破教学中的难点。如教“掰”字，可用两手掌心相对，然后分开。这一动作演示，可以使学生把“掰”的字形和字义联系起来，达到听字音见字形想字义的效果，提高识字的效率。再如教“看”字，可用一只手在眼睛上遮住阳光，往远处“看”。“仰、披、蹲、闻、拔、拉、伸、勾、卷、削”这些字都可以用动作来解释。

5. 谜语识字法

汉字是音、形、义的结合体，根据这一特点，把生字编成谜语，可以帮助学生在猜谜语中识字。如“午”字，可编成这样的字谜：“远看像头牛，近瞧没有头，要问是啥字，看看日当头。”又如教“也”字，可编成“有水可种荷花，有土能种庄稼，有人非你非我，有马走遍天下。”

6. 歌诀识字法

儿童对歌诀有一种天然的亲和力，利用歌诀可以帮助学生轻松地掌握一些难识的汉字。如“夜”的歌诀：“一点一横长，左下单人旁，右下有个夕，再加一捺要拉长。”又如“有土作坟墓，有巾是幕布，有手好临摹，有心真羡慕，日落天已暮”有助于识记“墓、幕、摹、慕、暮”这五个形近字的字形和字义。

7. 图画展现法

图画能直接刺激学生的感官，并作用于大脑，具有很强的直观性。用图画识字，可使学生对要识的字产生强烈、深刻的第一印象。如“雁”字，可以给儿童看大雁挂图，说明大雁成群地飞，飞起来成“人”字形，所以“雁”字的字形上加了几个“人”。又如讲解“棉、稻、珊瑚”等词，可通过观察图片，让学生直接看到这些词所表示的具体形象，以获得清晰的印象，形成正确的概念。

8. 寻根溯源法

寻根溯源，即追寻字义形成的渊源，搞清字形的来历，以加深学生对字形、字义的印象。例如“篮球”的“篮”字为什么是“篮”字，而不是“蓝”呢？篮球虽然不是蓝色的，可也不是竹子做的，为什么用“竹”字头？原来篮球运动始于美国，起初并无篮板和篮圈，而是在树上挂着一只竹篮，把球往竹篮里投，就这样，随着篮球运动传入我国，“篮球”一词的意译也进入了汉语，沿用至今。学生了解了这一历史以后，就不至于把“篮球”写成“蓝球”了。

9. 实物演示法

对代表具体事物的名词或数量词，要尽可能用实物演示说明，通过看看、摸摸、读读、认认，甚至尝尝，调动学生多种感官认字记字。通过这样的教学，汉字和实物紧密地联系起来，汉字的表象就会清晰地贮进学生的头脑里，就会明显地提高识字效率。如学“尖”字，让学生看圆锥体，学生则明确上小下大就是尖。教“串”字时，从学生熟悉的事物入手，用细绳穿上一串算盘珠，告诉学生这就叫“一串”，然后引导学生通过实物与字形比较来理解字义，算盘珠就像“串”字的两个扁口，细绳就像“串”字中的一竖。接着拿出一串葡萄给学生看，说：“这也叫一串”。这样，学生对“串”的含义理解就具体深刻了。

10. 形象分析法

根据儿童知觉不精确和形象记忆占优势的特点，抓住字形特点加上适当的想象成分，对字形作通俗形象的分析，可以帮助学生识记。例如“球”字右上角的一点学生很容易漏写，教师可以联系学生生活实际，形象地说：“这一点，就好像你们踢足球时，足球从空中落下来，掉到这里来了。”这样一讲，学生写“球”时，就会联想到踢足球，“球”字右上角的一点就不致漏写了。教“哭”字时，教师说：“小弟弟，逗人爱，一滴眼泪滴下来。”教师说得形象，学生学得有趣，记得牢固。

45 古代阅读教学经验

三千余年的古代阅读教学，植根于我们汉民族语言文字之中，创造和积累了丰富的、以汉语为母语进行阅读教学的、具有民族特点的宝贵经验。这些经验，对我们今天的语文教学仍然有着积极的借鉴意义。

借鉴之一：重视朗读

朗读是一种眼、口、耳、脑并用的有声言语的阅读活动。朱熹对朗读有一段十分著名的话：“凡读书……须要字字读得响亮，不可误一字，不可少一字，不可多一字，不可倒一字，不可牵强暗记，只是要多诵遍数，自然上口，久远不忘。”

为什么古人如此重视朗读？第一，朗读有助于深入体味文章的思想情感。在反复朗读中，学生自会咀嚼文章内容，品尝风格韵味，想象情景意境。表演朗读时，能进入角色更是代作者说话、传情。以声传情有助于体会课文的思想情感。第二，朗读有助于集中注意，加深记忆。自己读，不能错漏增添，还要表情达意，丝毫不能走神；听人读，也要仔细认真，才能指出问题。反复朗读和听读，强化大脑皮质上的痕迹。第三，朗读有助于听、说、写能力的提高。朗读和听读时，感觉器官接收自己或别人口头言语的语音、语调、速度、力度和表情等反馈信息，经过分析指正，促进个体和群体朗读水平，听话能力和口头表达能力的提高。在反复朗读中，自然而然进入记忆仓库的语文知识，会融化成自己的词汇和句式，在说话、作文时提取出来，发挥作用。第四，朗读有助于培养语感。在放声朗读中，自然会进入文章意境，品出其中优劣，提高对语音、语义和语法的感受力，对语言规范的敏感性及对文章的鉴别能力，从而培养语感。

朗读要做到“三到”，即眼到、心到、口到，这是古人所特别强调的。也就是说，在读书时，眼睛要聚精会神地看课本，嘴里要一字不差地读课文，心里要认真地想着课文，“眼到则字不差，心到则书易入，口到则书易熟，遍数多，则久不忘。”要真正做到三到，首先必须心到，心如明镜，聚精会神，才能眼到、口到。朗读训练，本来就是多种目的共存的教育活动，心、眼、口必须同时参与。“三到”是古人对朗读训练一个很好的总结，现代的朗读训练虽然有不少的新方法，但总的来说并没有脱出“三到”的原则。因为朗读都是先入于目，再出于口，最后了然于心，眼、口、脑并用，心理过程就是如此。

借鉴之二：重视熟读

我国古代语文教育，从蒙学到经学都特别重视熟读。唐彪说：“文章读之极熟，则与我为化，不知是人之文，我之文也。”朱熹也说：“大抵观书须先熟读，使其言皆若出于吾之口。”苏东坡的经验是：“故书不厌百回读，熟读深思子自知。”由于古代语文教学强调熟读，这就使熟读、熟记、背诵成了传统。我国古代许多文人、学者学习语文都经历了熟读、熟记乃至苦读、苦记的历程。汉代的王充“受《论语》《尚书》，日讽千字。”唐代的韩愈自幼读书为文，日记数千百言，他自叙：“先生口不绝于六艺之文，手不停披于百家之编。”白居易达到了苦读、苦记的程度，“二十已来，昼课赋，夜课书，间又课诗，不遑寝息矣。以至于口舌成疮，手肘成胝。”

我们说，学习本身就是一件“苦”事，这是客观存在的，任何人、任何时代、任何力量都无法改变这一点，古人早已为我们留下了“书山有路勤为径，学海无涯苦作舟”这样的劝勉之言。任何一个学有成就的人，回首自己所走过的道路，也不能不承认那路上撒满了自己辛勤的汗水。同样，学生学业的成功，也无法逾越“苦学”这一道鸿沟。

当然，我国古代“书须成诵”的熟读教学，并不是单纯的机械记忆，而是始终把熟读与精思、记诵与思考融为一体的。古人认为，“学贵知疑”，“疑者，觉悟之机也。一番觉悟，一番长进。”朱熹很重视学生质疑，他说："读书无疑者，须教有疑，有疑者，却要无疑，到这里方是长进。"从无疑到有疑，从有疑到无疑，这是反复思考的结果。

青少年是"日出之阳"，朝气蓬勃，精力旺盛。他们智窦初开，求知心切，善于记忆，此时学的，如石上刻的，如果多背诵些脍炙人口的名家名篇，达到"熟如流水"，可以增长他们的知识，陶冶他们的情操，发展他们的语言。平时，我们叫学生作文有话可说，这"话"从何而来呢？除了有必要的生活实践之外，还必须熟读多背。孙洙说："熟读唐诗三百首，不会作诗也会吟。"书读熟了，厚积才能薄发，吐纳才能自然。青少年时代是记忆的黄金时代，农时不可违，学时也不可违，让学生多花点精力用在熟读上，这是当前语文教学应当提倡的。

借鉴之三：重视精读

精读是深透的读，究其精髓，全面掌握内容，深入理解特点，融会贯通，经过操作，使其内化的阅读。古人非常重视精读，朱熹说："字求其训，句索其旨，未得乎前，则不敢求其后；未通乎此，不敢志乎彼。"程端礼说："每句先逐字训之，然后通解一句之意，又通解一章之意，相接续作去。明理、演义，一举两得。"精读的特点是字字落实，细细涵泳，读得精细，懂得精深。

精读的过程是对读物从整体到部分，由部分到整体，从形式到内容，从内容到形式的反复多次的思考和理解的过程。在现代语文教学中，精读就是学生在教师指导下，对课文进行分析、概括、比较、揣摩、咀嚼，寻求并掌握知识规律。其过程是：

1. 总览。

通读全篇教材，看课文题目，琢磨正文、注释、插图、思考和练习，初步把握课文大意，明确阅读本篇的教学目的。

2. 评析。

在总览的基础上，由浅入深，由表及里，从整体上弄清词句、细节、篇章，把握主题，明确特点。这一过程常伴有圈点勾画、评点批注、摘录提要等阅读行为方式。

精读教学的目的在于培养独立的有效的阅读能力，使学生学会选择读物、确立读书目的、决定阅读方法，即自己解决读什么，为什么读和怎么读的问题。因此，精读指导既要重学的结果，也要重学的过程，使学生学有所得，并知道“得”的过程。学生认识自己的学习过程，是调动学习积极和主动性、发展思维能力、培养阅读能力的关键一步。

借鉴之四：重视吟读

所谓吟读，是指用唱歌似的音调来诵读作品，从而感受作品的思想内容和韵味情调的阅读方法。吕坤说：“每日遇童子倦怠懒散之时，歌诗一章。择古今极浅极切、极痛快、极感发、极关系者，集为一书，令之歌咏，与之讲说，责之体认。”这里的“歌”、“歌咏”就是吟读。我国古代蒙学语文教育基本方法就是吟读。学生或摇头晃脑低声吟诵，或手舞足蹈放声歌唱。何以这样吟唱？其目的是以声入情，因声求义，在吟唱中探寻作品的艺术魅力，进入作品所表现的艺术境界，品味作品所蕴含的情感，领会作品的意义。另外，教师声情并茂吟诵课文时，声韵的流动，成为知识信息和思想感情的输出载体，也可以把悠远古朴的风味，作品的思想情感，古人的喜怒哀乐，幻化为一种朦胧缥缈的情绪气氛，布施于学生心田，弥漫于教室空间，这可以叫做特定环境中的特定情感效应。

古代书面语言作品都是文言文，文言文朗读的困难在于它字少意深，音单义广，难以补定；它一词多义，句法简奥，难以准确；它时过境迁，语焉不详，难以晓畅；它词异声同，一字多音，难以显露；它快读失字，慢读失气，难以控制；它文无定势，稍纵即逝、难以体味。所以，只有吟读才能克服这些障碍。

中国历代诗家文人是擅长吟读的，一切的风流倜傥在吟读中发挥得淋漓尽致，“诗三百”可以说就是歌吟出来的。庄子曾“依树而吟”，曾子也曾“为梁山吟”，曹操能“对酒当歌”，孔明“好为梁父吟”。四唐时代，诗家如群星璀璨，诗史诗圣诗仙们的吟咏嗟叹，早已成为千古绝唱。其后的宋元明清，诗家文人相继出现，他们集会结社之时，酒酣耳热之际，或吟啸山水风月，或咏歌世态人情。由此观之，诗是吟读出来的，又常常以吟读表现之，吟读乃诗家文人的常用表达方式。因此，我们今天教学古诗文，就不能不继承吟读这一本来的表现形式，除此之外，别无蹊径可寻。

现在中学语文课本选入的文言文课文，多数是我国古代的名家名作，文质兼美。由于文化历史背景的距离，文字和思想上的一定隔阂，中学生学习和理解这些作品困难是很大的，而平稳、舒缓、从容、深沉的吟读，是解决上述问题的最佳办法。吟读的腔调恐难为当代中学生所能接受，但吟读艺术仍值得研究，吸收其合理内核，创作合适的曲调供学生唱读，必将取得良好的教学效果。事实上，20 世纪 50 年代以前的中学生，大多是从学唱中学会并喜爱上了《满江红》《木兰辞》《苏武牧羊》等诗词的。近年来，已有一些古典诗文的吟读录音磁带问世，教学中可以适当采用。

综上，笔者本着古为今用、推陈出新的思想，对中国传统的阅读教学作了些探讨，其目的是呼吁语文教学返朴归真，变多余的分析为扎扎实实的读书训练，对正处在转型期、反思期的今天的语文教学起个抛砖引玉的作用。

46 阅读教学学法指导基本结构模式

这里说的阅读教学学法指导基本结构模式，是指在阅读教学中，经过长期实践而形成的、相对稳定的、系统化的教师指导学生学习的标准形式。学法指导基本结构模式具有特殊指向性、具体操作性和整体优效性三个特点。

我们先看看学生是怎样学习一篇课文的。

学生学习一篇课文通常要经过以下四个步骤：①预习。就是在教师讲课前，自己独立地阅读课文，对有关知识预作学习，找出自己不懂和需要深入思考的问题。②听课。就是认真听老师讲课，积极参加讨论，主动和灵活地接受老师的指导。③复习。就是为了进一步把所学的知识巩固起来，并了解其内在的联系，需要记忆和归纳整理。④作业。就是为了检查学习效果，把知识转化为一定的技能、技巧，要做的一些练习。预习、听课、复习、作业四位一体，构成了学习一篇课文的周期。其中预习是准备，听课是关键，复习是升华，作业是实践。

现代教育是以课堂教学为主，师授性学习是学生在校学习的主要方式，也就是说，学生任何学习活动，离不开教师的指导。另一方面，教师的教受制于学生的学，我国教育史上“以学论教”的传统，就充分体现了这种制约关系。根据学生学习一篇课文的常规。阅读教学学法指导有其基本结构模式和若干变式。这个基本结构模式包括指导预习、指导听课、指导复习、指导作业四个环节，共有十六项具体内容。四环节相辅相成，构成一个学法指导系统。这个学法指导系统符合学生认识规律，符合儿童学习语文的逻辑顺序。教师如能抓住内在联系，恰当指导，就能充分发挥这个结构模式的整体功能。现将阅读教学学法指导基本结构模式图示如下：

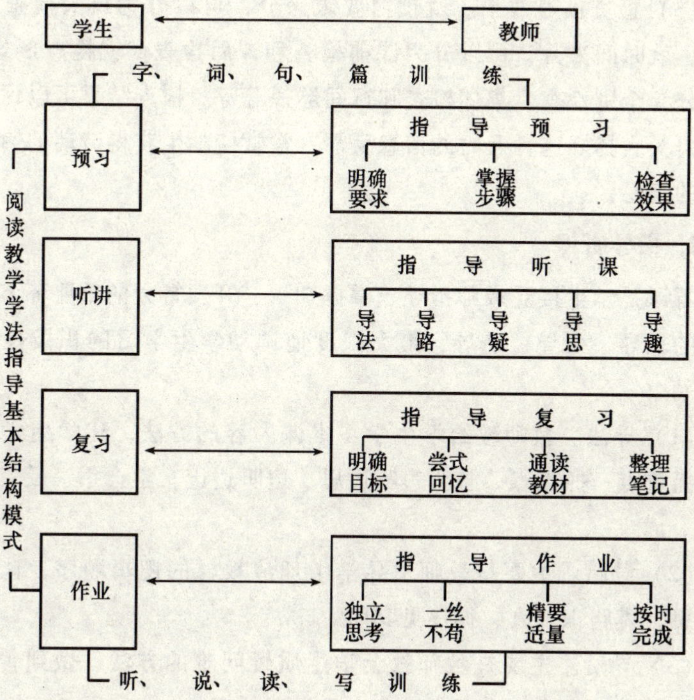

下面，我们根据这个模式图谈谈教师怎样指导学生学习一篇文章。

1. 指导预习

（1）明确预习要求。这是开始预习的第一步，只有解决了预习什么的问题，预习才不至于无的放矢或无从着手。这种预习的定向指导对于刚开始预习的小学生来说更为重要。这一步一般要布置恰当的预习提纲，基本框架是：利用工具书自学生字新词；比较正确地朗读课文；初步理清文章段落结构；提出疑难问题。

（2）掌握预习步骤。指导预习一般分六步走：指导学生读一读，了解课文大意；指导学生拼一拼，掌握生字读音；指导学生查一查，弄清新词意思；指导学生谈一谈，理解每段大意；指导学生试一试，解答课后作业；指导学生想一想，知道文章中心。

（3）检查预习效果。就预习要求来分，可以分为口头检查和书面检查；就时间来分，可以分为课前检查和课后检查；就检查形式来分，可以分为个别检查、集体检查和行间巡视等等。检查结果可以评分，也可以口头表扬。这种及时的信息反馈，常常使学生获得劳动的愉快和精神上的满足。

2. 指导听课

听课是学生接受教师指导、掌握知识、开发智力的重要环节。通过教师的辅导、引导、诱导，最大限度地调动学生学习的积极性和主动性。

（1）导法。教师教给学生学习本课内容的方法，让学生学会抓特点、抓重点、抓难点，学会边听边思、边听边记，学会举一反三，触类旁通。

（2）导路。主要是教师引导学生理清教材的逻辑顺序，让学生有路可思，遵路识其真，循序见其明。

（3）导疑。主要是教师教会学生质疑问难的方法，做到善疑、善问，使其小疑小进，大疑大进，激发学习热情。

（4）导思。教给学生科学的思维方法，培养思维能力，使其思维具有广阔性、深刻性、敏捷性、灵活性。

（5）导趣。就是教师要想方设法激励学生的学习动机，使他们产生一种渴望学习的冲劲，使其趋向鼓舞，心中善悦，乐学爱学。

3. 指导复习

复习是整理知识、巩固知识的过程。复习的有效性取决于有效的复习方法的掌握和运用。那么教师应如何进行学法指导呢？

（1）明确目标。复习功课时，要尽量目标明确。弄清是要记住课文知识呢？还是讲出课文大意呢？是进行听、说、读、写训练呢？还是解决疑难问题呢？只有搞明白为什么要复习，复习要达到什么目的，才能使复习功课的意识性强，效果好。

（2）尝试回忆。尝试回忆就是自己独立地把教师课堂上讲的内容回想一遍，即在大脑里先过一遍“电影”，看记住了哪些，弄懂了哪些，还有哪些不理解，没记住。

（3）通读教材。翻开教材，全面诵读。边看边想，与课堂上教师所讲内容相对照，抓住重点，深思熟虑，贯通整体，在书上批、画、勾、注，作出标记，为以后再学习作启示。

（4）整理笔记。做笔记是复习的结果。把学过的课文抓住要点写在复习笔记本上，能使所学的知识得到深化、简化、条理化，这样做不但能帮助记忆、备查，而且还能便于有效地输出。

4. 指导作业

学生进行独立作业时，教师要进行直接反馈控制，即在巡回检查过程中，若发现学生作业有错误，立即分析原因，直接启发思维，及时加以纠正。指导作业对学生的要求是：

（1）独立思考。做作业能锻炼分析问题、解决问题与实践运用能力，是巩固知识、训练技能的最有效方法。因为只有对教材深思熟虑，复习到家，才能去粗取精，一以贯之。如果学浅意短，不假思索，一遇新问题，必然捉襟见肘。如果遇难问人，长此下去，就会养成依赖习惯。

（2）一丝不苟。学生无论完成什么形式、什么水平的作业，都要养成一种自我检查的习惯。检查书写是否工整，格式是否规范，条理是否清楚，答案是否正确。通过检查，一方面可以自我反馈，另一方面可以培养严肃认真、踏实负责、一丝不苟的学风。

（3）精要适量。要坚持适当的数量，有代表性，不要贪多或求简。书本上的习题一般都是大容量的，在确实达到理解消化的基础上，只需选择适当的代表性较强的习题做完就可以了。做得太多，费时费力；做得太少，难于把握知识实质。只有精要适量，才能保证正常学习，又不影响其他功课。

（4）按时完成。按时完成作业好处有三：首先当天的功课，老师刚刚讲过，头脑清醒，印象深刻，做起题来顺利，也容易做对。其次当天的作业当天做，由于分量不多，不用花多长时间就能做完。再次当天作业按时完成，是接受新课的基础，今天的作业完不成，明天的新课就不容易听懂。

阅读教学学法指导基本结构模式图表明：在阅读教学中进行学法指导要体现“三为主”原则，即以学生为主体，以教师为主导，以训练为主线。

学生作为教学的主体，是一个非常复杂的变量，并且具有个性。只有充分发挥他们的主观能动性，教学才有可能取得成效。也就是说，学生是认识的主体，他们获得认识的提高，是靠自身的活动来完成的，教师不能代劳。以学生为主体，并不能忽视削弱以至排斥教师在教学中的主导性作用。相反，教师的主导作用应该得到最充分的发挥。教师的主导作用主要表现在讲授、启发、组织、督促作用上。即教师要善于引导学生积极思维，主动求知；或提出启发性的问题，开启学生的思路；或指点方法，交给学生解决问题的钥匙；或提示知识，为学生的思维的杠杆提供支点。以训练为主线主要是指教学过程中学生主动猎取知识，应用知识，培养能力，发展智力的各项语文学习活动。其基本形式是以思维训练和语言训练为核心的字、词、句、篇训练和听、说、读、写训练，这种训练贯穿于教学过程的始终，成为一条明显的线索。

47　小学语文阅读教学模式发展趋势

何谓教学模式？上海师范大学吴立岗教授是这样定义的：依据教学思想和教学规律而形成的在教学过程中必须遵循的比较稳固的教学程序及其方法的策略体系，包括教学过程中诸要素的组合方式、教学程序及其相应的策略。

吴立岗教授这段话告诉我们：教学模式是实施教学的一般理论，是教学思想与教学规律的反映，它具体规定了教学过程中师生的双方活动、实施教学的程序，应遵循的原则及运用的注意事项。由此可知，教学模式不是教学方法，教学模式与教学方法是两个不同层面的概念。

教学模式既是稳定的，又是发展变化的。从静态分析来看，它是较为稳定的结构框架；从动态变化来看，它又是不断发展、不断变化的。这是因为教学模式总是与一定的历史时期社会政治、经济、科学、文化、教育的水平相联系，受教育方针、教育目的制约。上述客观条件发生了变化，教学模式也要相应发生变化。纵观新中国成立50多年小学语文阅读教学模式，其发展嬗变大体趋势是：

1. 由“单一性”教学模式向“多元性”教学模式发展

新中国成立初期，我国在政治、经济等各方面学习苏联模式，小学语文阅读教学当然也不例外。凯洛夫的《教育学》成为当时广大教师的圭臬，课堂教学的五个环节是解放初期小学语文阅读教学惟一的模式。当然“组织教学——复习检查——新课教学——巩固新课——布置作业”这种方法对规范语文课堂教学结构，改变当时课前准备不充分，课堂教学中随意性太强的不正常现象是有积极作用的。然而，这种五环节教学过程的弊端对学生自学能力的培养和智能的全面发展，存在着两大障碍：一是“以授代学”的陈腐的教学思想；二是“填鸭式”、“满堂灌”落后的教学方法。我们知道，任何教学都有三个因素，即教师、学生、教材。每位教师的人格、学识、修养、情趣、能力不尽相同，每篇课文的内容、结构、语言、风格也不尽相同，再加上学生之间、班级之间、学校之间都有一定的差异或差距。刻板地根据时间来划分教学环节，强求每个环节在时间上的统一性，以每一环节用时是否准确来评价课堂教学，这样做未免太机械、太形式主义了。

新中国成立50多年来，特别是党的十一届三中全会以来，新的教学思想层出不穷，再加上新的科学技术对教学的影响，小学语文阅读教学模式出现了“百家争鸣、百花齐放”的繁荣局面。据1999年的统计，我国在教改实践中所提出的小学语文阅读教学模式不下百种，诸如李吉林的“情境教学模式”、丁有宽的“读写结合模式”等。这些教学模式之间相互竞争、相互借鉴、相互学习，发挥着各自所特有的功效，极大地促进了教学改革，为教学实践提供了广泛选择教学模式的余地。据有的学者预测，教学模式将成为师范院校的必修课。

2. 由“讲本位”教学模式向“读本位”教学模式发展

传统的小学语文阅读教学因袭古文的“串讲法”，一篇不长的课文，一讲就是两三节，课文被冗长的分析肢解得支离破碎。这种掰开、揉碎、嚼烂的教学挤掉了学生读书的时间，课堂气氛沉闷，学生兴味索然。如果说小学语文阅读教学还存在着少、慢、差、费的现象，那么学生读书时间太少乃是其中一个重要的原因。针对这种情况，黑龙江省牡丹江市奋强小学校李全党、邓剑秋老师，在牡丹江市教科所李守仁同志的倡导下，首先提出了“导读”的概念，并且在改革阅读教学课堂结构的实践过程中创造了“四步导读法”教学模式，即“诱导预读——引导细读——指导议读——辅导练读”。

诱导预读。属于认识性阅读阶段，一般要求学生将课文读三遍，提倡三问：问自己，问字典，问别人，提倡在书上画、圈、批、注，提倡写读书心得。

引导细读。属于理解性阅读阶段，通过对重点词、句、段的咀嚼品味，理清作者的思路，分清段落层次，掌握主要内容，解决阅读中的疑难问题。在这个阶段，学生充分读书，包括朗读、默读、听读，在“理解”上下功夫，力求“自得”。

指导议读。所谓议读，是指在读书的过程中给学生创造一个充分发表自己意见的机会，做到有读，有议，有问，有答，有反驳，有争辩。教师要给学生充分的时间，组织他们进行热烈的讨论。

辅导练读。所谓练读，是在分析评价性阅读基础上进行的创造性阅读。这个阶段的主要任务是练读、学写，吸收积蓄，培养学生“不动笔墨不读书”的良好习惯。

由“以讲为本”发展到“以读为本”，这是小学语文阅读教学的一次飞跃。

从小学语文学科性质来看，小学语文是基础工具学科。众所周知，知识课是解决知道不知道的问题，而工具课是解决会不会的问题。使用工具都要强调实践，强调做。那么语文教学就要强调学生参加语言实践，就要让学生通过实践去掌握语文这种工具，在教学方法上就要特别强调一个“读”字。通过读去理解课文内容，通过读去掌握读的本领。

从现代儿童心理学的角度看，读符合儿童语言发展的年龄特点。学龄初期的儿童智窦初开，求知心切，是智力和语言发展的关键时期。此时大脑发育不仅需要大量的营养，更重要的是需要丰富的精神刺激，而精美的文章对儿童来说就是最好的词语刺激物，对发展和丰富语言产生积极影响。因此，多读能开拓儿童的知识视野，丰富儿童的语言，陶冶儿童的情操，发展儿童的思维能力和想象能力，使儿童的大脑变得更聪明些。

3. 由“知识型”教学模式向“能力型”教学模式发展

现代教育家们不再在知识与能力两方面各执一端，相互否定，人们普遍认为传授知识与发展能力是教学的双重任务。当然，发展能力要比传授知识更重要。这是因为，近 20 年来平均每 4 年人类知识总量就要翻一番；近10年来的发明创造，比以往2000年的总和还要多。人类知识总量呈几何级数增长。如果我们还是单纯按照记忆知识的办法来进行教学，那么学生即使一天24小时不睡觉，夜以继日地学习，还是赶不上知识发展的速度。因此，学校教育不仅要传授知识，更要培养学生的能力。在学生应具备的一切能力中，头等重要的是自学能力。学生只有具备了自学能力，才能为今后的独立发展奠定扎实的基础，不断充实和更新自己的知识体系，完善和协调智能结构。所以自学能力是成才的必要条件。

基于这种认识，黑龙江省肇东市三友小学任云霞老师，在肇东市教师进修学校崔秉正同志的指导，把培养学生自己看书学习的能力，作为改革阅读教学的出发点与归宿。在课堂结构上打破过去那种先生讲学生听的做法，以自学发现、质疑问难、读讲评点、整理训练为主要形式，有力地调动了学生的积极性，收到了显著效果。“四段式”教学模式基本内容是：

自学发现。教师根据每篇课文的特点，首先设计阅读思考提纲，让学生根据提纲要求，自己看书学习，引导学生反复阅读课文，边读边在书中圈点勾画，进行批注。

质疑问难。按照提纲要求逐项进行检查，依次提问，学生思考问题，教师启发诱导，使其得出正确的结论。内容一般包括：认读生字，讲解新词，朗读课文，解释课题，说出课文中心内容，划分段落和概括段意。

读讲评点。引导学生以学习课文内容为主线，依据各段在全文中的地位和作用，语言文字的难易，用不同的方法细心阅读课文。在此基础上，让学生从中心段入手，抓住重点词句，围绕作者思路，逐段进行读讲评点。

整理训练。在细读精讲的基础上，引导学生归纳中心思想，体会写作方法，进行读、背、默、复述训练，或字、词、句的训练、或写片断的训练。

4. 由“教法式”教学模式向“学法式”教学模式发展

学法指导是当今世界教育改革的一大趋势，成为各国教育家研究和探讨教育改革的一个热点，中国也不例外。学法指导具有重要的意义。从理论上说，学法指导弥补了教学论长期的管教不管学的空白；从实践上说，学法指导在“教”与“学”两者之间找到了结合点。新的科技革命冲击着世界各国的教育，为了迎接知识不断更新的挑战，改变人类学习落后的状况，使人类不再成为知识的奴隶和储贮仓库，就必须进行学法指导，使学生积极主动地学习，掌握学习的方法，学会学习。

哈尔滨市东风小学校梁斌、陈淑娴等人在哈尔滨市教科所张景义的领导下，开展了小学语文学法指导实验研究，在省内外产生一定影响。梁斌的小学语文学法指导的基本模式是：

低年级——教读法。以教师为主导，教给学生入门的、基本的读书方法和知识，以读懂句、段为重点，做好阅读的启蒙工作，为以后进一步阅读打下基础。

中年级——导读法。在教师指导、启发下，帮助学生掌握读书方法和知识，以理解和掌握读懂一篇文章的要求、程序和方法为重点。导读法各环节的任务是：

初读：感知内容，扫除障碍；

细读：理清结构，探索思路；

精读：抓住重点，研究精华；

评读：整体认识，评价鉴赏。

高年级——自读法。学生运用已掌握的读书方法和知识，在教师指导下进行自读实践训练，重点是在继续掌握读懂一篇文章的方法基础上，还要学会阅读一个单元的文章，一类文章和一本书的方法和知识，逐步养成良好的读书习惯。自读法的课堂结构是自学、质疑、讨论、自测、小结五个环节。

东风小学语文学法指导系列的构思和实践虽然是粗线条的，但它是符合阅读教学原则和儿童学习心理的，它经历了一个由教读到导读，最后到自读这样一个由低年级到高年级、由简单到复杂、由理解到应用的循序渐进的培养训练的过程，最终目的是达到叶圣陶先生说的“自能读书，不待老师讲”的理想境界。

到了20世纪90年代，计算机成为现代科学技术的龙头，信息社会的发展对学校教育产生巨大的影响。很多有识之士走出传统教育狭隘的人为空间，投身于语文计算机辅助教学研究，由归纳型教学模式向演绎型教学模式发展，这种“机辅”趋势引起人们关注。黑龙江省85所小学校在省教育学院初教部有关专家指导下，开展了小学语文“识字教学、阅读教学、作文教学、电脑应用”四结合教改试验研究。这是一项以现代教育技术为突破口，全方位推进素质教育，实现基础教育现代化为目标的小学语文学科内的综合性整体改革。

48　小学语文导读教学法

1. 导读教学的形成过程

历史像一面镜子，它能帮助人们了解过去，认识现在，预见未来。回顾我国语文教学演变的历史走向，大体经历了由新中国成立初期的“串讲”为主，发展到20世纪50年代的“谈话”为主，再发展到70年代的“讲读”为主，到80年代中期以后才逐步发展到“导读”为主的教学新体系。小学语文阅读教学改革的四个发展阶段，客观地为我们描述了一条“串讲法——问答法——讲读法——导读法”的嬗变轨迹。综观小学语文阅读教学更替的历史，及其不同发展阶段的教学特征，清晰地展示了由“讲本位”到“问本位”到“读本位”再到“导本位”几次质的飞跃过程。为了从中发现规律，笔者认为有必要做纵向的历史分析。

(1)“讲本位”的批判与继承。

新中国成立初期，百废待兴。语文教学因袭古文的“串讲法”本无可非议。然而时至今日，在新世纪开始之时仍“讲”风不衰，就实在是贻误后人了。要知道，“讲本位”这种单向灌输式的“讲——听”模式不仅费时多，收效低，而且扼杀了小学生劳心运智自觉读书的积极性和主动性，使语文教学跌入了只看结果，不重过程的封闭式教学误区。

今天，我们批判“讲本位”，并不是反对必要的讲授。叶圣陶是一直反对教师“以讲为本”的，但他又辩证地指出：“提问不能答，指点不开窍，则可畅讲，印入更深。”这是因为“讲授”信息密集，传授知识系统，仍不失为比较经济的教授方法。不过，不问学生是否读得懂，一律从开头段的第一句，一直串讲到结尾段的最后一句，实在是没有什么必要的。

（2）“问本位”的功绩与过失。

“问答法”，又称“提问谈话法”，它是1953年随着前苏联普希金教授尖锐批评北京女六中教师为北京师大实习生示范教学《红领巾》一课时引入我国的。应该肯定“提问谈话法”的引入是现代教学论对我国的“讲本位”传统教学观的一个有力的冲击，也是对我国传统语文教学只看结果不重过程封闭式教育思想的一次有力的批判。“提问谈话法”的最大功绩就是把学生引入阅读教学过程，并运用教学反馈机制变单向灌输为双向信息交流，较好地调动了学生学习的积极性。应该说，这是中国语文教学改革进程中的第一次质的飞跃。但由于引入是被动的，推广之前又缺乏足够的研究和实验验证内化过程，就盲目地“全盘苏化”，一刀切地用“提问谈话法”取代了“串讲法”，致使我国语文教学又陷入了“满堂问”的繁琐哲学的误区，教训是惨痛的。

（3）“读本位”的复苏与发展。

“以读为本”，源远流长，可以说是一个颇为古老的命题。今天语文教育界大声疾呼要坚持“以读为本”，也是时代的需要和历史的必然。早在20世纪70年代，人们在批判语文教学的形式主义和繁琐哲学的同时，就提出了“讲读法”，即“讲讲，读读，读读，讲讲”的教学方法，尽管“讲读法”明显地印有“讲本位”的烙印，但它毕竟为“读”争回了一席之地。虽然“讲读”中的“读”只是为教师的开讲做铺垫，但“读”的意识复苏，以及叶老提倡的“教师当然须教，而尤宜致力于导”等教育思想的启迪，则为“导读法”的兴起奠定了教学理论的基础。

（4）“导本位”的初创与兴起。

20世纪80年代初期，小学语文阅读教学的改革发展到一个新的阶段——综合探讨创新阶段。不少有识之士，吸收了现代教学论思想和关于学生认知结构不断改造与发展的学习理论，开始探讨小学阅读教学过程最优化的问题。1984年春，黑龙江省牡丹江市奋强小学李全党、邓剑秋老师，在牡丹江市教科所李守仁的指导下，首先提出了“导读”的概念，并且在改革阅读课堂教学结构的实验过程中创造了“四步导读法”，变“读——讲——练”三步走，为“诱导预读——引导细读——指导议读——辅导练读”四步导读。以读为本，导在其中，形成了“导读——自读”教学结构的雏形。几乎与此同时，天津靳家彦老师的“读思结合导读法”、上海左友仁老师的“逻辑引读法”、上海四师（现上海师专）张平南老师的“逻辑导读法”、湖北黄石吕植长老师的“四步阅读导读法”、广州鹿润清老师的培养学生自学能力的导读教学经验都取得了可喜的成果。1985年上海著名特级教师钱梦龙发表了《变讲读为导读》的文章，华东师大李伯棠教授也多次撰文推动这一教法改革的发展。使导读教学的理论研究与课堂教学经验紧密结合起来，初步形成了一种新的阅读教学方法论体系。导读教学在中小学语文教学中越来越受到广大教师的欢迎，“教师致力于导，学生循导学读”的双主体教学已逐步被语文教师所接受，并且在自己的教学实践中创造出许多灵活的导读方法。

2. 导读教学的基本内涵

如前所述，小学语文导读教学是继“讲读法”之后，在改革小学语文阅读教学的实践中逐步形成和发展起来的“导读——导练”的新体系，是小学语文教学研究重要成果之一，它符合叶圣陶先生关于“教师当然须教，而尤宜致力于导”的语文教育思想，顺应了当前小学语文教学要“以读为主，培养语感，把语文课上成语言文字训练课”的教改方向。可以说，“导读——导练”教学体系的形成，彻底改变了小学语文教学高投入低效益状况，同时也促进了教育观念的转变，把小学语文教学纳入了素质教育的正确轨道。

（1）导读教学的基本含义。

导读，就是在教师指导下，学生学习阅读。“导”的目的在于引导学生“读”，从广义上讲，“导读”这个概念比较准确地揭示了小学语文阅读教学的本质，从这个概念出发，我们可以这样认识导读教学的基本含义：

导读教学是学生在教师指导下通过自己读书的实践和语言文字训练的实践，学会阅读的教学方法。这是在改革“讲读法”课堂教学结构的基础上，批判地继承了“以读为本”的传统语文教学经验，并从小学生心理、生理、年龄特征出发，依据叶圣陶先生提出的“教师当然须教，而尤宜致力于导”的语文教育思想逐步形成的“导读——导练”统一的教学方法论体系。

所谓“导”，就是教师引导、指导、疏导、诱导，或者说因势利导。所谓“读”，就是学生读书，在教师辅导下循导学读。导读的目的是使阅读教学成为师生共同参与的过程，真正合作相互作用的过程，双向信息交流的过程，从而使小学语文阅读教学过程变成教学指导系统、学习系统、反馈系统动态耦合的有机整体。

（2）导读教学系统的基本因素组合。

从导读教学的基本含义出发，我们可以拓展出如下一些理性认识：

首先，导读教学把教师看做教学指导系统的主导因素，它决定着阅读教学的方向、内容、方法和进程。从这个意义上讲，“所谓教师的主导作用，盖在于引导启迪，学生自奋其力，自致其知，非教师滔滔讲说，学生默默聆受。”

其次，导读教学把学生看做教学活动的能动体之一，教师的主导作用就是把学生读书学习活动引入阅读教学过程中，为学生的认识与发展创造必要的条件。因此，在课堂教学中应贯彻“以自学为主，以读书为主，以训练为主”的“三为主”原则，鼓励学生大胆质疑，发现问题，主动探究，相互研讨，进而通过对语言文字的训练，了解作者的思想感情，学习写作技巧，培养语言感受能力，在阅读训练的实践中学会独立阅读。

其三，由于导读过程是师生共同参与的双向信息交流过程，所以不可避免地要依靠教学反馈系统及时传递反馈信息，随时调整导读、导练的方向、进程，才能及时排除学习心理上的障碍，取得好的学习效果。从这一点来说，教学反馈系统在导读过程中，是不可缺少的信息交流渠道。

我们提倡“导读——导练”的统一，目的就是让教师千方百计诱导学生“运其才智，勤其练习”，在阅读实践中“自为研究，自求解决”，促使学生独立阅读能力和认真阅读习惯逐步形成。

3. 导读教学的理论框架

导读教学从无到有，从初创到发展，始终是遵循着“实践——认识——再实践——再认识”这一马克思主义认识论的基本原则进行的。即从教学实践中提出研究课题，通过实验摸索教学经验，再逐步上升为教育理论，然后通过第二轮验证性实验，检查验证导读教学的教育思想、教学方法是否适用于语文课堂教学实践，最后上升成为对实践有真正指导价值的教学理论，使导读教学从教育观念、教学模式、教学方法、教学风格等几个方面构成了全新的、完整的框架体系。

（1）树立了“双主体”的教育观。

小学语文导读教学，始终坚持以有中国特色社会主义理论为指导，努力探索具有时代精神与中国特点的小学语文阅读教学的科学原理，实现了变“讲读”为“导读”的教育观念的根本转变，使小学语文导读教学在目标、内容和方法上体现出鲜明的民族特色。并在批判地继承了“以读为本”的传统语文教育思想的基础上，提出了“教师致力于导，学生循导学读”的“双主体”教育观。

（2）构建了“四环节”训练型的教学模式。

小学语文导读教学的基本教学模式，是在“双主体”教育观指导下的教师“教路”、学生“学路”和文章“思路”的综合观，是阅读教学基本目标、基本程序、基本方法和课堂组织形式四个要素优化组合的整体，它有相对的稳定性和可操作性，便于教师在课堂教学中实施。即“导预读——导细读——导议读——导练读”四环节训练型教学基本模式，当然它还有许多相应的“变式”。

(3) 总结出了“十二种”导读方法。

近二十年来，随着导读教学研究的逐步发展，导读方法研究工作也出现了推陈出新、一派繁荣的景象。目前，见于各种教育期刊和教育辞典的导读方式有十二种之多。如程序式、图示式、逻辑式、引读式、设问式、对比式、迁移式、范例式、赏析式等等。

(4) 形成了“十六字”教学风格。

由于导读教学树立了“双主体”的教育观，遵循“四环节”教学基本模式设计教学程序，又采取灵活多样的导读方式组织教学活动，就逐步形成了“以读为本，变讲为导，语思统一，文语并重”的独特的教学风格。

至此，可以说小学语文导读教学的方法论已经臻于完善，并且自成体系。

49 在古诗教学中发展学生的智力

中国，是一个诗的王国。中国古代诗歌，绵历数千祀，作者之多、作品之富、题材之广、技巧之高，在世界文学史上是绝无仅有的。现行的小学语文教材中古诗占有一定的比重，这些古诗都是发展学生智力的好教材。

1. 通过古诗教学，培养学生的观察力

观察，是感知的高级阶段，是思维的直接基础。诗歌创作离不开观察，古诗的作者无论是状物、写景、叙事、记人，都是通过自己对事物的深刻细致的观察，有了体验，才能用准确、生动的语言把自己的思想情感表达出来。

（1）抓住诗歌中关键词语，让学生咀嚼品味。

如“白日依山尽”这一诗句，“依”字“尽”字用得非常准确，这两个字逼真地再现了山衔落日一丝丝地下降而逐渐沉没的过程。太阳落山时，人们看到的一般是一轮红日，为什么这里却说白日呢？这正显示出当地山岭极其高峻的特征。在那绵延叠嶂的山区里，由于山高，太阳下山较之海边和平原地区要早，太阳依山时，阳光还强，因而人们看到的太阳呈白色。如果诗人不经过细心观察深入体验，就不会表达得这样准确、形象。

（2）体会诗人在体验生活过程中的察微知著。

比如《山行》这首诗，诗人杜牧由于对秋天景物有着特殊的喜爱，并且有意识地要在寥廓霜天中寻觅那些最爱表现敢与严霜竞斗的胜景，才能一路上坚持观察，由山麓看到山顶，又由远而近，左右顾盼，从骄阳高照观察到日暮黄昏，终于发现了一片红枫。狂喜之余，干脆停车细加审味，展开想象的翅膀，直到想出一个最贴切的比喻，很好地表达了他对秋天的赞美，方乘兴而归。在讲授本诗时，教师倘能具体生动地揭示诗人的如上观察过程，对培养学生的观察能力是很有裨益的。

（3）引导学生，弄清诗人观察景物的立足点。

《宿建德江》是孟浩然的一首名诗，全诗描绘了一幅暮霭苍苍、孤舟夜泊的图画，突出了诗人的寂寞凄凉的心情。要理解诗意，就要明白这些问题：为什么客愁新？天怎么比树低？江心月影为什么比空中明月离诗人近？回答这三个问题，又要弄清诗人观察景物的立足点。诗人是在船上观察景物，由近到远，再由远到近。教师可一边讲解，一边勾出一幅简图，把诗所描绘的情景再现在学生眼前。在此基础上引导学生仔细琢磨诗句，体会诗人观察、描绘的细致，体会诗中所写的景象与诗人心情的关系，这就可使学生的观察能力和理解能力得到提高。

2. 通过古诗教学，启发学生的想象力

写诗要用形象思维，理解剖析诗的意境也要用形象思维，只有这样，才能引起学生的联想和想象，进而领会诗的意境。

（1）提出启发性问题引导学生思考。

如《宿新市徐公店》这首诗，诗人描写的是春夏之交的自然景色和天真活泼的儿童追赶蝴蝶的场面。这首诗的语言是较为浅显易懂的，学生理解诗句的意思并不算难。但如果教师在教学时不注意引导学生想象，只是停留在解释词语上，诗歌所描述的画面在学生脑海中印象也是不鲜明不完整的。为什么黄蝶飞入菜花就无处找寻了呢？学生回答这个问题时可能有几种答案。这时，教师就要层层深入地引导学生思考：油菜花是什么颜色的？诗中所写的儿童追的蝴蝶又是什么颜色的？黄色的蝴蝶飞入黄色的菜花中停住，还能找到吗？通过启发学生，用通俗的语言描述诗中的图景：稀疏的篱笆围住了一片田园，一条小路通向田园深处。正是春夏之交，园边的树木上，花已经凋谢了，但树叶还长得茂盛浓密。田园里，油菜花盛开，金黄色的一片；田间小路上，两个儿童奔跑着追赶两只黄色的蝴蝶。追呀，追呀，黄色的蝴蝶飞进黄色的菜花里停住了，两个儿童再也分不清哪是蝴蝶哪是菜花了。

（2）展开想象的翅膀填补诗中空白。

诗，是诗人思想感情升华的结晶，不可能像小说那样，按照生活矛盾的发生发展过程铺叙开去。诗人只能够从这一过程中截取几个最感人的镜头，用跳跃式的语言，反映出生活的本质，抒发自己感情。那些画外之图、言外之意、意外之情，只能引导学生去填补。如《寻隐者不遇》的前两句："松下问童子，言师采药去。"是谁问呢？问的什么话呢？是谁回答呢？从字面上都看不出来，这就要引导学生结合诗的题目以及前后意思的连贯，来思考和想象，予以补充。这首诗经过补充之后，便成了这样的一组连环画：我去访问一个隐居的人，来到他门前的树下，碰见他的书童，问道："你师傅在家吗？"那童子回答说："我师傅出外采药去了，就在眼前这座山里，但由于山上云雾笼罩，我不知道他在何处？"

（3）描述意境再现诗歌的艺术形象。

比如教学《村居》，在范读课文前教师可做这样的描述：二月天气，野草茂盛，黄莺乱飞，长长的杨柳枝条下垂着，仿佛在抚摸着堤岸。郊野雾气袅袅，使得杨柳似乎被它所迷醉。你看，一群活泼的儿童刚刚放学归来，连忙摔下书包，拿起早就准备好的风筝，你追我赶地来到村前的开阔地，趁着这轻盈盈的东风，把各自的风筝送上蓝天。孩子们尽情地奔跑着，叫喊着，互相比赛，看谁的技艺高强，谁的风筝放得高、放得好。这一生动的描述，可以使学生仿佛听到孩子们的欢声笑语，仿佛看到了那些五颜六色的"纸鸢"。在孩子们的心目中，春天是美好的，是迷人的。

3. 通过古诗教学，发展学生的思维力

诗歌优美的意境是建筑在内容和形式高度统一基础之上的。统一便是和谐，和谐就是美。在古诗教学中，我们应该抓住诗歌和谐这一特点来启发学生深思遐想，由诗的外在美领悟其内在美，从而发展学生的思维力。

（1）政论诗——理清诗句的内在联系。

龚自珍的《杂诗》是一首政论诗，此诗是按照“希望改革”，“为什么要改革”，“怎样实现改革”三层来写的。起句提出自己的主张，认为国家要振兴，必须有疾风迅雷般的政治改造。为什么要变革呢？因为当时社会死气沉沉，清朝政府腐败不堪，国家前途危机四伏。怎样实现伟大的变革呢？具体途径是：“我劝天公重抖擞，不拘一格降人才。”要使学生理解诗人愤懑之情，就要适当讲解社会背景，然后扣紧诗句，讲清字词意思及诗句的内在联系，让学生理解起句是“果”，二句是“因”，两句是因果关系。第三四句提出措施，只有起用爱民爱国的人才，才能使神州大地有生气。诗中尾句与首句相呼应，又互为因果关系，教师引导学生思考理清诗句的这种内在联系，既可受到思想感染，又能受到逻辑思维能力的训练。

（2）讽喻诗——抓诗眼开拓诗的意境。

林升的《题临安邸》是一首讽喻诗。上联写景，下联写情，情景相生，将愤怒之情、忧国之感、讽喻之志，寄寓于形象之中，诗味颇浓。其中的“诗眼”，在“熏”和“醉”字上。“暖风熏得游人醉”，“暖风”，语义双关，既指自然界暖融融的风，又暗指从那些王公贵族歌筵酒席间散发出来的香风。“游人”也是双关，既指西湖上一般的游人，也暗指在西湖中寻欢作乐的王公贵族。“熏”，侵袭，感染之意。“醉”，沉醉，醉生梦死。南宋的贵族老爷们，被迷离的西湖风景和歌舞香泽、珠光酒气熏得昏沉沉，如狂如醉，早已忘记了旧京城，竟把蜷缩之地当成老家。这一“熏”一“醉”，既生动形象，又深藏讽刺和感慨之意。全句仅仅七个字，把那些残民误国者置国难于不顾，纵情声色于西子湖上的丑态，描摹得惟妙惟肖。

（3）哲理诗——通过形象悟客观事理。

苏轼的《题西林壁》是一首哲理颇浓的诗。这首诗不但写出了游庐山的感受，还表达了应当怎样认识事物的哲学道理。教学时，在讲清全诗大意的基础上，可运用设问的方法引导学生思考。首先问学生：

“一座庐山为什么时而‘成岭’，时而‘成峰’，有不同的形态呢？”学生通过想象可知，庐山本来群峰林立，丘壑纵横，姿态万千，从不同的距离，不同的高度去看，呈现在人们眼前的庐山形象当然就千姿百态了。当学生领会了庐山的不同形态是由于人们观看的角度不同以后，再问：“为什么人们不能准确地把握住庐山的真实样子呢？”学生可根据诗句答出：“因为身在庐山之中。”教师可再追问：“为什么在庐山中就看不清庐山的真面目呢？”这时学生必须积极思维。他们可以想象出这么大的庐山，人们站在山中观察，看到的是一峰一岭，一丘一壑，因而带有片面性，不能看出它的全貌。要想看清庐山的“真面目”，就必须从庐山中走出来，站在庐山的外面去看它。这时教师可进一步启发：“观察庐山是这样，观察其他事物是不是也要这样呢？”让学生明白，对于任何事物，如果局限在它的小圈子里面，就不能看见全局，认识就受到限制。只有客观地研究它的各个侧面，才能得到较为正确的认识。

4. 通过古诗教学，锻炼学生的记忆力

古诗，音韵和谐，节奏鲜明，形式整齐，读起来朗朗上口，是帮助小学生提高记忆能力的最好材料。

（1）重视朗读训练。

开始训练时，要求读准字音，读出节奏，读对声调，把握韵尾。通过一段时间，再提高训练要求，从响亮地读到准确地读，到流利地读，到有感情地读。要根据作品的感情的需要确定和把握朗读的速度，要准确地划分出一首诗的具体音步、节奏，要读出诗的格律、韵味来，努力做到声情并茂。

（2）重视背诵训练。

背诵是锻炼学生记忆能力的有效手段，是我国传统语文教学的一种重要方法，它是朗读到烂熟的结果。因此，要求学生所有古诗课文都要熟读成诵，做到倒背如流。指导背诵，切忌“小和尚念经——有口无心”。

（3）重视默写训练。

在背诵过程中，往往看三遍不如读三遍，读三遍不如抄一遍。这是因为默写时眼、手、脑并用，给记忆注入了新的活力，比朗读、背诵的效率会更高一些。所以，背熟一首，巩固一首，默写是最好的方法。

50 小学古诗教学误区

目前，全国小学古诗教学异常活跃。各地纷纷召开报告会、研讨会、课堂教学观摩会；各家教育杂志也相继开辟专栏，连篇累牍地发表文章，探讨小学古诗教学理论与实践问题。笔者有幸听了一些课，看了一些文章，觉得小学古诗教学方向是正确的，但是，程度不同地还存在着一些误区。其具体表现是：

1. 倾盆大雨式的题解

有些古诗反映的是作者在特定环境中的感情，如果不简单地交待一下诗人的有关生平和历史情况，学生很难理解诗歌的思想内容。但介绍只能是让学生有一个大概的了解，比如介绍作者，一般说来，只要晓得学的这首诗作者是谁，是哪个时代的人就行了。有的教师不管儿童的接受能力，教学参考资料上有多少，就给学生说多少，别号、官职、经历、文学主张、政治抱负，说了一大串。例如，有位教师讲《题西林壁》，他既讲了作者苏轼的生卒年月、政治思想，又讲了苏轼被贬谪、大赦的情况，既介绍了苏轼在散文、诗词、书法、绘画、音乐等方面的杰出成就，又介绍了苏轼和父亲苏洵、弟弟苏辙以“三苏”著称于世的史实。教师说的倒振振有词，学生却有如在五里雾中。

2. 信口开河式的问答

众所周知，问答法又称谈话法，是教师根据学生已有的知识经验，提问学生，并引导学生经过思考，对所提问题自己得出结论，从而获得知识发展智力的教学方法。有的教师在古诗教学中滥用问答法，本来一首古诗就是一幅色彩明朗、优美动人的图画，富于鲜明的艺术形象和深远的艺术意境，教学时应当反复诵读，在读中探寻诗歌的艺术魅力，进入诗歌所表现的艺术境界，品味诗歌所蕴含的情感，领会诗歌的意义。结果教学时一问一答，破坏了诗的艺术性，割裂了诗的整体性。如一位教师教《黄鹤楼送孟浩然之广陵》，他是这样运用问答教学法的：

问："故人西辞什么地方？"

答："故人西辞黄鹤楼。"

问："烟花几月下扬州。"

答："烟花三月下扬州。"

如此问答，真是滑稽可笑。

3. 填鸭注入式的串讲

所谓串讲，就是朗读之后，依序逐字逐词逐句讲解，从理解每个字词句入手，达到理解全篇。串讲是古诗文教学的一种重要方法，不过课前要注意启发学生预习，在串讲过程中又一定要注意引导学生思考，不能搞填鸭式、注入式的满堂灌。一位教师教《题西林壁》，他作如此的串讲：

"'横看成岭侧成峰'，横看，就是从正面看，侧，就是从侧面看。雄伟的庐山从正面看是一道连绵起伏的山岭；从侧面看，成了一座峻峭的山峰。'远近高低各不同'，这一句指庐山从远处、近处、高处、低处看，都呈现出不同的形象。'不识庐山真面目'，识，这里是看得清的意思。之所以看不清庐山的真面目，'只缘身在此山中'。缘，当因为讲，身，指自身，此，是这的意思。只是因为自身就在这庐山中间，眼界受到了局限。最后两句是先写结果后写原因。"这样串讲，不如提出一些启发性问题，让学生专心琢磨："为什么从远、近、高、低各处看庐山，庐山的形象会不一样呢？自身在庐山之中为什么反而看不清庐山的真面目呢？我们观察其他事物也会有这种情况吗？举例说说看。"

4. 文学鉴赏式的分析

小学古诗教学不排斥分析，但分析一定要深入浅出，适可而止，千万不能搞赏析。一位教师教《九月九日忆山东兄弟》，大讲虚实相生、相互映衬的诗歌创作艺术规律。他说："王维的《九月九日忆山东兄弟》是借助'象外之象'、'景外之景'表现意境的范例。'独在异乡为异客，每逢佳节倍思亲。遥知兄弟登高处，遍插茱萸少一人。'诗的首两句用一个'独'字两个'异'字，实写出诗人此刻心情孤独寂寞、直接表达出诗人强烈的思乡恋友之情。第三四句却改变了写法，诗人感情的表达不再是直叙，而是避实就虚，由近及远，不言自己却言远在故乡的兄弟们：他们今天登临时头上必定插上茱萸，一定会发现少了一位兄弟。不言自己忆兄弟，却言兄弟忆自己，立意更为新奇，取境更为巧妙。"如此鉴赏，小学生能接受得了吗？是的，形象思维是诗歌艺术的基本特征，在古诗教学中，我们应当引导学生展开想象的翅膀，再现诗歌所描写的意境。但是，硬让涉世未深、知识不多的小学生入情、达境、悟理真是难于上青天。

5. 囫囵吞枣式的翻译

古诗的翻译，可以帮助学生更好地理解诗意。在翻译古诗时，我们主张采用忠实而流畅的直译，即尽量保持诗的原意与原句结构，用口语表达出来。重点字落实，对号入座，力求准确、通顺。在这点上，不要怕人家说你咬文嚼字。就算是咬一点嚼一点，只要咬对了，嚼对了，总比昏昏然式的大糊涂教小糊涂好。一位教师教李白的《望庐山瀑布》，其中对"日照香炉生紫烟，遥看瀑布挂前川"两句的翻译是这样的："香炉峰顶彩云斑斓，一条瀑布像雪白的绸子飘拂在远处的崖壁上。"细心的读者看看，这样翻译，"日照"、"生紫烟"、"遥看"、"挂前川"，总共十个字，就都一下子全不见了，没有下落了。总共才翻译十四个字，竟然就有十个被翻译的字不翼而飞，而且还凭空增添了"彩云斑斓"、"飘拂在远处的崖壁上"，这又是从何而来的呢？难道"紫烟"就是"彩云斑斓"，"挂"就是"飘拂"、"前川"就是"远处的崖壁"吗？所以翻译必须做到"字求其训、句求其义，章求其旨"才好，切不可随心所欲，囫囵吞枣。当然，古诗的翻译，一定要在诗句的讲解以后进行，一定要让学生自己动手动脑，教师切不可包办代替。

6. 花样翻新式的表演

有的教师错误地认为，古诗教学，尤其是古诗教学公开课，必须追求新奇，追求形式。于是挖空心思，想出不少花样来装点门面，掩饰那低劣的教学效果。譬如：有的用电子琴伴奏弹唱古诗，有的用竹板打节拍数念古诗，有的穿上古代服装表演古诗。笔者就看见过这样一堂公开课：在哀乐声中，由学生扮演的陆游躺在桌子上，用颤抖的声音吟诵道："死去元知万事空，但悲不见九州同。王师北定中原日，家祭无忘告乃翁。"此时，众学生一拥而上，扒在陆游身上大声喊道："我们一定统一祖国，为您报仇！"这样的表演，表面上看热热闹闹，其实不伦不类。它把形式和内容机械地割裂开来，脱离实际，极端地夸大事物的表面形式，不仅白白浪费师生的时间和精力，搞无效劳动，使教学任务落空，而且久而久之，耳濡目染，也会使学生养成追求虚荣，讲究表面，学习不认真，做事不实在的不良作风，谬种流传，误人子弟。

上述现象，给我们留下一些思考。那就是当前小学古诗教学程度不同地存在着教学目标的误导，教学方法的错位和教学手段的滥用。这些负面影响不能不引起我们的注意。

那么，如何使小学古诗教学回归到正确的轨道上来呢？

《小学语文教学大纲》对古诗教学没有提出明确要求，但在《附录》中列出 80 首背诵推荐篇目。从九年义务教材修订意图来看，各册古诗都有增加，增加古诗的目的在于"培育学生热爱祖国语言文字和中华优秀文化的思想感情"，而不是学作古诗。所以，小学古诗教学必须从小学生实际出发，立足于儿童，体现小学生特点，不能作过高的要求。具体说应该是：能正确、流利、有感情地朗读古诗，能背诵、默写所学古诗，能用自己的话说出每句诗的意思，能领会诗的内容和所表达的思想感情即可。至于在古诗教学中陶冶学生道德情操，培养爱美情趣，发展学生智力，开发学习潜能，激发学习兴趣、指导学习方法，提高语文素养，那是整个语文教学的重要任务，另当别论。

51　小学古诗朗读教学

1999年2月20日，江泽民同志出席中国唐宋名篇音乐朗诵会时曾指出："中国的古典诗词博大精深，有很多传世佳作，它们内涵深刻，意存高远，也包含很多哲理。学一点古典诗文，有利于陶冶情操，加强修养，丰富思想。用朗诵加上音乐诠释的形式表现古典诗文，是一种有益的尝试，有助于人们加深对古典诗文的了解，弘扬祖国的优秀传统文化，增强民族自信心和自豪感。"

大家知道，古诗是中、小学生喜闻乐见的一种文学样式，在现行九年义务教育语文教材中占有一定比例。我认为，古诗教学的主要方法是朗读，因为古诗"言既易知，而吟咏之间，抑扬反复，其感易入。"非读不能见其美，非读不能见其情，非读不能见其意。

那么怎样朗读古诗呢？

1. 进入意境

意境是诗歌魅力的核心。王国维在《人间词话》里说："诗以境界为最上，有境界者则自成高格。"又说："意境非独景物也，喜怒哀乐，亦人心中之一境界。故能写真景物，真感情者，谓之有境界，否则谓之无境界。"诗人在抒发感情时，往往把炽热的情感融于写景中，达到情景交融的境界，以广泛地反映社会生活。因此，朗读时必须引导学生驰骋想象，连缀情感，补充画面，使诗中的此情此景变成学生的我情我景。如：

登鹳鹊楼

白日依山尽，黄河入海流。

欲穷千里目，更上一层楼。

头两句落笔写景，描绘了一幅色彩鲜艳的山水画。“依”极其形象地描绘出西下的夕阳，慢慢随山而尽的情态；“入”表现黄河滚滚东流，一泻千里，“奔流到海不复回”的气势。后两句是抒情。“欲”字，不仅起了由写景而转入抒情的作用，而且展示诗人的内心世界，把奋发向上的壮志豪情，倾注在“更上”一词中，融化在诗人想象中的景外之景、意外之意的天地里。诗中的不尽之景，应启发学生去想象，不尽之意应启发学生去思索，让他们在朗读中很好地揣摩诗中开阔、深远、昂扬向上的意境。

2. 体会情感

情感是诗歌魅力的灵魂，没有情感便没有诗。有人把诗比作一块炽热的红煤，通过朗读，最能使它散发出全部的光和热。故此，我们应该引导学生在朗读时用充沛的情感去感受诗歌的情感，尽可能地和诗中的情感产生强烈的共鸣，让自己的脉搏随着诗人的脉搏一起跳动，为诗人的痛苦而痛苦，为诗人的喜悦而喜悦。如：

示儿

死去元知万事空，但悲不见九州同。

王师北定中原日，家祭无忘告乃翁。

这首诗是陆游的绝笔诗，字字发自肺腑，如血，如泪，如火，悲愤交集，真挚感人。

第一句，写出了诗人将离人世时的心绪。人一死，什么事情都是“空”的了，在诗人漫长岁月中经历的一桩桩一件件往事，都将跟着诗人的离世而消逝，说明了诗人对生前诸事无甚留念。读这句时，应深沉，多多少少带些缅怀之情。

第二句，用一“但”字，诗意急转直下，引出了惟一使诗人悲伤并难以忘怀的是，还没有看到祖国的统一，诗人把不能看到恢复国家统一视为终生遗憾。读这句时，应沉痛悲壮，用泣声表现。

第三句，写诗人热切盼望祖国能统一，对未来寄予了无限的希望。读这句时，要饱含坚定的信念，把平定中原，收复失地的希望读出来。

第四句，是诗人对孩子的嘱咐，说明了诗人即使在九泉之下，也念念不忘祖国的统一。读这句时，应乐观自慰，把发自肺腑的爱国主义激情表达出来。

3. 掌握技巧

诗歌的重要特点是鲜明节奏的音乐美，它本身具有的形之于声的特性，较其他文学样式更适宜于朗读和背诵。国画中，有“三分画七分裱”之论，诗歌也有“三分诗七分读”之说。

音乐美的标志是节奏、韵律和声调，这三者构成了语言的旋律。它们和诗的内容相结合就构成了旋律系统，是诗人用以表达感情的重要手段。它不仅可以使人朗读时抑扬顿挫，听起来悦耳，而且反映了诗人创作时的内心感情的起伏变化。因此，我们在训练学生朗读时，一定读出节奏感和韵律美。

节奏感。诗歌的节奏是由一定规律的停顿和间歇形成的，再辅之以声音的高低强弱，速度的快慢等朗读的技巧，就形成了一种鲜明的节奏感，以表达诗人的感情和描绘的意境。古诗一般五言三顿，七言四顿，每个顿所停的时间大体相同。在停顿中要注意“声断意不断，语断情不断”和“无声似有声，无声胜有声”。如：

梅花

墙角——数枝——梅，凌寒——独自——开。
遥知——不是——雪，为有——暗香——来。

早发白帝城

朝辞——白帝——彩云——间，千里——江陵——一日——还。
两岸——猿声——啼不——住，轻舟——已过——万重——山。

韵律美。古诗很注意声调的变化和押韵的和谐。声调与韵脚的有规律的变化就形成了一种美感。从押韵的角度来说，朗读时注意协韵，做到和谐流畅，铿锵有力，用拉长字音和加重音量的方法来突出韵脚，这样能更好地表达诗情画意。从声调的角度来说，古诗一般是平仄交替，体现语音高低、升降和长短的变化，朗读时，要眼观其字，口出其音，耳听其声，读出意境，读出感情，读出诗味，读出诗我交融、诗我两忘的境界，用有声语言通畅地把诗的韵律美表达出来。如：

江雪

千山鸟飞绝，万径人踪灭。
孤舟蓑笠翁，独钓寒江雪。

“绝”和“灭”是写大雪中环境的幽寂，“千”和“万”言其极多，“千山”、“万径”，使这个背景尽量广大寥廓，显得极端的幽静，绝对的沉寂；“孤”、“独”分别用来修饰“舟”和“钓”，写渔翁也正是为了表现作者的心境；“寒江雪”三个字把全诗前后两部分有机地联系起来，形成了一幅凝炼概括的图景，所以，“千”、“万”、“绝”、“灭”、“孤”、“独”、“寒江雪”等字词应重读。全诗的基调是深沉孤寂的，声调可稍低些，速度也稍慢些。

52 语文教学中的“背”

“我们要简简单单教语文，本本分分为学生，扎扎实实求发展。”这是一位语文教育工作者在实施新课程过程中，看到一些令人尴尬的语文教学失衡现象，经过悉心洞察和冷静思忖之后，对当前语文教学出现的误区说出的一句话。我非常赞同他的观点。那么，语文教学最简单的方法是什么？我认为就是“背”。当然，我说的背不是有口无心的小和尚念经，而是有思考的背诵。

下面，我想先从六个方面说说语文教学中背。

1. 从语文教学基本任务说“背”

众所周知，语文教学的主要任务是学习语言。语言是人类所特有的用来表达情意、交流思想的工具，是一种特殊的社会现象。它是以语音为物质外壳，以词汇为建筑材料，以语法为结构规律而构成的体系。学习语言不外乎两个方面：一个是外部语言的内化，一个是内部语言的外化。外部语言的内化主要靠诵读；内部语言的外化主要是说写。学习语言离不开背。剜到筐里才是菜，吃到肚里才是饭。书，只有牢牢记在心里，那才是学问。学生在熟读成诵的过程中，思想有了，内容有了，篇章有了，语感、语气也有了，字、词、句、篇、语、修、逻、文都有了，可以一举数得。

2. 从少年儿童心理特点说“背”

人类学家和心理学家研究表明，一个人的记忆力发展是自0岁开始的。1~3岁即有显著的发展，3~6岁其进展更为迅速，6~13岁则为一生中发展的黄金时期，至13岁达到一生记忆力的最高峰。13岁以前也是儿童学习语言文字的最佳期，反复诵读是他们的自然喜好，背书，是他们的拿手好戏。一首诗，一段文章，读上几遍，他们便能倒背如流。这是因为13岁之前的儿童对声音极为敏感，只要所听者正确，即能发出正确之音。儿童对视觉图案的记性也特别灵敏，一个字只要多看几次，就能牢牢记住。又，儿童天生直觉能力极强，只要有千百句语句常在口头绕心头转，时间长了，自能融会贯通，进而应用自如。

3. 从中国传统语文教育说“背”

中国传统语文教育特别注重背诵。从《三字经》《百家姓》《千字文》，到《古文观止》《唐诗三百首》，无一例外地要求学生诵读如流。背诵成为传统语文教育中最基础的“硬件”。在书院和私塾里，教师有声、有色、有情、有韵的范读后，要求学生微闭双眼，轻声吟诵，要读出文气，读出感情，并且当堂背诵，下次上新课前，还要检查学生旧课背诵情况，背得不熟不上新课。古代教育家对“背”也有很多论述。朱熹说：“教人读书须成诵，其道学第一义。诵数已足，而未成诵，必欲成诵。”学生背诵，教师还要认真指导，唐彪说：“学生背书，必须使其声高而缓，先生用心细听，则脱落讹误之处，了然于耳，然后可以记其脱误，而令其改正。”

4. 从名家启蒙教育经验说“背”

海内外名家大多数自幼就开始接受五千年文化的熏陶，奠定一生优雅人格的基础。

著名现代美学家朱光潜说：“私熟的读书程序是先背诵后讲解。在‘开讲’时，我能了解的很少，可是熟读成诵，一句一句地在舌头上滚得下去，还拉一点腔调，在儿童时却是一件乐事。我现在所记得的书，大半还是儿时背诵过的。”

著名物理学家杨振宁说：“在我上小学一年级的时候，父亲教我背诵了几十首唐宋诗词。记得似乎是从‘床前明月光’开始。有些诗句，例如‘少小离家老大回’，‘不教胡马度阴山’很容易懂。许多别的诗句不全懂，但是小孩子很容易就学会了背诵。”

著名当代作家余秋雨说：“在孩子们还不具备对古诗文经典的充分理解力的时候，就把经典交给他们，乍一看莽撞，实际上却是文明传代的绝佳措施。幼小的心灵纯净空廓，由经典奠基可以激发起他们一生的文化向往。我本人10岁左右时背诵了不少诗文，直到40岁能够较深刻地回味这些诗文的含义时，禁不住以万里漫游来寻找这些诗文的述实地和写作实地，真是感受无限。”

5. 从整体把握汉语汉字说“背”

中国人认识事物讲究从整体上把握。中医讲究七经八脉，辨证施治，决不头痛医头，脚痛医脚；国画讲究大写意，不过分追求透视原理和明暗变化；哲学家讲究“天人合一”“道法自然”……学习汉语汉字也是从“整体把握”入手的。汉语没有西方语言性、数、格、人称、时态的规定，从词到句子，意义都要在具体的语言环境中决定。这是一种整体定位，充满人文感受和体验的精神。另外，儿童认识汉字在初始阶段也是着眼于整体，即辨认字的模样，先记忆后理解。可以说汉语汉字和其他语言文字比较，要“模糊”得多，使用汉语汉字的人要凭感知、感受、感悟去整体理解和运用，与作品融为一体，感受作者之所感，体验作者之所悟。那种用外科解剖刀剖析文章的办法不适合汉语汉字，不适合中国人学习汉语文的特点。

6. 从当前语文教学现状说“背”

当前语文教学“讲风”不息，一篇课文，掰开、揉碎、嚼烂喂给学生的现象屡见不鲜，一问一答的“启发”之风更是越刮越盛，一堂课“十万个为什么”几乎成了语文教学的顽症。在一些人的头脑中存在一个错误的公式，即背诵=死记硬背=食而不化。背诵被冷落了，代之而起的是课堂上为了应试而去追求知识点的落实，把完整的课文内容变为印证知识点的语言片断。现在有些教师上课过分强调理性分析，忽视形象感染和情感熏陶，忽视感悟、直觉、意会、体验，忽视语感的培养，因而导致少年儿童学习语言的错位，使语文教学进入单纯强调内容理解的误区。

背是语文教育的主要形式，对少年儿童的母语基础训练有着重要的心理学价值。

其一，背能够加深对课文的理解与感受。苏轼的“故书不厌百回读，熟读深思子自知”，朱熹的“书读千遍，其义自见”，即是强调在反复吟咏中加深理解。这是因为背是熟读的结果。学生对课文每读一遍都是一个感知的过程。在反复诵读中既有诵读者感情的投入，又有诵读者的思维参与，因此，随着诵读遍数的增加，诵读者的理解、体会也在层层加深，对文章的精义、脉络、文采也会融会贯通，从整体上受到感染。

其二，背能够帮助规范学生语言。课文是经过选择、锤炼的文章，有的还是脍炙人口的名篇，是规范的书面语言。在背诵的过程中，学生通过反复诵读书上的规范化的语言，潜移默化地进行吸收，久而久之，原来不规范的方言土语和不良的语言习惯逐渐地被规范的书面语言所代替，从而促进少年儿童语言的发展。

其三，背能够促进学生智力的发展。背诵是有意识记的过程，学生通过反复熟读，加深大脑皮层的暂时神经联系，产生持久的稳固的记忆，从而锻炼了记忆能力。通过背诵积累了大量材料，不仅有储存的作用，而且还有检索的作用，可以发展思维的敏捷性、灵活性和创造性。

其四，背能够提高学生的表达能力。背诵可以使学生积累大量的妙词、佳句、名篇，他们的材料库会在背诵中不断地被充实。在作文时，就可以得心应手，意到笔随。郭沫若先生的“胸藏万汇凭吞吐，笔有千钧任翕张”的诗句，极恰当地说明了背诵和表达之间的关系。

总而言之，背是对语文学科本质属性的回归，忽视对语言材料的背诵积累，语言训练必然成为无源之水，无本之木。因此，我们必须让学生养成“日诵千言”的多读习惯，“娴熟于心”的熟读习惯，“虚心涵泳”的诵读习惯。

那么，背什么呢？关于背什么，王财贵博士的建议是：

与其读诵一般书，不如读诵《三字经》；与其读诵《三字经》，不如读诵《千家诗》；与其读诵《千家诗》，不如读诵唐诗宋词；与其读诵唐诗宋词，不如读诵《文选》《古文观止》；与其读诵《文选》《古文观止》，不如读诵诸子百家；与其读诵诸子百家，不如读诵《十三经》；要读诵《十三经》，则当从《四书》起。

王财贵说，《四书》又以《论语》为先，这是民族文化根本命脉之所在。读普通书不如读经典，读经典不如背经典。经典和其他书的关系，犹如蜂王浆和蜂蜜的关系，是以一当十，以一当万，很经济。一句话，经典一部，胜杂书万本。读精品，吞下去。当然，对在校的小学生不能这样要求，但这种做法是值得提倡的。课内主要是背诵语文课本，要逐篇地背。因为现行的每套语文教材都选取了一定数量的有震撼力和感染力的美文，题材、体裁多种多样，具有丰富的人文内涵，渗透时代精神和现代意识，追求童心童趣和审美价值。课外，在减轻学生负担的前提下，背优秀古诗文，多接触最有价值的经典作品，在小学生幼小的心灵中不断反刍、发酵，潜移默化，必将成为他们一生高远见识、优美人格的源头活水。

怎样背课文呢？训练方法大体有十种。

（1）尝试重现背诵法。即阅读一二遍后，就试着背，若背不出，就打开课本看，然后再背，直到完全会背为止。

（2）整体背诵法。即指导学生运用整体识记来进行背诵，每次都把全文从头到尾地读一遍，直到会背为止。

（3）分部背诵法。即每次读课文的一段，会背了再读下一段，以此类推，直到把全文记住为止。

（4）推理背诵法。即找出课文中的照应关系，以便背出前面的就可以推出后面的。

（5）寻找支点背诵法。即指导学生寻找重要的字、词、句作为记忆的支撑点来进行背诵。

（6）定时快速背诵法。即背诵课文前，先给学生限定时间，再给学生规定数量，然后加快背诵速度，并做到快而不乱，快而不错。

（7）“三抓”背诵法。即借助“领头句”、“关键字”、“过渡段”来帮助背诵，以字带句，以句带段，反复背诵，直至熟练。

（8）分层理解背诵法。即对课文逐层分析，弄清它的层次、结构，读懂它的内容，在此基础上反复背，直到背会为止。

（9）化整为零背诵法。即把整篇文章分成几大段，每大段又分为几节、几层、几句，先一句句、一层层、一节节背诵，由少到多，逐步积累，直到全部背出。

（10）再现形象背诵法。即背诵时，脑中浮现出课文中描绘的形象，让形象带出文句，经过多次反复背诵，课文中的语言必能烂熟于心。

53　范读教学现状审视与对策

范读，就是教师示范性的朗读。范读是朗读训练的一种方式，是语文教学重要环节。

目前，范读教学现状到底如何？日前，笔者深入十所城乡小学，听了50节语文课，经过认真研究、分析，得出这样的结论：范读教学现状堪忧。主要表现：

1. 教师不范读

了解性的范读2人，占4%。这种范读，在新授课开始的时候，目的是帮助学生感知课文内容。

启发性的范读2人，占4%。这种范读，在讲课文的过程中，一个章节、一个层次，乃至一个句子，随机进行，目的是启发学生的思维和想象。

总结性的范读3人，占6%。这种范读，在讲解课文之后，目的是指导学生理解和掌握课文的重点和精华。

欣赏性的范读1人，占2%。这种范读，一般也是读全篇，目的是指导学生欣赏课文，提高鉴赏能力。

2. 以“放”代“读”

用放录音代替教师的范读6人，占12%。我认为作为朗读欣赏，或者为了使学生更好地体会文章所表达的思想感情，放录音不失为一种好方法。然而，放录音不能代替教师的朗读指导。这是因为，教师的范读不但作用于学生的听觉，而且还作用于学生的视觉。教师往往伴随着朗读，以真切的表情、传神的手势，使师生间产生最佳的心意交流，在这点上，单纯放录音是远不能及的。

3. 教师不会读

教师不会读主要表现在以下几个方面：

第一，读得不正确。范读要用普通话，这是最基本的要求，然而读音不准，发音不正比较普遍。例如把“教室”jiào shì 读成 jiào shǐ，把“质量”zhì liàng 读成 zhǐ liàng，大有人在。在范读中，丢字、添字、吃字（即把字含糊不清地带过去）也比较严重。

第二，读得不流利。有些教师范读结结巴巴，时而破词，时而破句，时而打顿，时而重复。

第三，读得没有感情。把握不住课文的思想感情，对停顿、重音、语调、速度、节奏的表达欠功夫。

第四，对于词素连读、轻声和儿化韵的处理，变调规律的掌握，语气助词“啊”的音变的读法，缺乏基本知识。

第五，朗读技巧不高。很多教师范读时不会使用如下六种声音技巧。

（1）气音。表示惊异或耳语时，使气大于声，发出类似耳语的声音。如：“小声点儿，小梁！咱们俩是党员，你既然知道了，可不要再告诉别人。”（《金色的鱼钩》）

（2）颤音。表示激动时声音稍带点颤抖。如：“啊！请把我带走吧！”（《卖火柴的小女孩》）

（3）托腔。表示迟疑时把句中某一音节拉长点。如：“我，我早就吃过了。看到碗里还没吃干净，扔了怪可惜的……”（《金色的鱼钩》）

（4）泣诉。表示悲伤时声音带点呜咽色彩。如：“老班长，你吃啊！我们抬也要把你抬出草地去！”（《金色的鱼钩》）

（5）笑语。表示欢乐时声音带点发笑的色彩。如：“这本《铁流》是曹先生翻译的，收回一点成本；我的一本《毁灭》是送给你的。”（《书的故事》）

（6）拟声。模仿各种声响。如：“河水哗哗地流着。”（《小马过

河》）

上述问题的出现原因有三：一是不少小学教师在中师学习期间就没打好朗读的基础；二是不少小学教师在继续教育中不重视朗读技能训练；三是不少教师在语文教学中忽视范读教学。

一个语文教师不会范读，起码不是一个称职的语文教师；在语文教学中，该范读的不范读，说明这个语文教师不懂得语文教学。

如何在由应试教育向素质教育转轨之际，使日趋萧条的范读教学走出误区，笔者提出如下建议：

（1）提高对范读教学重要性的认识

第一，范读有利于培养学生的语感。

语感是人对语言的直觉感知和领悟的能力，是语文教学的核心。教师范读可以使学生根据自己的知识经验，理解课文语言，感知课文形象、再通过表象、联想等心理活动，从而促进语感培养。

第二，范读有利于培养学生的思维和表达能力。

范读时，学生边听边看边思考，听觉、视觉、思维多种感官参与，能主动感知课文内容，再简要地概括表述出来，学生动脑、动口，从而训练了思维和语言。

第三，范读有利于培养学生的朗读能力。

教师字正腔圆、正确流利的表情范读，学生就会主动模仿，长此以往便会积累大量的朗读技巧，并自觉地迁移到自己的朗读中去，从而提高了朗读能力。

第四，范读有利于激发学生的学习兴趣。

通过表情范读，再现文中鲜明的形象、优美的意境、深刻的哲理，学生被吸引、感染，会欲入其境，欲求其解，就得认真研读课文，品味语言，探求内蕴，从而激发主动学习的兴趣。

（2）加大教师范读的力度

以读为本，加强语言文字的训练，把语文课上成真正的语言文字训练课已成为当前语文教学改革的热点。那么加大教师的范读的力度正是顺应了语文教学这一发展趋势。

教师每课必读，时间大体可安排在讲前、讲中、讲后三个阶段。讲前范读一般是读全篇，目的是帮助学生感知课文。这时的范读要求平稳、慢速，让学生边听边想，尽量与学生思维同步。讲中范读一般是读片断，目的是指导学生理解和掌握课文的重点和精华。这时的范读，可插入精要的评点、提示，加深对课文内容和读法的体味。讲后范读一般也是读全篇，目的是指导学生欣赏课文，提高欣赏能力。这时的范读，要求带有艺术性、声情并茂，以情感人。

（3）提高范读的水平

高水平的范读必须具有诱导性和示范性。

范读的诱导性在于教师在把文字作品变成有声语言的过程中，浓缩着朗读者的深刻体会，独特感受，熟练技巧和声音魅力。伴随着声音传入耳鼓，那深邃的思想，高尚的情操，美好的憧憬，纯真的心灵，也就同时流入学生的心田，诱发他们的感情，激荡他们的胸怀，陶冶他们的性情，在高尚的精神享受中，在生动的美感愉悦中，提高他们的精神境界和语言能力。

老师的范读，可供学生仿效。第一，必须有真情。真情是范读的生命。只有引向情感，才能赋予文章以丰富的色彩、恰切的分量、灵动的活力，发挥巨大的感染力。第二，要求声音洪亮，语音准确，口齿清晰，停顿确切，快慢适宜，依据文章内在情感旋律，在抑扬顿挫上努力做到适度、得体、自然、贴切，同时还要忠于原文，不错字，不漏字，不加字。

（4）做好范读的准备工作

教师的范读必须在有了充分准备的基础上进行，才能取得良好的效果。任何没有准备的范读都是要失败的。为了使范读起到应有的作用，教师必须把准备范读列入备课内容。为范读而进行的备课应包括以下几方面：①深入阅读课文。理解字词语句，分析篇章结构，掌握文章的基本内容，准确地概括出中心思想。②估计学生情况。常言说“知己知彼，百战百胜”。范读前对学生的难点和可能产生的疑问，要有足够的估计。学生预习情况怎样，哪些地方是难理解、难领会的，学生可能产生哪些疑问，针对学生的具体情况，适当地进行一些朗读前的准备活动。如解释生词，介绍事件发生的时间、地点等。范读后打算向学生提出哪些问题，估计学生会怎样回答，要求学生怎样回答等，也应有所准备，并在范读中体现出来，给学生以种种启示。③反复放声诵读。反复放声诵读，是准备工作的最后一个步骤，也是非常重要的准备方法。有人认为只要理解了课文，就能读好，这种想法不完全对。我们说理解课文是朗读的基础，但并不是理解了之后就一定朗读得成功。因为理解是认识问题，而朗读却是一种技能。把头脑中理解了的东西用有声语言表达出来，要有一个反复放声诵读练习过程。

54　农村中小学生课外阅读情况

1. 问题的提出

2001 年国家教育部颁布的《全日制义务教育语文课程标准》指出："培养学生广泛的阅读兴趣，扩大阅读面，增加阅读量，提倡少做题多读书，好读书，读好书，读整本的书。鼓励学生自主选择阅读材料。"并且规定"九年课外阅读总量应在 400 万字以上"。我们说，课外阅读是过去语文教学大纲一直关注的问题，但目标中提出量化指标却是第一次，这无疑是提高了课外阅读的地位，强化了大语文教育观。

课外阅读是语文教育极其重要的内容。苏霍姆林斯基认为，如果一个教师不考虑让每一个学生阅读课外书籍，而且图书馆里也不提供，"学校就会从智力文明的策源地变成死记硬背占统治地位的场所。课外阅读，用形象的话来说，既是思考的大船借以航行的帆，也是鼓励前进的风。没有阅读，就既没有帆，也没有风。阅读就是独立地在知识的海洋里航行。我们的任务，就是让每一个学生尝到这种航行的幸福，感到自己是一个敢于独自闯进人类智慧的天际海洋的勇士。"

当前农村中小学生课外阅读现状如何？依照《语文课程标准》的要求还存在哪些问题？问题的症结在哪里？对此，我们进行了认真的调查研究。

2. 对象与方法

根据教育统计学对抽样调查样本容量的要求，确保调查样本的典型性、代表性，我们分别选取三个乡镇的中学、中心小学和村小学 300 名高年级学生为对象，采用问卷与走访的形式进行调查，主要让学生对以下八个问题做出如实回答：

（1）你有时间进行课外阅读吗？

（2）你有多少本课外书籍？

（3）这些书籍都是什么内容的？

（4）你校有阅览室吗？你是怎样利用的？

（5）上学后你读了多少本课外书籍？

（6）你做了多少本读书笔记？

（7）你制订过课外阅读计划吗？

（8）老师是怎样指导课外阅读的？

3. 结果与分析

问卷1：你有时间进行课外阅读吗？

对于问卷1的回答，76%的学生称无时间。原因是下午放学太晚，家庭作业太多，根本没有时间进行课外阅读。这个事实充分地反映了目前我国城乡中小学生学业负担仍然很重，中小学生，尤其是毕业班学生为了应试，整日疲于奔命，无暇发展自己的个性、特长和兴趣，不能全面地开拓自己的精神生活。

问卷2：你有多少本课外书籍？

作为一名中小学高年级学生按理说除了课本之外，应当有一些属于自己的课外读物。然而，恰恰相反，300名被调查的学生中，仅有31%的学生家里有几本课外书籍。这几本书仅限于《中小学生优秀作文选》《升学考试习题集》和《教学参考书》之类，这个数字说明农村中小学生还没有养成课外阅读习惯，多数学生仍是除了几本薄薄的教科书之外，“乃不知有汉，无论魏晋”。

问卷3：这些书籍都是什么内容的？

对书籍的内容有些学生是说不太清楚的，但从他们所列的书目看，与《语文课程标准》“关于课外读物的建议”要求距离太远。有的内容欠健康，有的格调低下，有的言情，有的武打，有的语言粗鄙，有的甚至是非法出版物。这一现象表明，有些中小学生还不善于选择和鉴别课外读物，有时良莠不分。

问卷4：你校有阅览室吗？你是怎样利用的？

三所中学和三所中心小学有阅览室，中学的阅览室藏书甚少，平均每人不足两册，无图书管理人员，长年不向学生开放。中心小学有室无书，阅览室形同虚设。三所村小学根本就没有阅览室，其中一所村小学仅有的一套《少年文库》锁在校长的卷柜里，无人问津。由此可见，农村中小学图书资料奇缺的现象是比较普遍的，学校语文课程资源远远不如城市学校丰富。

问卷5：上学后你读了多少本课外书籍？

对这个问题的回答，大多数学生是笼统的。或曰30本，或曰40本，多多少少都有水分，有的把随便翻翻也称之为阅读。不管怎样说，目前农村中小学生课外阅读量还是严重不足的，根本没有达到《语文课程标准》规定的“第一学段不少于5万字，第二学段不少于40万字，第三学段不少于100万字，第四学段不少于260万字，且每学年阅读两三部名著”的要求。

问卷6：你做了多少本读书笔记？

在300名被调查的学生中，做读书笔记的微乎其微。其中仅有21人能把自己领会比较深刻的内容、最新信息、典型事例、格言警句、成语典故记下来，或把精辟的句子、段落录下来，很少有人写心得体会的。这说明，农村中小学生课外阅读缺少方法，还没有养成“不动笔墨不读书”的良好习惯，不会利用课外阅读搜集自己需要的信息和资料。

问卷7：你制订过课外阅读计划吗？

300名被调查的学生，无一人制订过课外阅读计划。在走访中我们发现，学生对课外阅读心中无数，他们常常是今天见了这本书就翻翻这本书，明天见了另一本书就翻翻另一本书，毫无目的和计划。这表明农村中小学生课外阅读盲目性、随意性很大，未能使课外阅读真正起到深化、强化课内学习、扩大视野、促进中小学生智力发展的作用。

问卷8；老师是怎样指导你课外阅读的？

阅读是对文字信息感知的复杂的心理活动，是对文字信息进行理想的复杂的思维活动，也是对文字信息产生强烈共鸣的复杂的情感活动，更是一种复杂的语言实践活动。因此，对于课外阅读不能听之任之，必须善于组织和精心指导。从调查看，没有一个学生回答老师是怎样具体指导课外阅读的。不言而喻，大多数语文教师对学生的课外阅读是放任自流的。

从上面的调查结果与分析看，目前，我国农村中小学生课外阅读的现状还是不够理想的，它是语文教学一个极其薄弱的环节。我们必须保持清醒的头脑，面对现实，脚踏实地，锐意兴革，按照《语文课程标准》的要求，扎扎实实地搞好课外阅读教学。

4. 结论与思考

（1）要进一步认识课外阅读的重要性。

首先，课外阅读是开启智慧大门的金钥匙。阅读能力的获得离不开阅读实践。大量的阅读实践对学生尽快获得阅读能力大有裨益。学生在大量的阅读中，不仅扩大了视野，获取了最新信息，更重要的是在反复实践中掌握了阅读的熟练技巧，获得了独立阅读的能力和良好的阅读习惯。于是，他们可以凭借这把金钥匙去开启智慧的大门。他们可以遨游几千年，纵横数万里，可以领略世界的风采，探索宇宙的奥秘。

其次，课外阅读能够提高学生的表达能力。扬雄说："能读千赋，则能为文。"杜甫说："读书破万卷，下笔如有神。"万斯同说："必尽读天下之书，尽通古今之事，然后可以放笔为文。"为什么古人反复强调"劳于读书，逸于作文"呢？这是因为认真读书可以使学生积累大量的妙词、佳句、名篇，其语言的神韵、理义必然深深地印入脑海，由于语感的作用，到铺纸濡墨时，恰切的词语和句子就会呼之即来。郭沫若先生的"胸藏万汇凭吞吐，笔有千钧任翕张"的诗句，极恰当地说明了读书和表达之间的关系。

再次，课外阅读是通向道德的阶梯和桥梁。中小学生道德品质的成长固然与多方面的教育和陶冶有关，而课外阅读却是其中不可或缺的重要因素。一些优秀的课外读物对帮助中小学生树立远大理想和形成高尚的道德品质起着积极的作用。如有些学生读了《少年鲁迅的故事》，他们就以鲁迅为自己理想的榜样，努力效法，把自己的全部精力都放在学习上。这种从阅读中获得的巨大精神力量对于中小学生道德品质的成长所起到的积极作用是不可估量的。

（2）学校应积极创造条件为学生开拓书源。

开拓书源，这是开展课外阅读活动的必要前提。图书馆建设是农村学校的一项最基本的建设，是办学的百年大计。学校应该有足够的教育经费用来购买图书资料，不断扩大藏书量，以满足阅读活动的需要。但仅仅依靠学校图书馆的藏书，不论从数量或种类看，都远远不能满足学生课外阅读的需要，因而充分利用个人藏书和社会各方面藏书就显得非常必要。在班里，可以开展捐赠书刊的活动，建立自己的图书箱、图书角，以便经常性地利用图书。还可以发动学生每人订一份报纸或刊物，集中存放在教室里，供同学阅读。有条件的地方，还可以与乡镇文化站、村活动中心联系，扩大借阅基地。

（3）要给学生充足的课外阅读时间。

对中小学生来说，课内学习与课外阅读犹如车之两轮，鸟之双翼，缺一不可。吕叔湘先生 1978 年 3 月 18 日在《人民日报》发表了题为《当前语文教学中两个迫切问题》的文章，文章在尖锐地批评当时语文教学少慢差费后说："少数语文水平较好的学生，你要问他的经验，异口同声说是得益于课外看书。"后来吕老又说："同志们可以回忆自己的学习过程，得之于老师课堂上讲的占多少，得之于课外阅读的占多少。我回想自己大概是三七开吧，也就是说，百分之七十是得之于课外阅读。课外阅读对语文课来说，绝不是可有可无的。"课外看书也好，课外阅读也好，都是开放型语文教育的一种形式，它贴近生活，是学生学习语文的源头活水。所以我们应当把中小学生从"应试教育"的桎梏中解放出来，给他们充足的时间进行课外阅读，加厚加宽其人文底蕴。

（4）要指导学生选择课外读物。

指导学生选择课外读物必须以精、当、佳为原则。所谓精，是精细挑选，教师事先经过比较、鉴别，选择有代表性的，不能多多益善，良莠不分。小学要以童话、寓言、故事为主，如《安徒生童话》《伊索寓言》以及中外历史故事；中学要以诗歌、散文、小说为主，如《西游记》《水浒》《钢铁是怎样炼成的》等。所谓当，是根据课内教学的情况，以及学生的阅读心理和阅读能力，讲求适度、适量、适时、适味。不但有政治、历史、文化各类读物，而且还要读科普、科幻、地理方面的书籍。所谓佳，是指选择和推荐的读物必须是情文并茂，有益于学生身心健康的。在思想内容、文笔情趣、语言文风等方面都应是受到普遍好评的，不能太滥。如读当代文学作品，应从“茅盾文学奖”获奖作品以及近年来发表的各类中外优秀作品中选择推荐。

（5）应该制订课外阅读教学计划。

首先，开学初学校应制订全校的课外阅读教学计划，全校性的大型课外阅读活动应该列入学校的年度工作计划和校历中。其次，应学会制订个人的课外阅读计划。课外阅读计划的核心是对书的选择及对自己的阅读时间的合理安排。读什么书，什么时间读；零碎的时间读什么，整块的时间读什么；文学名著什么时间读，报纸杂志什么时间读；要有长计划，短安排。制订长计划，是为了有一个长远的目标；短安排，是为了适应可能随时变化的情况。有了课外阅读计划，就能大大提高阅读效率。

（6）要教给学生课外阅读方法。

学生进行课外阅读时，教师可以适当介绍一些课外阅读的常用方法，供学生选择。如精读的目的与方法，速读的目的与方法，书头笔记、拾锦笔记、摘要笔记、心得笔记的作法等等。在介绍的过程中，教师应给学生进行课外阅读示范，以启发学生领会并掌握课外阅读的基本方法。教师指导学生掌握课外阅读方法，应从每个学生的实际阅读能力出发，切忌强求一律，使学生的课外阅读活动负担过重，或流于形式，以致削弱学生课外阅读的积极性。

（7）要做好课外阅读的考查工作。

考查的方式有：①制订学生课外阅读登记表。可将组别、姓名、课外阅读情况（阅读的篇数、本数，作笔记篇数，抄摘卡片数等），制成一览表，供教师考查，或在教室张贴。②召开课外阅读调查会。③检查读书笔记，优秀者可展出、表扬。④学生对自己的阅读情况进行总结。口头总结和书面总结均可。对学生课外阅读情况的考查，一般不要评定成绩，以免增加学生负担，造成压力。

55 引导学生掌握几种基本读书法

阅读，是一种复杂的心智活动，它是借助阅读材料中具有客观意义的文字符号，通过感觉、知觉、思维、想象等各种心理活动，来理解阅读材料的意义，从而了解作者思想感情的一种智力活动过程。

阅读教学的基本任务是培养学生的阅读能力。阅读能力是人们生活、学习、工作不可缺少的基本能力之一。阅读能力是由认读能力、理解能力、鉴赏能力、活用能力四方面构成的。阅读能力的形成离不开阅读实践。只有多读，才能领会文章的思想、法度、特色，把作者的东西吸收为自己的东西；只有多读，才能培养学生的理解能力和读书习惯；只有多读，才能提高学生的口头表达能力和书面表达能力。培养阅读能力，最主要的是教给儿童基本的读书方法。在阅读教学中，教师“讲风太盛”和“满堂谈话”都是无助于学生独立阅读能力的形成的。因此，阅读教学要以读为本，读、议、讲、练交错进行。

那么，在语文教学中培养和训练学生掌握哪几种基本读书法呢？

就阅读的深度而言，要教会儿童初步的精读和略读方法；按阅读是否出声而言，要使学生掌握基本的朗读和默读方法。下面，我从四个方面谈谈看法。

1. 精读训练

精读是一种精心细致地、逐字逐句逐段地钻研体味，并在充分理解的基础上从文章中提取信息的阅读方式。我国古代学者朱熹说：“读书之法，在循序而渐进，熟读而精思，字得其训，句索其旨。未得于前，则不敢求其后；未道乎此，则不敢志乎彼。先须熟读，使其言皆若出于吾之口；继以精思，使其意皆若出于吾之心。”这种读书方式就是精读。

对学生进行精读训练，可以从以下几方面进行。

（1）提出自学提纲，让学生带着问题进行阅读，增强阅读的目的性。

（2）指导学生运用工具书，寻找参考资料，为深入钻研文章，扫清障碍，提供借鉴。

（3）教给学生阅读的步骤和方法。一般来说，可先从疏通文字，粗知轮廓及其大概入手；再研究文章的结构，弄清文章的内部联系；然后深入重点，剖析语言，分析内容，把握文章的旨趣；最后进行综合归纳，领会作者的意图。

（4）启发和引导学生质疑问难，鼓励学生见疑、质疑、解疑。当学生发现不了疑问时，教师可以设疑，然后让学生通过阅读解疑。

（5）指导和训练学生掌握阅读的基本技术。比如教给学生圈点、批注、勾画、摘要、写读书笔记等等，养成“不动笔墨不读书”的良好习惯。

2. 略读训练

略读，是与精读相对而言的，即略去或绕过文章中某些次要的方面，迅速掌握全篇的大意和纲目，抓住要领和主旨的阅读方式。略读不是不要教师的指导，而是只需提纲挈领，不必纤屑不遗；不是学生不需要努力钻研，而是阅读已经熟能生巧，不需多用心力，自会随机适应。叶圣陶先生对略读作了精辟的阐述：“就教学而言，精读是主体，略读只是补充；但是就效果而言，精读是准备，略读才是应用。”

对学生进行略读训练，可以从以下几方面进行。

（1）避开难点。略读的目的是把握全篇大意，得其要领。因此，在阅读中，对某些难点只要不影响对总体的把握，可采用“以绕为进”、“以避为进”的方法，不在一处多耗时间。

（2）直奔重点。略读的基本方式是寻读，寻读就是搜求阅读，带着问题迅速浏览，从读物中撷取自己所需的答案。比如一页中扫描最关键的句群，句群中扫描最关键的句子，句子中扫描最关键的词语等。

（3）寻找要点。在阅读材料中选出自己所需要的段落来读，取其所需，从面式阅读到线式阅读，再从线式阅读到点式阅读。例如，在教读《在仙台》一文时，教师问学生，藤野先生是怎样一个人呢？同时向他们提示，可以跳过文章开头的第一段，进行点式阅读，找出直接描写藤野先生的段落，从对这些段落的分析概括中得出答案。

3. 朗读训练

朗读是一种出声的阅读方式。朗读是通过读出词语和句子的声音把诉诸视觉的文字语言转化为诉诸听觉的有声语言。朗读对于矫正读音、培养语感、增强对阅读材料的理解、体味文章的思想感情、领会祖国语言的美感以及加强学生的记忆都有重要作用。朗读的基本要求：一是正确，二是流利，三是传神。朗读的主要方式：①齐读。全班齐声朗读，声音响亮，气势宏阔，情绪热烈，节奏整齐，有利于表现文章的思想和感情。②散读。全班学生按各自的理解自由地朗读，这种方式便于独立思考，自我体验。③个读。抽调学生单独朗读，这是检查学生朗读情况的主要方法。让读得好的学生来读，可以起到示范作用，但个别练读，面不够广，效率不够高。

对学生进行朗读训练，可以从以下几方面进行。

（1）晓以朗读的规律。让学生知道音色、音长、音高、音强与文章思想感情的配合关系；掌握运用声音表情达意的方法，如怎样掌握停顿，控制速度，注意语调，分清重读等。

（2）加强朗读技能训练。试探性的朗读指导轻声读，理解性的朗读提倡自由读，有感情的朗读可指导标出关键语句，注意重要部分，明确感情基调，在停顿、语调和重读处标上符号以作练习的凭借。

（3）培养良好的朗读习惯。要求学生眼看、心思、口念、耳听，专心致志，不高声喊叫，不唱读，不断读，不添字，不漏字，不重复，不颠倒，要读得句读分明，语气连贯，传神入妙，纯朴动人。

4. 默读训练

默读是不出声的读，是内部的精神活动。默读技能的标志是：理解、速度、识记、评价，达到这四方面的要求，才算真正学会了默读。默读的作用和朗读有些不同，注意力容易集中，有充分的思考时间，有利于深入理解文章内容；默读速度比朗读快，可以扩大阅读面，丰富精神生活；默读的用处比朗读大，生活中经常需要默读，默读训练有利于培养自学能力。

对学生进行默读训练，可以从以下几方面进行。

（1）指导学生边读边查考。遇到疑难处，查工具书，看参考书。

（2）指导学生边读边思索。按各句各节的意义，读出它们彼此之间的关系来，探清作者的思路。

（3）指导学生边读边动手。如标点，打线，勾勒，评注，作提要，写心得等。同时还要养成读书认真、姿势端正、只看不念、眼睛运动有规律的良好习惯。

对学生来说，学习一篇课文，精读和略读，朗读和默读，往往交互为用，相得益彰。教师应根据训练目的，教材特点和学生实际相机诱导。

56　教学语言设计

有人说："教学是语言的艺术，语文教师应该是语言大师。"这话并不为过。因为教学是通过语言作为媒介来进行的，语言是完成教学任务的主要手段，教师的语言功力如何，直接影响着学生对知识的掌握和智力的发展。因此，研究课堂教学语言设计，提高教师说话本领，对于教学质量的提高，关系极大。

就课堂教学语言分类来说，大体可分为六种，即导入语言、描述语言、提问语言、过渡语言、体态语言、收束语言。下面就这六种教学语言的设计谈谈看法。

1. 导入语言要新奇

我主张，课伊始，趣亦生。要想讲课之始就让学生对学习产生浓厚的兴趣，教师的导入语必须新奇，只有新奇，才能引人入胜，调动情趣，诱发思维，强化求知欲。一位教师教《爬山虎的脚》，她首先板书题课，然后用这样的导语来设置悬念："同学们，我们都知道人有脚，爬山虎是一种植物，它怎么会有脚呢？它的脚究竟是怎样的？你们想知道吗？请大家打开书，看看课文是怎样告诉我们的。"此刻，由于悬念的诱惑，学生探求了解知识的欲望便油然而生，迫不及待地到课文中去寻找答案，以满足求知欲望，维持心理平衡。

2. 描述语言要生动

我认为，课堂教学的描述语言要有文采，要有情趣，讲究抑扬顿挫，声情并茂。时而渲染诗情画意，拨动学生心弦；时而出语惊警，引起心灵震颤；时而慷慨激昂，使人振奋；时而低沉悲怆，催人泪下。凭借这些富有感情的语言，引起学生内心世界强烈的反响和共鸣。一位教师讲《燕子》，在指导学生观察彩图时，教师说："阳春三月，春光明媚，几阵蒙蒙细雨过后，柔柳展枝，绿草如茵，花朵鲜艳，大自然的彩笔，绘成光彩夺目的春天。伶俐可爱的小燕子，喜气洋洋地加入了这百花争艳的盛会，为春天增添了许多生趣。"由于这位教师用了生动优美的语言，说活了彩图，抒发了感情，把学生带到了那种特定的情境中去，使他们受到感染，便会带着对春天喜爱的感情，主动积极地去学习这篇课文。

3. 提问语言要简洁

提问是课堂教学的重要组成部分，是教师输入信息，传递信息，达到师生交往，和谐共振的一条主要渠道。好的提问首先在于语言简洁，问点准确，富有启发性。因为课堂教学既要力求透彻，又要讲究效率，能提一个问题解决的就不提两个问题，能直插主旨的就不要绕弯子。如果话语一多，反而会淹没问点，显现不出重点来。有经验的教师，在提问时总是要言不繁、语速平缓、吐字清晰、重音突出。一位教师讲《爱迪生》，学生概览全文后她提出这样的问题："爱迪生做实验遇到哪些困难和挫折？他是怎样克服的？"教者在提问时，强调"困难"、"挫折"、"克服"，把这几个词读成重音。这样的提问，问点准确，重点突出，不啰唆，学生答题针对性强。

4. 过渡语言要自然

课堂教学离不开过渡语言，过渡语言犹如桥梁，它能使教学环节前后贯通，新旧知识巧妙衔接，在教学中起承上启下的作用。过渡语言贵在自然、恰切，使整个教学浑然一体，让学生的思路能够顺利地由前者转入后者，而不致感到突兀、费解。一位教师教《凡卡》，第二教时她是这样过渡的："上节课我们学习了凡卡写给爷爷的信。我们知道凡卡的心里充满了痛苦和仇恨。他在信中多次呼喊来救他，急切地盼望爷爷接他回乡下去。这可怜的孩子在死亡线上挣扎，他多么想摆脱这个悲惨的命运啊。现在我们再来看看凡卡写信后的情景怎样?”这段过渡式导语恰到好处，既概括了《凡卡》课文的前一部分内容，又唤起学生孜孜矻矻、锲而不舍的学习愿望，为学习下一部分内容奠定了心理基础。

5. 体态语言要适度

心理学研究表明，人说话时，只有35%左右的内容是单纯通过语言来表达的，而另外的65%左右的内容要通过目光、表情、手势、体位这些体态语言做伴随的。教师在课堂上的一举一动、一颦一笑都是在向学生传递信息，因此，教师要讲究体态语言的艺术，以姿势助说话。一位教师教“眺望”这个词儿，她踮起脚跟，手搭凉棚，向前俯视，学生一下子就明白了“眺望”是从高处往远看的意思。注意，体态语言的运用一定要适度，切忌故意做作，哗众取宠。否则，课堂教学会被难看的动作庸俗化，严肃的气氛将被哈哈的笑声所冲淡。所以，说话助以姿势必须符合教学要求、不能随心所欲，这样才能对学生产生积极的影响。

6. 收束语言要热烈

如果说，一堂语文课开讲的艺术在于“课伊始，趣亦生”的话，那么结尾的技巧则在于“课已尽，趣不尽”。要想取得如此的教学效果，必须精心设计收束语。好的收束语言，对学生所学习的知识起着强化作用，对学生的思维起着整理作用，对整堂课的教学起着升华作用。热烈是收束语言的基本要求。热烈的语言，恰似推进器，它指引学生在旧知识的基础上，向新知识进军，推进学生不断地向上攀登。一位教师讲《少年闰土》，她是这样结尾的：“少年闰土是多么活泼可爱啊，然而作者三十年后回到故乡时，闰土却变成了一个‘木偶人’。闰土成了怎样的‘木偶人’？他为什么会变成一个‘木偶人’呢？小说《故乡》中有答案，同学们一定要找来读一读。”虽然课文教完了，但“木偶人”的形象却在学生脑海里萦绕起来，强烈的探索心理驱使他们在课外找《故乡》来阅读。这样的结尾，把课堂教学与课外阅读有机地结合起来，让学生遨游于知识的海洋里，驰骋在信息的世界中。

“不是蜜，却可以粘住一切。”这是人民群众对语言神奇力量的赞美。愿我们的语文教师都能成为语言大师，用自己的独特教学语言“粘”住学生。

57 让语文教学回归本位

课改初期，也就是 2003 年 5 月，我听了一位教师教二年级《北京》这篇课文。时隔三年，记忆犹新，教学环节大体是这样的：第一步，教师配乐范读课文。第二步，学生交流课前搜集到的有关北京的各种资料，如天安门的设计，紫禁城的由来，圆明园的建筑，颐和园的美景，等等。第三步，映示关于北京的多媒体课件，忽而是雄伟的天安门，学生大呼："哇，好美啊!"忽而是壮观的立交桥，学生大呼："哇，好美啊!"第四步，学生以自己喜欢的方式表达对首都赞美之情，于是，学生或舞蹈、或唱歌、或绘画，课堂好不热闹。第五步，齐读课文，畅谈收获。第六步，教师小结："这节课，我们'游览'了北京城。北京是一本厚厚的线装书，北京是一幅多彩的水墨画，北京是祖国的心脏。同学们，快点长大设计吧，快去北京感受她的美丽和巨大变化吧!"

课后，我与教者进行了坦诚的对话。我开诚布公地说："您这节课非语文现象和假主体行为过多，出现了一些误区。一是虚。语言训练没落实，不到位，生字哪里去了？'矗立'是什么意思？学生茫然。二是闹。表面看上去热热闹闹，红红火火，实际上学生没有认真读书，花哨的东西不少。三是杂。忽而音乐，忽而美术，忽而舞蹈，教学内容被开发得纵横无度，语文课被异化成了'大杂烩'，令人眼花缭乱。四是偏。这节课随心所欲，想干什么就干什么，脱离了听说读写这些最基本的最简单的语言训练，没有凸显语文个性，偏离了语文教学的发展方向。"教者反驳说："您的意见我不敢苟同。我这节课贵在创新，重在综合，突出人文，尊重主体，带有很强的艺术性。开讲，'未成曲调先有情’；环节，‘一枝一叶总关情’；讨论，‘不及林间自在啼’；教具，‘大珠小珠落玉盘’；氛围，‘山雨欲来风满楼’。为设计这节课，我是煞费苦心。”我们各执一词，讨论得非常激烈，争论得面红耳赤，最后不了了之。

日前，我又听了这位教者的一节语文课，无独有偶，恰巧，他讲的还是《北京》这篇课文。这次，他没有盲目综合，无度开放，而是返璞归真，突出了语文教学的本质特点，加强了语言文字训练。教学环节如下：

1. 理解语言的训练

教学一篇课文，进行理解训练的内容实在太多了，可以从思想内容的角度设问，可以从思维训练的角度设问，可以从语言文字的角度设问。学习第三自然段，教者是从理解语言表达方法的侧面提出问题的："课文是怎样将北京的马路和立交桥的美介绍给读者的?"这个问题提得好，抓住了课文所体现值得学习的遣词造句等语言表达方面的规律，实实在在地提高学生的语言水平。学生经过认真读书，答道"‘北京有许多又宽又长的柏油马路。’‘许多’、‘又宽又长’，通过这两个词语，我们就知道了北京的马路不但多，而且宽阔平坦，反映了北京的交通四通八达。"有的说："‘立交桥的四周有绿毯似的草坪和拼成图案的花坛。’作者把草坪比喻成绿毯，这个比喻特别恰当，把北京绿色风采给写出来了。"

2. 积累语言的训练

这篇课文共226个字，短小精悍，语言优美，适合于背诵。在教学过程中，教者让学生在熟读的基础上，练习背诵课文三四自然段，效果非常好。我们知道，小学生正处于语言发展的最佳年龄，他们词汇贫乏，掌握的句式也非常有限，对于他们来说，扩大词汇量，熟悉各种句式，发展自己的语言是其学习语文的主要任务。教者深谙此理，将课堂有效的时间还给学生，令其熟读成诵。书，只有牢牢记在心里，那才是学问。

3. 运用语言的训练

目前，语文教学中学生学习语言，往往只达到“理解”这一水平，无论是词语教学、句子教学，还是段落、篇章教学，教学目标大多是定位在“理解”这一层面上。我们知道，语言是一种交际工具，是一种技能，理解是运用的基础，积累是运用的前提，只有会运用语言才是语文教学的终极目的。这位教者在课文教学过程中，拿出一定时间指导学生进行表达训练：

读一读，用下面的词语说两三句话，能用几个用几个。

绿树成荫 鲜花盛开 风景优美

名胜古迹 高楼大厦 川流不息

总之，这节课教者摈弃了烦琐分析，注重了咬文嚼字，强化了熟读背诵，体现了迁移应用，是一节本位回归的好语文课。

两厢对照，我们不难看出，前者舍本逐末，喧宾夺主，教者曲解了课程标准的教学要求，将语文课弄得不伦不类。后者一扫语文教学“浮华”之风，简简单单教语文，本本分分为学生，扎扎实实求发展，教者在提高学生的语文素养上下了很大功夫。洗尽铅华见本色，冷静思考前几年“似雾，似风，似雨”的语文教学，确实是乱花渐欲迷人眼。当前，我们的语文教学正处在一个清醒期、转型期，莫让语文迷失自我，不为时尚丢弃永恒，在课改中我们千万不能丢掉语文教育的传统和本真。语文确实具有多重的育人功能和广泛的奠基作用，但这决不能成为我们忽略或虚化甚至淡化语言的学习和吸收，我们只有紧紧抓住语言训练这条主线，求是，崇实，鼎新，才能使语文教学在实施素质教育的进程中发挥不可替代的重要作用而不至于误入歧途。

58 语文教学离不开“咬文嚼字”

“咬文嚼字”通常被用作贬词。有的同志对语文教学中的“咬文嚼字”嗤之以鼻，认为这是一种浪费，是“书呆子”的迂腐，是繁琐哲学，并振振有词地说：“学生基本上能自己读懂课文，教师只要稍加点拨就行了，何必咬文嚼字，占去学生‘练’的时间呢？”

对此，笔者不敢苟同。

语文教学的根本目的在于指导学生正确地理解和运用祖国的语言文字，提高全民族的语文素质。在语文教学中，对一些与课文中心有关系而又比较难以理解的词语、句子该“咬”的不“咬”，当“嚼”的不“嚼”，只是浮光掠影地读一遍，或囫囵吞枣地讲一遍，就不能准确地、深刻地领会使用这个字眼的作者的本意或微言大义，就不能懂得语言文字规范化、标准化的道理。

譬如《跳水》中有这样一句话：“过了几分钟，孩子的鼻子里、嘴里控出许多水。”句中的“控”字，学生较难理解其含义。因而，在教学中，必须推究一番，让学生领悟作者用词之妙。为什么作者不用“吐”字，而要用“控”字呢？因为“控”字的意思是人的头朝下，使里边的水慢慢地流出来。这足见，孩子处于被水窒息的状态下，非得别人帮他把水吐出来不可。显然，如果用“吐”字，便不能精确地表达这个意思。这就是“咬文嚼字”。

由此看来，“咬文嚼字”之道不能废。

那么，在语文教学中，怎样“咬文嚼字”呢？

本人的做法是“咬——啃——含——嚼——咀。”即引导学生把某些文章“咬”住，把其中的某些字、词、句“啃”下来，先“含”在嘴里，然后细细地“嚼”，慢慢地“咀”，对其进行一番玩味。

《飞夺泸定桥》第八自然段中有这样一句话：“英雄们听到党的号召，更加奋不顾身，都箭一般地穿过熊熊大火，冲进城去，和城里的人展开了激烈的搏斗。”教这句话，我没有让学生一读了之，而是先令其找出表示速度快的词儿——“冲”，然后，我把“冲”字换上“跑”，问：“行不行？”学生经过比较、思忖，认为不行。我问：“为什么不行？”学生说：“‘跑’虽然也能表示速度快，但不能像‘冲’那样表现红四团战士那种勇猛的形象，不足以表现他们奋不顾身、无所畏惧的英雄气概。”言之有理。

当然，有时我也指导学生讨论教材中的语文差错，从而提高他们表述的精确性。

《伏尔加河上的纤夫》一课开头有这样一句话：“在辽阔的伏尔加河上，远处有一艘轮船在冒烟，近处是艘货船，因为风很小，帆没有张起来。”在讲读时，一个学生提出：“轮船也有的用来载货，也可叫货船；货船有的是木船，也有的是轮船。我们不能说轮船都不是货船，货船都不是轮船。”毋庸讳言，这位学生见地是正确的。从形式逻辑角度讲，“轮船”和“货船”是两个交叉关系的概念，课文用“轮船”和“货船”这两个词来区别这两条船的差异是不准确的。为了培养学生严格的思维习惯，提高其遣词造句的能力，我因势利导，让他们在书上进行修改。有的将“一艘货船”改为“一艘木制的货船”，有的改成“一艘载货的木制帆船”。整个教学十分顺畅。

吕叔湘先生曾经讲过“咬文嚼字”的问题。他说：“咱们既然要学习语文，就免不了要咬文嚼字。据我看，咬文嚼字有时候十分必要。”“咬文嚼字”之于语文学习十分必要，那么，语文教学当然就离不开咬文嚼字。不是吗？

59 词语教学中的误区

词语教学是阅读教学的主要内容之一，它的目的在于帮助学生理解所读课文的内容，扩大和丰富学生的词汇，以提高他们理解和运用语言的能力。目前，有些同志由于认识上和方法上的偏差，在词语教学中出现一些误区，现举荦荦大端，试加分析。

误区之一——就词解词

所谓就词解词，就是脱离课文的具体语言环境，生搬硬套词典的释义。如《伏尔加河上的纤夫》中的一句话："他用同情的目光看着前面白皙的少年和秃顶的老头儿。"有位教师把"白皙"给学生解释为"白净"。我们说这种解释是游离于课文之外的。如果引导学生联系上下文及文章的时代背景，想一想，议一议，学生就能更深刻地理解到：这里的"白皙"是指由于生活贫困而引起的发育不良，因而呈现肤色苍白的一种病态现象，从而使学生真正体味到"白皙"在文中的含义。

文章是反映客观事物的。事物与词语的关系，是被反映者和反映者的关系。对词义理解如何，与对事物的认识如何是分不开的。所以，词语教学，不能就词论词，而要引导学生通过词语教学，认识事物，在认识事物的过程中来理解词语，这可以说是词语教学的一条规律。

误区之二——以词解词

有些词语学生本来已经很明白，教师也要用字典里的注释下定义，往往越讲越深奥、越复杂。例如"继续"这个词，在学生口语中经常用，可是有的教师还是解释说："继续，就是连续，不间断，延长下去的意思。"原来只是一个概念，教师一讲，产生了三个新概念。这样解释，反而使学生莫名其妙。由此我想起别人说的一句话："你不问我什么是时间，我知道什么是时间；你要问我什么是时间，我倒不知道什么是时间了。"

解词要力求通俗易懂，联系实际，注意学生的年龄特征、生活经验和知识水平。如《春耕》一课，出现了"驾驶"这个词，如果对二年级小学生这样讲："驾驶"的意思是指操纵船只、机动车或飞机使它行驶。学生不一定能真正理解，因为"操纵"、"机动车辆"两个词和"……使……"的句式学生并不理解。如果结合儿童生活，告诉他们：驾驶，就是我们说的"开动"的意思，接着联系课文内容，"驾驶拖拉机"就是开动拖拉机。这样讲，儿童一听就懂了。

误区之三——逢词讲词

有的教师把语文课上成串讲课，读一句，讲一句，串一句，把自己认为比较深的词语都挨次讲一遍、逐一过堂。比如教《周总理的睡衣》这一课，有位教师将"花镜"、"沙发"、"补丁"、"针线包"这些学生已经理解的词语，又喋喋不休地讲了一通，这种做法，完全没有必要。逢词就讲，见词就咬，必然是蜻蜓点水，一掠而过，白白浪费时间，影响学生的学习兴趣。

那么词语教学重点在哪儿？从学生来看，不理解的，或理解不全面的，是重点，要讲；从教材来看，与课文内容、中心思想关系密切的、含义深刻的，是重点，要讲。反之，一概不讲。

误区之四——无限扩充

有的教师讲解词语喜欢卖弄才华，旁征博引，往往节外生枝，枝又生节。例如《沙漠里的"船"》有这样的一句话："每逢沙漠里刮起卷着沙子的旋风，它的鼻孔就紧紧地闭起来。""旋风"是一个词，教师先讲了"旋"字，有"旋转"、"旋绕"、"旋涡"等含义，又引申为"地球绕太阳旋转"、"歌声旋绕"、"卷入了旋涡"，讲了一大堆。然后又谈"风"字，风是跟地面大致平行的空气流动，又说明了风的产生原因是由于气压的不均匀而造成的，接着谈风分为 12 级，有微风、强风、飓风……，继而又谈海风、陆风、季风、龙卷风和旋风。谈了半天，还没有接触到课文的主要内容。其实，“旋风”这个名词术语，只要简单说明一下就行了，用不着多花工夫。这里讲“旋风”主要是突出骆驼的作用，不是讲自然常识，而且课文中也没有出现“台风”、“龙卷风”这些词语，没有必要加以扩充。过多地讲解与课文无关的知识，必然会影响学生对重点词语的训练和掌握。

误区之五——死记硬背

有的教师把教学参考书上的词语解释一字不漏地抄给学生，然后要求学生一字不漏地背下来，默写下来。其实，课文中的有些词语只能意会，不能言传，学生只要理解了不必勉为其难地去记忆。鲁迅先生曾讲过一个故事，他说自己常常运用书本上的一些词汇，虽然不是冷僻字，可是自己也解释不清楚。“假如有一位精细的读者，请了我去，交给我一枝铅笔和一张纸，说道：‘您老的文章里，说过这山是崚嶒的，那山是巉岩的，那究竟是怎么一副样子呀？您不会画画儿也不要紧，就勾出一点轮廓给我看看罢。请，请，请……’这时我就会腋下出汗，恨无地洞可钻。因为我实在连自己也不知道‘崚嶒’和‘巉岩’究竟是什么样子，这形容词，是从旧书上抄来的，向来就并没有弄明白，一经切实的考查，就糟了。”鲁迅先生是说写文章要“明白如话”，要学孩子，说些自己的确能懂的话。同时，也说明有些词语是不好解释的，死记硬背一些词语解释对儿童是没有多大好处的。

走出上述词语教学误区，必须认真学习大纲，全面了解学生，深入钻研教材，大胆改革教法。除此之外，别无他途。

60 板书四忌

板书是洞察教材的“窗口”，是开启思路的“钥匙”，是排疑解难的“桥梁”，是实施教学的“蓝图”。好的板书，能撬开学生智慧的大门，能给人以志得神怡的艺术享受。正因为如此，板书设计应该注意四忌。

1. 忌随心所欲

所谓随心所欲，就是板书缺乏计划，眉头一皱，信手写来。随心所欲的板书，会导致学生对教学内容领会支离破碎，学生笔记凌乱不堪，难以形成思维的条理性、严密性。因此，板书要有规划，教师上课之前，对板书内容出现的先后顺序、文字符号的详略大小、布局位置的虚实配合，都要做到心中有数。

2. 忌喧宾夺主

所谓喧夺主，就是板书本末倒置，繁简失当，内容庞杂，面面俱到。喧夺主的板书，会导致学生对主要教学内容印象淡漠，要点不明，主次不分。因此，板书设计要有鲜明的针对性，要充分显示教学内容之精华，突出课文重点之所在，起到画龙点睛，月明星稀的作用。

3. 忌哗众取宠

所谓哗众取宠，就是脱离教学内容，违背课文实质，为板书而板书，为形式而形式，为艺术而艺术，搞一些花架子。哗众取宠的板书，会导致学生注意力分散，影响对教学内容的理解。因此，板书设计不要撇开教学重点，而单纯追求形式，滥用彩笔勾、画、圈、连，滥用蹩脚的简笔画、图表等等。

4. 忌龙飞凤舞

所谓“龙飞凤舞”，就是板书笔画潦草，字迹不清，行款不拘，胡涂乱抹。龙飞凤舞的板书，会导致学生视书写潦草为正当，视错字别字为正常，视笔顺舛误为正规。久而久之，学生笔下的字也会“飞”起来，也会“舞”起来。因此，板书的字要写得整齐清洁，美观大方，字体大小服从全局，图形要画得符合实际，各种符号要书写得准确。

总之，板书设计要书之有用，书之有据，书之有度，书之有质，尽量科学、精当、醒目、规范，达到应有的教学效果。

61　我国古代作文教学思想

我国古代传统的作文教学有着极其丰富的宝贵经验，古人在作文训练中找到了一些行之有效的门径，发表了一些很好的见解，至今仍值得我们继续探讨和研究。批判地继承和借鉴传统的作文教学经验，赋予旧的经验以新的生命，使它得到发展，对于研究今天的作文教学理论，提高作文教学质量，具有重要的现实意义。本着这个目的，本文对传统的作文教学做一些探索，从七个方面谈谈学习体会。

1. 体察事物——作文训练的前提

作为文章，无论是写自然界的万事万物，还是写纷繁的社会生活，都是客观事物的反映。要想写好作文，首先要科学地细致地了解客观事物。我国传统的作文训练，很注意培养观察能力，不少作家能从生活是写作的本源的高度认识到体察事物的重要。王夫之认为：“身之所历，目之所见，是铁门限。”写戏不能面壁虚构，李渔说：“王道本乎人情，凡作传奇，只当求于耳目之前，不当索诸闻见之外。”赋诗不能凿空结撰，王国维说：“诗人对宇宙人生，须入乎其内，又须出乎其外。入乎其内，故能写之；出乎其外，故能观之。”作文不能凭空臆造，梁启超说：“未动笔之前，先要观察事实和事实的关系，究竟有多少处主要脉络，把全篇先组织出个系统，然后一切材料能由我自由驾驭。”由此可见，一切写作活动都离不开体察事物。生活是写作的源泉，观察是写作的前提。

怎样锻炼观察能力呢？韩愈指出：“夫百物朝夕所见者，人皆不注视也；及睹其异者，则共观而言之。夫文岂异于是乎？”他还说：“足下家中百物，皆赖而用也；然其所珍爱者，必非常物。夫君子之于文，岂异于是乎？”这就是说，要善于观察事物的特征——“睹其异者”，要善于把自己体验最深的“珍爱者”写出来，在这个过程中自然就培养锻炼了观察力。

古人重视写作训练中培养观察力是符合科学道理的。因为观察是一种对生活现象进行主动的、积极的感知过程。训练学生有目的观察事物，可以使他们获得更大的感性材料，在写作中唤起更多的联想和想象，而且能从比较中抓住事物的主要特征，使感性认识上升为理性认识。因此，写作训练必须从观察入手，教给学生人、事、景、物的基本观察法，培养学生独立思考能力和良好的观察习惯。

2. 发展思维——作文训练的核心

思维在写作中的重要性，古人早就予以强调。孟子说：“心之官则思，思则得之，不思则不得也。”我们知道，写作活动，从动机萌发，到文章形成，整个构思、行文过程就是思维活动过程。就其形式看，有两种，一种是抽象思维，一种是形象思维，二者缺一不可。崔学古说：“作文须先闭目静坐，理会题旨”，“思本题中有几层意思，孰为正意可用，孰为旁意可删。一篇体段，及文之光景，具在胸中，然后下笔。”这是写作中的抽象思维。刘勰说：“文之思也，其神远矣。故寂然凝虑，思接千载；悄焉动容，视通万里。”这是写作中的形象思维。总之，审题立意、遣词造句、布局谋篇，哪一样也离不开思维，思维是作文训练的核心。

3. 多读博览——作文训练的基础

古人强调读对写作起很重要的作用，认为多读博览是写好文章的基础。扬雄说：“能读千赋，则能为文。”杜甫说：“读书破万卷，下笔如有神。”万斯同说：“必尽读天下之书，尽通古今之事，然后可以放笔为文。”欧阳修说：“作诗须多诵古今人诗。不独诗尔，其他文字皆然。”

为什么读对写能起如此巨大的作用呢？程端礼引用果斋先生的话，

形象地说明了读写之间的关系："读书如销铜，聚铜入炉，大鞴扇之，不销不止，极用费力。作文如铸器，铜既销矣，随模铸器，一冶即成，只要识模，全不费力。所谓劳于读书，逸于作文者此也。"唐彪在《读书作文谱》中解释说："多读，而又得父师良友指点，则书中义理与作文法度，了然于心，握笔构思时，自有确然见解，天然议论，出于心手。"这里对"义理"和"法度"的"确然见解"，就是上面比喻中的"销铜"和"模子"，内容和形式问题解决了，作文时自然一挥而就。

要写文，首先要读文；要指导学生作文，首先要指导学生读文。这是古人的经验。而读书又必须有正确的方法，概括起来，古人读书讲求精读、深思、札录。朱熹说："读书须是仔细，逐句逐字，要见着落。若用工粗卤，不务精思，只道无可疑处。非无可疑，理会未到，不知有疑尔。"朱熹又说："余谓读书有三到，心到、眼到、口到。心不在此，则眼不看仔细；心眼既不专一，却只漫浪诵读，决不能记，记亦不能久也。三到之中，心到最急。心既到矣，眼口岂不到乎？"李光地说："凡书目过口过，总不如手过。盖手动则心必随之，虽览诵二十遍，不如抄撮一次之功多也。"从上面的论述看，只有精读，伴之以深思和札录，才能"破其卷而取其神"，从中获得借鉴，提高自己的写作能力。

4. 词意并重——作文训练的原则

前人训练学生作文，主张词意并重。"词"又称"义"，即辞章；"意"又称"道"，即思想。作文应该以"意"为主，以"道"为根本。但是好的"意"正确的"道"必须用恰当的"词"和好的"义"表达出来。郝经说："道非义不著，义非道不生。"唐彪认为："意与词相为联属者也。"章学诚说："义理不可空言也，博学以实之，文章以达之。"崔学古训练学生作文的要求是："造意要超卓，立格要正大，题旨要明透，笔气要清顺。此为行文要务。"

古人所说的"义""道"都是封建主义的思想，都是唯心主义的东西。但是强调文章必须表达一定的观点和主张，提倡文道统一，对我们今天的作文教学仍有一定的启示作用。作文，总是由写作者将诸多社会现象、自然现象融于文章之中，其褒贬抑扬、喜怒哀乐、真伪善恶、性情志趣总要跃然纸上，鲜明地表现出作者的世界观。要让学生在作文中表现出健康的思想内容，具有鲜明的爱憎立场，就必须在作文训练中有意识、有目的地培养学生正确的信念，高尚的情操，坚强的意志，良好的气息，独创的精神，让学生在作文的过程中受到熏陶感染，在潜移默化中塑造出美的灵魂。这就是当今作文训练的根本任务。

5. 模仿范文——作文训练的途径

古人认为，儿童作文是从模仿开始的，模仿是沟通读与写的桥梁。刘知几说："夫述者相效，自古而然。"又说："若不仰范前哲，何以贻厥后来?"朱熹指出："古人作文作诗，多是模仿前人而作之，盖学之既久，自然纯熟。"许多有成就的作家在他们学习写作之初，都经过模仿练习这一阶段，就是在他们有了很高的写作水平的时候，为了学习某种新的表现手法，也需要模仿。白居易的诗句："安得万里裘，盖裹周四垠"就是由杜甫的"安得广厦千万间，大庇天下寒士俱欢颜"脱化而来的；王勃的名句"落霞与孤鹜齐飞，秋水共长天一色"则是由庾信的"落花与芝盖齐飞，杨柳共春旗一色"点化而成的。

模仿什么，怎样模仿？古人的一些主张是值得重视的，归纳起来有两条：一条是模仿名家名篇。朱熹说："大率古文章皆是行正路，后来杜撰的，皆是行狭隘邪路去了。而今只是依正的路脉做将去，少间文章，自会高人。"研究历史上大作家成"家"的过程，可以看出，他们总是学了前世名家的文章，吸取其所长。另一条是不袭古人诗文，王守溪说："所为文必师古，使人读之不知所师，善师古者也。韩师孟，今读韩文，不见其为孟也；欧学韩，今读欧文，不觉其为韩也。若拘拘模仿，如邯郸之学步，里人之效颦矣，所谓师其神，不师其貌，此最为文之真诀。"模仿古人，不袭古人，这是学习古人的正确路子。因为古人写的是彼时彼地的人和事，而学生写的是此时此地的人和事。借鉴古人的写作方法来表达今天的内容，文章是自己的，而抄袭古人则是毫无意义的，也达不到练习作文的目的。

模仿，是人们赖以生存的本领，是创造的准备和起点。从心理学角度看，模仿是学习作文心理上的需要，也是作文教学的必要手段。因为任何学习，开始阶段都离不开“依葫芦画瓢”，从这一点来说，模仿是作文训练一条必由之路。

6. 先放后收——作文训练的步骤

古人一向主张训练学生作文要经过“先放后收”的过程。首先鼓动学生大胆地写，等到有了一定的基础之后，再要求精炼严谨。谢枋得说：“凡学文，初要胆大，终要心小——由粗入细，由俗入雅，由繁入简，由豪荡入纯粹……初学熟之，开广其胸襟，发舒其志气，但见文之易，不见文之难，必能放言高论，笔端不窘束矣。”欧阳修在《与渑池徐宰》中指出：“作文之体，初欲奔驰，久当撙节，使简从严正，时或放肆以自舒，勿为一体，则尽善矣。”古人认为，学生练习作文，必须经过一个由放到收的过程，在这个过程中，文章逐步由粗入细，由俗入雅，由繁入简，由奇到平，作文水平也就逐步提高了。这是符合学习作文的一般规律的。初学者由于不会作文，不免有畏惧情绪，如果鼓动他们大胆地写，尽情地写，发挥其想象，扩展其胸臆，会打消他们的畏惧情绪。文章的形式虽然粗糙，但内容都比较丰富，在这个基础上再引导学生提炼，就会逐步提高。如果违反这一规律，学生刚练习作文，就在文章上作很多规定，提出过高的要求，这样，不仅会使他们感到作文很难，而且也不可能达到要求。

初学阶段既然是鼓励学生大胆地写，那么教师批改作文的时候，就不要改得太厉害，以免挫伤学生的信心和兴趣。王日休说：“若改小儿文字，纵作得未是，亦须留少许，不得尽改。若尽改则沮挫其才思，不敢道也。直待作得十八分是了，方可尽改作十分。若只随他立意而改，亦是一法。”唐彪也说：“先生于弟子之文，改得不佳者，宁置之……盖不可改而强改，徒费精神，终不能亲切条畅，学生阅之，反增隔膜之见。唯可改之处，宜细心笔削，令有点铁化金之妙、斯善矣。”从这些主张来看，前人在作文训练中很注意培养学生的写作兴趣，发展学生的思考能力。这经验，显然是值得重视的。

7. 多作多改——作文训练的方法

古人认为：“读”不能代替“写”，要写好文章，一定要多写勤改。李渔说：“作文之事，贵于专一。专则生巧，散乃入愚。专则易于奏工，散者难于责效。”欧阳修认为，要写好文章，“无它术，唯勤读书而多为之，自工。”为什么“读书以熟为贵，作文亦然”呢？唐彪指出：“盖常作则机关熟，题虽甚难，为之亦易；不常做，则理路生，题虽甚易，为之则难。”总之，要手笔熟，惟有多写，这是符合从写作实践中培养写作能力的规律的。

文章贵精，文不厌改，任何作品只有反复修改才能臻于完善。这是因为反复修改是一切创作的规律，又是一切创作的一段不可逾越的路程。梁章钜在《退庵论文》就提到：“百工治器，必经转换而后器成。我辈作文，亦必几经删润而后文成，其理一也。”唐彪也说：“文章不能一做俱佳，须频改之方入妙耳。”多改，目的在于深入揣摩，一方面可以达到牢固地掌握语言文字的运用方法，同时养成严肃认真、一丝不苟的写作态度和习惯。这是古人在作文训练方面非常突出的一条经验。

多改并不是依赖老师给改，而是要求学生自己修改，不是只指个别词句的润饰，而是指通篇文章的指点。唐彪在《读书作文谱》引武叔聊的话说：“如文章草创已定，便从头至尾，一一检点。气有不顺处，须疏之使顺；机有不圆处，须炼之使圆；血脉有不贯处，须融之使贯；音节有不叶处，须调之使叶。如此仔细推敲，自然疵病稀少。”不但多改，而且还要反复地改。唐彪说：“文章初脱稿时，弊病多不自觉，过数月后，始能改窜。其故何也？凡人作文，心思一时多不能遍到，过数月后，遗漏之义始能见及，故易改也。又当其时执著此意，即不能转改他意，异时心意虚平。无所执著，前日所作有未是处，俱能辨之，所以易改。”

从以上概述中，我们可以看出：

第一，作文能力是综合性的能力，作文训练是综合性的训练。要想作文教学奏效，学生作文进步快，就要力求具备这样三个条件：一定的思想认识，一定的生活感受，一定的语言表达技能。这三个条件是作文的前提，又是训练的结果。

第二，作文具有实践性的特点。作文训练必须坚持多读、勤写的原则，以读悟写，以写带读，读写结合，促使学生“自我运动”，在读写实践中提高作文能力。

第三，作文训练要讲究科学性，体现序列化，既不能停滞不前，又不能躐等求进，要循序渐进。作文训练应当沿着从说到写，从述到作，从放到收的路线，不断前进。

第四，作文训练，教师要起主导作用。或引导，或诱导，或指导，本着教方法、给规律、练能力、育情操的原则进行作文教学。

62 关于作文教学积蓄的理性思考

当前，中学生的作文，比较普遍存在的问题是：文章内容空泛、笼统，表达不具体、不准确。学生在作文课上，常常是搜索枯肠、冥思苦想，咬笔杆、搓橡皮，直愣愣地坐上十几分钟、甚至几十分钟，也难以下笔，很是苦恼。为什么学生一上作文课就喊头疼？究其根源，我认为就是平时缺乏积蓄，准备不足，修养较差。无米之炊，巧妇难为！腹中空空，何从表达？这种现象不能不引起我们的思考。

一

作文离不开积蓄。

作文是一种智能活动。它需要正确的思想观点，丰富的事实材料，较强的表现能力，这三点都和积蓄有着密不可分的关系。

1. 主题、论点的形成需要积蓄

文章的主题或论点是作者对客观事物的认识和评价。正确的认识和评价来源于现实生活，是社会实践的总结、概括和提炼。

马克思主义经典作家向来十分重视从积蓄丰富的实际经验中去归纳、总结、提取观点。马克思以 40 年的心血写成《资本论》，为完成这部巨著，他研读了 1500 多种书，作笔记 25 年之久。列宁对马克思的这部光辉著作的产生做过十分精辟的说明，他讲道："《资本论》不是别的，正是'把堆积如山的实际材料总结为几点概括的、彼此紧相联系的思想'。"（《列宁选集》第一卷）

光彩夺目的艺术瑰宝，无不精炼于生活的丰厚矿源。许多文学家的创作实践，也生动地说明了正是由于生活实践的广博积蓄，才开掘出洞察深刻的作品主题。我国西汉时代伟大的历史学家、文学家司马迁，少年时曾耕牧于河山之阳，20而南游，他行天下，周览四海名山大川、名胜古迹，搜集整理了大量史料，向各地人民学习语言，加上因救李陵获罪而受腐刑的遭遇，这种广阔的游历，实地的调查和亲自经受的不幸，使得他的生活极其丰富，于是“欲以究天人之际，通古今之变，成一家之言。”写出了历史与传记文学《史记》这部千古传诵的名著。

2. 题材、论据的精选需要积蓄

广泛的积蓄，是作者精选题材和论据的基础，取之愈博，发之愈精。没有大量的积蓄，就无法充分地比较，也就选不出恰如其分的题材和论据。

任何事物都不是孤立地存在着，它往往有许多方面，也往往和周围的事物有许多内部和外部的联系。要正确地认识它，准确地论证它，就得掌握问题的各个方面。列宁在《统计学和社会学》一文中说：“罗列一般例子是毫不费劲的，但这是没有任何意义的或者完全起相反的作用，因为在具体的历史情况下，一切事情都有它个别的情况。如果从事实的全部总和，从事实的联系去掌握事实，那么，事实不仅是胜于雄辩的东西，而且是证据确凿的东西。”（《列宁全集》第23卷）这段话清楚地说明了全面积蓄与准确选择的关系。列宁身体力行这一唯物主义的正确观点，仅写《帝国主义是资本主义的最高阶段》一书，便搜集了数目惊人的文献资料。终于使这篇文章在论据确凿的基础上成为一部划时代的经典著作。

3. 精妙、娴熟的表现技巧需要积蓄

写文章，生活积累和思想修养固然重要，但是，光有生活积累和思想修养还不够，还必须熟练地掌握文章的表现技巧。技巧的积蓄不外乎多读和多写，正如鲁迅先生说的：“文章应该怎样做，我说不出来，因为自己的作文，是由于多看和练习，此外并无心得或方法的。”

所谓多读，就是要“博采众家，取其所长。”古人说：“读书破万卷，下笔如有神。”一个人读书多了，写起文章来就会丰富充实，绚丽多彩。高尔基刚满15岁，就已读过大仲马、雨果、巴尔扎克、海涅、斐尔丁、狄更斯、肖伯纳、普希金、莱蒙托夫、果戈里、屠格涅夫、陀思妥耶夫斯基、托尔斯泰等艺术大师们的很多名著，成了一个博学少年。老作家冰心也是这样，7岁就已读完了《三国演义》，11岁前就读完了《水浒》《聊斋志异》《西游记》《东周列国志》《说岳》《再生缘》《儿女英雄传》《红楼梦》等等。他们后来之所以能写出那些影响深远的作品，和这样博览群书、广为借鉴有着极为密切的关系。对于当代的中学生来说，同样要提倡读古今中外的名篇名著，读那些位于人类文化顶端的作品，读那些思想上给人以启发、结构上让人无法释手、语言上给人以美感的书与文章。绝不是那些现在摆满柜台的“作文大全”、“写作秘诀”、“作文辞典”之类，早就被鲁迅斥之为专门“掏青年腰包”的货色。

再说多写。俗话说，“熟能生巧。”然而写得不多，如何能“熟”？练得不“熟”，如何生“巧”？要“熟”就要勤写苦练，养成习惯；一经变为习惯，形成“动力定型”，“自动化”了，那就能够得心应手，兴到笔随。清人姚鼐在《与陈硕士书》中就谈了这样的体会：“大抵文字须熟乃妙，熟则利弊自明。手之所至，随意生态，常语滞义，不遣而自去矣。”唐彪亦有如是的认识：“谚云：‘读十篇不如做一篇，盖常做则机关熟，题虽甚难，为之亦易；不常做，则理路生，题虽甚易，为之则难。’”常做就懂得写作规律和方法，不常做就生涩阻隔。熟与不熟，实在是学技巧用技巧的一个关键。

二

既然积蓄在作文中有如此不可替代的作用，那么，我们积蓄什么呢？

1. 积蓄素材

素材是尚未经过提炼和加工的写作材料，是作文的物质基础，犹如木之本，水之源。叶圣陶在《作文论》中说："我们知道有了优美的原料可以制成美好的器物，不曾见空持技巧却造出好的器物来。"作文也是这样，要有雄厚、丰富的材料，有了它，才"不致枉费写作的劳力"。指导学生积蓄作文素材，数量要大，品类要多，并能分门别类储存。从写作范围的角度，可分为人物类、事件类、景物类；从材料性质的角度，可分为理想爱国类、事业情操类、青春惜时类、求知进取类等。这些材料，有事例、数据、故事、典故等，作文时，再经过精选、提炼、改造、加工，转换为作文题材。

2. 积蓄语言

郭沫若说："胸藏万汇凭吞吐，笔有千钧任歙张。"语言是文学的第一要素，当然，也是作文的第一要素。语言大师老舍说："我们的好思想，最深刻的感情，只能被最美好的语言表达出来。"孙犁也说过："从事写作的人，应当像追求真理一样去追求语言。"积蓄语言要在常用汉字的基础上进行，要一点一点地积累，积少成多，由字而词，而短语，而句子，而段落，而篇章，持之以恒，久久为功。对于祖国语言宝库中那些久经岁月磨炼仍放出夺目光彩的古典诗词，脍炙人口的名篇佳作，则尤其要积蓄。久而久之，便可加工、改造，转换成自己的语言。作文时，便能信手拈来，意到笔随。

3. 积蓄技法

除了指导学生积蓄写作内容和语言，也要指导学生积蓄写作技巧和方法，否则，只有内容和语言也不能算是好文章。中学生写作技法的内容包括两大方面。一是写好一篇文章的写作技法。如摄材技法、立意技法、选材技法、结构技法、言语技法、起草技法、修改技法等。二是常用的基本的表达技法。（1）叙述。顺叙、倒叙、插叙。（2）描写。肖像描写、语言描写、心理描写、环境描写。（3）抒情。借景抒情、托物寄怀、缘事写情、寓情于理、直抒胸臆。（4）议论。归纳论证、演绎论证、类比论证。

三

对中学生来说，积累作文素材、语言和技法，主要有两条途径。一条是生活，一条是阅读。生活是作文之源，阅读是作文之流，我们要开源引流。

1. 开生活之源

朱熹在《观书有感》一书中写道：“问渠那得清如许？为有源头活水来。”生活犹如源泉，文章犹如流水，源泉丰盈而不枯竭，溪水自然流畅不止。如果离开了生活，一切文章都变成了无本之木，无源之水。一个作者，要想使自己的文章内容写得充实，就应该注意生活的积蓄。英国诗人雪莱在《伊斯兰的起义》中说：“我从童年就熟悉山岭、湖泊、海洋和寂静的森林……我曾在遥远的原野里飘泊。我曾泛舟于波澜壮阔的江上，夜以继日地驶过山间的急湍，看日出、日落，看满天繁星闪现。我见过不少人烟稠密的城市，处处看到群众的情操如何昂扬，磅礴，低沉，递变。我见过暴政和战争的明目张胆、暴戾恣睢的场景；多少城市和乡村变成了零零落落的断壁废墟，赤身裸体的居民们在荒凉的门前坐以待毙……我就是从这些泉源中吸取了我的诗歌形象的养料。”雪莱如果没有这些丰富的生活积累，是决不能写出史诗般的传世之作的。同样，我国当代著名作家柳青所以能写出深刻反映中国农村社会主义改造的历史画卷《创业史》，这跟他长期深入生活、观察体验、积累材料是分不开的。柳青在陕西省长安县皇甫村生活了 14 年，他以那里为根据地，对社会主义变革中的农民进行了长期的观察、了解，和他们交朋友，替他们办事情，在十几年的交往中，积累了雄厚的生活基础。他的作品中的人物在生活中几乎都能找到影子。正因为他的生活底子厚实，所以写作时能够左右逢源，游刃自如。

现在有些中学生整日忙于应试，“两耳不闻窗外事，一心只读圣贤书”，面对丰富多彩的生活，常常是视而不见，听而不闻，笼笼统统，模模糊糊，甚至误认为生活平淡无味，没有什么情趣。当然也就不能深入思考，不能表达了。这样，作文的时候必然临渴掘井。这就是多年来中学作文教学效率低，学生作文水平长年徘徊在低水平线上的主要症结所在。

2. 引阅读之流

阅读不单是为了作文，但要写好作文必须阅读。因为阅读是写作的基础，是沟通生活与作文的渠道，是间接获取写作材料的桥梁，也是直接获取写作知识和语言材料的重要途径。“万卷山积，一篇吟成。”“《文选》烂，秀才半。”人们总是把读与写紧密地联结起来，并十分重视二者的因果关系。

阅读对写作的影响也可能是自觉的，被意识到的，但是在大多数情况下是潜移默化的。读了很多书，学到很多知识，得到很多启发，时过境迁，似乎和书分手了，好多东西似乎被忘掉了，但是只要是当时真的动了脑筋，真正地理解了，消化了，当要拿起笔来作文的时候，那些用得着的词语、句型、典故、事例就会像著名学者邹韬奋所说的那样“突然出现于我的脑际，奔驰于我的腕下。”

现在的中学生阅读量太少，除了薄薄的几本语文教材之外，“乃不知有汉，无论魏晋”，到铺纸濡墨时，那些恰切的词语和句子怎能乎之即出，探囊取物？故此，广大语文教师要牢牢记住“劳于读书，逸于作文”的道理，理直气壮地、大张旗鼓地抓学生的课内外读书活动。

四

对中学生来说，积蓄有六大方法。

1. 观察

“生活之树是常青的。”教师要千方百计为学生开辟生活的源头，耕耘生活的沃土，在学生心田播撒燃烧生活热情的火种。鼓励他们做热心人，做有心人，当生活的主人，留心生活，精细观察。建立观察基地，开辟实验园地，拓宽活动天地，让学生走出课堂，走出校园，到工厂去参观，到农村去走访，到军营去联欢，到园林去观赏，到老区去慰问，把整个社会当成学生学习作文的大课堂。

2. 感受

感受不同于观察。观察主要是对物态的反映，感受主要是心态活动。我们常说：“世事洞明皆学问，人情练达即文章。”其中的“洞明”、“练达”即含有感受的意思。引导学生感受生活，要做到“五官开放，心官激荡”，亲眼去看，亲耳去听，亲手去做，肤触心惟，让眼、耳、鼻、舌、身一齐向客观世界开放，使得他们的心官激荡起来，让他们的大脑成为一部反应灵敏的感受器。把思想和感情凝集在笔尖，或赞美好人好事，或抨击坏人坏事，喜怒笑骂，墨饱笔酣。

3. 阅读

书是社会生活的缩影。我主张，心治之书，要记在心头，随时撷取；目治之书，浏览一遍即可；口治之书，要大声读出来；手治之书，要认真抄下来。对自己特别重要的书，要深钻细研，洞察入微；对同自己关系较远的书，要大致看一看，只求略知一二。当然，阅读也要有比较，有鉴别，去伪存真，不能尽信书籍。

4. 背诵

“操千曲而后晓声，观千剑而后识器。”我们倡导巴金同志十二三岁背会《古文观止》上 222 篇佳作的做法，将古今传诵不衰、脍炙人口的诗、词、曲、文中的名篇佳作，让学生熟读成诵，并且烂熟于心，心领神会，“使其言皆若出于吾之口”，“使其意皆若出于吾之心”，提高学生古诗文素养。

5. 记录

俗话说，“最浅的墨水也胜过最好的记忆”，“记忆好不如笔头勤”。记录是思考的激发器，是记忆的贮存箱，是创造的发源地。我们要学习唐代诗人李贺“每得佳句，投入锦囊”的做法，写生活日记、记读书笔记、制资料卡片，养成“不动笔墨不看书”的良好习惯，日积月累，坚持不懈，只有这样，才能“滴水穿石”。

6. 视听

视听，就是看电视，听广播。广播、电视是一种大众传播媒介，从“大语文教育观”讲，广播、电视也是学习语文的课堂。吉林省著名特级教师赵谦翔在实验班开设一门《东方时空》课，每天早晨7点到8点组织学生收看中央电视台这本电视新闻杂志。实践证明，《东方时空》课，不仅使学生眼观四海云水，耳听九州风雷，心系天下兴亡，而且也能解决作文“无米之炊”的难题。

五

古人云：“不积跬步，无以至千里；不积小流，无以成江海。”这就是说，千里之行，始于足下，浩瀚大海，源于点滴。学习作文呈沉淀式提高的特殊规律，绝非一朝一夕所能奏效，舍积蓄别无他途。

63　作文训练与审美教育

审美教育被列入我国的教育方针之中，是作文教学长远任务之一，是陶冶学生心灵、净化学生感情、发展学生智力不可缺少的重要工程。作文训练中的审美教育包括感受美、鉴赏美、创造美三大任务。

1. 训练学生美的感受能力

文章是客观事物的反映，写文章离不开对客观事物的观察。观察是作文的前提，是儿童心灵的门户。学生认识事物，始于观察，而观察又是感受美的重要途径，自然美、社会美、艺术美的感受都要伴随着观察。因为观察是知觉的高级形态，是一种有意识、有计划、比较持久的知觉的深化，通过感知，达到感受。那么，在作文教学中，怎样培养学生感受美的能力呢？

（1）观察自然。

自然美具有极大的诱发力。学生走向大自然的怀抱，顿时会产生一种赏心悦目、心旷神怡的感觉。千里冰封的北国风光，婀娜多姿的南国春色，一泻千里的长江黄河，高耸入云的三山五岳，这丰富多彩的大千世界，不但能给学生美的享受，而且还能激起他们表达美的愿望。我们要有计划地组织学生春游踏青，夏令露营，秋日登高，冬天赏雪，充分利用大自然的四时景物对学生进行审美教育。学生对大自然的美感不是自然而然地产生的，需要进行有计划地教育和培养。教师在活动中应当结合自然景物和名胜古迹讲述科学知识、风土人情、神话传说、历史故事，帮助学生深刻认识高山大河的崇高美，桃红柳绿的浓艳美，古今建筑的壮丽美，飞禽走兽的飘逸美。还要帮助编拟观察提纲，理清观察顺序，选好观察角度。在观察的基础上，写出自己的独特感受来。

（2）了解社会。

正确理解美的实质，诱导学生感知人物的心灵美，这是作文教学的又一任务。前苏联教育家赞科夫在《在美的世界里》指出："美不仅存在于自然界，而且存在于人们的创造性劳动中，存在于人们的英雄业绩和日常的高尚行为中，对于社会生活和人的个人生活的美，应当在学生的心目中给予高度赞赏。"作文教学要引导学生在感知自然美的同时，更要感知人物的心灵美。在建设社会主义现代化强国的劳动和斗争中，英雄辈出，新人新事如雨后春笋，整个社会到处盛开着精神文明之花。人的外在美，人的内在美，随时可见。教师要在作文教学中积极诱导，运用典型引路的方法，抓住社会生活中的实例，发掘出普通人身上所闪现的共产主义思想光华，热情地进行歌颂。

（3）阅读文章。

阅读是作文的基础，学生在作文过程中运用的一些观察方法、写作技巧和语言规律大都要从阅读中来学习。另一方面，文学作品展示给学生的是鲜明、具体、可感的社会生活图画，通过阅读可以将学生带入艺术的境界，娱悦其耳目，激动其心灵，触发其情思。一词一句能使学生感受其情趣，一章一篇能引起学生感情的共鸣，学生就会心驰神往，兴趣盎然，把语文学习当作艺术的享受。只要学生产生了学习的兴趣，他们就会乐于欣赏美，渴望创造美。这种渴望也会成为热爱作文的一种诱因。美感是创造力的源泉，是形象思维的动力，只有在爱作文的前提下，才会不断提高思维能力，只有具备了感受美的能力，优秀的作文才可能产生。

2. 培养学生美的鉴赏能力

作文教学培养学生正确鉴赏美的能力，主要表现在对学生审美观点的培养上。少年儿童生理、心理、思维、年龄特点决定了他们的审美情趣比较淡薄，审美能力比较低下，对社会生活中的假、恶、丑与真、善、美往往分辨不清，对文章中美的因素常常视而不见，这就需要我们在作文教学中加强对学生美的鉴赏能力的培养。使他们逐步分清什么是文明，什么是野蛮，什么是高尚，什么是低俗。对来自社会上的各种信息，要加以鉴别，做到扬善抑恶，颂美挞丑。

在作文教学中培养美的鉴赏能力有哪些途径呢？

首先是开展课外活动。课外活动是课堂教学的延续和补充，是培养学生美的鉴赏能力的主要阵地，是作文取之不尽、用之不竭的源泉。经常组织课外阅读，举办读书报告会，诗歌朗诵会，演讲比赛会，作文竞赛，开展文学、音乐、美术创作、欣赏和评论活动，对于提高少年儿童的审美能力，都是有裨益的。

其次是在阅读教学中挖掘美的因素。小学语文教材通过众多的课文在小学生面前展现了一个璀璨夺目的美的世界，可以说是形象美、意境美、结构美、语言美、声韵美的荟萃，具有很高的美学价值。教师要在讲读教学中，善于指导学生留意寻找美的因素，运用课文中美的魅力去加强对学生情操的熏陶感染。通过朗读和默读，启发学生想象和联想，领略诗情画意，体味风姿神韵，品评妙语佳句。

再次是结合学生实际命题。“文化大革命”不仅在政治上、经济上给我们国家带来了巨大的灾难，而且也给我们民族在精神上造成了极大的创伤。还应当看到当前形形色色的资产阶级思想，也给一些青少年带来了不好的影响，一些学生是非不清、美丑不分。我们要引导他们对社会上的一些不良现象用笔加以鞭笞，对生活中美好的事物要热情歌颂。尤其要描写那些生活在学生身边的心灵美、语言美、行为美的人物，描写那整洁、朴素、优美的环境，描写那千姿百态、气象万千的自然。通过作文，帮助学生运用“美的规律”，对生活中的美进行憧憬和追求。

3. 提高学生美的表达能力

学生爱美，不但要能感受，要能鉴赏，还要能表达。表达美和创造美是审美教育的最终目的。从审美角度看，作文的内容与形式都应该是美的。张载说：“充内形外之谓美。”只有美文，才能产生美情，给人以美感。

美文训练要注意以下几个方面：

第一，要注意实事求是。写一句话，一段话乃至一篇文章，都要做到一个“真”字。即所记叙的事物要真实，所表达的感情要真挚，这是美的表达基础。现在，有一部分学生在作文中惯于写假话，“推车子、抱孩子、领瞎子、捡夹子、让座子”等编造出来的作文内容屡见不鲜。叶圣陶先生指出：作文“立诚最为贵”。我们在教学中，一定要指导学生老老实实地写，学会准确地反映客观事物。

第二，要注意文章标题。“题目是文章的眼睛，眼睛是心灵的窗户。”一个好的标题既能把握住文章的精神实质，又能增强文章的形式美。现在，有些学生不太注意自己的文章标题，总是长袍马褂瓜皮帽——老一套。写一个做事勤快的人，常常以《一个勤劳的人》为题，记植树劳动往往题为《植树》，没有新意，没有美感。在作文教学中，教师要告诉学生，题目是文章重要组成部分，给文章标题应当反复斟酌，尽量做到确切、简洁、生动、新颖。例如用《闲不住的手》比用《一个勤劳的人》新鲜活泼，用《黄山披上绿装》比用《植树》鲜明有味。

第三，要注意开头、结尾。一篇文章好的开头，犹如鲜花乍开，使人一见钟情；好的结尾，恰似品尝香茗，使人得味再三。学生作文不讲究开头、结尾的艺术性。有的草草开篇，匆匆收束；有的开头戴帽子，结尾穿靴子；有的干脆连开头、结尾也没有。为此，教师要教给学生一点开头、结尾的方法。如开门见山，直入正题的开头；说明情况，介绍背景的开头；描写景物，引入正文的开头；自然性结尾；总结性结尾；启发性结尾等等。

第四，要注意句式变化。句式变换是文章美的外在标志，好的文章句式总是错综变化、波澜起伏的。在这方面，小学生缺乏基本功训练。在作文指导时，教师要给学生讲句子的表达作用，使学生学会用不同的语气。小学阶段，主要让学生掌握短句和长句，主动句和被动句，肯定句和否定句，还有陈述句、疑问句、祈使句、感叹句、反问句、排比句等。

第五，要注意锤炼语言。文章写得华丽是一种美，写得朴素也是一种美，这里关键要看遣词造句是否恰切。小学生不善于推敲语言，不会炼字，常常用错词语，出现病句，影响文章内容的表达。在小学语文课本中，有很多用字准确的例子，我们要引导学生认真琢磨，在语言运用上下功夫。还要告诉学生，作文写完后，要反复修改，“竭力将可有可无的字、句、段删去，毫不可惜。”

第六，要注意书写行款。文面是文章的外表，是文章给人的第一印象。文面是否整洁，字写得是否端正，标点是否准确，行款是否正确，这些都直接影响文章内容的表达。书写行款训练对小学生写作来说是非常重要的。平时要严格要求，对学生丝毫不能迁就，训练学生在文面上的基本功，使学生养成讲究文面美的良好习惯。

列宁说：“美是未来共产主义的特点之一。”苏霍姆林斯基认为“美是一种心灵的体操。”在作文训练中贯注美育，既是当今学生学习心理的需要，也是作文教学发展的必然结果。让我们在作文教学中，培养学生有一双识美的眼睛，有一个感受美的脑袋，有一双创造美的巧手，让学生的行为永远闪耀美的光辉！

64 作文教学中的情感因素

作文是一种受情感控制的文字表达活动。

所谓情感，就是人的一种心理活动，是人对周围现实与个体需要之间关系的反映，是人对客观事物的态度和体验。情感分积极和消极两种。积极的情感，始终是人们行动力量的源泉，在人的实践中产生巨大的积极作用；消极的情感，会使人消沉，萎靡不振，使工作和学习效率低下。列宁指出："如果没有人情感，则过去、现在和将来，永远也不可能有人对真理的追求。"（《列宁全集》第20卷）

情感在作文教学中具有重要意义。

首先，情感能诱发写作活动。写作活动是在一定情感诱发下产生的。对学生作文来说，如果教师逼作，学生憋写，学生主观上没有作文的积极情感，则会使作文成为折磨人的苦差使，使学生产生逃避应付的态度来对付作文，这样，是不能写好文章的。正如明朝李贽指出的："世之真能文者，比其初皆非有意于文也。其胸中有如许无状可怪之事，其喉间有如许欲吐而不敢吐之物，蓄极积久，势不可遏，一旦见景生情，触目兴叹，夺他人之酒杯，浇自己之垒块，诉心中之不平，感数奇于千载。"世上真正能写文章的人，开始都不一定有意作文章的，而是长期的情感蓄积，促使其非说非写不可，一旦为某种契机触发了情感，就产生了强烈的写作欲望，并满怀情感地进行写作，不能自止。下面一个实例，足以说明情感对写作的诱发作用：两个教师同样指导学生写《我的同桌》。一位教师从确定中心、选择材料、使用语言等方面作了详细的指导，但到落笔时，学生仍然觉得没有什么可写的。另一位教师顺应小学生好表现的心理，在作文前组织学生开展"同桌比美"活动，并要求把同桌同学在活动中的表现向他们的家长汇报。学生觉得自己的作文有实用性，有一种向同桌家长报喜的按捺不住的激情。这样，学生都有一吐为快的感觉，产生“情动而辞发”的效果，写出来的文章言之有物，情真意切。

其次，情感能推动写作活动。情感是写作的原动力，这是早已为古往今来的文章家的写作实践证实了的。所谓“凡物不得其平则鸣”，“情动于中而形于言”，“愤怒出诗人”等等，说的就是情感的推动作用。优秀的作品莫不是“郁于中而泄于外”，“为情而造文”，为情感所推动而写成的。屈原“怀朕情而不发兮，余焉能忍此终古!”写出了感天地、泣鬼神的《离骚》。巴金说他自己“不是为了当作家才写小说，是过去的生活逼着我拿起笔来。”小学生作文与大作家写作本同一理。学生爱作文，有成功感和创作欲，精神就振奋，就心灵手巧，苦也心甘情愿，面对作文题目，就能自觉地集中注意，精心思考，寻找材料，挖掘储备，选择那些恨得要死、爱得要命的人、事、景、物来写，有时甚至可以达到酣畅淋漓、飞流直下的境地。

小学生情感表达必须做到写我、写实、写通。写“我”，即记自己熟悉的人，叙自己经历过的事，写自己眼前的景，状自己身边的物。一句话，用我笔写我语，用我语表我情。写“实”，即写文章必须实事求是，做到一个“真”字，所记叙的事物要真实，所表达的情感要真挚。写一句话，一段话，乃至一篇文章，要把自己想写的事情老老实实地写下来，不说假话、空话、大话、套话，不要写归写，做归做，言行不一。写“通”，即语句通顺，言之达意，条理清楚，言之有序。不能前言不搭后语，颠三倒四，杂乱无章。

学生写作情绪的高低，直接影响到作文水平的提高。因此，在作文教学中认真研究学生作文心理，激发学生的写作热情是十分重要的。苏霍姆林斯基在《给教师的建议》中说：“一个教师不能无视学生的情感生活，因为那是学习中主动性和创造力的源泉。”

那么，怎样在作文教学中培养学生的情感呢？

第一，注意引导学生观察生活，使他们对作文具有需要感。

生活是作文的源泉。学生作文的思想、观点、情感及一切材料都来自现实生活。叶圣陶先生说："作文这件事离不开生活。"学生参加实际活动，作文就有东西可写；积极地参加实际活动，写出的文章就有特色。因为在实践活动中，学生的多种分析器作用于同一对象，在大脑皮质区域形成多种分析器的暂时神经联系，这种暂时神经联系长期地巩固地保存在皮质内，一旦提起，学生马上回忆起当时的活动情景，就能顺利地进行写作。所以，小学作文教学要向生活开放。尤其是当前，改革浪潮无处不奔腾，新的历史时期的种种喜人、惊人、逼人的信息如同核子裂变，源源扑涌而来，这就为我们指导学生观察生活，积累素材，训练思维创造了得天独厚的条件。为此，我们要有计划有目的地带领学生走向自然，走向社会，为他们提供丰富多彩的广阔的认识天地，从而触发作文情感，使之表现出不可遏制的创作欲。

第二，激发学生写作兴趣，使他们对作文具有兴奋感。

兴趣是最好的老师。有人说，学生如果能从厌恶作文到喜欢作文，我们的作文教学任务，就可以说完成了一大半了。我认为这话是有一定道理的。从教育心理学角度看，兴趣是一种内在力量，它促使学生萌发强烈的求知欲，从内心产生一种自我追求，向着认定的目标前进。就作文教学而言，教师一旦激发和培养起了学生的兴趣，学生就会自觉地写，刻苦地练，从而促使写作能力主动地得到发展。正如前苏联教育家赞科夫所说的："只有在学生情绪高涨，不断要求向上，想把自己独有的想法表达出来的气氛下，才能产生出儿童作文丰富多彩的那些思想、感情和词语。"培养兴趣可以从下述几方面着手：①向学生进行写作目的教育，让他们懂得写好作文的重要性；②经常表扬那些认真学习和刻苦学习写作的学生；③创设情境，强化学生的内心体验，使他们自始至终处在情感的氛围之中；④自由命题，写自己见闻，适当开展作文竞赛活动。

第三，作文指导，要耐心细致，让学生对老师具有亲切感。

没有情感的作文指导是苍白无力的作文指导，是徒劳的作文指导。因此教师要耐心，热情，细致，周到，让学生产生亲切感。

作文指导，首先是观点、态度方面的指导，使学生明白“为什么写”，明确作文的目的要求，调动写作积极性。同时还要在方法上给以指导，引导学生认真地观察事物，广泛地搜集材料，通过思维和联想，使他们懂得写什么题目，选择什么样的材料。教师还要向学生提示写作路子，必要的词语和其他注意事项，如结合范文对所作的提示进行具体的分析说明，依据过去学生写作中较普遍的毛病，适当地指出防止产生的问题，启发他们在下笔之前考虑清楚“为什么写”、“写什么”和“怎样写”。

第四，作文批改，要多加肯定，使他们克服自卑感。

少年儿童的自尊心很强，他们都喜欢自己的作文得到老师的首肯。如果鼓励适当，往往能使他们增强信心，提高作文积极性。因此，我们在作文批改时，要注意发现每个学生习作中的点滴优点，加上表扬性的符号或者写上批语，从而鼓励他们发扬成绩，激发他们继续提高。当然，小学生由于知识浅，经验少，写出来的文章不可能不发生错误，但一篇文章不管怎样糟糕，总归不至于全篇都要不得，也决不至于一无可取，即使是一个词儿用得妥当，一句话说得中肯，也要给予鼓励。

第五，作文评分，要宽尺度，让他们具有成就感。

语文教师往往对作文分数卡得很严，打 80 分已经算好作文了，久而久之，影响了学生的写作积极性。其实，我们不妨试行高分政策，以求实效。特级教师钱梦龙教过一个慢班，学生成绩差，丧失了学习信心。一次，钱老师出了《我的一家》作文题，只提 3 条要求；题目写在中间，分段，每段开头空两格。他批改时只看这 3 条，凡符合这 3 条，就打 90 分。学生看到这 90 分很高兴，钱老师对他们说，你的 90 分，我是许你的努力，根据老师的要求，你经过自己的努力，达到了要求，那你就应该得 90 分。第二次作文，钱老师又提出了几条要求，学生学得很认真，就这样慢慢地提高了学生的作文兴趣。

第六，作文讲评，要采取各种形式进行表彰，让他们具有欢乐感。

作文讲评，应注意多表扬，多鼓励，多进行正面引导，以充分调动学生的作文积极性。讲评课的表扬与鼓励，不仅要放在作文本身学得好这个问题上，还要注意对写作刻苦努力、方法又对头的学生予以鼓励。比如有些学生准备了个小本子，经常摘抄作文选、课本及课外读物中的新鲜词语，我们就应当在讲评课上介绍他们的做法，加以推广。另外，表扬面要注意宽一些，力求注意发现稍有进步的作文，哪怕是“一鳞半爪”，特别对那些写作基础较差的学生来说，发现其局部有优点或者几句话还写得不错，抓住“闪光点”，给予鼓励。这将大大增强他们作文的兴趣与写好作文的进取心。当然，对程度较差的学生的作文也要进行剖析与针砭，但要慎重，不能嘲笑讽刺。

总之，在作文教学过程中，可以说无处不笼罩着情感的风云，无处不闪耀着情感的光彩，无处不燃烧着情感的烈火，也无处不跃动着情感的驱动力。就好比太阳普照大地哺育万物一般，作文教学也因为情感的渗入和诱发而获得不朽的生命。

65　作文教学的八种不良倾向

作文一向被称为语文教学的“半壁江山”，可见其在语文教学中的地位举足轻重。然而，由于应试思想作祟，作文教学的现状不容乐观，归纳起来，有八种倾向值得注意。

1. 重表达，轻育人

在作文教学中，教师十分看重学生完成作文的速度及其作文的结构和语言，至于作文内容是否真实全然不顾，致使小学生说假话、空话日盛。翻开小学生的作文本不难发现，作文千人一理、千人一面司空见惯。不是个个拾钱包，就是人人扶盲人，要不大家争着闹“小木船”似的矛盾，无论男女老少都长着“一双水灵灵的大眼睛”，一笑还有“两个小酒窝”。“求真知，做真人”的品质从小就被搁在了脑后。

叶圣陶先生主张：“在作文教学中，首先要求学生说老实话，绝不容许口是心非，弄虚作假。”这是作文教学的生命。写文章必须实事求是，做到一个“真”字，即所记叙的内容要真实，所表达的情感要真挚。写一句话、一段话，乃至一篇文章，要把自己想写的内容老老实实地写出来，不说假话、空话、大话、套话，不要写归写，做归做，言行不一。要教育学生，做老实人，说老实话，写老实文，使作文教学真正担负起提高学生社会主义觉悟，培养共产主义道德品质的教育任务。

2. 重教师，轻学生

传统作文训练是“师授作文”，教学过程全由教师包揽，从审题立意到布局谋篇，从编列提纲到遣词造句，都规定死死的，就连惟一的学生习作也几乎变成了笔录教师的阡陌之言。教师的主导作用被夸大，学生的主体地位被剥夺，主动发展心理被封锁在幼小的心灵深处，使得学生个性很难在自己已有的发展水平上积极发展，在自己可能发展的潜力内充分发展。

我们说，作文是学生自己的事情，学生是作文的主人。作文教学一定要以学生为主体，以教师为主导，以训练为主线，充分发挥学生的主观能动性。不管是作文指导，还是作文批改和讲评，教师都要放开手脚，把权力下放给学生。应当做到，题目由学生命，中心由学生定，题材由学生选，习作由学生改，优劣由学生评。只有这样，才能使学生“但见文之易，不见文之难，必能放言高论，笔端不窘矣。”（谢枋得语）这不是教学方法问题，也不是教学技巧问题，而是教学思想、教学观念的问题。

3. 重知识，轻能力

在作文教学中，有的教师不厌其烦地将一些作文知识和作文方法公式一样地抛给学生，让他们死记硬背，诸如什么是主题，怎样提炼主题？什么是材料，怎样组织材料？还有什么人物描写10法、景物描写10法、动物描写10法、植物描写10法、静物描写10法等等。学生背起来“呱呱呱”，作起文来“×××”，中心不明、条理不清、语句不通、文字不正、标点不准，这是小学生作文常见的毛病。

作文是一种能力，作文是学生综合地、创造性运用语言文字反映客观现实，表达思想、感情的一种智力操作技能。小学生的作文能力是在口头言语表达能力、书写能力和阅读能力的基础上发展起来的，它和观察、记忆、思维、想象等认知能力以及内部言语的发展紧密相联，也和知识经验有关。具体说，作文能力一般包括审题能力、立意能力、搜集材料能力、布局谋篇能力、语言表达能力、修改润色能力，学生必须具备上述六种能力，才能写出一篇较好的文章。因此，我们应当进行全程训练，坚持整体教学，在培养学生作文能力上下功夫。

4. 重书面，轻口头

在部分语文教师中，作文概念外延过于狭窄，他们认为作文教学只包括书面表达，不包括口语训练。由于受这种片面认识的影响，导致了学生口头表达能力差。有资料证明，学生的口头表达能力从低年级到高年级，甚至到中学是逐渐退化的。在课堂上，小学生抢着开口，初中生勉强开口，高中生死不开口。就小学生而言，也有不少学生课堂发言或当众讲话，有的六神无主，二目无光，有的期期艾艾，惶惶恐恐，有的语音不准，语调平庸，有的层次混乱，语句脱节。这样的学生很难适应现代化的需要。

众所周知，表达分为口头和书面两个方面，对于少年儿童来说，发展口头语言和发展书面语言犹如车之两轮、鸟之双翼，缺一不可。只有出口成章，才能下笔成文。作文教学实践证明，“说”有助于“写”，经常性的口语训练，能锻炼学生选材、构思、语言表达能力，而学生把口头表达的材料稍微整理加工一下，便是不错的文字稿子。另外，随着现代科学技术不断发展，口语交际功能越来越显得重要。我们必须改变“重文轻语”的传统观念，加强口语训练，以口头带书面，以书面促口头，使口头语言训练与书面语言训练同步并行。

5. 重记叙文，轻应用文

传统作文训练弊端之一就是实用性不强。从教学思想看，多数学校领导和教师根本不重视应用文体教学，将应用文列入作文教学的“副品”，打入“冷宫”，视为可要可不要的对象。从教学内容看，应用文体教学严重地脱离社会实际和生活实际，很不适应市场经济的要求。从教学方法看，为数不少的课堂教学还沿着老师讲，学生听的旧的教学模式，灌注式的教学仍旧统治着大部分作文阵地。从教学效果看，学生写作应用文能力甚差，有相当一部分学生达不到与所在年级相应的写作水平。

应用文是人们日常学习、工作、生活中应用范围最广、使用频率最高的一种文体，其最大的特点就是具有社会性和实用性。未来学研究表明，未来社会是信息发达的社会，信息载体将出现新的阵容。未来社会的语言将超出交流思想的职能范围，成为表达和交换信息的符号系统。

未来社会的主要文体是灵活多变的短小精悍的实用文体。因此，注重写作教学的实用性是当今世界各国语文教学的发展趋势。我们要大刀阔斧地改革，要增大应用文体教学比例，使应用文体写作训练与记叙文体写作训练，达到最佳结合。

6. 重课内，轻课外

把学生紧紧地关在教室里，搜索枯肠、冥思苦想地写作文，这是当前小学作文教学司空见惯的事。学生无话可说怕作文，假话连篇编作文，东拼西凑抄作文，他们写出来的东西多是苍白无力的。“听说作文，如见猛兽”是广大小学生普遍存在的一种心理状态。学生云：作文难，作文难，提起作文我心烦。这就是他们惧怕作文心理的真实写照。造成这种现象的根本原因就是与世隔绝的封闭式的作文训练，学生缺少生活，缺少感受，闭门造车，写出来的东西必然是苍白无力的。

作文教学带有社会性。课堂教学仅仅是传授和学习作文的一种方式，更宽广的传授和学习作文的场所是整个社会。课内是学习的深化和提高，课外是学习的扩展和延伸。只有二者贯通起来，才能相得益彰。所以，我们要搞开放式教学，建立学校、家庭、社会三结合的多渠道多层次的作文教学网络。譬如教师可以结合教学实际有计划地组织学生进行参观、访问等活动，为儿童作文增添源头活水；召开故事会、演讲会、读书报告会，让儿童从丰富多彩的生活中形成热爱写作和认真作文的习惯；办班级墙报或手抄报，学生轮流担任编辑，大家自由投稿，既可以交流思想感情，又可以锻炼写作能力；看反映少年儿童生活的电影电视，参加各种艺术表演，让儿童在活动中接受教育，增长知识，积累作文素材。

7. 重指导，轻讲评

目前，有些教师对作文教学中的讲评的重要性并没有充分的认识，常常批改完了作文就把本子发给学生完事，并不进行有充分准备的讲评。有的教师讲评时，泛泛而谈，不切实际，不解决具体问题。有调查表明，在来自中高年级的100份问卷中，能反映出教师按时进行作文讲评的只占61.6%，能有质量地组织好作文讲评的只有37%。这个调查结果说明，作文讲评还没有受到应有的重视，讲评仍然是作文教学中的薄弱环节。

我们说讲评是作文教学中的一个重要组成部分，它是在教师实施批改时，在拥有大量的一手资料之后，而作出的反向信息输出。讲评的意义在于：①它是作前指导的继续和深化，又是作文批改的提高，既是这次作文情况的总结，又是对下次作文的指导。因此，作文讲评具有承前启后、继往开来的作用，是提高学生作文能力的一个重要方面。②作文讲评是教师与学生交流思想、相互接受信息、及时反馈作文指导与批改效果的一个重要环节。教师可以通过这一环节，了解本次作文训练在批改和指导过程中的问题和经验，从而调整作文教学方法。所以说作文讲评对于提高学生认识水平和作文能力，培养学生作文兴趣，提高作文教学质量有着十分积极的意义。我们要提高认识，认真探索作文讲评的结构模式，充分发挥作文讲评的重要作用，促进作文教学质量的提高。

8. 重范文，轻“下水”

在作文指导中，很多教师是“君子动口不动手”，一个题目抛给学生，隔靴搔痒地说上几句，然后读一篇范文，就毕其功于一役，完事大吉。由于教师述而不作，学生思路狭窄，行文滞涩，只好“江枫渔火对愁眠”了。为什么教师在作文指导中只讲不写、只说不作呢？我看原因有四：一是认为自己已经读了范文，写之不必；二是时间仓促，忙于教务，无暇顾及；三是眼高手低，不屑下问，写则见报见刊；四是手笔疏懒，担心文思枯竭，见笑于学生。

叶圣陶先生曾为《文汇报》写的《“教师下水”》一文中，旗帜鲜明地倡导“教师下水”练笔，他说：“语文教师教学生作文，要是老师自己经常动动笔，或者作跟学生相同的题目，或者另外写些什么，就能更有效地帮助学生，加快学生的进步。”叶老的教诲情真理正，值得细细体味，深长思之。第一，“下水”能够使教师体会到学生在写作过程中可能遇到的困难；第二，“下水”能够促使教师设计出科学的教学方案；第三，“下水”能够使教师迅速地抓住要害，增强评改的针对性；第四，“下水”能够激发学生的写作愿望，调动其写作积极性。

作文教学一直是应试教育的重灾区，以上列举的“八重八轻”现象就是突出的表现，值得我们深思。作文教学要素质化，我们必须更新观念，摆脱困境，走出误区，否则素质教育将是一句空话。

66 口头作文训练

一

什么叫口头作文？口头作文即命题讲话。这种命题讲话实际上就是有声的文章，是口头表达能力的综合训练，是书面作文发展的基础，是说话教学的高级阶段。

叶圣陶先生解释“语文”这个学科名称时指出：“彼时同人之意，以为口头为‘语’，书面为‘文’，文本于语，不可偏指，故合言之。”又说：“忽视口头语言，忽视听的训练，似乎是比较普遍的情况，希望大家重视起来，在小学尤其应该重视。”由于受传授的教学思想的束缚和考试的影响，从古代到现代，我国的书面语和口语历来是脱节的。近年来，虽然有些有识之士不断呼吁，加强口语教学，但是在小学语文教学中，仍然忽视对学生口头语言的训练，学生口头表达能力是比较低下的。我曾经对城乡二百名小学五年级学生进行测试，结果表明，四分之三的学生当众说话或六神无主，二目无光，或期期艾艾，惶惶恐恐，或语音不准，语调平庸，或层次混乱，语句脱节。我作过考察，在小学、初中、高中各听十节语文课，学生回答问题差别很大，小学生抢着开口，初中生勉强开口，高中生死不开口。这种现象说明，学生的口头表达能力从低年级到高年级，甚至到中学是逐渐退化的。

邓小平同志提出：“教育要面向现代化，面向世界，面向未来。”三个面向的核心就是培养现代化的人才，这种人才不是书生型的、封闭型的，而是创造型的、开拓型的。这样的人不但占有知识，而且要有驾驭知识解决问题的能力，要能说会道，能言善辩，会演讲，会交际，具有一定的口头表达能力。由此可见，小学语文教学必须加强口语训练，而口头作文训练则是口语训练的最佳方式。

海外语文教学界是非常重视口头作文训练的。在美国从小学到中学口头作文训练是语文教学的一项重要内容。英国十分强调口语教学，要求学校多为学生创造在自然条件下，进行会话的机会。法国语文教学界认为，语文教学的重要任务之一就是教会学生说话。日本把说话能力的培养写进了教学大纲，作为语文教学必然完成的任务。在前苏联，说话与作文是表达训练中并重的两个项目，口头作文已经成了作文教学的必要阶段。

二

口头作文至关重要，说它重要，主要表现在以下四个方面。

1. “知识爆炸”的时代要求必须加速发展口头语言的表达能力

在现代社会里，随着现代语言流传、转换技术和传声技术的迅速发展，世界的距离大为缩短，不论是天上、地下还是在海里都能直接通话，过去靠文字传递的信息，现代都可以用声音代替了。这就首先要求人们讲话必须准确、严密、清楚，如果你对它发出的信息和指令，说话结结巴巴，颠三倒四，缺乏逻辑性，那么机器就难以理解，它的作用就不能发挥出来。因此，迫切需要现代汉语的口语日益规范和提高。

2. 口头作文能促进思维的发展

马克思主义语言学认为，语言是思维的物质形式，思维是语言所包含的具体内容，口头语言的发展，可以促进思维的发展。首先口头作文有利于培养思维的灵敏性。因为口头作文准备时间短，要出口就能成章，所以必须思维定向快，能根据题目的意思迅速构思，这就极大地锻炼了思维的灵敏性。其次有利于培养思维的条理性。口头作文以前，要理清思路，哪些话先说，哪些话后说，这种组织与加工就会促使思维条理化。再次有利于培养思维的连贯性。对人说话不能想一句说一句，再想一句再说一句，断断续续，必须一气呵成，将自己的意思表达清楚，这样就能养成思维的连贯性。

3. 口头作文能有效地发展书面表达能力

心理学研究表明，儿童的口头语言与书面语言在各自的发展过程是互相影响、互相制约的。大量的作文教学实践证明，“说”有助于“写”，只有出口成章，才能下笔成文。经常性的口语训练，能锻炼学生选材、构思、语言表达能力。从作文教学序列看，从说到写，从述到作也是一条规律。说是写的先导，写是说的发展；述是作的准备，作是述的延伸。四者你中有我，我中有你，密不可分，相互促进，而口头作文则是从“内部语言”到达书面语言的桥梁。

4. 口头作文还可以养成讲普通话的良好习惯

小学语文教学的一项重要任务就是推广普通话，口头作文又可以养成讲普通话的良好习惯。口头作文要求说话发音准确，口齿清晰，讲究语气、语调、语势，注意轻重缓急、抑扬顿挫、高低起伏，纠正说话中的非普通话词语。通过这些训练，可以培养儿童讲普通话的良好习惯。

在人类社会生活中，古今中外都涌现出一大批能言善辩的著名人物。纵观我国历史，从古代的孟子、晏子、墨子……直到近代的许多杰出的人物，如严复、孙中山、李大钊、肖楚女等，国外的有希腊的西塞罗、雅典的德摩斯梯尼、美国的华盛顿，直至无产阶级革命导师马克思、恩格斯、列宁、斯大林等。他们运用口语，在推动历史的政治斗争中，起到不可磨灭的宣传作用。试想，三国时期的诸葛亮，如果没有才思敏捷长于论辩的本领，怎能“舌战群儒服众望，吴蜀联盟破曹兵”呢？我们敬爱的周总理能在很短的时间里，对很难回答的问题作出极其圆满的回答，为维护祖国尊严留下那么多美谈，没有超众的口头表达能力行吗？

综上所述，我认为应当大力提倡口头作文。减少书面作文次数，压缩书面作文时间，增加口头作文课时，以口头带书面，以书面促口头，逐步导向口头作文与书面作文同步并行，形成一对一的比例。具体设想是，城乡小学一二年级都要开设说话课，每周一节。从三年级开始，在说话课的基础上，增设口头作文课，每周一节，把原来的每周两节作文课减少到每周一节。也就是说，三至六年级每周两节作文课，一节口头作文，一节书面作文。这样可以改变作文教学结构，从根本上提高儿童表达能力，提高作文教学质量，提高一代新人的智能素质。

三

口头作文要求是什么呢？

从外在表现上来说，口头作文的要求是：①发音准确，口齿清晰；②连贯流畅，朗朗上口；③泰然自若，仪态大方；④声情并茂，谈笑风生。从口头作文内容方面来说，要求是：①言之有义；②言之有物；③言之有序；④言之有情；⑤言之有理；⑥言之成章。

从训练的过程看，口头作文可以分为三个阶段。第一阶段，观察图画说文；第二阶段，观察实物说文；第三阶段，观察生活说文。

先说观察图画说文。指导儿童看一幅或几幅内容有关的连续图，根据图画内容，想象画面的意境，口述图意。图画是社会生活艺术形象的反映，它形象、直观，为口头作文提供了题材和线索，能激发学生的兴趣。进行观察图画说文训练要注意以下三个方面。

1. 选图。要选用故事性强、思想性和艺术性结合得比较好的，画面明朗的，线条清晰的，色彩鲜明的，能与阅读课结合又适合儿童年龄特征和生活实际的图画。这样，能增强口头作文训练效果。

2. 看图。先让学生大体了解图意，得到一个初步印象；然后逐一观察图上出现的事物，及其相互间的联系；最后进行整体观察，尽量让学生完整、准确地了解图画内容。

3. 说图。在学生全面、细致地观察图画的基础上，指导学生运用准确、鲜明、生动的语言，有次序地一句一句把图意说清楚，说完整。说图时，教师要注意因势利导，及时纠正语病、语音。

第二阶段，观察实物说文。观察实物包括观察静物、景物、动物、植物和建筑物，按照顺序，抓住特点，具体描述。

观察静物口头作文训练，要创设诱人的情境，使学生有话想说，有情想抒。

观察景物口头作文训练，要抓顺序，如远景近景顺序，局部整体顺序，时间变化顺序等。

观察动物口头作文训练，要抓动物外形特征、活动过程和生活习性进行描述。

观察植物口头作文训练，要抓植物生长过程、形状和颜色进行描述。

观察建筑物口头作文训练，要抓数量、大小、高低、形状、色彩加以描述。

第三阶段，观察生活说文。引导学生观察社会、学校、家庭有意义的有趣的事情，口述见闻，发表意见。

生活是创作的源泉。大千世界，各种现象五彩缤纷，各种事物层出不穷，有说不完的故事。要引导学生经常观察生活，亲自实践，不断积累，这是口头作文训练的一条通途。

观察生活说文，要抓住事物的来龙去脉，把时间、地点、人物、原因、结果和事件经过交待清楚，重点部分详说，次要部分略说，做到重点突出，详略得当。

口头作文训练步骤大体可分为命题、指导、列纲、口述、评议五步。

命题就是确定说话的题目。题出得好能打开学生的思路，激起学生的说话兴趣；题出得不好，学生感到茫茫然不知从何说起，就会窒息学生的思维和想象。因此，教师必须注意口头作文的命题。命题的要则是：①结合学生生活实际；②结合学生思想实际；③结合学生学习实际。

指导主要解决三个问题：一是为什么说，弄清说话的目的；二是说什么，解决说话内容；三是怎么说，明确说话方法。指导重在激发兴趣，启迪思路。

编写说话提纲是口头作文重要一环，目的在于训练学生思维的条理性，指导学生把话说得清楚些、连贯些。做到心中有数，思路清晰，不至于杂乱无章，顾此失彼。

说话提纲多是粗略的结构提纲，即每次口头作文共分几部分，每部分说什么意思，及其先后顺序。

万山磅礴，必有主峰。口述是口头作文的中心环节。口述者面对大庭广众，要神情自若，落落大方，按照话题侃侃而谈，做到语脉清楚，语流顺畅，语点语式合乎语言习惯。文有文风，说有说风。说话要实事求是，不要没话凑话，讲究准确、鲜明、生动，杜绝空话、大话、套话和假话。

口头作文从思想转化为语言的过程很短，话一说出就不可更改，成为最终形式，所以口头作文之后，必须及时评议，以扬长避短。根据每次口头作文训练的要求，要做到“四评”，一评语言，二评思路，三评结构，四评内容。评语言即评语音是否正确，语言是否规范，语调有没有感情，句子是否完整，词语使用是否确切。评思路即评叙述的内容条理是否清楚，想象是否合情合理。评结构即评叙述的内容是否突出中心，详略是否恰当。评内容即评叙述的事情是否符合实际，前后有无矛盾。通过以上四步评议，来提高学生辨析语言的能力。

口头作文训练的辅助方式有：口头造句，口头答问，口头复述，口述见闻，朗读背诵等，这些方式有助于口头作文，要加强教学。

67 开放式作文训练是素质教育的有效途径

在现代社会里，人人都需要作文。作文水平是一个人认识能力和表达能力的重要标志。小学生学作文不仅为中学、大学的学习打基础，而且是为人的整个一生打基础，这个基础的好坏，关系到今后一生的学习、工作和生活。从这个意义上讲，小学作文教学质量的高低，直接影响未来跨世纪人才基础素质的形成和发展，也影响我们整个中华民族文化素质的提高。

小学作文教学与研究，先哲们做过长期的努力，为我们创造了丰富的理论和经验。新中国成立以来，在小学作文教学这个领域中，一些有识之士在总结前人经验的基础上，发展和创造了小学作文教学的理论，在长期的教学实践中摸索出了作文教学的新路子，获得了可喜的成绩。但是，从总体上看，作文仍是小学语文教学中的薄弱环节。从各地反映的情况看，小学作文教学质量还是令人担忧的。造成小学作文教学质量不高的原因是多方面的，其中一个很重要的原因就是封闭式教学。封闭式作文教学主要表现是“三中心”，即以教师为中心，以课堂为中心，以课本为中心。这种作文训练模式是“应试教育”在语文教学中的反映，它是一种片面的、淘汰式的教育，不利于少年儿童身心健康、全面、和谐的发展，对此，必须进行大刀阔斧的改革。我们认为，要彻底打破“三中心”，变封闭式作文教学为开放式作文训练，这是目前小学作文教学改革的出发点和归宿。因为，只有开放，才能搞活。

那么，怎样进行开放式作文训练呢？

1. 向低段开放

传统作文教学弊端之一是起步太迟。“小学三年级开始作文”，这是小学语文教育界一个老概念，由于这个老概念长期在人们的头脑中作怪，好多老师在一二年级忽视了作文训练，只片面地理解“以识字教学为重点”，不注意培养学生的说话、写话能力，从而导致命题作文成为空中楼阁。几乎所有的中外教育家、心理学家都确认：4－8岁是儿童智力、创造力和语言发展最佳期，处于这一最佳期的学龄儿童思维十分活跃，他们好奇、好动、好问，兴趣广泛，求知欲旺盛，有5000个左右的词汇量，而且连贯性的口语表达能力也有较大的提高，观察力开始发展，空间知觉能力不断加强，有意注意和有意记忆逐步形成，抽象思维有所萌芽。所有这些都为低年级起步作文奠定了基础。因此，我们要不失时机地引导学生“开文成篇”，变句子训练为篇章训练，变写话训练为写文训练，为中、高年级作文综合能力的培养打下坚实基础。

2. 向生活开放

传统作文教学弊端之二是闭门造车。学生被紧紧地关在教室里，搜索枯肠、冥思苦想地编作文，写出的文章多是苍白无力的。造成学生作文苍白无力的根本原因是学生缺乏生活，对现实世界的人、事、景、物熟视无睹，没有养成勤于观察的良好习惯。我们知道，生活是作文取之不尽、用之有竭的巨大源泉。把学生引向生活，指导他们自觉地观察自然现象，观察社会生活。如名山大川的壮丽风光，小丘溪流的秀丽景色，鸡狗猫兔的生活习惯，桃李杏梨的生长变化，以及沸腾的劳动场面，安静的学习环境，热闹的集市贸易，欢乐的篝火晚会等等。一句话，我们要有计划有目的地带领学生走向大自然，走向社会，为他们提供广阔的知识天地，让儿童在各种活动中接受教育，增长知识，开拓视野，这是语文教师一项责无旁贷的任务。

3. 向书本开放

传统作文教学弊端之三是读写分家。读归读，写归写，读与写“两锅煮”，二者并列地进行教学。而且阅读量太小，每学期只是一本语文书而已，学生很少进行课外阅读。其结果必然导致学生知识贫乏，语言干瘪，思路狭窄。众所周知，文章写得好的人，一定是阅读了大量的作品，并从中得到了收益，读书甚少而文章写得好，这是不可思议的。这是因为阅读是写作的基础，学生写作能力的提高，必然要以阅读文章为前提。学生通过大量阅读，见多识广，思路开阔，不仅增长了知识，而且同时也丰富了词汇，日积月累，把作品中的语言变成自己的语言，说话的时候能不知不觉地涌向舌底，写作的时候能不知不觉地涌向笔端。因此，在平时作文训练中，教师要引导学生多读些课外书籍。课外阅读指导，教师的主要工作是：制定计划，精选读物，介绍方法，检查效果。

4. 向日记开放

传统作文教学弊端之四是量次不足。中、高年级两周一次作文，一学期下来充其量是八篇习作，有的还达不到这个数字。我们说，作文是一种比较复杂的能力，任何一种复杂的能力都需要经常的学习才能形成。事实证明，仅靠课本上规定的几次作文，学生的写作能力是很难提高的。我们认为，日记是培养和提高学生写作能力的一条简便易行的途径。日记写作灵活方便。从内容上讲，宇宙间万事万物，大至宏观世界，小至微观世界，从人生社会到自然现象，没有不可被日记作为写作内容的。从写作上讲，它可叙事、可议论、可抒情、可写景、可写人，毫不受限制，都可以挥洒自如，尽情运笔。总之，主动、自由、按实际需要进行表达的日记特点可以医治“作文难”的通病，我们完全可以放手让学生去写，把自己所见、所闻、所做、所想、所感写出来，让日记成为少年儿童忠贞的朋友。

5. 向口语开放

传统作文教学弊端之五是重文轻语。其作文概念外延过于狭窄，只包括书面表达，不包括口头作文，这是片面的认识。我们说，表达分为口头和书面两个方面。对于儿童来说，发展口头语言和发展书面语言犹如车之两轮、鸟之双翼，缺一不可。随着现代科学技术不断发展，口语的交际功能越来越显得重要。未来的人才不是书生型的、封闭型的，而是创造型的、开放型的，他们不但占有知识，而且要有驾驭知识解决问题的能力，要能说会道，能言善辩。因此，我们必须改变“重文轻语”的传统观念，加强口语训练，以口头带书面，以书面促口头，使口头语言训练与书面语言训练同步并行。我们的具体设想是：低年级开设说话课，中年级开设演讲课，高年级开设辩论课。这样可以改变作文教学的结构，从根本上提高儿童的智能素质。

6. 向社会开放

传统作文教学弊端之六是实用性差。作文教学除非不写，一写就是记叙文，学期结束除非不考，一考也是记叙文，作文的内容和形式极其单一。现代化建设需要千千万万的普通工人、农民、干部和科学技术人员，他们除应各有专长之外，都应该具有解决实际问题的写作能力。培养这种能力，正是作为义务教育的小学语文教学应担负的责任。当今世界不少国家都从现代社会实践要求出发，注重从生活需要出发安排写作训练内容，并让学生深入社会生活进行写作训练。为此，小学作文教学要面向社会，为言语交际服务，把常用的应用文和浅显的说明文列为作文训练的重要内容。我们主张，从中年级开始，引导学生逐步掌握一些实用文体，如通知、日记、书信、条据、启事、海报、广告、请柬、合同、电报、对联等。实用文体写作与记叙文写作交错进行，严格训练。

7. 向学生开放

传统作文训练弊端之七是“师授作文”。这种作文教学过程是：教师出题——学生作文——教师评讲，学生完全处于被动地位。我们认为，以教师为主导，以学生为主体，以训练为主线，充分发挥学生的主观能动性。不管是作文指导，作文批改，还是作文讲评，教师都要放开手脚，把权力下放给学生。应当做到，题目由学生命，中心由学生定，材料由学生选，习作由学生改，优劣由学生评。只有这样，才能使学生“但见文之易，不见文之难，必能放言高论，笔端不窘束矣。”作文训练，如果教师包办代替，必然窒息儿童的活力，行文时，思路打不开，内容展不开，笔墨放不开，何谈作文教学质量的提高。

68 “教师下水”——作文教学的经验

苏轼有一句名诗：“春江水暖鸭先知。”此句很有理趣，意思是鸭子因为常在水中，江水由凉转暖，它是最先知道的。有人根据这句诗的意思，提出教师“下水”指导学生作文的理论。

什么是“教师下水”呢？

刘国正说：“‘教师下水’，指的是在作文教学中，教师出了题目，不光让学生作，自己也作，自己亲自尝尝‘梨子’的滋味，便于指导学生。”

传统的作文教学是“君子动口不动手”，一个题目抛给学生，教师隔靴搔痒地说上几句，然后毕其功于一役，完事大吉。由于教师述而不作，学生思路狭窄，行文滞涩，只好“江枫渔火对愁眠”，甚至从心里厌恶作文，害怕作文。“作文难，作文难，提起作文我心烦。”便是学生发出的感叹。

为什么在作文教学中教师只讲不写，只说不写呢？王太吉在《“下水”有感》中找出四条原因：“一是认为已指导过了，写之不必；二是时间仓促，忙于教务，无暇顾及；三是眼高手低，不屑下问，写则见报见刊；四是手笔疏懒，担心文思枯竭，见笑于学生。”这是语文教师的普遍心理，说得非常准。

叶圣陶先生为《文汇报》写的《“教师下水”》一文中，旗帜鲜明地倡导“教师下水”练笔。他说：“语文教师教学生作文，要是老师自己经常动动笔，或者作跟学生相同的题目，或者另写些什么，就能更有效地帮助学生，加快学生的进步。经常动动笔，用比喻的说法说，就是‘下水’。”“这无非希望老师深知作文的甘苦，无论取材布局，遣词造句，知其然又知其所以然，而且非常熟练，且有敏感，几乎不假思索，而自然能左右逢源，这样的时候，随时给学生引导一下，指点几句，全是最有益的启发，最切用的经验。”叶老的教诲，情真理正，值得细细体味，深长思之。

在叶老的倡导下，“文化大革命”之后，有不少教研部门和学校号召教师写“下水文”，并作出有关规定。如济南槐荫区教研室1982年初，就动员全区语文教师把写“下水文”当作一项重要教学基本功。凡学生作的题目，教师尽量动笔写写。浙江省临海县双港区辅导中心学校对3至5年级语文教师提出写“下水文”的要求，规定区、社中心校及较大的完小，3至5年级各班每次须有3至5篇较好的学生习作，连同教师的“下水文”一起上交辅导中心校。教师的“下水文”，由区辅导中心校评改；学生的习作，挑好的翻印，发给各校。全学期上交8次以上且写得较好的教师，期末给以一定的奖励。湖北省潜江县把教师写“下水文”作为一种教学常规，并使之经常化、制度化。

从实践中，大家体会到“教师下水”好处很多。山西的白建华在《小议“下水文”》中总结出四点好处：①能根据亲身体会制定出行之有效的作文教学内容和教学方法；②能引起学生习作的兴趣；③能有目的有针对性地指导学生作文；④教师自身的写作素质也能得到提高。湖北的周治平在《“下水”作文大有好处》一文中也总结出四点好处；一是写“下水文”有利于提高语文教师的基本素质；二是写“下水文”有利于激发学生写作兴趣，增强师生之间的感情；三是写“下水文”有利于促进阅读教学；四是写“下水文”有利于指导作文讲评。河北的孙瑞欣在《教师“下水”好处多》中，也谈了四点体会：第一，能够使教师体会到学生在写作过程中可能遇到的困难；第二，能够促使教师设计科学的教学方案；第三，能够使教师迅速地抓住要害，增强评改的针对性；第四，能够激发学生的写作愿望，调动其写作积极性。张田若在《优秀〈“下水文”集〉序言》中，语重心长地说：“总之，教师写‘下水文’好处甚多，因此我劝大家都要勇于‘下水’。”

既然“教师下水”有这么多的好处，那么，我们应该怎样写“下水文”呢？

首先，必须明确写“下水文”的要求。“下水文”要符合大纲和教材对作文的要求，不能脱离学生的接受能力；“下水文”要反映学生生活，注意发现和选择美好的事物；“下水文”要有儿童情趣，选材要新，立意要新，构思要新；“下水文”尽可能用学生的心理、语言和口气去写，这样便于学生把握和模仿。

其次，必须把握写“下水文”的时机。教师“下水”时间大体有三种①写前“下水”。写前“下水”可以启发学生弄清习作的目的要求。②写中“下水”。写中“下水”可以帮助学生解决写作中的具体困难。③写后“下水”。写后“下水”可以引导学生突破写作中的难点。

再次，必须了解写“下水文”的类型。在“下水”写作的目的性、针对性上，有为帮助学生理解和达到写作中的某项基本要求而写的“引路”文，有为帮助学生借鉴课文和范文写作方法而写的“搭桥”文，有为帮助学生突破写作难点而写的“攻关”文。还有针对小学生习作中的毛病，采用“示范性下水”、“启发性下水”、“逆行性下水”等三种不同的“下水”方法。所谓“示范性下水”，就是针对学生作文中普遍存在的毛病写一段或几段内容相似而形式各异的“下水文”片断，给学生作样子，引导他们对照并改正。“示范性下水”可以给学生提供写的范例，教给写的方法，开拓写的思路，在纠正习作毛病的过程中不断提高学生的写作水平。所谓“启发性下水”，就是针对学生作文中的毛病设计一段或几段文字，将毛病明显的部分空着不写，让学生在教师的启发下补写进去，这样可给学生以深刻的印象，从而达到纠正这一毛病的目的。所谓“逆行性下水”，就是结合学生习作中同一类的毛病设计一段文字，让学生自己修改，这样可给他们提供一个识别错误的机会，还可以培养学生修改文章的能力。在“下水”写作指导的方式方法上，有“全下水”、“半下水”和“分步下水”之说。所谓“全下水”，就是教师把“下水文”及其构思过程、写作体会和盘托给学生。

所谓“半下水”，就是教师只打腹稿或写而不宣，只为做到心中有数。关于打腹稿，著名特级教师于漪的要求是：“要仔细审题，一字一词地推敲；要审慎地选择材料，从教师角度，从程度不等的各类学生的角度思考，考虑学生是否有‘米’做炊，‘米’的质量如何；要考虑怎样提炼主题，确定中心，根据题意可提炼出哪些不同的中心。怎样写是陈词套式，怎样写可见新意；怎样写是浮游无根，怎样写就可入室一步，略胜一筹。学生在确定中心、提炼主题时会碰到哪些困难，从哪儿指点，他们就能攻克；材料选择后怎么连缀，怎么安排结构，自己能排列出多少种结构的样式，推测学生可能采用哪几种，怎么进行扩展；还要思考根据题意可选用哪几种开头方法，结尾哪些方法妥帖……总之，要多角度多层次地思考，切不可脑子里荒漠一片。”所谓“分步下水”，就是针对学生每一步习作的情况，从拟题到连段成篇，分散难点，各个突破，为学生做出示范。如鞠炳华同志指导学生写《〈我的战友邱少云〉读后感》，是这样进行的：第一步，拟题“下水”；第二步，逐段“下水”；第三步，全篇“下水”。下面咱们看一下他是怎样开头“下水”的。开头写什么，鞠老师只是向学生作了简要的提示，而后就让学生动笔。待学生写完后，鞠老师浏览了一下，百分之九十的学生所写的开头大同小异：

读了《我的战友邱少云》，我的心像大海里的波涛一样，久久不能平静，热泪夺眶而出，我受到了一次深刻的严守革命纪律的教育。

这样开头不错，可千篇一律。除了“心像大海里的波涛”，“热泪夺眶而出”这些描述自己感受的话，就没有别的语句、别的开头方式了吗？鞠老师将学生的开头略作分析之后，当即出示了自己的“下水”片断。

(1) 今天，一口气读完了《我的战友邱少云》，我的心被这位具有钢铁意志的勇士的感人事迹深深地打动了。

(2) 《我的战友邱少云》这篇课文记叙了在抗美援朝的一次战斗中，邱少云为了整个战斗的胜利，严格遵守纪律，在烈火中壮烈牺牲的英雄事迹。读了这篇课文，没有谁不被邱少云英勇顽强的精神所感动。

(3)《我的战友邱少云》是一篇好课文。我读了一遍又一遍，仍舍不得放下。全文一千来字，字字映照出邱少云严守纪律的崇高品质；全文38句话，句句表现出邱少云顾全大局的崇高境界；全文9个自然段，段段反映出邱少云为了战斗的胜利，宁可牺牲自己的崇高精神！

鞠老师出示的这三个开头，有的是从写自己的感受入手的，有的是从简介课文内容入手的，有的是从热情赞美邱少云的高尚品质入手的，角度各异。学生看了，开阔了眼界，受到了启发。在修改他们所写的开头时，不再是千人一面，而都想在“新”字上下点功夫了。

“教师下水”，确实是作文教学的一条成功经验，并在一些地区已蔚然成风。但是，目前在运用“下水文”上还存在一些问题。白建华撰文指出：有的教师将“下水文”当范文让学生仿写，结果严重地束缚了学生思维的发展；有的教师迫于领导要求，但又水平有限，“下水文”写得粗制滥造，对学生不仅起不到指导的作用，反而在某种程度上影响了学生的写作兴趣和写作能力的提高；还有的教师自己写不出“下水文”，便借别人的文章代替，因为没有亲身体会，所以收不到“下水文”的效果。出现上述情况的根本原因是教师教学指导思想还不明确，对教师写“下水文”的意义还认识不足，在当前进行的作文教学改革中应当引起重视。

69　培养学生良好的作文习惯

作文是学生一种重要的语文学习活动，学生在作文中，总是自觉不自觉地养成一些不同的习惯。良好的作文习惯，能使他们作文水平得到快速提高；不好的作文习惯必将给作文带来消极的影响。当前，小学生作文习惯如何？应该培养哪些良好的作文习惯？怎样进行培养？本节拟就这些问题谈谈个人的一些看法。

所谓习惯，就是人们经过长期的重复而逐渐建立起来的一种不会轻易改变的行为。从生理机制方面说，它是一种后天获得的趋于稳定的条件反射。人们常说："久练成习惯，习惯成自然"，就是说，人的某些动作经过反复练习能成为自然的需要。习惯属于非智力因素，在智力水平相当的情况下，非智力因素往往能决定学习的好坏。因此，形成良好的作文习惯，对学生来说具有重要的意义。正如俄国教育家乌申斯基在《人是教育的对象》一书中所说的："良好的习惯，是人在他的神经系统中所储存的道德资本，这个资本不断地在增值，而人在其整个一生中就享受着它的利息。"所以，帮助学生形成良好的作文习惯，是每位语文教师的重要职责，是作文教学有待于深入探讨的重要课题。

当前，在这一方面，存在的问题比较突出，不少学生学习了五六年作文，却一直没有受到应有的严格训练，没有形成良好的作文习惯，主要表现为：有的学生面对丰富多彩的生活，常常是视而不见，听而不闻；有的学生文题拿到手，不分析，不揣摩，即兴下笔，言不及义；有的学生不习惯编拟写作提纲，总是想一点，写一点，不能终篇；有的学生遇到不会写的字，懒得查字典，错别字连篇；有的学生不注意使用标点，或一逗到底，或句读不分，使人莫明其妙；有的学生书写潦草，文面不整洁；有的学生提笔行文，放笔就交，不愿意对文字精雕细刻；有的学生拿到文本，只看分数，不顾批语。凡此种种，都是小学生作文中的不良习惯。

那么，如何克服这些不良习惯，使小学生从小养成好的作文习惯呢？我认为可以从以下几个方面着手。

1. 培养勤于观察的习惯

鲁迅先生说："如要创作，第一须观察。"作文需要材料，材料主要来源于观察。作文离不开观察力、记忆力、思维力、想象力，而观察力是思维与写作的第一要素，因为只有观察才能获得生活表象，记忆才得以积蓄，思维、想象才能够展开。因此，要想解决学生写文章笔重千钧、文思滞涩的困难，必须培养学生乐于观察、勤于观察的良好习惯。指导学生开展观察训练，要注意下面几点：

（1）培养学生观察兴趣。

小学生好奇心强，求知欲旺，但对认识的事物缺乏观察分析的能力，对自己不了解的事物要寻根问底。同时，直观形象的事物，生动活泼的目标，形式新颖的对象，最容易引起儿童的注意。因此，我们要针对儿童这些特点，引导他们栽培植物，饲养小动物，采集标本，制作模型，进行科学小实验，组织参观游览，观看电影，开展野炊、故事会、课外阅读等活动，让儿童在丰富多彩的活动中，通过对自然现象和社会现象的观察，培养观察兴趣，激发他们对大自然、对社会生活的热爱之情。

（2）有计划有步骤由浅入深地进行。

如先引导学生观察静态的事物，再观察变化中的事物；先观察单一的内容，再观察繁杂的内容；先观察熟悉的，再观察生疏的；先观察具体的，再观察抽象的；先作短暂性的观察，再作连续性的观察，等等。在低中年级，指导可细一些，具体一些；到了高年级，可以只提出要求和注意点，放手让学生自己去观察。教师深入到学生中间去，主要是回答他们发现的问题，辅导好中下学生。

(3) 以阅读教材为范例，对学生进行间接的观察训练。

小学语文教材中的每篇课文都是人们对世界认识的记录。或展现和讴歌壮丽的祖国山河，或塑造和赞颂光辉的英雄形象，或讲述祖国历史的悠久与辉煌，或说明文化科学的伟大成就。所有这些都为学生提供了丰富充实、琳琅满目的作文材料。因此，作文训练要与阅读教学紧密配合。

2. 培养认真审题的习惯

审题就是对作文题目进行周密、深入的分析思考，弄清题目的意思和要求。审题的主要任务是：明确文章的中心思想、选材范围和写作重点，辨明文章的体裁，考虑文章的人称等。审题的过程就是思维具体化的过程。小学生思维的特点是，抽象逻辑思维虽然迅速发展，但还不成熟。因此，他们不善于冷静地思考问题，容易产生片面性和表面性，也不善于发现自己的错误。表现在审题上，就是不习惯于认真分析，特别是对于那些一目了然的题目更不愿细心琢磨。我们指导学生审题就要针对他们的思维特点，从提高表达能力出发、培养审题习惯。

审题训练主要有“读、嚼、定、想、看”五种形式。“读”，就是让学生认认真真地读题目，读出题目的重音。“嚼”，就是咬文嚼字，仔细琢磨题目中的每一个词，特别是中心词和题眼。“定”，就是确定哪些要求是题目已经定下来的，哪些是题目没有定下来的。“想”，凡是没有定下来的要开动脑筋想想，哪些材料最熟悉，最能体现题意。“看”，看题目之外还有没有其他具体要求，决不能疏忽大意。这五种训练方法，可以培养学生在审题过程中的思维准确性、灵活性，使学生把握题意，开拓审题的思路。

3. 培养编拟提纲的习惯

如果说整个作文过程存在着一道道“工序”的话，那么编拟写作提纲是其中必不可少的一道“工序”。然而，现在多数学生对这一作文“工序”却掉以轻心，认为编写作文提纲是费二遍事，不如直接写爽快，这种想法和做法都是不正确的。

写作提纲就是作文的蓝图或骨架。在审题、构思之后，把流动的思路用文字记载为提纲，它能帮助我们明确：文章表达一个什么中心，选用哪些材料，采用何种结构，详略如何安排。有了结构提纲，就能成竹在胸，意在笔先；反之，随想随写，随写随想，容易条理不清，或遗漏重要内容，或出现游离部分。

教师要恰当指导学生编拟写作提纲，使学生逐渐养成这种习惯。一般可以这样训练：审题以后，让学生思考一定时间（确定中心，选择材料），然后提问：你打算在文章中表达怎样的主题？用哪些材料来表达它？你打算怎样开头，怎样结尾？主体部分的重点材料怎么安排？哪些详写？哪些略写？怎样过渡？等等。学生回答后，就共同列出提纲，并进行讨论修改。编拟写作提纲，实际上是把头脑中的构思程序化、书面化，也是一种思维训练。

4. 培养讲究文面的习惯

文面是文章的外表，是文章给人的第一个印象。文章的外表是否整洁美观，字写得是否正确好看，标点是否准确无误，行款是否合乎格式要求，这些都直接影响文章内容的表达，影响读者对文章的看法。因此，养成文面整洁的习惯，对学生来说是非常是重要的。教师可以从以下几方面加强对学生进行指导。

（1）文必加点。

郭沫若指出："标点之于言文有同等的重要，甚至有时还在其上。言文而无标点，在现今是等于人而无眉目。"在作文训练中，教师要给学生讲清每种常用的标点符号的使用方法，教育学生养成文必加点的习惯。如标点符号在文本和稿纸上要占格：句号、逗号、顿号、冒号、问号、分号、叹号占一格，引号、书名号和括号前后分两部分，各占一格，破折号、省略号占两格。要根据句意、感情、语气能正确地使用标点。

（2）行款正确。

一个字占一个格。文章的标题要上下各空一行居中写，标题中间的标点照用，整个标题不要打书名号。文章每段都要另起一行，空两格写。文章如要署名，应写在标题下面的正中。在每行开头第一个字的位置上，不要出现七种点号和三种标号（引号、括号和书名号）的后一半；在每行末的一个字的位置上，不要出现三种标号（引号、括号和书名号）的前一半。

（3）书写工整。

字要写得笔画分明，横平竖直，大小匀称，距离和谐。在书写时，遇到记不清的字形，或者订正错别字，一定要借助于字典。

以上三条，教者都要以身作则，信守不渝，给学生做出榜样。

5. 培养修改文章的习惯

古人说："文章不厌百回改"，俗话说："三分文章七分改"。这些话说明一个道理：好文章是改出来的。然而，长期以来传统的做法是，教师命题学生做，学生作文教师改。这样做的结果，不仅教师在改文中疲于奔命，束缚身心，而且把学生摒弃在改文实践的大门之外，使学生成为被动的客体。

对修改文章，叶圣陶先生有过精辟的论述，他说："修改文章不是什么雕虫小技，其实就是修改思想，要它想得更正确、更完美。"并进而指出："教师只给些引导和指点，该怎么改，让学生自己考虑去决定……养成了自己改的能力，这是终身受用的。"在这里叶老不仅指明了修改文章的重要意义，而且还指出了改什么，怎么改的问题。在强调了教师发挥改文的指导作用之外、特别强调了要让学生参加改文的实践，在改文的实践中去锤炼自己的思想，提高认识能力，使之形成一个良好的作文习惯。

在作文教学中，教师要重视教给学生修改作文的方法，改文的方法大致有以下几种：

（1）耳治。

即将写好的文章念两遍，通过读，用心搜索，听听其中有什么毛病，将"自己觉得拗口的，就增删几个字，一定要它读得顺口。"

（2）重抄。

“读一遍，不如抄一遍。”在抄写过程中，要做到“八看八查”。即①看题目，查中心；②看选材，查内容；③看剪裁，查详略；④看组织，查结构；⑤看表达，查语言；⑥看衔接，查过渡；⑦看句意，查标点；⑧看卷面，查书写。

（3）搁置。

将草稿写好后放一段时间再来重新修改。经过一段时间的“冷处理”，可以冷静地思考一些问题，可以将文章改得更好些。

（4）咨询。

请别人看草稿，或念给别人听，请他们提意见，根据意见，对文稿进行换、增、删、调。

6. 培养作文后记的习惯

现在，有不少学生拿到作文本后，往往先看分数，分数看到了，就把作文本塞到书包里去了；有的学生至多再浏览一下总批，也就完事大吉了。这样做是不对的。其实，一次完整的作文过程应当包括“作文后记”这一环节。所谓“作文后记”就是看了老师的批语或听了老师的讲评后，在作文后面写上一些话，这些话或是感想，或是心得，或是体会，或是认识，这就是“作文后记”。写“作文后记”实际上是对批语或讲评的消化，对自己作文优缺点的再认识。写“作文后记”有助于学生的分析能力和表达能力的提高。

“作文后记”的内容大体有以下几种：

（1）对基础知识的订正。学生在行文过程中，难免会出现一些错字、别字、病句等，可以把它们订正过来，写成“作文后记”。

（2）对作文成败的认识。学生每次作文都有一些优点或不足，通过老师批改与讲评，有了新的认识，可以把这种认识写成“作文后记”。

（3）对写作本文的体会。学生在构思、写作每一篇作文时，或多或少都有一些感触，可以将体会最深的地方写成“作文后记”。

(4）对批语讲评的看法。学生对老师的批语或讲评如果有什么意见和要求，需要沟通思想，也可以把自己的一些看法写成“作文后记”。

培养学生良好的作文习惯，既是一项细致而艰巨的任务，又是长期的复杂的练习过程。它要求教者持之以恒，努力不懈，既要做到“严”，又要注意“韧”，既不能撒手不管，也不能急于求成。关键在于善于诱导，及时指点，教师要下一番功夫才能奏效。

70　小学作文教学错位与回归

当前，小学作文教学改革研究比较活跃，新思想、新观点、新作法、新经验层出不穷，已经形成了南北风格，东西流派，百花齐放，百家争鸣的可喜局面。在这轰轰烈烈、热热闹闹的改革大潮中，小学作文教学在理论和实践上出现了一些错位现象，我们有必要冷静地反思一下，使小学作文教学再次二度回归。

错位之一，作文要求文学化

《九年义务教育全日制小学语文教学大纲》对小学作文教学的要求是："能写简单的记叙文，做到有中心，有条理，内容具体，语句通顺，感情真实，思想健康；能写常用的应用文；书写工整，注意不写错别字；会用常用的标点符号。"大纲中的这段话表明小学作文是一种习作，是一种练笔活动，它不是以服务社会为目的的，它既不同于作家的文艺创作，也不同于成年人完全为了实际需要而从事的写作活动。

现在有些同志对小学作文这种"启蒙训练"的性质认识不清，常常用我们衡量公开出版的《小学生优秀作文选》的标准来要求小学生，或者拿老师自己的书面表达水平要求小学生。如低年级把看图说话教成看图作文，中年级把片断作文教成成篇作文，高年级把能写有中心，有条理，内容具体，语句通顺的简单记叙文教成会写主题突出，层次分明，内容生动，语言流畅的复杂记叙文。这是一种拔苗助长的主观主义，其结果必然使学生怕写作文，教师怕教作文，作文质量也上不去，欲速则不达。对此，张田若先生在《小学作文纵横观》一文中指出："从当前作文教学的情况看，普遍存在着一个要求过高过急，评分过严的问题。幼儿园孩子学画画，用一支红笔，画一个不很圆的圈，旁边打上几条直线，对老师说‘这是太阳’。老师准高兴地拍手说：‘真像！真像！画得真好！’给打上个‘优’字。其实，这幅画既不准确，又无透视，没有背景，没有色彩，送到美术馆去，准没有人看。但是，为什么老师要打个‘优’字呢？那就是因为这个年龄阶段能画出这样的画就是了不起，就要表扬，将来的画家就从这里开始。拿这个例子来看我们对待小学生作文，不也应该根据儿童的年龄特征来衡量学生习作吗？”张先生这段话发人深省，它再一次告诉我们，小学生作文是从“零”开始的，小学阶段只是作文的启蒙训练阶段，其教学要求不可偏高，我们必须牢牢把握住这个指导思想，根据儿童的生活经验、认识能力及语言状况进行训练，逐步引导学生写出“理真、情切、意达”的小文章来。

错位之二，作文内容虚假化

《小学语文教学大纲》指出：“小学生作文就是练习把自己看到的、听到的、想到的内容或亲身经历的事情，用恰当的语言文字表达出来。”大纲中的这段话表明，小学生作文必须实事求是，做到一个“真”字，即以写我为主要题材，以写实为根本原则。写“我”就是记自己熟悉的人，叙自己经历过的事，写自己眼前的景，状自己身边的物。用我笔写我语，用我语表我心。写“实”就是所记叙的事物要真实，所表达的情感要真挚。写一句话、一段话乃至一篇文章，要把自己想写的事情老老实实地写下来，不说假话、空话、大话、套话。

然而，目前小学生无话可说怕作文，假话连篇编作文，东拼西凑抄作文的现象越来越严重。笔者曾在某城镇小学搞抽查研究，让一个六年级学生写一件“你听到或看到的表现社会主义新风尚的事。”全班有三分之二的学生的作文纯属编造，什么“拣夹子、推车子、抱孩子、让座子、送瞎子”五子登科的作文内容比比皆是。在东北一座大城市，笔者听到一节作文指导课，作文题目是《美丽的松花江》，请看一个片断：

我看见过波澜壮阔的大海，欣赏过水平如镜的西湖，却从没有见过松花江这样的水。松花江的水真静啊，静得让你感觉不到它在流动；松花江的水真清啊，清得可以看见江底的沙石；松花江的水真绿啊，绿得仿佛那是一块无瑕的翡翠。

很明显，这段话有两个毛病：一是假话连篇。且不说小作者见过大海到过西湖与否，单就松花江而言，江水既不静，也不清，更谈不上绿。二是生搬硬套。全文除了“松花江”三个字之外，其余的全是《桂林山水》这篇课文上现成的话，连一个标点也不差。

叶圣陶先生主张：“在作文教学中，首先要求学生说老实话，绝不允许口是心非，弄虚作假。”我们说，这是作文教学的生命，如果写归写，做归做，言行不一，我们的作文教学将会走到邪路上去。因此，我们要教育学生做老实人，说老实话，写老实文。

错位之三，作文形式单一化

作文教学的根本目的就是培养学生运用祖国语言文字的能力，培养学生运用祖国语言文字能力的途径非止一端。从表达形式看，既有书面作文，又有口头作文；从体裁样式看，既有记叙文，又有应用文；从表现体例看，那更是不拘一格，有剪贴作文，音响作文，素描作文，看图作文，观察作文，等等。也就是说，既然作文教学的根本目的是为了提高学生的语言表达能力，那么社会生活中有多少语言表达方式的需求，作文教学中也应当有同样多的表现形式。

就目前小学作文教学现状看，单一的书面命题作文训练仍占统治地位，忽视口头表达能力的训练，忽视实用作文能力的培养，这是导致小学作文教学少、慢、差、费的重要原因之一。因此，我们必须从狭窄的单一的书面命题作文的藩篱中解脱出来，使写作体裁多元化，表现体例多样化，训练方法多式化，使之与丰富多彩的现代生活相适应，与少年儿童的实际生活相适应。只有这样，才能调动学生作文的积极性和主动性，大面积提高作文教学质量。

错位之四，作文指导程式化

所谓作文指导程式化，就是每次作文指导课都是ABCD，从审题到立意，从选材到表达，项目一样不落，程式固定不变。当然，作为写前指导，审题、立意、选材、表达这是作文指导的基本内容，要给学生讲，不能命题之后，袖手旁观，或扬长而去，但是，每次作文指导课都是规定程式，严如雷池，势必会束缚学生的手脚，影响学生写作积极性和创造性的发挥。

作文指导目的在于使学生明确“写什么”、“为什么写”和“怎样写”三个问题，通过指导，激发学生的内部动因，建立直接近景动机，开拓他们行文的思路，坚定他们写好作文的信心，使他们有话可说，有情可表。为此，作文指导应该注意以下几点：

（1）从扶到放。

不论是审题、立意的指导，还是选材、表达的指导，开始时尽量详细、具体些，教给学生学习的方法。以后要逐渐放手，培养学生作文的能力，最后达到能够独立作文。

（2）突出重点。

作文指导要少而精，不能面面俱到。要根据学生实际的写作能力，根据每次作文的具体情况，抓住重点，突破难点。这样才能使学生“但见文之易，不见文之难，必能放言高论，笔端不窘束矣。”

（3）因材施教。

对写作能力较差的学生，作文指导应该是雪中送炭，在他们苦于没有材料难于表达时，要帮助他们找米下锅。对于写作能力较强的学生，作文指导应该是锦上添花，要在布局谋篇、遣词造句上面加以引导，使他们的文章写得更好一些。总之，作文指导要因人而异，区别对待，不能搞一刀切。

（4）开启思路。

要引导学生打开思路，不要束缚学生的思路；要给学生指引一条路子，不要给学生套上一个框子。指导过细过死，学生写出来的文章，必然千篇一律，没有新意。

我们理解了小学作文的性质，明确了小学作文教学的基本要求，懂得了小学作文训练的主要途径和方法，就能自觉地遵循小学作文教学的规律，使小学作文教学返朴归真，沿着正确的轨迹运行。

71　正确认识命题作文

在一次语文教研会上，某教材编写者振振有词地说：“我一听‘命题’这两个字就产生一种莫名其妙的反感，由教师出题，学生根据题目挖空心思去想一些内容，勉强成篇，流弊甚多，不合时宜，应当取消。”这位编辑为了阐明自己的观点，还说了一条理由：命题作文沿袭八股取士之法，难有尽吐骨鲠之作，风行水上之文，还是自由作文好。

我认为这位教材编写者的观点未免失之偏激，我不敢苟同，想谈点不成熟的看法，与之商榷。

出一个题目，让学生按题目要求写成一篇文章，叫命题作文。命题作文贵在能培养学生审题、立意、选材、定体、谋篇、行文、修改等能力。命题作文古已有之，是我国传统的作文方式。那位教材编写者认为，从历史上保留下来的文章看，好作品都不是奉命而作的。我觉得这个说法是不全面的。我国古代许多文章大家，无一不是受过命题作文严格训练的，他们的许多名篇都是命题作文的产物。辞赋名家司马相如的《长门赋》是由陈皇后命题的，范仲淹的《岳阳楼记》是滕子京命题的，能说这些文章不是上乘之作吗？

命题作文的特点无非是限制，但限制并不都是坏事，必要的限制正是训练所必需的。取消了限制，也就取消了训练。正如打乒乓球，如果没有球台、网高的限制，怎么能练出优秀选手？

另外，小学生的作文是一种习作性质的文章，不是创作。这习作是才读了几年书的幼稚天真、认知能力都很薄弱的小学生的习作。命题作文能使所有的学生都能得到统一的、系统的、有计划的训练，不会因自由放任而走弯路，也不会因偏爱偏废而造成儿童习作能力结构的缺陷。

命题作文自科举起，千百年来一直沿用，自有它的合理性。第一，命题作文具有限制性。可以排除学生在作文构思时其他思绪的干扰，思维定向快，便于集中精力深入思考，使学生较快地进入作文境界。第二，命题作文具有启发性。好的命题能一下子触发起学生的种种联想，启发他们产生写作的冲动感，调动抒发真情实感的内在动因，有利于迅速提取贮存在头脑中的表象储备和知识储备，能顺利地实现作文训练的目标。第三，命题作文具有导向性。命题作文有利于体现教师的训练意图。教师根据作文训练计划，密切配合阅读教学和学生的实践活动，设计一套作文训练题目，使学生逐步驾驭多种体裁，掌握多种表达方式，分阶段实现作文训练的目的。第四，命题作文具有可评性。命题作文有统一的要求，体裁一致，内容相近，表现方法相关，有利于教师指导与评改和学生间互评互改。

命题作文，关键在命题。“文章本天成，妙手偶得之。”命题好，学生作文快意累累，文思泉涌，不断地汩汩而出；命题差，学生作文则如蚁扛鼎，艰难行进，咬笔撕纸，叫苦不迭。因而，命题的好与坏，在很大程度上决定一次作文的成败。这就要求教师必须在学生生活、思想、心理、生理和知识的临近发展区出题，抓住契机，营造情境，使作文题目尽量做到新、实、巧、美，只有这样才能开启学生心灵的窗户，打开学生记忆的闸门，使学生产生强烈的倾吐欲望。

综上所述，学生作文能力和水平的提高，不在于是否取消命题作文，而在于命题的质量。因此，我想说，命题作文只能加强，不能取消。

72　合理、善用虚构

当前，小学生作文禁区很多，不准虚构便是其中的一个。不准虚构者的观点是：小学生一定要按照生活写作文，生活中的人和事是什么样子，就要在自己的作文中如实地把它反映出来。一句话，小学生作文只能写真人真事，不能虚构。

对此，我有不同的看法。

什么是虚构？虚构就是通过创造性想象，对生活素材进行选择、集中、提炼、加工，塑造新的形象的过程。生活本身太广阔了，大千世界，一些有意义的人、事、景、物往往分布在不同的时间和空间不同的层次和平面上，而把这不同的时间和空间、不同的层次和平面上的富有特色的东西组织到一起，就必然要通过虚构。小学生的作文实践完全可以证实这一点。一些获奖作文哪篇没有虚构成分？一些优秀作文哪篇是对自然形态的生活如实写来？一些会写作文的学生在行文时哪个不添枝加叶？况且，扩写、续写、想象作文、科幻作文等本身就是一种虚构。小学生写作文对生活材料都或多或少地进行了改造、增添、发挥和扩展，使一般和个别、本质和现象得到和谐的统一，所写的文章比生活更充实，更丰富，更具体，更深刻。总之，没有旁收远绍、删增隐显的作文是不存在的。

鲁迅先生对虚构有过精辟的论述，他说："所写的事迹，大抵有一点见过或到过的缘由，但决不全用这事实，只是采取一端，加以改造，或生发开去，到足以几乎完全发表我的意思为止。"虽然鲁迅说的是作家的创作，但是他的观点也适用于小学生的作文。因为作家的创作和小学生的作文都是用语言文字反映社会生活，表达作者思想感情的，二者本同一理，只是小学生的作文是初级的写作基本功训练，是一种习作罢了。

作文离不开想象，没有想象便没有作文，而想象乃是虚构的途径。小学生的作文只要合乎情理，合乎逻辑，能反映出事物的本质，我认为虚构是无可非议的。在以培养学生的“写实”能力为主的作文训练中，适量地安排一定的虚构训练，对培养学生的创造性想象能力，发展儿童的智力是大有好处的。

古人一向主张训练儿童作文要“先放后收”。谢枋得说：“凡学文，初要胆大，终要小心”。欧阳修说：“作文之体，初欲奔驰”。开始写作时，就是要“胆大”一些，让学生放开手脚，解放思想，想写什么就写什么，想怎么写就怎么写，这样，他们“但见文之易，不见文之难，必能放言高论，笔端不窘束矣。”小学生作文如果清规戒律太多，这也不行，那也不行，必然窒息儿童的活力，作文时，思路打不开，内容展不开，笔墨放不开，根本不能描绘儿童们那一角小小的充满神奇色彩的天地。

当然，虚构与编造不同，二者不能划等号。编造属于无中生有，凭空臆想，说的是假话、大话、空话，给人以虚假之感。应当反对。而虚构则是依据生活逻辑，推断是入理合情的。写人，使之说其当说之话；叙事，使之做其当做之事；抒情，使之抒其当抒之情。应当提倡。

后　记

白驹过隙，人生匆匆，转眼间我当教研员快30年了。在这近30年的时间里，我只干了一件事，那就是教我至爱的小学语文，研究我至爱的小学语文。语文是灵动的生命体，汉语文是世界上最美的语文，每一个字都源远流长，每一个音都铿锵悦耳，我们所教的每一篇课文都蕴涵着丰富的人文情感：浓浓的意，款款的情，深深的理，悠悠的趣，我平庸的生命因语文而精彩极了。在语文教学研究中，我有感而立，有积而发，有思而作，发表学术论文、教材研究、实验报告、教育感言、教学随笔等大小文章600余篇，这些篇章记录着我对语文教学的一些思考。每当我捧起那尘封已久的文章时，一桩桩、一件件往事便浮现在我的眼前。灯下，我如饥似渴读书；课上，我兴高采烈教书；家中，我废寝忘食写书；校外，我罄尽口袋买书。我这一辈子与书结下不解之缘。学术会议，我与朋友交流；课间休息，我与学生嬉戏。30年来，我把整个身心都扑在小学语文教学与研究上。问题即课题，教学即研究，成长即成果。如今，岁月的犁铧渐渐地在我的额上刻下了沧桑。老了，我的确老了，脚步不像以前那样轻快了，牙齿有的也松动了，这是自然规律，谁也违背不了。蒋捷在《一剪梅》中有名句："流光容易把人抛，红了樱桃，绿了芭蕉。"樱桃与芭蕉同为初夏风物，樱桃泛红，芭蕉溢碧，意味着春光渐走，春姑娘在归去前特意留下她的一角裙裾和一串璎珞。我年届花甲，韶光早已流逝，在"耳顺"之年，不揣谫陋，从已发表的文章中选了几十篇，结成这个集子，名曰《怎样当老师　怎样教语文——语文教学长短论》，作为我即将离开三尺讲台的一个纪念。《怎样当老师　怎样教语文——语文教学长短论》，顾名思义，集子中的文章有长有短，长者近万字，短者几百字。另外，书名还有一个含义，那就是我对各个时期的语文教学说长道短，谈了一些认识，说了一些看法，亮了一些观点，所有这些都是一家之言，一孔之见，目的只有一个——向大家讨教。

在整理旧稿时我发现一个问题，许多文章在不同时期应不同的需要而写成，现在凑到一起，再读读，个别篇目的个别语句不免有点重复之感，为了保留原貌，我还是没有删削。

文集修改完毕之际，我的外孙女呱呱坠地。小家伙那憨态幼稚的笑，抑扬顿挫的哭，小拳头的振臂挥舞，小脚丫的胡乱蹬踹，以及顽皮的恶作剧，对我来说都是歌，都是诗，都是舞，都是画。退休以后，我可以一边读书，一边上网，一边弄孙，再活二三十年，享受改革开放给我带来的快乐生活。

这本书我打破以往邀请名人作序的“常规”，以我的徒弟写的一篇文章取而代之，特此说明。

写上这些文字，爰为后记。

白金声

丙戌年仲秋